개화기의 윤치호 연구

A Study on Tchi Ho Yun

by

Young Nyol Yoo, Ph.D

Kyungin Publishing Co.

개화기의 윤치호 연구

유영렬

景仁文化社

책을 내면서

근대 한국의 사회와 사상을 밝히기 위해서는 이 시대의 민족적 과제를 해결하기 위해 노력했던 역사적 인물의 사상과 활동에 대한 고찰이 필요하다.

윤치호尹致昊는 1881년 17세 때 신사유람단紳士遊覽團의 수행원으로 일본에 건너가 우리나라 최초의 도쿄 유학생의 한 사람이 되어 개화사상을 수용했고, 갑신정변기에는 개화당의 일원으로 조국의 자주독립과 개화자강을 위해 활동했다. 그 후 윤치호는 10여 년간 중국과 미국에 망명 유학하여 근대사상을 섭렵하고, 민주주의 사상과 기독교 신앙을 수용했으며, 독립협회운동의 절정기(1898)에는 독립협회 회장, 독립신문 주필, 그리고 민중운동의 최고지도자로서 국권·민권운동과 참정·개혁 운동을 적극적으로 이끌었고, 한말 애국계몽운동기에는 민족의 실력양성운동에 전력을 다하여 한국의 근대민족운동에 지대한 영향을 끼친 인물이었다.

그러나 개화기의 윤치호는 조국의 과거·현재·미래를 비관론적으로 인식하여 민족의 잠재역량을 불신함으로써 민족패배의식에 빠졌으며, 주어진 현실에 상황론적으로 대응하여 대세순응주의와 타협적 개량주의 노선을 걷게 되었다. 윤치호의 이 같은 역사비관론적 현실상황주의는 역사상황의 변화에 따라 개화기에는 '관민협력官民協力'을 강조하게 했고, 주권피탈 후 1910년대에는 일제통치를 기정사실로 받아들여 '일선융화日鮮融和'에 동조하게 했으며, 1930년대 중반 이후에는 일제의 '황국신민화정책'과 '전시동원체제' 확립에 협력하게 하는 근본 요인으로 작용했다고 생각된다.

개화기에 민주·민중·민족의 입장에 섰던 윤치호가 왜 일제강점기에는 친일협력의 길에 서게 되었을까? 윤치호의 친일협력의 논리와 과정은 단지 윤치호 개인이나 지난날의 문제로만이 아니고, 근대 한국의 많은 지식인과 오늘날의 문제로 깊이 검토할 필요가 있다. 더욱이 윤치호의 친일협력이 갑작스런 변절이 아니었고, 개화기의 그의 근대사상 및 그 실현 방법론과 관련되어 있음은 주목하지 않을 수 없다.

이 책은 2편 7장으로 구성되어 있으며, 개화기의 대표적 지식인의 한 사람인 윤치호가 근대사상을 형성하고 개화활동을 전개하는 과정, 그리고 개화기에 형성된 윤치호의 근대변혁사상과 변혁방법론 및 친일협력의 논리를 고찰한 것이다. 필자는 역사적 인물로서의 윤치호의 사상과 활동을 개화기의 역사상황 속에서 실증적으로 고찰하고, 이를 역사당위론적歷史當爲論的 입장에서 조명하고자 했다.

『개화기의 윤치호연구』는 필자의 박사학위 논문으로 작성되어 1985년 3월에 한길사에서 초판이 간행되었으며, 이미 절판되어 구해볼 수 없게 되었다. 그 동안 여러 사람들로부터 재판을 내 달라는 요청이 있었으나, 사정이 여의치 않아 미루다가 이번에 경인문화사의 호의로 수정판을 내게 되었다.

본서는 기본적으로 초판의 내용과 동일하지만, 잘못된 곳을 바로 잡고 일부 최근의 연구 성과를 반영했으며 참고문헌도 보완했다. 그리고 한글세대가 읽기 쉽도록 본문의 한문은 한글과 병기했다.

본 수정판의 원고 입력에 수고해 준 황민호 교수와 한명근 선생 등 제자들에게 감사의 뜻을 전한다. 그리고 이 책의 출판을 기꺼이 맡아주신 경인문화사 한정희 사장님과 편집부 여러분께 깊이 감사를 드린다.

2011년 3월
잠원동 서재에서
유 영 렬

목 차

머리말

　윤치호(1865~1945)는 개화기로부터 일제강점기에 걸치는 격동하는 시대를 살아간 정치가·교육가·민중지도자·기독교지도자·친일협력자 등으로 다양한 평가를 받고 있다. 윤치호는 한국근대사의 부침 속에서, 당대 최고의 근대적 지식인으로서, 갑신정변甲申政變·갑오개혁甲午改革·독립협회운동獨立協會運動·애국계몽운동愛國啓蒙運動과 같은 개화기의 크고 작은 역사적 사건에 직접 간접으로 깊이 관여했고, 당시의 국가와 사회에 관한 방대한 일기(1883~1943)를 남긴, 역사에의 참여자이며 역사에 대한 관찰자이기도 했다. 그러므로 한국의 개화사 또는 근대사의 연구에 있어 윤치호와 그의 일기에 대한 연구는 빼놓을 수 없는 중요한 부분이라고 생각된다.

　그럼에도 불구하고, 윤치호가 일제강점기에 친일협력을 했다는 이유로, 그의 전 생애를 부정적으로 평가하려 하고, 그에 대한 연구 자체를 무의미한 것으로 보려는 경향도 없지 않다. 그러나 역사적 인물을 연구하는 궁극적인 목적이 위인이나 열사의 공적을 밝히는 데 있는 것만이 아니고, 과거의 역사를 심층적으로 이해하여 역사의 진실과 그 의미를 파악하는 데 있다고 한다면, 역사의 격랑을 헤쳐 간 인물뿐만 아니라 그 격랑에 휩쓸려간 인물에 대한 연구도 중요한 것이다.

　그런데 일제강점기에 국내에서 민족운동을 했던 지도적 인물들에 대한 연구는 간단하지가 않다. 개화기와 일제강점 이후에도 존경받던 민족의 지도자들이 1931년 만주사변과 1937년 중일전쟁에 즈음하여 거의 다 친일로 기울어졌기 때문이다. 골수친일파가 아닌 존경받던 민족운동의 지도자들까지도 거의 다 친일로 기울어진 가장 큰 이유는 일제의 가혹한 한민족말살정책韓民族抹殺政策에 있겠지만, 그들 나름대로 민족과 관련한 친일의 논리가 있을 것으로 생각된다. 그러한 친일의 논리를 규명함으로써 수난기의 지도적 인물들의 연구를 심화시킬 수 있으며, 우리 민족의 내일을 위한 역사적 교훈으로 삼을 수 있을 것이다. 이러한 입장에서 볼 때, 개화기에 추앙 받은 민중지도자 윤치호가 일제말기에 친일협력자로 변모한 사실은 오히려 그에 대한 연구의 필요성을 높여준다고 하겠다.

1970년대 국사편찬위원회에 의한 『윤치호일기』(1882~1906)의 간행은 윤치호 연구에 하나의 전기를 마련했으며, 본서가 간행된 1985년 당시 윤치호 연구는 아직 초보단계에 있었다. 당시 저자는 개항이후 우리나라의 자주독립운동도 중요하지만 민주주의운동도 중요하다는 생각에서 우리나라 민주화운동의 선구인 독립협회의 민권사상과 민권운동에 관심을 가졌다. 그리고 독립협회를 심층적으로 연구하기 위해서는 독립협회 회장이며 당시 민권운동의 최고지도자였던 윤치호에 대한 개인연구가 필요하다고 생각했고, 특히 개화기의 윤치호에 대한 실증적인 연구가 선행되어야 한다는 생각에서 본 연구에 착수했다.

이 논문은 2편 7장으로 구성되어 있는데, 제1편에서는 개화기에 있어서 윤치호가 외국유학을 통하여 근대사상을 형성하고, 귀국하여 개화활동을 전개하는 과정을 살펴보기로 한다.

먼저 첫째 부분에서는 윤치호의 가문과 초기교육 그리고 일본유학을 통한 개화수업의 형태를 살펴 그의 개화사상의 수용배경을 밝히고, 귀국 후 개화당開化黨의 일원으로서 추진한 국정개혁의 방향과 갑신정변甲申政變에 대한 태도를 고찰하여 그의 정치적 이상과 그 실현방법론을 규명하고자 한다.

둘째 부분에서는 중국·미국 유학기에 윤치호가 섭렵한 근대학문과 그가 수용한 기독교와 민주주의, 그리고 그의 중국과 미국에 대한 인식을 고찰하여, 그의 근대사상의 형성과 그 성격을 규명하고, 청일전쟁淸日戰爭과 갑오개혁甲午改革에 대한 윤치호의 기본적인 입장과 대응자세를 살펴보려고 한다.

셋째 부분에서는 윤치호의 개화활동의 절정기라 할 수 있는 독립협회 운동기에, 독립협회의 계몽단체·정치단체로의 개조를 위한 그의 노력과, 독립협회의 자주·민권 운동과 참정·개혁운동에 대한 그의 지도, 그리고 독립협회운동에 대한 그의 평가와 지도노선을 고찰하여, 개화운동에 있어서 윤치호의 역할과 위치를 밝혀보고자 한다.

넷째 부분에서는 독립협회가 해체된 이후 지방관으로서 윤치호의 민중을 위한 활동과, 러일전쟁露日戰爭과 을사조약乙巳條約에 대한 윤치호의 인식과 태도, 그리고 그의 애국계몽운동과 그 성격을 고찰하여, 당시 윤치호의 개화활동이 정치변혁에서 국민개조로 변질되어간 사실을 밝히고자 한다.

제2편에서는 개화기에 형성된 윤치호의 근대변혁사상과 그 변혁방법론 및 그 한계성을 살펴보기로 한다.

먼저 첫째 부분에서는 전통적 유교사상과 전제군주체제에 대한 윤치호의 인식, 그리고 그의 근대국가 의식과 국가형태의 구상을 분석하여, 그가 수용한 근대변혁사상의 심도와 그 성격을 규명하고자 한다.

둘째 부분에서는 개화기에 윤치호의 의식 속에 혼재해 있었던 내부혁명론, 평화적 자주개혁론, 문명국지배하 개혁론, 그리고 국민계몽론 등 그의 정치변혁과 국민개조의 방법론을 분석하여, 윤치호의 근대변혁방법론의 내용과 성격 및 그의 행동성향을 밝혀보고자 한다.

셋째 부분에서는 개화기와 일제시대에 걸쳐 윤치호의 의식 속에 내재되어 있던 비관적 한국사관과 현실상황주의를 바탕으로 하여, 그의 '신神의 정의론正義論'이 '힘의 정의론'으로, '개화독립론'이 '일제신민론日帝臣民論'으로, '민족주의론'이 '황인종주의론黃人種主義論'으로 기울어짐으로써 친일협력을 하게 되는 논리를 밝혀, 개화기에 있어 윤치호의 근대사상과 그 실현방법론의 내용과 한계성을 살펴보고자 한다.

요컨대 본서의 제1편에서는 개화기에 있어서 윤치호의 생애와 개화활동을 시기별로 고찰하고, 제2편에서는 윤치호의 활동과정에서 나타난 근대사상과 그 실현방법론을 종합적으로 고찰할 것이다. 다만 제2편의 마지막 장에서는 개화기 윤치호의 근대사상과 그 실현방법론의 내용과 한계성을 조명하는 데 필요한 범위 내에서, 일제강점기 윤치호의 친일협력의 논리를 다루게 될 것이다.

끝으로 이 연구는 『윤치호일기』를 주 자료로 삼고 있다. 막스 브로트(Max Brod)가 "일기문이란 대개 저기압 즉 극심하게 괴로운 시간만이 기록되고 고기압은 기록되지 않는 불완전한 기압선의 곡선과 같은 것"이라고 지적했듯이, 일기는 대체로 '격한 감정의 기록' 곧 부정적인 감정의 기록이며, 때로는 '의도적인 기록' 곧 자기 행동의 합리화를 위한 기록이기도 하다. 일기가 자료로서 지니는 이러한 제약성을 고려한다 해도, "개화기의 역사상황에 대하여 윤치호가 어떠한 생각을 가지고, 어떻게 행동했는가?" 라는 의식의 흐름을 중요시하는 이 연구의 성격에 비추어볼 때, 『윤치호일기』는 오히려 가장 적합한 자료라는 생각도 든다.

제1편

윤치호의 사상형성과 개화활동

제1장 일본유학과 갑신정변기

1. 윤치호의 가문과 초기교육

1) 윤치호의 가문

좌옹佐翁 윤치호尹致昊는 1865년 1월 23일(음력 甲子 12월 26일)에 충청남
도 아산군 둔포면 신항리에서 해평윤씨海平尹氏 웅렬雄烈의 장남으로 태
어났다.

윤치호의 가문이 그의 초기교육의 성격이나 개화사상의 수용에 내면
적인 영향을 끼쳤을 것으로 보아, 먼저 그의 가문의 내력을 살펴보기로
한다. 그의 가문은 대체로 다음과 같이 다섯 시기로 나누어 볼 수 있다.

첫째 시기는 고려 말기이다.

윤치호의 직계 선대는 고려 고종·원종 때(1214~1274)에 금자광록대부
金紫光祿大夫(종2품), 수사공 상서좌복야守司空 尙書佐僕射(정2품), 판공부사判
工部事(종1품)로서 재상宰相에 오른 윤군정尹君正을 1세로 하여 이로부터 그
는 21세에 해당된다. 2세 윤만비尹萬庇는 충렬왕 때에 봉익대부奉翊大夫
(종2품), 부지밀직사사副知密直司事(정3품), 상호군사上護軍事(정3품)를 역임했
으며, 3세 윤석尹碩(?~1348)은 충숙·충혜·충목왕 때에 정부 요직을 거쳐
벽상삼한삼중대광壁上三韓三重大匡(정1품), 우정승右政丞(종1품), 판전리사사判
典理司事(종1품)에 이르고 해평부원군海平府院君에 봉함을 받았다. 4세 윤지
표尹之彪(1310~1382)는 충선왕에서 우왕 연간의 인물로 관직이 문하평리門

下評理(종2품)에 이르고 해평군海平君에 봉해졌으며, 5세 윤진尹珍(?~1388)은 공민왕에서 창왕 연간의 인물로 문과에 급제하고 중대광重大匡(종1품), 문하찬성사門下贊成事(정2품), 예문관대제학藝文館大提學(정2품)을 역임했으며 역시 해평군海平君에 봉함을 받았다.[1] 이와 같이 윤치호의 선대는 고려 말기 13세기 중엽에서 14세기 말기에 이르는 150여 년간에 걸쳐 1세에서 5세까지 모두 종2품 이상의 고위 관직에 올라, 신흥 명문귀족 가문으로 그 기반을 닦게 되었다.

둘째 시기는 조선 초기이다.

고려 말에 문과에 급제한 6세 윤창尹彰은 조선 초에 사헌부집의司憲府執義(종3품)를 거쳐 통정대부通政大夫(정3품), 양주도호부사楊洲都護府使(종3품)로 지방관을 역임했으며, 7세 윤달성尹達成은 양성현감陽城縣監(종6품)에 머물렀다. 8세 윤정령尹廷齡은 하급 무관직인 진무부위進武副尉(종9품)에 그쳤으며, 9세 윤계정尹繼丁은 세조 때에 무과에 급제하여 중직대부中直大夫(종3품)로 장원서장원掌苑署掌苑(정6품)의 일을 보았고, 10세 윤희림尹希琳(1457~1504)은 하급 무관직인 효력부위效力副尉(종9품), 충무위부사용忠武衛副司勇(종9품)에 머물렀다.[2] 이처럼 윤치호의 선대는 조선 초기 14세기 말에서 16세기 초까지 150여 년간에 6세·7세는 지방관으로, 8세·9세·10세에 이르러서는 하급 무인가문으로 전락했다.

셋째 시기는 조선 중기이다.

이 시기에 11세 윤변尹忭(1473~1549)은 중종 때 문과에 급제하고 관직이 군자감정軍資監正(정3품)에 이르렀고, 12세 윤두수尹斗壽(1533~1601)는 명종 때 문과에 급제하고 선조 때에는 대광보국숭록대부大匡輔國崇祿大夫(정1품) 의정부영의정議政府領議政에 이르고 해평부원군海平府院君에 봉함을 받았다. 13세 윤흔尹昕(1564~1638)은 선조 때 문과에 급제하고 삼사三司를

---

1) 『海平尹氏贊政公派譜』(1969), 2~5쪽.
2) 『海平尹氏贊政公派譜』, 6~9쪽.

거쳐 자헌대부資憲大夫(정2품), 지중추부사知中樞府事(정2품)에 이르렀고 호종
공로扈從功勞로 좌의정左議政에 추증되었다. 14세 윤취지尹就之(1583~1644)
는 광해군 때 생원과에 급제하여 가의대부嘉義大夫(종2품), 동지중추부사同
知中樞府事(종2품)를 역임했으며, 15세 윤채尹埰(1603~1671)는 인조 때 진사
과에 급제하여 관직이 세자익위사사어世子翊衛司司禦(종5품)에 머물렀으며,
16세 윤세겸尹世謙(1668~1748)은 가선대부嘉善大夫(종2품), 동지돈녕부사同知
敦寧府事(종2품)에 이르렀다.3) 이처럼 윤치호의 선대는 조선 중기 16세기
초에서 18세기 중엽에 이르는 230여 년에 걸쳐서는 고려 말기에 필적할
만큼 가세를 회복하여 15세를 제외하고는 5대에 걸쳐 모두 정3품 이상
의 고위관직을 가지고 영의정을 배출하는 등 조선시대의 명문 양반가문
으로 부상하게 되었다.

　넷째 시기는 조선 후기이다.

　이 시기에 17세 윤발尹潑(1728~1798, 영조 3~정조 22), 18세 윤득실尹得實
(1768~1823, 영조 44~순조 23), 그리고 19세 윤취동尹取東(1798~1863, 정조 22~
철종 14)의 3대에 걸쳐서는 관직을 받지 못했다.4) 즉 윤치호의 선대는 조
선 후기 18세기 중엽에서 19세기 중엽에 이르는 100여 년간에 걸쳐 윤
치호의 고조·증조·조부 3대 동안에 아무런 관직을 갖지 못하고 지방으
로 이주하여 향반鄕班으로 몰락하고 말았다.

　다섯째 시기는 개화기와 그 이후이다.

　개화기에 이르러 윤치호의 부친 윤웅렬(1840~1911)이 무과에 급제하여
관직이 정헌대부正憲大夫(정2품), 법부대신·군부대신에 이르고, 윤치호 자
신은 자헌대부資憲大夫(정2품), 학부협판·외부협판을 역임함으로써 가세를
재건하기에 이르렀다.5)

3) 위의 책, 10~18쪽 ; 李弘稙 編, 1973,『國史大事典』, 百萬社,「尹斗壽」·「尹昕」.
4)『海平尹氏贊政公派譜』, 18~20쪽.
5) 위의 책, 21~23쪽.

　요컨대 윤치호의 가문은 고려 말기에 명문 귀족가문으로 등장하여 조선 초기에는 하급 무인가문으로 전락했고, 조선 중기에는 다시 명문 양반가문으로 번창했으나 조선 후기에는 지방의 향반으로 몰락했다. 전반적으로 보아 윤치호의 가문은 전통적인 양반가문임에는 틀림없지만, 윤치호의 고조 이하 3대에 걸쳐 벼슬을 못했고 그의 부친이 관직은 가졌으나 무관이었던 사실은, 소년시절의 윤치호가 당시 중앙의 권문세가에 비하여 "내로라" 하는 양반으로 자처하기에는 어려웠을 것으로 생각된다. 전통적인 양반가문이면서도 현실적으로 명문가문으로 내세우기 어려웠던 당시 상황은 윤치호 부자로 하여금 비교적 용이하게 개화사상을 수용할 수 있게 했을 것으로 생각된다.

2) 초기교육과 부친의 영향

　윤치호의 집안이 아산牙山에 자리 잡기 시작한 것은 그의 조부 윤취동 때였다. 그는 수원水原에서 살다가 아산에 이사하여, 근면한 노력으로 부를 축적하여 가세를 일으키게 되었다.[6] 1840년에 윤취동의 장남으로 윤치호의 부친인 윤웅렬尹雄烈이 태어났다. 윤웅렬은 어려서부터 기골이 장대하고 학문보다 무술에 관심과 재능이 있어, 17세 때에는 단신으로 상경하여 무과에 급제했다. 그는 20세에 절충장군 충청감영중군折衝將軍忠淸監營中軍 겸 공주중군公州中軍으로 관직에 올랐고, 다음해에 절충장군 함경북도병마우후토포사折衝將軍　咸鏡北道兵馬虞候討捕使가 되면서 무관으로서 역량을 크게 인정받았다.[7]

　윤치호는 1865년에 토포사 윤웅렬의 장남으로 태어났다. 그는 다섯 살이 되던 1869년에 그가 태어난 아산에서 장張 선생이란 분을 스승으로 모시고 글공부를 시작했다. 그의 총명과 선생의 열성적인 지도로 글

---

6) 金永義, 1934, 『佐翁尹致昊先生略傳』, 基督敎朝鮮監理會總理院, 7~8쪽.

7) 위의 책, 9~10쪽.

공부는 많은 진전을 보였다. 그가 8세 되던 해 겨울에는 장 선생을 모시고 백련암이란 암자에서 글공부를 했다. 당시 어린 윤치호는 충청감사나 전라감사가 되려는 포부를 가지고 있었다고 한다.[8]

윤치호는 9세 되던 1873년 봄에 서울 승동勝洞으로 이주했고, 10세까지는 이미 『통감通鑑』을 떼었으나 아직 문리가 나지는 않았다. 이에 윤웅렬은 집안에 두어서는 안 되겠다고 생각하여, 그가 11세 되던 1875년에 안동安洞의 정언正言인 김정호金正浩 가家에 보내어 거기서 숙식하며 수학토록 했다. 이후 그의 글과 글씨의 실력이 더욱 늘어갔고 벼슬에 대한 관심도 높아갔다.[9]

12세 때에 감시監試가 있었는데, 소년 윤치호는 감시지監試紙를 얻어 답안을 써가지고 시관試官인 김영수金英洙 판서 댁에 가서 수많은 좌중 앞에 글씨를 펴 보이며 "이만하오니 과거를 시켜주십시오." 라고 하니, 김 판서는 소년 윤치호의 당돌함을 기특하게 생각하여, "잘 썼다. 가서 더 배우고 오너라." 하고 달래어 보냈다는 일화가 있다. 이 이야기를 전해들은 김정호의 외척 서광범徐光範은 이런 일로 해서 김정호의 명망이 손상될까 염려했으나, 두 사람 다 소년 윤치호를 신동神童이라고 찬탄했다고 한다.[10]

윤치호는 13세에 문리가 나고 문법에 통달하여 『삼국지』·『수호지』 등을 거침없이 읽게 되었으며, 이 무렵 윤웅렬과 왕래가 있던 이조연李祖淵도 윤치호의 글과 글씨가 뛰어난 것을 보고 '총영사總營使 감'이라고 칭찬을 아끼지 않았다고 한다. 윤치호는 15세 되는 1879년 봄에 정동貞洞의 강씨 집안과 정혼을 했는데, 이때까지 만 4년 동안 김정호가에서

---

8) 위의 책, 21~23쪽 ; 1906, 『大韓自强會月報』 제1호, 大韓自强會, 35쪽.
9) 金永義, 『佐翁尹致昊先生略傳』, 23~24쪽 ; 『尹致昊日記』 1920년 12월 31일조, 1921년 3월 8일조, 1941년 2월 10일조. 正言은 司諫院에 있던 정6품직 문관이었다.
10) 金永義, 『佐翁尹致昊先生略傳』, 24쪽.

수학한 셈이다.[11] 그는 이후 1881년 봄까지 2년 동안은 어윤중魚允中의 문하에서 수학했다.[12]

윤치호의 5세에서 16세까지 약 12년간의 초기 교육은 전통적인 유학 교육이었다. 부친 윤웅렬은 윤치호의 교육에 각별한 관심을 보였다. 그 것은 윤치호가 총명하고 학문에 대한 자질이 있다고 생각했던 점도 있었 을 것이다. 또한 자신이 무관이었고, 당시 무관이 하대 받던 사회풍토에 서 윤치호를 고위문관으로 출세시키려는 열망도 있었을 것이다.[13] 윤치 호도 부친의 뜻을 어기지 않고 관리가 되려는 포부를 가지고 학업에 열 중했다. 그러나 윤치호는 전통교육에 바탕을 둔 과거를 통해 관리가 되 는 코스를 밟지는 않았다. 그것은 1880년을 전후한 시대상황의 변화와 부친 윤웅렬의 개화지향적인 영향으로 말미암은 것이었다.

1876년 강화도조약이 체결된 뒤에 조선정부는 예조참판 김기수金綺秀 를 제1차 수신사로 일본에 파견했고, 1880년 7월에는 예조참의 김홍집金 弘集을 제2차 수신사로 일본에 파견했다. 이때 윤웅렬은 별군관別軍官으 로 이조연·강위姜瑋 등과 함께 수신사 김홍집을 수행하여 일본을 방문하 게 되었다.

제1차 수신사의 파견이 조약체결에 따른 의례적 방문의 성격을 띤 것 이라 한다면, 제2차 수신사의 파견은 일본의 국정탐색은 물론, 개항이후 에 발생된 현안문제 곧 일본측이 요구하는 인천개항의 거절, 미곡수출의 금지 그리고 해관세칙海關稅則의 개정 등을 타결하기 위한 것이었다.[14]

---

11) 위의 책, 25쪽.
12) 위의 책, 27쪽.
13) 위의 책, 21쪽.
14) 李光麟, 1981, 『한국사강좌』 V(근대편), 일조각, 132쪽 ; 1977, 『開化期의 金總理』, 道園相公記念事業推進會, 70쪽. 宋炳基 교수는 제2차 수신사 파견의 중요한 이 유는 일본의 한국에 대한 침략 의도의 유무를 확인하기 위한 것으로 보았다(1978, 「19세기 말의 聯美論研究」 『사학연구』 28, 한국사학회, 96쪽 참조).

제2차 수신사 일행은 약 1개월간 도쿄東京에 머물렀는데 현안문제의 타결에는 별다른 성과를 거두지 못했다. 그러나 그들은 일본의 정치지도자들 및 청국의 외교사절들과 접촉하며 국제정세에 대한 시야를 넓히고, 주일청국공사관의 참찬관 황준헌黃遵憲의 『사의조선책략私擬朝鮮策略』을 얻어와 국내에 커다란 파문을 던지기도 했다.15)

수신사 김홍집 일행은 메이지일본明治日本의 발전상에 크게 감명을 받았고, 무관인 윤웅렬은 근대적인 군대의 조직과 훈련에 각별한 관심을 가지게 되었다. 따라서 그는 다음해인 1881년 4월의 별기군別技軍 창설에 주역을 담당하게 되고 별기군의 좌부령관左副領官에 임명되었던 것이다.16)

윤웅렬은 도쿄 체류기간에 이조연·강위 등과 함께 동양삼국의 합력을 취지로 하는 흥아회興亞會에 참석하여 일본 재야인사들과 접촉하기도 했다.17) 또한 그는 당시 동경에 머물고 있던 개화승開化僧 이동인李東仁의 소개로 주일 영국공사관의 사토우(Ernest M. Satow) 서기관과 접촉하기도 했다.

윤웅렬이 사토우를 방문한 1880년 9월 2일자의 사토우의 일기에는 다음과 같이 기록되어 있다.

> 아사노李東仁는 윤웅렬이라고 하는 매우 훌륭한 자기 나라 사람을 점심에 데리고 왔다. 그는 단지 서투른 일본어와 몇 마디의 중국어를 말했으나, 남자답게 나이프와 포크를 다루었다. … 분명히 개화당에 속했으며, 외국인을 방문한 사실이 일본 신문에 나지 않도록 각별히 경계했다.18)

---

15) 姜在彥, 1980, 『朝鮮の開化思想』, 東京, 岩波書店, 204쪽.

16) 『開化期의 金總理』, 88쪽.

17) 이광린, 1981, 「姜瑋의 人物과 思想」 『韓國開化思想研究』, 일조각(重版), 35쪽 ; 姜在彥, 『朝鮮の開化思想』, 205쪽.

18) *"Ernest M. Satow's Diary"*, Sept. 2, 1880(1980, 『사학연구』 31, 한국사학회, 131쪽 수록). Asano brought a very nice countryman of his named 尹雄烈 to lunch. He

곧 이동인(Asano)이 윤웅렬을 데리고 찾아와 점심을 함께 했다는 것과 윤웅렬은 서툰 일본말을 할 수 있었다는 것, 그리고 윤웅렬은 분명히 개화파(Liberal Party)에 속하는 인물이라는 것이다.

이동인이 수신사 김홍집 일행 58명 중 유독 윤웅렬을 사토우 서기관과 접촉시킨 사실은 그가 문명개화에 깊은 관심을 가지고 있었기 때문이었을 것이다. 또 윤웅렬이 서투르나마 일본어를 할 수 있었다는 사실은 그가 이미 방일 이전에 일본의 문명개화에 관심을 가지고 일본어를 배웠다는 사실을 알려주는 것이다. 그리고 윤웅렬이 "분명히 개화파에 속하는" 인물이라고 한 사토우의 기록은 음미해 볼 가치가 있다. 이동인은 개화사상의 선각자로 국내의 개화 인맥을 누구보다 잘 알고 있었다는 사실과, 사토우는 유능한 영국 외교관으로 충분한 통찰력과 한영수교韓英修交에 관심을 가지고 이동인과 오랫동안 접촉해온 인물이었다는 사실,19) 그리고 윤웅렬은 1884년의 갑신정변 당시에는 분명히 개화당에 속한 인물20)이었다는 사실 등으로 보아 그러하다.

---

spoke only broken Japanese and a few words of Pekinese, but handled his knife and fork like a man. ⋯ Apparently belongs to the liberal party, and yet very much alarmed lest the fact of visiting a foreigner should get into the Japanese newspapers. 李東仁은 일본국정의 탐색과 세계정세 파악을 위해 1879년 6월 일본으로 밀항하여 일본어를 배우고, 1880년 5월 12일 이래로 Satow와 빈번히 접촉하여 그에게 한국어를 가르쳐주고 그와 정치문제를 의논하기도 했다. 당시 그는 Asano(朝野)라는 가명으로 행세했는데 '朝野'란 '朝鮮野蠻'을 뜻한다.("Ernest M. Satow's Diary", May 12, 1880 & July 18, 1880 참조)

19) Ernest M. Satow(1843~1926)는 런던 대학 출신으로 영국 외무성 외교관 시험에 수석으로 합격한 뒤 자원하여 극동에 파견되어, 1895년에 주일 영국공사를, 1900년에는 주청 영국공사를 역임했다. 그는 1882년 5월 12일 이동인과 접촉한 이래 도쿄에 체류하는 한국인과 광범위한 접촉을 가졌다(「李東仁에 관한 Satow의 문서」『사학연구』31, 121~135쪽 참조).

20) 『尹致昊日記』1884년 6월 14일조의 "家親事豈我家私耶 是開化進步之一大機關"이라 한 사실, 1884년 11월 3일조에서 윤치호 부자가 "開化黨急進不可之事"를 의논한 사실, 그리고 1884년 12월 21일조에서 윤웅렬이 " 一切開化等說 無人

윤웅렬이 1880년 방일 당시에 개화당에 속한 인물이었는가의 문제는 접어두고라도, 그는 방일 이전에 이미 문명개화에 깊은 관심을 가지고 있었고, 방일을 통하여 이에 더욱 확신을 가지게 된 개화인사였다는 사실은 분명한 것 같다.

이와 같은 윤웅렬의 개화지향적인 성향은 그가 각별히 관심을 쏟아온 아들 윤치호의 교육과 진로에 깊은 영향을 주었던 것이다. 윤치호의 초기 교육이 후반기에 윤웅렬의 주선에 의하여 서광범의 친척 되는 김정호와 개화인물인 어윤중에 의해 실시되었던 사실은 이를 뒷받침해주는 것이다. 윤치호의 전통교육으로부터 근대교육으로의 전환은 부친 윤웅렬의 방일을 통한 세계대세에 대한 인식과 문명개화의 중요성에 대한 확신을 통하여 모색되었고, 윤치호의 일본유학을 통하여 실현되었던 것이다.

2. 일본유학과 개화사상의 수용

1) 유학의 배경과 도진샤(同人社)의 윤치호

윤치호의 일본유학은 1881년 신사유람단의 파견을 계기로 이루어졌다. 조선의 개화정책은 1880년부터 본격화되어 서양과의 수교문제가 조심스럽게 거론되고 통리기무아문統理機務衙門이란 신식 정부기관이 설치되기도 했다. 다음해인 1881년에는 근대적 문물제도를 본격적으로 시찰 학습시키기 위하여 일본에는 신사유람단紳士遊覽團을, 청국에는 영선사領選使를 파견하게 되었다.21)

敢開口"라고 개탄한 사실, 그리고 1893년 3월 11일조에서 윤치호가 "In 1885, the party with which my father and I had been identified went to pieces."라고 쓴 구절에서 우리는 갑신정변 당시에 윤웅렬이 개화당 멤버였음을 확인할 수 있다. 여기에서 개화당이라 함은 개화파 중에서 김옥균·박영효 등이 주도했던 급진개화파 곧 변법적 개화파를 지칭한다.

신사유람단은 조준영趙準永·박정양朴定陽·조병직趙秉稷·민종묵閔種默·홍영식洪英植·어윤중·김용원金鏞元 등 12명의 조사朝士와 그 밑에 수원隨員·통사通事·하인을 배속시켜 모두 12개 반 62명으로 구성되었다. 그런데 당시 국내에는 수신사 김홍집이 가져온 황준헌의 『조선책략』을 둘러싸고 위정척사론이 비등하여, 1881년 2월에는 영남만인소가 올려지고 전국 각지에서 유생들의 개화정책 반대운동이 거세게 일고 있었다. 한편 대외적으로는 미국이 조선과의 수교조약 체결을 추진했고, 청·일 양국이 다투어 조선에 세력을 부식하고자 했다. 이러한 내외정세를 감안하여 신사유람단은 '동래부암행어사東萊府暗行御史'라는 명목으로 산발적으로 동래에 집결하여 비밀리에 일본으로 떠나게 되었다.[22]

윤치호는 유길준兪吉濬·유정수柳定秀·김양한金亮漢과 함께 경제·재정 부문을 담당하게 된 조사朝士 어윤중의 수원으로 도일하게 되었는데, 이때 그의 나이는 17세로 신사유람단 일행 중 최연소자였다. 이들 어윤중의 수원은 신사유람단이 3개월간의 일본국정 시찰의 임무를 마치고 귀국한 뒤에 전원 일본에 남아 유학했다. 뿐만 아니라 신사유람단이 도쿄에 도착한 지 불과 14일 만인 6월 8일에 유길준과 유정수는 게이오의숙慶應義塾에 입학했다. 윤치호와 김양한이 각기 도진샤同人社와 조선소造船所에 들어간 것도 이 무렵으로 생각된다. 이로 미루어볼 때 이들 어윤중의 수원들은 처음부터 유학을 목적으로 선발된 것으로 보인다.[23]

유학생 파견 문제는 1880년 수신사 김홍집이 일본 외무경 이노우에 가오루井上馨의 권고를 받고, 귀국 후 고종에게 건의하여 긍정적인 반응

---

21) 이광린, 1981, 「개화당의 형성」 『개화당연구』, 일조각, 16~17쪽.
22) 정옥자, 1965, 「신사유람단고」 『역사학보』 27, 역사학회, 107~115쪽 ; 愼鏞廈, 1979, 「魚允中全集解題」 『魚允中全集』, 아세아문화사, vii쪽.
23) 李光麟, 「兪吉濬의 思想研究」 『韓國開化思想研究』, 49~50쪽 ; 金永羲, 『佐翁尹致昊先生略傳』, 27쪽 ; 朴泳孝, 1958, 「使和紀略」 『修信使記錄』, 국사편찬위원회, 212쪽.

을 얻은 바 있었다. 그리고 실제로 신사유람단의 파견과 특히 유길준·윤치호 등 유학생의 파견은 전적으로 이동인의 계획에 의한 것이었다. 이동인은 수신사 김홍집을 따라 일본에서 귀국한 뒤, 일본국정과 세계정세에 대한 해박한 지식으로 국왕의 특별한 총애를 받아 개화정책에 커다란 영향을 발휘하게 되었던 것이다.[24)]

요컨대 윤치호의 일본유학은 정부의 개화정책의 일환으로 추진된 신사유람단의 파견을 계기로 하여, 신사유람단의 파견에 결정적인 역할을 한 이동인과 윤웅렬과의 교유관계 그리고 신사유람단의 조사인 어윤중과 윤치호의 사제관계 속에서 이루어졌음을 알 수 있다.

윤치호는 1881년 5월에서 1883년 4월까지 2년 동안 일본에 체류했다. 그는 일본 외무경 이노우에 가오루의 알선으로 근대학교인 도진샤에 입학하여 게이오의숙에 입학한 유길준·유정수와 함께 우리나라 최초의 일본 유학생이 되었다.[25)]

도진샤는 메이지유신기明治維新期의 유명한 문명개화론자인 나카무라 마사나오中村正直가 1873년에 설립한 학교로 같은 해에 분교가 설치되었고, 1879년에는 도진샤여학교도 설립되었다. 도진샤는 한때 게이오의숙에 필적하는 교세를 자랑했으나 경영난 때문에 폐교되고 말았다. 윤치호 입학 당시의 도진샤는 교세가 한창 떨쳐 게이오의숙과 맞먹는 명문사학으로 중등교육을 실시하는 학교였다. 당시 도진샤의 교과과정을 확실히는 알 수 없으나 주로 한학·수학·영어를 교수했으며, 영어시간에는 지리·역사·물리·경제·수신학 관계의 양서洋書를 강독했던 것 같다.[26)]

---

24) 이광린, 「유길준의 사상연구」 50쪽 ; 이광린, 「開化僧 李東仁」『開化黨研究』, 97·102쪽 ; "Ernest M. Satow's Diary", May 3, 1881(『사학연구』 31, 134쪽 수록).

25) Donald N. Clark, "Yun Ch'i-ho(1864~1945) : Portrait of a Korean Intellectual in an Era of Transition" Occasional Papers on Korea, Seattle, University of Washington, 1975, 38쪽 ; 崔承萬, 1936.4, 「海外留學生小史」『新東亞』 6권 4호(1982, 『韓國近世史論著集』 3, 태학사, 4쪽 수록).

그런데 윤치호는 도진샤에서 정규과정을 밟지는 않은 것으로 보인다. 처음에는 언어가 불통하여 불가능했을 것이며, 뒤에는 도진샤의 정규과 목에 들어 있는 영어를 다른 데서 배우다가 귀국한 것으로 보아 알 수 있다. 윤치호가 뒷날의 회고담에서,

> 나는 도진샤同人社에 입학하여 일본말을 배우기 시작했오. … 우선 일본말 부터 배워야 신문명을 가장 가까운 일본에서 수입할 수 있으리라는 선견이라 할는지 생각을 가지었던 것이오.[27)

라고 했듯이, 그는 도진샤에 입학하여 무엇보다도 일본어 공부에 열중했다. 일본 유학생으로서 일본어 공부에 전념한 것은 언어장벽의 해소를 위해서도 지극히 당연한 일이었다.

윤치호는 영어에도 깊은 관심을 가지고 학습했다. 그는 신사유람단이 도쿄에 도착한 지 17일째 되는 1881년 6월 11일 부친 윤웅렬의 소개로 주일 영국공사관의 사토우 서기관을 찾아갔는데, 이때 사토우는 자기가 직접 가르쳐줄 터이니 영어를 배우라고 권고했다. 윤치호가 이 문제를 신사유람단의 숙소에 돌아와서 상의했을 때, 홍영식은 "영어를 배우다니, 그것은 국금國禁을 범하는 것이니 절대로 안 될 일이다"라고 반대했고, 어윤중은 그를 조용히 불러 "걱정 말고 비밀히 배우라"고 격려해주었다고 한다.[28) 그러나 윤치호는 곧바로 영어 공부에 착수하지는 않았

---

26) 佐佐木滿子, 1968, 「私塾·官公私立學校」『日本の英學100年 - 明治編』, 東京, 硏究社, 420·441쪽.

27) 尹致昊, 「風雨二十年 - 韓末政客의 回顧談」『동아일보』1930년 1월 11일자. 나는 同人社에 입학하야 일본말을 배우기 시작했오. … 우선 일본말부터 배와야 新文明을 가장 갓가운 일본에서 수입할 수 잇으리라는 先見이라 할는지 생각을 가지엇든 것이오.

28) 「Satow卿의 韓國關係日誌」『사학연구』31, 123쪽 ; 金明培, 1981, 「佐翁尹致昊博士의 英學」『錦浪文化論叢』668, 한국민중박물관협회, 114쪽.

다. 당시 그에게는 일본어 소통이 선결문제였기 때문이었을 것이다. 그가 영어 공부에 착수한 것은 일본어가 어느 정도 통할 수 있게 된 뒤의 일이었다.

윤치호는 1882년 봄에 도쿄대학(東京大學) 법과생인 미야오카(宮岡恒次郎, 1883년 조선 對美報聘使 閔泳翊의 영·일어 통역)의 소개로 도쿄대학 철학교수의 부인 리지 밀레트(Lizzie G. Millet) 여사로부터 알파벳을 배우게 되었다. 그러나 이해 5월 윤치호의 일시 귀국으로 영어 공부는 잠시 중단되었다. 7월에 그는 다시 미야오카의 소개로 도쿄대학의 영어강사인 간다 神田乃武로부터 약 2주일간 교과서 없이 구두로 영어를 배우는 도중에 임오군란(1882.7.23)의 소식을 듣고 다시 영어 공부를 중단했다.[29]

윤치호는 임오군란의 소식을 듣고 유길준과 함께 사태의 수습책을 모색했다. 이들은 도일渡日 이래 일본의 발전상에 깊은 감명을 받고 일본 개화의 영향을 받아 조국이 개화·개혁할 것을 기대하고 있었다. 그런데 "이제 대원군이 정권을 탈취하고 배외정책을 속행하면, 개혁의 기대를 잃을 뿐만 아니라 조선에 극히 불행한 재난이 초래될 것"이라 생각했다. 그러므로 윤치호·유길준 양인은 8월 6일에 일본정부의 태정관太政官에게 연명으로 글을 올려 '임오란당壬午亂黨'의 진압을 요청했다. 그리고 양인은 일본 방문을 마치고 귀국 도중 시모노세키下關에 머물고 있던 김옥균金玉均과 서광범을 찾아가 사후대책을 협의했다.[30] 요컨대 윤치호와

---

29) 김명배,「佐翁尹致昊博士의 英學」, 114~115쪽 ; 尹致昊, 1932,「朝鮮最初英語學習回顧談」『英語文學』창간호, 조선영문학회, 3쪽 ;『尹致昊日記』1893년 8월 14일조, 1905년 10월 28일조.

30) 彭澤周, 1964,『明治初期日韓淸關係의 硏究』, 東京, 塙書房, 229~233쪽. 尹致昊와 兪吉濬의 連名上書의 요지는 "대원군은 조선 인민과 일본의 공동의 적이며, 임오군란의 책임은 조선정부에 있지 않고 대원군에게 있다는 것, 일본이 조선에 大兵을 파견하면 성공해도 동양평화에 해롭다는 것, 그러므로 먼저 군함을 인천에 파견하여 조선 국왕을 구하고, 다소의 병력으로 대원군을 타도할 것을 요망한다는 것"이었다.

유길준은 대원군을 '개화의 적'으로 그리고 일본을 '개화의 우방'으로 인식하고, 일본의 군사력이나 외교적인 압력을 빌어 대원군정권을 타도하고 민씨정권을 회복시켜 조국의 개화정책을 지속시키고자 했던 것이다.

한편 이 무렵 청국에 머물고 있던 김윤식金允植과 어윤중은 8월 1일에서 5일 사이에, 일본의 출병에 앞서 청국이 대병력을 파견하여 '대원군의 난당'을 진압해줄 것을 청국 당국에 요청했다.[31] 결국 임오군란은 청국 군대가 파견되어 대원군을 보정부保定府로 압송하여 민씨정권을 회복시키고, 한·일간에 제물포조약을 체결함으로써 일단락되었다.

임오군란을 계기로 조선의 개화세력은 조국의 자주독립을 염원하고 일본의 메이지유신을 모델로 변법적 개혁을 추구하는 김옥균·박영효 등의 급진개화파와 청에 대한 사대를 존중하고 청국의 양무운동洋務運動을 모델로 동도서기적東道西器的 개량을 추구하는 김윤식·어윤중 등의 온건개화파와의 대립이 표면화되었다.[32]

임오군란 이후 1882년 10월에 김옥균은 수신사 박영효와 함께 다시 일본에 건너갔다. 그는 서구문명을 직접 수입하고 국제외교를 원활히 수행하기 위해서는 영어가 필요하다는 사실을 절감하고,[33] 윤치호에게 "일본말만 배우지 말고 영어를 배워야 일본을 경유치 않고 태서=서양문명을 직수입할 수 있다"고 권고했다. 이에 윤치호는 영어 공부에 전심할 것을 결심하게 되었다.[34]

---

31) 위의 책, 230~231쪽.

32) 위의 책, 234쪽 ; 姜在彦, 『朝鮮の開化思想』, 211~212쪽.

33) 朴泳孝, 「使和記略」『修信使記錄』, 197~203쪽에 의하면 수신사 일행은 1882년 9월 25일에 神戶에 도착한 뒤, 각국의 영사들과 접촉하면서 10월 13일에 東京에 도착했다. 李光麟, 『開化黨硏究』, 53~55쪽에 보면, 일본에서 수신사 일행이 각국의 외교사절과 활발하게 접촉한 사실을 알 수 있고, 『尹致昊日記』1883년 1월 7일조에 보면, 김옥균이 東京大學의 Basil H. Chamberlain(王堂) 교수를 방문하여 영어 알파벳을 배운 사실을 알 수 있다.

34) 金永義, 『佐翁尹致昊先生略傳』, 30쪽 ; 尹致昊, 「風雨二十年 - 韓末政客의 回顧

그래서 윤치호는 1883년 1월 18일부터 4월 24일 귀국이 결정된 무렵까지 약 3개월간 요코하마橫濱 주재 네덜란드 영사관의 레온 폴데르(Leon V. Polder) 서기관으로부터 『프리머』(Primer) 제1권을 교재로 하여 본격적으로 영어를 배웠으며, 이 기간에 밤에는 별도로 프랑스인 건축가 폴 사르다(Paul Sarda)로부터 영어를 배웠다.[35]

2) 접촉인물과 메이지일본(明治日本)의 영향

윤치호가 일본어와 영어 공부에 열중한 것은 외국어가 신문명·서양문명을 수입할 수 있는 중요한 수단이 된다고 보았기 때문이었다. 당시 그의 최대 관심은 문명개화에 대한 지식을 흡수하는데 있었다. 그가 프랑스인 사르다로부터 영어를 배우다가도 공부를 제쳐두고 "천하대세를 논했다"[36]고 하듯이, 그는 그와 접촉하는 많은 사람들로부터 개화지식을 흡수하기 위해 노력했다.

그러면 윤치호는 일본유학기에 어떠한 인물들과 접촉하고 어떠한 영향을 받았을까?

윤치호는 당시 일본에 체재중인 김옥균·서광범·박영효·민영익閔泳翊·손붕구孫鵬九 등 조선의 개화인사들과 빈번히 접촉하여 친분을 맺었다. 그중 김옥균과 서광범은 일본에 장기간 머물러 접촉이 더욱 잦았고, 특히 조선개화당의 영수로 일본에도 명망이 있던 김옥균과는 각별한 관계를 맺었다.[37]

談」『동아일보』 1930년 1월 11일자.

35) 尹致昊,「壬午日記」『尹致昊日記』 1883년 1월 4일·6일·16일조 ; 金永義,『佐翁尹致昊先生略傳』, 30~31쪽 ; 尹致昊,「風雨二十年 – 韓末政客의 回顧談」『동아일보』, 1930년 1월 12일자.

36) 金永義,『佐翁尹致昊先生略傳』, 31쪽.

37) 윤치호의 일본유학 기간에 김옥균은 1882년 4월에 1차로 도일하여 8월까지 약 4개월간 체류했고, 1882년 9월에 2차로 도일하여 1883년 3월까지 약 6개월간 체

앞에서 언급한 바와 같이 임오군란 시에 윤치호와 유길준이 시모노세키下關에 가서 김옥균·서광범과 사태수습을 협의했고, 윤치호는 김옥균의 권고로 영어 공부에 전심할 것을 결심하기도 했다. 나아가 윤치호는 임오군란 후 재차 방일한 김옥균과 거의 행동을 같이하면서, 일본의 조야인사들 및 구미인사들과 접촉하고, 조선을 둘러싼 국제관계와 일본의 군사·외교 관계 그리고 조선의 진로 등을 의논하기도 했다.[38] 윤치호는 김옥균의 제1차 도일(1882. 4~8) 이래로 그의 지도와 영향을 받으며 개화당과 깊은 관계를 맺고, 귀국 후 개화당의 일원으로 활약하게 되었다.

또한 윤치호는 도쿄대학 교수의 부인 밀레트 여사, 요코하마주재 네덜란드 영사관의 레온 폴데르 서기관, 프랑스인 건축가 사르다, 주일 영국공사관의 사토우 서기관 등과 접촉했다. 그리고 도쿄대학의 챔벌린(Basil H. Chamberlain) 교수와 모스(Edward S. Morse) 교수, 주일 영국공사 파크스(Harry S. Parkes)와 주일 미국공사 빙엄(J. A. Bingham) 등과도 접촉했다.[39] 이처럼 윤치호는 구미 여러 나라의 외교관·교수·지식인들과 접촉함으로써 그의 영어 학습과 서양문명의 이해 그리고 세계대세의 파악에 많은 도움을 받았던 것이다.

한편 윤치호는 후쿠자와 유키치福澤諭吉·나카무라 마사나오中村正直·이노우에 가오루井上馨·미야오카宮岡恒次郎·다나카田中忠義 등 일본의 사상가·교수·정치가·대학생 그리고 일반인 등과 광범한 접촉을 가졌다. 그 중 후쿠자와·나카무라·이노우에와는 깊은 관계를 유지했다.[40] 나카

류했다. 1차 도일시에는 서광범·柳赫魯·邊樹 등이 동행했고, 2차 도일에는 수신사 박영효와 서광범·민영익·朴齊絅·유혁로·변수 등이 동행했다.(이광린, 『개화당연구』, 51쪽 참조)

38) 尹致昊, 「壬午日記」, 1883년 1월 1일조에서 1월 16일조까지 참조.

39) Millet 여사, Polder 서기관, 건축가 Sarda에 대해서는 본서 제1장 2의 (1) 유학의 배경과 동인사의 윤치호 참조. Satow 서기관에 대해서는 「Satow卿의 韓國關係日誌」『사학연구』, 제31호 참조. Chamberlain, 교수, Parkes 영국공사, Bingham 미국공사에 대해서는 「壬午日記」 참조.

무라 마사나오는 도진샤의 경영자이며 도쿄대학의 교수였고, 후쿠자와 유키치는 게이오의숙의 경영자이며 조선에 깊은 관심을 가진 사상가였다. 이노우에 가오루는 당시 일본의 외무경外務卿이며 메이지정부의 실력자의 한 사람이었다.

윤치호가 도진샤사에 입학하게 된 것은 이노우에의 알선에 의해서였고, 미국공사의 통역으로 귀국하게 된 것은 이노우에와 후쿠자와의 추천과 권고에 의해서였다. 또한 이들은 김옥균과도 친밀한 교유관계를 맺고 있었다.[41] 더욱이 후쿠자와와 나카무라는 당대 일본 최고의 문명개화론자·자유민권론자·민중계몽운동자로, 『서양사정』·『학문의 권장』·『문명론의 개략』(이상 후쿠자와의 저술), 『서국입지론西國立志編』·『자유지리自由之理』(이상 나카무라의 저술) 등 서양학문·문명개화·자유민권에 관한 많은 저술을 통하여 일본사회에 커다란 영향력을 가지고 있던 인물들이었다.[42]

윤치호는 이처럼 후쿠자와 유키치·나카무라 마사나오·이노우에 가오루 등과 빈번히 접촉하여 대화를 통해서, 또는 당시 일본사회를 풍미하던 이들의 저술 등을 통해서, 개화지식의 확대에 깊은 영향을 받았으며, 일본의 실상을 보다 깊이 이해하게 되었던 것이다.

다음으로 윤치호는 메이지일본에 대하여 어떠한 것을 보고 듣고 느꼈을까?

---

40) 尹致昊,「壬午日記」참조. "T.H. Yun's Letter ot Dr. Young J. Allen," December 20, 1891에 보면, 윤치호는 福澤諭吉과 Neesima를 明治日本의 위대한 인물로 존경하고 있었음을 알 수 있다.

41) 尹致昊,「風雨二十年 – 韓末政客의 回顧談」『동아일보』1930년 1월 12일자 ; 尹致昊,「壬午日記」.

42) 1937, 『大日本人名辭典』제3권, 東京, 大日本人名辭典刊行會, 1910쪽「ナカムラ ケイウ 中村敬宇」와 2217~2218쪽「フクザハユキチ 福澤諭吉」; 関斗基, 1977, 『日本의 歷史』, 지식산업사, 223~224, 232~233쪽 ; 松本三之介·橋川文三 編, 1974, 『近代日本政治思想史』1, 東京, 有斐閣, 151~157쪽 ; 木村時夫, 1973,「福澤諭吉のナショナリズム」『日本ナショナリズム史論』, 東京, 早稻田大學出版部, 224~232쪽.

윤치호는 신사유람단을 따라 안네이마루安寧丸라는 기선을 타고 일본
에 건너가면서부터 "이런 배도 세상에 있구나" 하고 깜짝 놀랐다고 한
다.43) 신사유람단 일행은 부산·나가사키長崎·오사카大阪·교토京都·고베
神戸·요코하마橫濱를 거쳐 도쿄東京에 도착했다. 윤치호는 전신·전화·철
도가 통하고, 거리에는 가로등이 있고 벽돌 양옥집이 들어섰으며, 양복
과 구두가 널리 보급되고 단발머리가 일반화되었으며, 인력거와 마차가
번화한 거리를 오가는 것을 보고, 문명개화의 의미와 일본의 개화양상을
피부로 느꼈을 것이다.44)

그리고 그는 신사유람단이 3개월 동안 일본정부의 문부·내무·외무·
농상農商·대장大藏·군부 등 각 성省과 세관·조폐공장 및 각종의 산업시설
을 시찰하는45) 중에 보고 들은 것을 토대로 하여, 일본의 근대화과정을
단편적으로나마 짧은 시일 내에 파악할 수 있었을 것이다. 또한 일본의
조야 인사들과의 접촉을 통하여 일본에 대한 이해의 폭을 넓혔을 것이다.

당시의 일본은 정부에 의한 전제체제의 강화가 추진되고, 이에 맞서
자유민권운동과 애국계몽운동이 절정에 달한 시기였다. 정계에는 프랑
스류의 자유주의를 표방하는 급진적인 자유당自由黨과 독일류의 국가주
의를 표방하는 어용적인 입헌제정당立憲帝政黨, 그리고 영국류의 입헌군
주제와 공리주의를 표방하는 점진적인 입헌개진당立憲改進黨이 출현하여,
공개토론회와 언론을 통하여 정치적 주장을 펴고 있었다.

입헌개진당은 게이오의숙慶應義塾 출신이 주류를 이루었는데 그 경영
자인 후쿠자와 유키치福澤諭吉는 온건론과 공리주의의 대변자였으며, 이
노우에 가오루井上馨는 입헌제정당의 막후 조종자였다.46) 원래 관리 지

---

43) 尹致昊, 「風雨二十年 – 韓末政客의 回顧談」『동아일보』, 1930년 1월 11일자.
44) 민두기, 『일본의 역사』, 222~223쪽.
45) 이광린, 『한국사강좌』 V(근대편), 135쪽 ; 정옥자, 「신사유람단고」『역사학보』
    27, 119~142쪽.
46) 민두기, 『일본의 역사』, 221~237쪽 ; 江村榮一, 1980, 「自由民權運動とその思想」

망생이었던 윤치호는 후쿠자와·이노우에와 깊은 관계를 가지고, 이와 같은 일본의 정치양상을 주시하며 나름대로 정치적 식견을 넓혀갔을 것이다. 윤치호가 입헌개진당의 기관지이며 자유민권사상의 고취에 큰 역할을 한 『유빈호치신문』郵便報知新聞을 구독했던 점[47]은 이러한 사실을 뒷받침해주고 있다.

그리고 유학생으로서 윤치호는, 당시 일본에 이미 소학교 의무교육제가 실시되고, 무수한 공사립의 중학교와 고등교육기관으로서 도쿄대학이 설립되어 근대적 교육제도가 확립되었으며, 수많은 사회단체와 신문·잡지·강연회 등을 통하여 신사상이 보편화되고 있음을 주시하고,[48] 전통교육과 구사상에 얽매여 있는 구태의연한 조국의 현실과 비교도 해봤을 것이다.

또한 외교방면에 관심을 가졌던 윤치호는, 세계 각국에 문호를 개방하여 외교사절을 교환, 주재시키고 활발하게 국제교류를 추진하고 있는 일본의 적극적인 개방외교의 모습을 보고 듣고, 개항 이후에도 청국과의 사대관계를 단절하지 못하고 여전히 그 지휘를 받고 있는 조국의 현실에 안타까움을 금할 수 없었을 것이다. 그러므로 그는 "아- 슬프다. 조선의 현상이여, 남의 노예보다 더 심한 처지에 있으면서 어찌 진작振作하려 하지 않는가?"[49] 라고 탄식했던 것이다.

또한 윤치호는 상공업을 장려하여 각종 근대산업을 개발하고, 영국·프랑스·독일 등 유럽 선진국의 장점을 취해서 독자적인 일본식 군제軍制

『岩波講座 日本歷史』 15 - 近代 2, 東京, 岩波書店, 26~35쪽.

47) 尹致昊, 「壬午日記」, 1882년 1월 6일조 ; 彭澤周, 1976, 『中國の近代化と明治維新』, 京都, 同朋舍, 40·163·165쪽.

48) 민두기, 『일본의 역사』, 221~223쪽 ; 佐佐木滿子, 「私塾·官公私立學校」 『日本の英語100年』, 明治編, 413~449쪽 ; 安川壽之輔, 「學校敎育と富國强兵」 『岩波講座 日本歷史』 15 - 近代 2, 215~216·224쪽.

49) 尹致昊, 「壬午日記」, 1882년 1월 2일·3일·8일조 ; 이광린, 「개화당의 형성」 『개화당연구』, 53~54쪽.

를 확립하여, 부국강병에 매진하고 있는 일본의 활기찬 발전상에 깊은 감명을 받았을 것이다.[50]

이와 같은 일본을 체험하는 가운데 윤치호는 개화·근대화의 필요성을 절실히 느꼈을 뿐만 아니라, 조국의 개화의 방향을 구상했던 것이다. 귀국 후 그가 국왕에게 상주한 건의 중에는 다음과 같은 내용이 있다.

> 때에 따라 법을 제정함에는 백성의 이익이 주가 되어야 하며, 옛 것만을 지키어 지금의 것이 잘못되었다고 할 필요는 없습니다. 청국은 사람이 많고 땅의 크기가 일본의 11배나 됩니다. 그러나 일본은 30년 내외로 경장更張 진작振作하여 문명과 부강을 사람들이 일컫게 되었고, 60년간 외국과 통상한 청국보다 100배나 더 낫습니다. 그것은 무슨 까닭입니까? 청국은 옛 것만을 지켰으나 일본은 옛 것을 고치고 새 것을 본받았기 때문입니다. 우리나라에는 이 두 개의 본보기가 있으니, 새 것을 좇고 옛 것을 지키는 이익과 손해가 분명하여 의심할 것이 없습니다.[51]

곧 청국은 사람과 땅이 일본의 11배나 되는데, 일본이 30년간 문명부강을 이룬 것이 60년간 외국과 통상한 청국보다 백배는 낫다고 하고, 그 이유는 청국은 옛 것만을 지키고 일본은 옛 것을 고치고 새 것을 본받은 때문이라고 하여, 윤치호가 일본의 메이지유신을 조국의 개화·개혁의 모델로 구상했음을 말해주는 것이다.

박영효가 후일의 회고담에서, 임오군란(1882) 후에 김옥균과 함께 수신사로 도일하여 3개월간 메이지일본의 발전상을 견문하고, "우리나라는 언제나 하는 초급焦急한 마음"과 "개혁의 웅심雄心"을 품게 되었으며,

---

50) 尹致昊, 「壬午日記」, 1882년 1월 3일조 ; 민두기, 『일본의 역사』 219~221쪽 ; 彭澤周, 『中國の近代化と明治維新』, 42쪽.

51) 『尹致昊日記』 1884년 7월 22일조. "隨時制法 利民爲主 不必泥古非今等說 及淸國人多地大 十一倍於日本 而日本三十年內外 更張振作 文明富强爲人所稱 百勝於六十年與外國通商之淸國 其故何也 淸則泥古也 日則能革古效新故也 我國有此二鑑 循新泥古之利害 明晳無疑."

"일평생을 지배하는 기본관념은 정히 이때에 받은 충동에서 나온 것"이
고, 갑신정변甲申政變도 "이 충동의 소사所使"라고 했듯이,52) 당시 일본을
방문한 조선의 개화인사들에게 준 메이지유신의 충격은 대단한 것이었
다. 2년 동안의 일본유학과 메이지일본의 체험은 윤치호에게도 커다란
충격을 주었을 것이며, 그의 사상형성에 중요한 계기가 되었을 것이다.

요컨대 윤치호는 일본유학을 통하여 일본어와 영어 등 외국어 공부에
열중하여 개화지식의 흡수에 필요한 기본적인 수단을 어느 정도 확보할
수 있었고, 나아가 장차 그가 중국과 미국유학을 통하여 본격적으로 근
대학문에 접할 수 있는 기초를 마련하게 되었다.

그리고 윤치호는 당시 일본에 체류하는 내외국의 개화지식인들과의
광범한 접촉과 그들의 저작·간행물들을 통하여 개화사상을 전면적으로
수용함으로써, 그의 의식을 전통사상으로부터 근대사상으로 전환시키는
단서를 열게 되었다. 또한 윤치호는 근대화과정의 메이지일본을 체험함
으로써 조국의 개화·개혁에 비상한 관심을 갖게 되고, 나아가 나름대로
의 개화의 이상과 조국을 위한 개혁의 방향을 설정할 수 있는 계기를
마련하게 되었던 것이다.

3. 귀국활동과 국정개혁의 방향

1) 귀국활동과 대인관계

윤치호는 1882년 한미관계의 새로운 장을 연 한미수호통상조약의 체
결과 1883년 5월 초대 주한미국공사 루시어스 푸트(Lucius H. Foote)의 부
임을 계기로 귀국하게 되었다. 당시 일본유학 중에 있던 윤치호는 일본

---

52) 朴泳孝, 1926.6, 「甲申政變」 『新民』 제14호(1982, 『韓國近世史論著集』 1, 태학
사, 219쪽 수록).

외무경 이노우에 가오루井上馨와 문명개화론자 후쿠자와 유키치福澤諭吉
의 권고를 받아 푸트 공사의 통역으로, 동시에 개화당과 인연을 맺은 개
화인으로 귀국했다.

윤치호가 유학을 중단하고 귀국을 결심한 내면적인 동기를 확언할 수
는 없다. 그러나 그가 근대학문에 뜻을 두고 있었던 만큼, 통역의 일을
하면 영어도 빨리 익힐 수 있고, 미국유학의 기회도 오리라는 기대도 가
졌던 것 같다.53) 또한 메이지 일본의 발전상에 깊은 감명을 받은 그로서
이제 겨우 출발단계에 있는 조국의 문명개화를 위해 나름대로 뭔가 해보
겠다는 욕구도 있었을 것이다.

윤치호는 귀국한 지 얼마 안 되어 통리교섭통상사무아문統理交涉通商事
務衙門의 주사主事로 임명되고, 미국공사관과 유대관계를 원하는 고종에
게 자유로이 접근할 수 있게 되었다. 따라서 윤치호는 귀국 후 1년 8개
월간의 국내체류 기간에 미국공사의 통역으로, 개화당의 일원으로, 그리
고 외아문外衙門의 주사로, 푸트공사와 개화당 인사들과 국왕 사이를 오
가며, 개화지식을 넓히고 국정개혁을 모색하게 되었다.

주한 미국공사의 통역으로서 윤치호가 우선적으로 힘쓴 것은 영어 공
부였다. 일본에서 전후 4개월 정도 배운 영어로 통역을 한다는 것은 무
리였다. 그래서 일본인 통역 사이토齊藤修一郎가 푸트 공사 일행을 따라
와, 처음 3개월 동안은 사이토가 일어로 통역한 것을 다시 윤치호가 우
리말로 바꾸는 삼각통역을 했다.54) 윤치호는 아예 미국공사관에 기거하
면서 푸트공사 부처와 공사관 서기관 등과 한 가족처럼 생활하면서 영어
공부에 몰두했다. 그 결과 귀국 6개월 뒤에는 상당한 정도의 통역을 해
낼 수 있게 되었다.55)

---

53) 『尹致昊日記』 1884년 6월 23일조, 1885년 2월 14일조.

54) 尹致昊, 「風雨二十年 - 韓末政客의 回顧談」 『동아일보』 1930년 1월 29일자.

55) 1883년 10월 18일조 이후의 『尹致昊日記』를 보면 그의 통역수준을 짐작할 수

윤치호는 푸트 공사와 고종 그리고 푸트 공사와 조선 조야인사들 간의 통역은 물론, 국왕을 알현하거나 외아문을 내방하는 외국사절들의 통역도 담당했다. 또한 국서國書와 기타 외교문서 등의 번역도 했다. 그리고 1884년 5월 한 달 동안은 미국공사관 직원 버나든(J.B. Bernadon)으로부터 하루에 한 시간씩 영어 개인지도를 받기도 했다.[56] 이처럼 영어에 정진한 결과 윤치호의 영어는 상당한 수준에 이르게 되었던 것이다.

한편 윤치호와 푸트 공사는 통역 이상의 관계를 가지고 있었다. 윤치호는 푸트 공사 부임 초에,

> 정부에는 두 정파가 있으니 하나는 … 사대당事大黨으로 그들의 배후의 목인덕穆麟德(묄렌도르프)은 청을 위하여 어떠한 안이든지 제언하는 것입니다. … 그들은 … 공사도 그들의 파가 되시게 하려 합니다. 그러나 고종은 사대당을 꺼리시고, 공사公使가 오심을 대단히 희흔喜欣하여 하십니다. 이러한 사정이 나타나심을 주목하시며 개화파에 공사는 최선의 고문을 주시기 바랍니다.[57]

라고 하여, 푸트 공사에게 고종과 개화당을 지원해줄 것을 요망했다.

푸트 공사도 윤치호의 요망과 부임 이래의 실제 체험을 통하여, 조선에 대한 청국의 부당한 간섭과 조선의 외교를 좌우하는 목인덕의 지나친 행동에 분개하고, 사리사욕에 힘쓰는 집권 수구사대당의 부패·무능에 크게 실망하여, 개화당에 기대를 걸고 이에 지원을 아끼지 않았다.[58]

있다. 『尹致昊日記』 1884년 1월 8일조에 있는 洪英植의 윤치호 영어실력 평가 참조.

56) 『尹致昊日記』 1884년 5월분 참조.

57) 金永義, 『佐翁尹致昊先生略傳』, 34쪽. "정부에는 두 政派가 있으니 하나는 … 事大黨으로 그들의 배후의 穆麟德은 청을 위하야 엇더한 案이든지 提言하는 것입니다. … 그들은 … 公使도 그들의 派가 되시게 하려 합니다. 그러나 고종은 事大黨을 꺼리시고, 公使가 오심을 대단히 喜欣하여 하십니다. 이러한 사정이 나타나심을 주목하시며 개화파에 공사는 最善한 顧問을 주시기 바랍니다."

58) 『尹致昊日記』 1883년 10월 21일, 11월 4일조, 1884년 1월 10일, 3월 17일, 5월

따라서 푸트 공사는 윤치호를 매개로 하여 개화당 인사들과 자주 접촉하고, 수시로 고종의 자문에 응하면서 조선의 자주독립과 문명개화에 적극 협력했다. 이로 말미암아 푸트 공사는 재경在京 청인淸人들과 친청 수구당 인사들에게는 눈의 가시와 같은 존재가 되었고, 개화독립당 인사들과 고종에게는 든든한 후원자가 되었다.[59]

윤치호는 푸트 공사를 "매사에 참고 용서하여 얼굴에 나타냄이 없고," 그러나 "사람됨이 강맹剛猛하고" "말이 확실하고 사세事勢에 합당한" '영웅'적인 인물로 존경했다.[60] 그러므로 그는 당시 조선이 당면한 모든 대내외 문제를 푸트 공사와 상의하여 고종에게 반영시키고자 했다. 윤치호에게 있어서 푸트 공사는 공적으로는 조선의 자주와 개화의 후원자로, 사적으로는 매사를 지도해주는 스승처럼 여겨졌다. 사실상 푸트 공사는 윤치호의 귀국으로부터 출국까지 생각과 행동을 같이했고, 가장 많은 영향을 끼친 인물이었다.

다음으로 윤치호와 개화당 인사들과의 관계를 살펴보기로 한다.

윤치호는 당시의 조야인사들과 광범한 접촉을 가졌으며 특히 개화당 인사들과는 빈번하게 접촉했다. 그가 귀국 후에 쓴 현존하는 일기가 시작되는 1883년 10월 18일부터 갑신정변이 일어난 1884년 12월 4일까지 약 400일간의 일기를 중심으로 하여 그의 개화당 인사들과의 접촉관계를 살펴보기로 한다.

이 기간에 윤치호가 만난 개화당 인사들과의 접촉회수를 살펴보면, 김옥균 71회, 유대치劉大致 41회, 홍영식 32회, 박영효 23회, 한만여韓萬

2일·4일·24일, 6월 9일조.

59) 『尹致昊日記』 1884년 11월분을 보면 Foote공사와 개화당간의 친분을 뚜렷이 알 수 있다. 고종은 대내외적인 중요 문제가 발생하면 으레 Foote공사의 자문을 구했고, 『尹致昊日記』 1884년 4월 24일조에서 볼 수 있듯이, 유사시에는 미국의 원조를 받아 청국의 간섭을 배제하고자 했다.

60) 『尹致昊日記』 1883년 10월 22일조, 1884년 3월 3일조.

如 22회, 박제형朴齊絅 17회, 서광범 13회, 유혁로柳赫魯 13회, 오세창吳世昌 8회, 변수邊樹 5회이다. 이것을 이 기간의 상대방의 국내체류 일수와 관련하여 접촉빈도를 살펴보면, 김옥균은 3일에 1회, 유대치는 10일에 1회, 홍영식은 11일에 1회, 서광범은 14일에 1회, 박영효는 17일에 1회, 그리고 한만여는 18일, 박제형은 24일, 유혁로는 30일, 변수는 36일, 오세창은 50일에 각각 1회씩 만났다. 이상에서 우리는 윤치호가 개화당 인사들 중에서도 개화의 선각자인 유대치와 갑신정변의 4거두四巨頭인 김옥균·박영효·홍영식·서광범 등과 더욱 빈번히 접촉했음을 알 수 있다.

그리고 이 기간에 윤치호가 개화당 인사들과 집단적으로 접촉한 사실을 살펴보면 김옥균의 제3차 일본 방문(1883.6~1884.5)으로부터 귀국 이전에는 유대치와 박영효가 중심이 되어 윤치호·박제형·유혁로·한만여·오세창 등이 주로 박영효·유대치·오세창의 집에서 15회에 걸쳐 만났다. 이들 유대치·박영효 중심의 개화당 인사들의 모임에는 성명 미상의 소룡小龍과 이판관李判官도 각기 1회씩 참석했다.[61]

김옥균의 귀국 이후에도 윤치호는 유대치·박영효 중심의 모임에서 4차에 걸쳐 개화당 인사들을 만났는데, 이때에는 김옥균·서광범·이석사李碩士·이정환李晶煥·변수·백춘배白春培 등이 새로이 참석했다.[62] 그리고 이 유대치·박영효 중심의 모임 외에도 김옥균·박영효·홍영식·서광범·오감吳鑑·신중모申仲模 등과 몇 명씩 7회에 걸쳐 만난 사실도 있다.[63]

이와 같은 개화당 인사들의 모임에서는 술을 마시며 환담을 하기도 하고, 시사時事를 담론하며 당면한 국사國事의 대책을 협의하기도 했으며, 달을 보며 다리를 거닐거나 설경雪景을 구경하는 등 야유회를 갖기도

---

61) 『尹致昊日記』1883년 12월 3일·27일조, 1884년 1월 5일·19일·25일, 2월 1일·2일·5일·9일·11일·20일, 3월 7일·11일·19일, 4월 23일조.
62) 『尹致昊日記』1884년 5월 3일·12일, 7월 9일, 9월 8일조.
63) 『尹致昊日記』1884년 6월 2일·4일·23일, 9월 15일, 10월 18일·19일·20일조.

했다.[64] 이렇게 하여 개화당 인사들은 인간적 동지적인 결속을 굳게 해 갔던 것이다.

그러면 윤치호는 개화당 인사들에 대하여 어떠한 생각을 가지고 접촉했던가?

먼저 김옥균에 대해서는, 진실로 국가를 위하는 애국자요 사람됨이 찬란한 '지사志士'이며, 준명俊明 활발한 쾌남아요 재주가 넘치는 '인걸'이라 평하고, 믿음직한 '지기知己'라고 생각했다.[65] 유대치에 대해서는, "말이 확실하고 이치와 사세에 들어맞아 사람을 감복케 한다."고 하고 '영웅' 또는 '선각자'로 존경했다.[66] 홍영식에 대해서는 "사령辭令이 화창하고 견식이 확실하여 흠상欽賞할 만하며" "의론이 요연曔然하여 사람으로 하여금 새로운 것을 깨닫게 한다."고 평했다.[67] 그리고 박영효는 사람됨이 침묵하고, 붕우 간에 의기가 두터운 인물로 생각했고,[68] 서광범은 "말이 매우 이치에 닿고 권술權術이 있어 아낄 만하며" "우리나라 당금의 사세로는 … 위산緯山(서광범)의 논의가 달변하여 쓸 만한 것"이라고 평했다.[69] 그리고 윤치호는 모든 개화당 인사들을 '제우諸友'라 호칭

64) 1883년 10월 18일에서 1884년 12월 4일 사이의 『尹致昊日記』에는 윤치호와 개화당 인사들과의 27회에 걸친 집단적인 만남에서 飲酒歡談이 7회, 時事談論이 11회, 野遊會가 7회, 기타 2회로 나타나 있다.

65) 『尹致昊日記』1883년 12월 24일조, 1884년 5월 3일·4일·12일·17일, 7월 8일조. 徐載弼의 金玉均 評은 「回顧甲申政變」, 閔泰瑗, 1947, 『甲申政變과 金玉均』부록, 국제문화협회, 82쪽 참조. 박영효의 김옥균 평은 「朴泳孝氏를 만난 이야기」, 1962, 『李光洙全集』17, 삼중당 참조.

66) 『尹致昊日記』1884년 2월 19일, 3월 2일조. 吳世昌의 劉大致 評은 古筠記念會 編, 1944, 『金玉均傳』上卷, 東京, 慶應出版社, 49~50쪽 참조.

67) 『尹致昊日記』1884년 1월 30일, 6월 10일조 ; 이광린, 「개화당의 형성」『개화당 연구』, 28~29쪽.

68) 『尹致昊日記』1889년 6월 13일조.

69) 『尹致昊日記』1884년 6월 10일조 ; 이광린, 『개화당연구』, 20쪽. 윤치호는 그의 일기 1893년 8월 14일조에서, 서광범은 너그럽고 애국심이 강하고 애정이 깊다고 평했다. Fred H. Harrington은 이광린 역, 1973, 『개화기의 한미관계 – 알렌 박사

했듯이, 그들을 동지·지기·친우로 생각했던 것이다.[70)

이와 같은 개화당 인사들과의 집단적인 또는 개별적인 접촉과정에서 윤치호는 개화의 식견을 넓히고 개화활동에 영향을 받았는데, 특히 유대치와 김옥균으로부터는 각별한 영향과 지도를 받았다.

다음으로 윤치호와 집권 수구사대당(온건개화파 포함) 인사들과의 접촉관계는 어떠했던가를 살펴보기로 하자.

앞서와 같은 기간 곧 1883년 10월 18일부터 1884년 12월 4일까지 윤치호가 만난 수구사대당 인사들과의 접촉회수를 살펴보면, 민영익閔泳翊 18회, 민영목閔泳穆 14회, 한규직韓圭稷 13회, 이조연李祖淵 11회, 김홍집金弘集 7회, 윤태준尹泰駿 5회, 김윤식金允植 4회, 어윤중 2회, 김만식金晚植 2회, 민태호閔台鎬 1회이다. 이중에서 민영익·민영목과는 개인적인 방문을 통하여 접촉하기도 했으나, 나머지 인사들과는 거의 대부분 미국공사와 함께 만났거나 공적인 일로 만났다.

그럼 윤치호가 이들 수구사대당 인사들에 대하여 어떠한 생각을 가지고 접촉했을까?

먼저 민영익에 대해서는, 그처럼 좋은 처지에 있고 세계를 일주하고서도 개화와 진보, 자주와 독립, 자강의 영광을 외면하고, 수구완우守舊頑愚와 대청의존對淸依存으로 자가안녕自家安寧만을 꾀하는 인물로, 꿈속에서 깨어나지 못한 "팔삭동이"라고 비판했다.[71) 다음 민영목에 대해서는, 음흉편사陰凶偏私하여 국익에 관심이 없고 사리私利만을 꾀하며, 외아문 독판督辦으로서 청나라 사람을 받들고 군부君父를 위협하는 노간老奸(간사

의 활동을 중심으로』, 일조각, 23쪽에서 갑신정변의 四巨頭를 "예리하면서도 신중치 못한 金玉均, 완고한 협력자 朴泳孝, 야심만만한 洪英植, 명민한 徐光範"으로 묘사했다.

70) 『尹致昊日記』 1884년 2월 20일, 10월 18일조.

71) 『尹致昊日記』 1884년 6월 10일·11일·14일·16일·21일, 8월 4일, 11월 6일조. 서재필의 閔泳翊 評은 「回顧甲申政變」, 閔泰瑗, 『甲申政變과 金玉均』 부록, 82쪽.

한 늙은이)이라고 비판했다.[72] 이조연李祖淵에 대해서는, "이랬다 저랬다" "배신 잘하는" 간사한 아첨배로 간주하여 이고李狐(李여우), 이좌영李左佞(아첨배 좌영사)이라고 호칭했다.[73] 한규직韓圭稷에 대해서는, "근시자近侍者 이(조연)·한(규직)의 무리"는 '까마귀떼'와 같은 존재라 협력하기가 어렵다 했고, 개화와 진보를 추구하는 부친 윤웅렬의 일을 방해하는 자들이라고 비난했다.[74] 윤태준尹泰駿에 대해서는, 일기에 '윤우고'尹右狐(여우같은 우영사), '호노'胡奴(청나라의 노예)라 표현하고 있듯이, 청인과 왕비에 아부하여 사리만을 채우는 "기괴한 인물"이라고 비판했다.[75] 그리고 민태호閔台鎬에 대해서는, 일기에 '좌찬간'左贊姦(간사한 좌찬성), '호노배'胡奴輩라 쓰고 있으며, 청인과 왕비에게 아부하고 개화와 진보를 방해하는 자라 비난했다.[76] 이상의 6명은 갑신정변 때 개화당에 의해 제거대상으로 지목된 인물들이었다.[77] 그리고 그는 김윤식을 '호노'胡奴로, 김만식金晩埴을 '김이'金狸(김너구리)라 호칭했고,[78] 김홍집·어윤중에 대해서도 호감을 보이지 않았다.

이상과 같이 윤치호는 수구사대당 인사들에 대해서 자주독립과 개화자강을 외면하고, 청국과 왕실에 아첨하여 국익보다 사리에 광분하는 무리로 비판하고, '호노배', '요물배'妖物輩, '여우들'이라고 혹평했다.[79] 곧

---

72) 『尹致昊日記』 1884년 1월 1일조.

73) 『尹致昊日記』 1883년 11월 2일·7일·9일조, 1884년 5월 12일조.

74) 『尹致昊日記』 1884년 5월 12일, 6월 13일·14일, 10월 29일조.

75) 『尹致昊日記』 1884년 4월 12일, 7월 7일, 11월 4일·7일조.

76) 『尹致昊日記』 1883년 11월 2일조 ; 1884년 4월 12일, 6월 12일·14일, 10월 29일조.

77) George C. Foulk, "Report of Information Relative to the Revolutionary Attempt in Seoul, Corea, December 4~7, 1884", George C. McCune and John A. Harrison, eds., *Korean-American Relations*, Vol. 1 (University of California Press, 1951), 110~111쪽.

78) 『尹致昊日記』 1883년 10월 18일, 11월 15일조, 1884년 4월 12일조.

79) 『尹致昊日記』 1884년 4월 12일, 5월 12일, 7월 8일·9일조. 윤치호는 후일의 회고

그는 집권 수구사대당을 자주와 개화의 적대집단으로 간주했던 것이다. 따라서 윤치호는 수구사대당 정권에 대하여 비판적인 입장에 서서, 푸트 공사와 개화당 요인들의 지도와 영향을 받으며 국왕을 통하여 국정개혁을 모색했다.

그러면 윤치호와 고종高宗과는 어떠한 관계에 있었던가를 살펴보기로 한다.

윤치호는 자기의 신상문제와 관련하여 고종에게 다음과 같이 상주한 일이 있다.

> 신은 비록 우매하나 성은聖恩이 신의 집안에 편중되어 있음을 잘 알고 있어서 늘 하찮은 몸이나마 왕실에 힘써 충성할 것을 생각했습니다. 모신이래 삼전三殿의 총애가 출중하여 궁궐의 출퇴가 자유로웠으며, 항상 과거든 벼슬이든 어떤 것이 소원인가를 물으셨습니다. 그러나 신은 늘 학업이 아직 이루어지지 않았음을 들어 사양했습니다.[80]

곧 윤치호는 귀국 후에 국왕과 왕비의 각별한 총애를 받으며, 자유로이 대궐에 드나들면서 입시入侍할 수 있었다. 뿐만 아니라 그는 1883년 11월부터 8개월 동안에, 고종으로부터는 갓과 탕건, 관복과 전대, 황금시계와 한중漢中(부인용 香) 등을 8회에 걸쳐 하사받았고, 민비閔妃로부터도 자신이 쓰던 수놓은 주머니와 고종이 쓰던 수놓은 약주머니 그리고 비단 꽃다발 등을 2회에 걸쳐 하사받기도 했다.[81] 또 민비는 윤치호의 그해의

담(「風雨二十年 – 韓末政客의 回顧談」『동아일보』, 1930년 1월 12일자)에서 갑신정변 시기의 조선정계를 개혁파(개화독립당)와 수구당(수구사대당) 그리고 중간파(온건개화파)로 분류했으나, 당시에는 중간파를 수구당과 동일한 집단으로 간주했던 것 같다.

80) 『尹致昊日記』1884년 1월 8일조. "臣雖愚昧 能知聖恩偏重於臣家 每思微軀效忠於王室 承候以來 三殿寵愛出衆九重進退任意 恒蒙下詢科官間何所願 而 … 臣每以學業未成辭之."

81) 高宗의 下賜關係는 『尹致昊日記』1883년 11월 2일·16일, 12월 1일조, 1884년

길흉을 점쳐서 알려주기도 했다.[82] 이러한 사실은 윤치호와 고종·민비
와의 인간관계가 얼마나 친밀했는가를 충분히 짐작케 하는 것이다.

윤치호는 1883년 10월 18일부터 1884년 12월 4일까지 400여 일 동
안에 170회 즉 2, 3일에 한 번꼴로 대궐에 출입했다. 이중에 15회는 푸
트 공사 부처나 외교사절 등과 함께 고종을 뵈었고, 나머지 155회는 단
독으로 대궐에 들어가 알현했다. 그중에 고종에게 상주한 내용이 『윤치
호일기』에 기록되어 있는 것만 해도 55회에 달하고 있다. 대내외의 당
면문제에 대한 윤치호의 상주는 고종과 민비에 의하여 대부분 긍정적인
반응을 얻었으나, 거의 국정에 반영되지는 못했다. 윤치호는 그 이유를
고종과 민비의 성품과 관련하여 생각했다.

그러면 윤치호는 고종과 왕비에 대하여 공적인 면에서는 어떠한 생각
을 가지고 접촉했을까? 그는,

> 임금이 비록 그 좋은 것을 알고 또 행하려고도 하나, 주저하고 의심이 많
> 아 잠시의 편안함을 얻으려 하며, 간사한 자들에게 현혹되어 결단함이 부족하
> 여, 일의 성과는 얻기 어렵고 꾀하는 것은 많으나 결실은 없다.[83]

라고 하여, 고종이 국정개혁에 의욕은 가지고 있으나 우유부단하여 과감
한 실천력이 없음을 애석하게 생각했다. 그리고 민비는 "천품이 총명"하
나 "사심私心이 가득 차 공해公害를 헤아리지 않음"을 탄식했다.[84] 또한

5월 16일·28일, 6월 9일·19일·21일조. 민비의 하사관계는 『尹致昊日記』 1884년
2월 8일, 5월 3일조.

82) 『尹致昊日記』 1884년 2월 8일조.

83) 『尹致昊日記』 1884년 1월 18일조. "上雖知其善 又欲行之而躊躇多疑 貪得姑安
惑於小奸 乏於能斷 事罕得果 謀多无實." 『尹致昊日記』 1884년 2월 19일, 4월
24일조.

84) 『尹致昊日記』 1884년 6월 9일, 7월 8일조 ; 尹致昊, 「風雨二十年 - 韓末政客의
回顧談」 『동아일보』, 1930년 1월 12일자.

고종과 민비가 간사한 무리들에 빠져 무사안일을 추구하고 있음을 원망도 했다.[85] 결국 윤치호는 고종이 "군주의 자질"은 있으나 "암군暗君이 하는 일"을 한다고 평하고, "이같이 어둡고 꿈결 속의 군주로부터 무엇을 바라겠는가?" 라고 하여, 고종에게 깊은 회의감을 품게 되었다.[86] 그러나 고종과 민비가 문명개화와 대청자주對淸自主 의식을 가진 점을 긍정적으로 평가하고, 윤치호는 나름대로의 사명감을 가지고 계속 국정개혁을 고종에게 건의했던 것이다.[87]

갑신정변 이전에 고종과 민비가 청국과 개화에 대하여 어떻게 인식하고 있었던가는 중요한 문제이므로 잠깐 언급하고 넘어가기로 한다.

『윤치호일기』에 의하면, 1883년 11월 초에 고종과 민비는 오장경吳長慶과 진수당陳樹棠 등 재경청인在京淸人들의 오만한 압제와 관련하여 반청감정을 드러내기 시작했고, 1884년 2월 중순에서 4월 초순 사이에는 청국이 대원군을 귀국시켜 집권케 하려 한다는 대원군환국설大院君還國說이 나돌아 그들의 반청의식은 고조되었다. 따라서 같은 해 3월 하순에서 9월 초순 사이에 고종과 민비는 미국과 미국공사의 힘을 빌려 청국의 압제를 견제하고 청국군대를 철수시킴으로써 '자주국체自主國體'를 지키려는 일종의 '인미거청引美拒淸'의 의지를 보여주었다. 한편 고종과 민비는 일본식의 문명개화론에 찬의를 표하고, 미국인 고문을 고빙하여 국정을 개혁하려는 의지를 보여주었다.[88] 그러므로 고종과 민비는 청인들을 두

---

85) 『尹致昊日記』 1884년 2월 6일조.
86) 『尹致昊日記』 1884년 1월 18일, 3월 19일조.
87) 『尹致昊日記』 1883년 11월 2일조, 1884년 3월 19일·30일, 4월 24일, 5월 17일, 7월 22일, 9월 9일조, 1885년 2월 14일조.
88) 在京淸人들의 오만한 압제에 대해서는, 『尹致昊日記』 1883년 11월 2일조, 1884년 1월 1일, 6월 23일조 참조. 大院君還國說에 대해서는 『尹致昊日記』 1884년 2월 19일, 3월 19일·30일, 4월 4일조 참조. '引美拒淸' 의지에 대해서는 『尹致昊日記』 1884년 3월 30일, 4월 24일, 5월 17일, 9월 9일조 참조. 개화의식에 대해서는 『尹致昊日記』 1883년 11월 2일조, 1884년 1월 18일, 7월 22일조, "Lucius H.

려워하여 개화정책을 추진하지는 못했으나, 내심으로는 개화당에 호감을 가지고 있었던 것으로 보인다.

　박영효는 1884년 11월 4일에 주한 일본공사관의 서기관 시마무라島村久와의 대담 가운데서,

　　　저들(수구당)은 다수, 우리들은 소수인 데다가 국왕은 반신반의의 태도이고, 왕비는 저들의 말을 믿고 점차 마음을 돌리게 되어, 마침내 우리들의 충언忠言을 듣지 않게 되었다.[89]

라고 하여, 고종과 민비가 태도를 바꾼 사실을 심각하게 설명하고 있다.

　이상의 박영효의 담화와 전술한 『윤치호일기』의 내용을 미루어볼 때, 고종과 민비가 적어도 1883년 11월 초순에서 1884년 9월 초순까지는 대청자주·문명개화의 의식을 가지고 개화당에 호감을 보였는데, 1884년 9월 중순에서 개화당이 정변을 결정한 10월 하순 사이에 그 태도를 바꾸어 수구당에 더욱 밀착한 사실을 알 수 있다.

2) 윤치호의 국정개혁 방향

　윤치호가 고종에게 상주한 내용은 주로 조선의 당면문제와 관련된 국정의 방향을 제시한 것이었다. 그는 고종에게 상주하기 전에 대체로 푸트 공사나 유대치·김옥균 등 개화당 요인들과 의논했다. 따라서 윤치호

Foote to Secretary of State" No.32, Confidential, October 19, 1883, George C. McCune and John A. Harrison, eds., 앞의 책, 53쪽 및 柳永益, 1983, 「韓美條約 (1882)과 初期韓美關係의 전개」『동양학』13, 단국대학교 동양학연구소, 156~160쪽 참조.

89) 伊藤博文 編, 1970, 『秘書類纂 朝鮮交涉資料』上卷, 東京, 原書房, 270쪽. "彼等ハ多數我々少數、國王ニアリテハ殆ント半信半疑被致候處、王妃ハ彼等ノ言ヲ信ジテ國王ニ彼等ヲ信用被爲在後樣漸々被申入候ニ付、遂ニ我々ノ忠言ハ御耳ニ入リ兼候姿ニ成行申候."

가 상주한 내용은 다분히 푸트 공사나 개화당 요인들의 의사를 반영한 면도 있으나, 일단 그 자신의 판단을 거친 그 자신의 소신이라 할 수 있겠다.

그러면 윤치호가 국왕에게 상주한 내용을 분석하여 그의 국정개혁의 방향과 개화의식의 심도를 살펴보기로 한다. 윤치호의 상주내용은 크게 대외관계와 대내관계로 구분되는데, 먼저 대외관계부터 살펴보기로 한다.

첫째로 윤치호는 대외관계에 있어서 청국간섭의 배제와 자주독립의 확립문제에 역점을 두었다.

당시 청국은 조선정부에 "외교에 관한 일은 일체 청국에 문의하라."는 공문을 보내오고, 광동수사제독廣東水師提督 오장경吳長慶은 고종에게 "내가 삼천 자제子弟를 거느리고 여기에 와 있으니 매사에 황조皇朝를 배반해서는 안 된다."고 위협했다. 재경 청인들은 조선 관리들에게 "차관借款 등의 일은 우선 청국의 지휘를 받되 양인洋人들과 의논해서는 안 된다."고 했고, 심지어 청국총판조선각구통상사무淸國總辦朝鮮各口通商事務 진수당陳樹棠은 "조선은 청국의 속국이다." 라는 방문을 남대문에 붙여 놓기도 했다.[90]

이와 같은 청국의 간섭과 오만한 태도에 대하여 집권 수구관인들은 청국을 두려워하여 그 지시에 복종하며 무사안일을 추구했고, 고종과 민비는 내심으로 분노를 느끼면서도 역시 두려움 속에서 뚜렷한 대책을 세우지 못했다.[91]

윤치호는 대청관계에 대하여,

옛날에는 속방이 되어 그 밑에 감처甘處하는 것이 비록 사세가 그렇게 하게 했을 뿐 아니라, 나라를 지키는 하나의 방책이었습니다. 그러나 이제는 종주국을 각별히 섬기고 옛 규범을 지키는 것이 어찌 일을 무익하게만 할 뿐이

---

90) 『尹致昊日記』 1883년 11월 2일·4일조.
91) 『尹致昊日記』 1883년 11월 2일조, 1884년 1월 1일조.

겠습니까. 도리어 반드시 나라를 망하게 할 뿐입니다. … 모름지기 스스로 떨쳐 일어나는데 힘써 독립을 기약하는 것이 지금 우리나라의 급무입니다.[92]

라고 상주했다. 곧 옛날에는 속방屬邦이 되는 것이 사세 부득이 했고 보국保國의 한 방책이 되기도 했지만, 이제는 나라를 망치는 것이니 스스로 떨쳐 독립을 기약하는 것이 급선무라고 역설한 것이다.

그리고 그는 20여 차에 걸친 상주를 통하여 청국의 간섭에 대한 대응책을 제시했다. 그 내용의 골자는 "내치·외교는 자주하는 것"이며 "청국에서도 일찍이 허락한 것"이므로, 청국의 부당한 요구에 굴복하지 말고 이치로써 강명剛明하게 대처하면 청국을 두려워할 것이 없다는 것이다.[93] 그리고 "덕정을 베풀어 민심을 진압하고, 힘써 병대兵隊를 훈련하여 왕실의 보호를 꾀하고, 외국의 원조를 교섭하여 기어코 자주를 지킨다면" 청국의 간섭을 배제할 수 있다는 것이다.[94] 그런데 그는 "내정을 닦지 못하면 외교는 무익한 것"이라든가, "우리가 자강하면 남을 족히 두려워할 것이 없다."고 하여[95] 외교보다는 내정의 충실을 통한 자강이 청에 대한 자주독립의 근본 대책임을 강조했다.

이러한 기본적 입장에서 윤치호는 한불조약韓佛條約 체결에 즈음하여 예상되는 청국의 방해에 대한 대책, 청국군 호위하의 대원군환국설에 대한 대응자세, 진수당陳樹棠의 조선관인 구타사건에 대한 항의, 그리고 청불전쟁과 관련한 대청 자주책 등을 고종에게 건의했던 것이다.[96]

---

92)『尹致昊日記』1884년 2월 6일조. "古則爲其屬邦 甘處其下 不但勢所使然 亦是
    保國一策 今則恪事宗國 苦守舊規 何嘗事竟無益 反必敗國乃已 … 必須勉圖自
    振 以期獨立 當今我邦之急務."

93)『尹致昊日記』1884년 1월 1일·18일조.

94)『尹致昊日記』1884년 1월 1일조.

95)『尹致昊日記』1884년 3월 30일, 4월 4일, 9월 10일조.

96) 한불조약 관계는『尹致昊日記』1884년 1월 18일·19일조 참조. 대원군환국설 관
    계는『尹致昊日記』1884년 2월 19일, 3월 9일·30일, 4월 4일조 참조. 陳樹棠의

둘째로 윤치호는 대외관계에 있어서 서구열강과의 조약체결에 깊은 관심을 보였다.

민영익이 "근일에 독립을 이룩할 수 있는 기회가 있는가?"라고 묻자, 윤치호는 "우리나라가 미·영 제국諸國과 조약을 맺은 날부터 곧 독립이 된 것이다. 세상에 어찌 속국과 더불어 평등한 조약을 맺을 이치가 있겠는가?" 라고 대답했다.[97] 그는 구미 제국과의 조약체결을 대청 자주독립의 상징적인 조치로 인식했던 것이다. 또 그는 유사시에는 "외국의 원조를 교섭하여 자주를 지킬 수 있다."[98]고 상주했듯이, 서구열강과의 외교관계의 수립이 청국의 간섭에 대한 견제 역할을 할 수 있다고 믿었다.

따라서 그는 고종과 푸트 공사와 외아문 사이를 오가며 한영조약韓英條約이 조선측에 유리하게 성사될 수 있도록 노력했다.[99] 그리고 한영조약과 한독조약韓獨조약이 체결된 뒤에는 고종에게 러시아와의 조약체결도 서두르도록 건의하기도 했다.[100]

셋째로 윤치호는 대외관계에 있어 차관도입과 개광허가開鑛許可 문제에 대하여 누차 비판적인 입장에서 상주했다.

문제의 발단은 이조연·윤태준·민태호 등이 청인淸人 장학주張學周로부터 30만 원을 차관하고 광산개발을 허가해준 데 있었다. 윤치호는 차관을 하려면 일시에 거금을 빌려 정부조직을 고치고, 광산개발은 정부주도하에 자주적으로 하는 것이 바람직하다고 주장했다.[101] 그가 차관과 개

구타사건 관계는 『尹致昊日記』 1884년 6월 22일·23일·25일조 참조. 청불전쟁 관계는 『尹致昊日記』 1884년 1월 1일, 9월 25일조 참조.

97) 『尹致昊日記』 1884년 1월 1일조.

98) 위와 같음.

99) 『尹致昊日記』 1883년 11월 4일·6일·7일·8일·17일조.

100) 『尹致昊日記』 1884년 1월 10일·18일조. 고종도 열강과의 조약체결이 조선정부의 입장을 강화시킬 것으로 믿고 Foote공사에게 협력을 요청하기도 했다. "Lucius H. Foote to Secretary of State," No.32, Confidential, October 19, 1883, George C. McCune and John A. Harrison, eds., 앞의 책, 53쪽 참조.

광을 비판한 근거는 차관의 이자가 고율이고 개광의 계약조건이 불리하
다는 데 있었으나,[102] 보다 중요한 내면적인 이유는 차관과 개광이 청인
의 압력에 의해 친청수구파의 주도하에 이루어졌다는 점이다. 곧 그의
차관과 개광의 반대는 대청자주에 역점이 주어졌던 것이다.

넷째로 윤치호는 미국인 고빙에 관한 문제 등 한미관계에 대해서 건
의했다.

그는 에버트 프레이저(Evert Frazer)에게 총영사직總領事職을 수여하는 문
제에 대해 상주했고, 로버트 슈펠트(Robert W. Shufeldt)와 오웬 데니(Owen
N. Denny) 양자 중 누구를 고빙하느냐에 대해서도 푸트 공사와 김옥균·홍
영식·서광범·민영익 등의 의견을 종합하여 고종에게 건의하기도 했
다.[103] 한편 미국과 푸트 공사에 대해서도 상주하여 한·미간의 유대강화
에도 노력했다.[104]

다음으로 윤치호의 대내관계에 대한 상주내용을 살펴보면, 앞에서 언
급한 바와 같이 그는 "내정을 닦지 않으면 외교는 무익한 것"[105]이라
하여 내정의 중요성을 크게 강조했다.

첫째로 윤치호는 "우리나라에서 제일가는 일은 마땅히 정부조직을 고
치는 것"[106]이라 하여 내정에 있어서 정부조직의 개편이 선결문제임을
역설했다.

그는 외국의 예에 따라 정부 각부의 업무한계를 엄격히 하여 서로 타
부他部의 일에 간여치 못하도록 정부규모를 개혁해야만 내정의 원활을

---

101) 『尹致昊日記』 1883년 11월 2일·5일조.
102) 『尹致昊日記』 1883년 11월 4일·5일조.
103) Frazer 관계는 『尹致昊日記』 1884년 1월 1일·3일·4일조 참조. Shufeldt와 Denny
　　관계는 『尹致昊日記』 1884년 6월 4일·9일·11일·12일·13일조 참조.
104) 『尹致昊日記』 1883년 10월 28일, 11월 3일조, 1884년 3월 30일조.
105) 『尹致昊日記』 1884년 3월 30일조.
106) 『尹致昊日記』 1884년 11월 2일조.

기할 수 있다고 했다. 그리고 문벌과 정실을 떠나 능력본위의 인재등용을 단행해야만 허망된 관직 추구열을 없애고 민심을 수렴할 수 있다고 했다.[107) 곧 그는 행정권의 분립과 인사행정의 개선을 통한 기본적인 통치구조의 변혁을 중시했던 것이다.

한편 윤치호는 집권수구당의 부패·무능에 비추어 국왕친재國王親裁의 강화를 역설하기도 했고,[108) 선각적인 인물 유대치劉大致의 등용을 건의하여 유대치를 고종에게 알현하게 하기도 했다.[109)

둘째로 윤치호는 재정을 "일국의 제일 중요한 일"[110)로 간주하고, 재정문제에 대하여 누차 상주했다.

그는 당시 문제가 되고 있던 "차관·광산권을 통합하여 호조戶曹에 소속시키고 왕명 외의 차관을 금지시키면, 재정이 통일되고 왕명이 일도一道가 될 것이다."고 하여 호조에 의한 국가재정의 통일을 역설했다.[111) 그리고 재정이 통일되어야 필요한 거액의 차관도 가능할 것이라 하고,[112) 정부 주도하에 채광採鑛을 해야 인민에게 이익이 된다[113)고 주장했다. 한편 이조연·목인덕 등이 추진하던 주전기계鑄錢器械 도입문제에 대해서는 푸트 공사나 김옥균과 마찬가지로 그 유해무익함을 주장하고, 일본의 실패 경험을 들어 소량의 은전銀錢은 외국에 위탁 주조함이 국가에 이익임을 건의했다.[114) 또한 부족한 재정의 절감책을 상주하기도 했다.[115) 요컨대 그는 국가재정의 일원화와 안정 및 국가의 경제적 권익의

---

107) 『尹致昊日記』 1883년 11월 2일조, 1884년 1월 18일조.
108) 『尹致昊日記』 1883년 11월 2일·4일조, 1884년 1월 8일조.
109) 『尹致昊日記』 1884년 2월 12일·19일, 4월 5일조.
110) 『尹致昊日記』 1884년 1월 18일조.
111) 『尹致昊日記』 1883년 11월 2일조, 1884년 1월 18일, 2월 12일조.
112) 『尹致昊日記』 1883년 12월 22일조, 1884년 1월 18일조.
113) 『尹致昊日記』 1883년 11월 5일조.
114) 『尹致昊日記』 1884년 1월 14일, 3월 15일·19일, 5월 21일, 12월 1일조.
115) 『尹致昊日記』 1883년 12월 22일조.

수호를 위해 노력을 기울였다.

셋째로 윤치호는 군무軍務도 재정과 마찬가지로 "일국의 제일 중요한 일"116)로 인식하고 군사문제에 대해서도 고종에게 건의했다.

그는 당시 조선의 삼영三營의 군대는 서로 원수 대하듯 하고, 전투능력도 없으며 전투를 두려워하여 유사시에 아무런 쓸모가 없는 존재라고 보았다. 그러므로 그는 "삼영의 병대를 통합하여 1인을 시켜 가르치고 1인으로 장관將官을 삼아 군심軍心을 일치케 해야 한다."고 역설했다.117) 그리고 왕실과 인민의 보호를 양병의 주의主義로 삼아 "충의와 용감"으로 군대를 훈련시킬 것을 강조했다.118)

요컨대 윤치호는 군통솔권의 일원화, 군인정신의 합일, 상무정신의 강화 등을 통하여 충성스럽고 용감한 국방군을 양성해야 한다고 보았던 것이다. 이러한 목적에서 그는 미국인 교관을 초빙하여 각 영營을 통합 훈련시킬 것과 사관학교를 설립할 것도 건의했다.119)

넷째로 윤치호는 병원과 학교의 설립 및 전신의 설치를 미국인에게 허가해줄 것을 건의120)하는 등 근대시설의 도입에도 깊은 관심을 보였다. 그리고 기타 내정 일반에 관한 문제와 집권수구당 인물들의 문제점 및 민생의 어려운 문제 등에 대해서도 상주하여121) 국정에 참고하도록 노력했다.

윤치호가 국왕에게 상주하는 가운데, 대청사대는 나라를 망치는 것이므로 스스로 진작振作하여 독립을 기약하는 것이 급무라 했고,122) "혁고

---

116)『尹致昊日記』1884년 1월 18일조.
117)『尹致昊日記』1884년 1월 1일·18일조.
118) 위와 같음.
119)『尹致昊日記』1884년 1월 18일, 8월 9일조.
120)『尹致昊日記』1884년 7월 4일조.
121)『尹致昊日記』1883년 11월 4일조, 1884년 1월 18일, 7월 22일조.
122)『尹致昊日記』1884년 2월 6일조.

효신革古效新"하고 "경장진작更張振作"하여 문명부강을 이룬 메이지일본明治日本을 모델로 하는 개화자강을 역설한[123] 사실에서도 알 수 있듯이, 대외적인 자주독립과 대내적인 개화자강이 그의 국정개혁의 이상이었고 기본방향이었다.

4. 갑신정변과 윤치호의 개혁방법론

1) 정변에 대한 윤치호의 태도

윤치호는 대외적으로 자주독립과 대내적으로 개화자강을 국정개혁의 이상으로 삼았다. 그는 개화당이 "새것을 일으키고 옛것을 고치며, 항상 독립을 꾀하는데 뜻을 두고 있다."고 하고, 그 구성원은 "문명 독립하여 천하에서 스스로 진작하는데 뜻을 둔 인사들"이라 했다,[124] 곧 그는 개화당 인사들과 자신이 동일한 이상을 가졌다고 생각했다.

김옥균과 박영효 등 개화당 요인들은 자주독립과 개화자강이란 국정개혁의 이상을 급속히 실현하기 위하여 정변의 방법을 선택했다. 김옥균이 정변을 구상한 것은 갑신정변 1년 전인 1883년, 그가 300만 원의 차관을 얻기 위해 일본에 머물고 있던 때로 알려져 있다.[125] 그런데 그가 개화당 동지들과 정변을 모의한 것은 1884년 후반기에 이르러서였고, 정변계획을 구체화시킨 것은 그해 10월 하순경으로 생각된다.[126] 그리

---

123) 『尹致昊日記』 1884년 7월 22일조.

124) 『尹致昊日記』 1884년 11월 6일조. 金玉均이 추구한 목표에 대해서는 Harold F. Cook, *Korea's 1884 Incident*, Royal Asiatic Society, Korea Branch, 1972, 223쪽의 "Kim's goals, however, were reform, modernization, and independence for Korea …" 참조. 김옥균의 明治維新的 개화모델에 대해서는 徐載弼의 「回顧甲申政變」, 閔泰瑗, 『甲申政變과 金玉均』 부록, 82쪽 참조.

125) 이광린, 「甲申政變에 대한 一考察」 『개화당연구』, 146~147쪽.

126) George C. Foulk, "Report of Information Relative to the Revolutionary Attempt

고 개화당이 거사를 위해 일본 공사관측과 손잡은 것은 11월 초였고, 거
사의 큰 계획은 11월 7일 바둑대회를 빙자한 일본공사관의 모임에서 확
정되었다.[127] 그 후 11월 26일과 30일 사이에 구체적인 거사방법과 그
시기가 논의되고, 12월 1일에 거사시기와 행동대의 실행계획안이 확정
되어 12월 4일에 거사하게 되었다.[128]

그런데 윤치호는 거사 당일까지도 개화당의 거사 시기와 장소 등 구
체적인 거사계획을 알지 못했다. 그러나 김옥균과 박영효 등이 현상타개
를 위해 모종의 비상수단을 구상하고 있다는 사실을 알게 된 것은 정변
한 달 전인 10월 말에서 11월 초였다. 그가 11월 3일에 부친 윤웅렬을
찾아가 "개화당의 급진은 옳지 않다."고 서로 의논하고, 귀로에 유대치
를 찾아가 "개화당은 마땅히 기회를 기다려야 한다."고 서로 이야기했다
는 사실로 보아 알 수 있다.[129] 이에 앞서 10월 25일에 개화당 요인의
한 사람이 미국공사관의 무관武官 조지 포크(George C. Foulk)를 찾아가 정
변의사를 토로했고, 이 사실은 즉각 푸트 공사에게 보고되었다.[130] 그러
므로 윤치호는 이 둘 중의 한 사람으로부터 정변의 계획에 대하여 들었
을 것으로 추측된다.

윤치호는 11월 4일에 입궐하여, 거의 1년 만에 귀임한 주한 일본공사

in Seoul, Corea, December 4~7, 1884", George C. McCune and John A.
Harrison, eds., 앞의 책, 110~111쪽.

127) 이광린, 『개화당연구』, 151~155쪽 ; 金玉均, 『甲申日錄』(건국대학교출판부,
1977), 11월 7일조 ; 菊池謙讓, 1936, 『近代朝鮮裏面史』, 京城, 조선연구사,
142~144쪽 ; 裵成東, 1976, 『일본근대정치사』, 법문사, 247쪽.

128) 이광린, 『개화당연구』, 157~158쪽 ; 위의 『甲申日錄』, 11월 26일·28일·30일,
12월 2일·4일조 ; 『尹致昊日記』 1884년 12월 4일조.

129) 『尹致昊日記』 1884년 11월 3일조 ; 『甲申日錄』, 11월 18일조의 劉大致와 金玉
均과의 거사에 대한 담화내용 참조.

130) George C. Foulk, "Report of Information Relative to the Revolutionary Attempt
in Seoul, Corea, December 4~7, 1884", George C. McCune and John A.
Harrison, eds., 앞의 책, 110~111쪽.

다케조에 신이치로竹添進一郎가 윤태준을 "청인 원세개袁世凱 따위의 신자臣子"라고 공박했다는 사실과, 국왕에게는 "뜻밖의 일이 생기면 마땅히 귀貴 군주를 보호하겠다."고 공언한 사실, 그리고 일본공사관 연회석상에서 일인들이 청인들을 여지없이 욕했다는 사실들을 듣고, "기회를 기다리지 않고 일인日人이 격동시키는 망거妄擧에 따라 혹 급진急進한다면 가히 개화당의 큰 실책이라."고 우려했다.131) 따라서 그는 11월 7일에 김옥균을 찾아가서 "가친家親이 기회를 엿보아 움직이는 것이 좋겠다."132)는 말로 급진적인 방법의 포기를 설득하기도 했다.

한편 푸트 공사도 윤치호와 마찬가지로 개화당의 급진적인 행동을 제지시키기 위해 노력했다. 11월 13일에 서광범이 푸트 공사를 방문했을 때, 공사는 "개화당은 마땅히 지사志士를 모으고 스스로 상총上寵을 견고히 하여 세력을 삼아서, 때를 기다려 움직이고 기회를 보아 일을 하되 함부로 부딪치지 말 것"133)을 권고했다. 11월 19일에는 박영효와 홍영식이 푸트 공사를 찾아가서, 박영효는 "우리나라의 시사時事가 위급하다."고 말했고, 홍영식은 "하나의 기름등이 가리어져 있는데 어떤 사람이 그 가려진 것을 깨뜨리고 그 빛을 사방에 내보이려 한다."는 비유로 거사의 뜻을 분명히 밝혔다. 이에 대하여 푸트 공사는 "그 가려진 것은 그대로 두어도 반드시 깨어질 것이 기대된다."고 말하고, "만약 일이 이루어지지 않으면 역적의 이름으로 국폭國暴의 이름으로 돌아가니" 신중을 기하라고 당부했다.134) 11월 29일 김옥균이 푸트 공사를 방문했을 때, 공사는 "뜻있는 사람을 널리 모아 시기를 정관靜觀하되 급진하여 도리어 개화의 길을 해롭게 하지 말 것"135)을 권고했다.

---

131) 『尹致昊日記』 1884년 11월 4일조 ; 『甲申日錄』, 11월 1일·2일·3일조.
132) 『尹致昊日記』 1884년 11월 7일조.
133) 『尹致昊日記』 1884년 11월 13일조.
134) 『尹致昊日記』 1884년 11월 19일조.
135) 『尹致昊日記』 1884년 11월 29일조.

이와 같이 윤치호 부자와 푸트 공사의 거사 불가의 태도로 인해 개화
당의 주요 멤버였던 윤치호에게는 거사의 세부계획이 끝까지 비밀에 부
쳐졌다. 그러나 12월 4일 저녁에 윤치호는 푸트 공사와 함께 우정국개국
축하연郵政局開局祝賀宴에 참석했다가 정변의 현장을 목격하게 되었다.

정변과정에서 민영익은 중상을 입었고, 민태호·민영목·조영하·이조
연·한규직·윤태준 등 수구사대당의 요인들은 피살되었다. 거사는 일단
성공하여 12월 5일 오전에는 개화당 정권이 수립되고, 윤웅렬은 형조판
서에, 윤치호는 외아문 참의參議에 임명되었다.[136] 그런데 이날 저녁 윤
치호 부자는 "김씨 등의 한 일이 무식하여 이치를 모르고 무지하여 시세
에 어두운 것"[137]이라고 개화당의 조급한 행동을 비판했다. 6일 오후에
윤치호 부자가 다시 만났을 때, 윤웅렬은 정변이 반드시 실패할 것이라
고 예견했다. 윤웅렬의 '정변필패政變必敗 6조'의 내용을 요약하면 다음
과 같다.[138]

1. 임금을 위협한 것은 이치를 거스른 것이므로 실패한다.
2. 외세를 믿고 의존하는 것은 오래가지 못하므로 실패한다.
3. 인심이 불복하여 변란이 안에서 일어날 것이므로 실패한다.
4. 청군이 개입하면 소수의 일본군이 당하지 못하므로 실패한다.
5. 국왕과 왕비가 총애하는 여러 신하들을 죽였으니 실패한다.
6. 개화당은 소수이고 협조하는 세력이 없으므로 실패한다.

---

136) 『尹致昊日記』 1884년 12월 5일조 ;『高宗實錄』 권21, 고종 21년 10월 18일조.
137) 『尹致昊日記』 1884년 12월 5일조.
138) 『尹致昊日記』 1884년 12월 6일조.『甲申日錄』 11월 16일조에 보면 유대치는
김옥균에게 거사에 대하여 "但吾所慮者 日兵只百名 其節制雖似强於淸兵 論其
人數 大相不同 是甚憂也"라 했다. 사관생도로서 정변 참가자의 한 사람인 李圭
完은 거사의 실패를 예측했다 하고, 그 이유로서 다음의 세 가지 점을 들었다.
첫째는 개화당의 수령이 모두 연소하여 경험과 훈련이 없다. 둘째는 개화당에는
支持勢力이 없고 인민은 사대당에 附從하는 자가 많았다. 셋째는 사대당의 배
후인 청병은 강세였고 개화당의 후원인 일병은 약세였다(李圭完, 1982,「甲申
大變亂의 回想記」『韓國近世史論著集』 2, 태학사, 490~491쪽 참조).

곧 정변세력이 임금을 거역하고 민심을 거슬렸으며, 지원세력인 소수의 일본군이 다수의 청군淸軍을 당할 수 없으며, 소수의 개화당이 다른 정치세력의 협조를 받지 못하므로 정변은 반드시 실패한다는 것이다. 윤치호도 부친 윤웅렬의 생각에 동감했다. 결국 윤치호 부자의 예측은 그대로 들어맞아, 바로 이날 청군이 대궐에 진입하여 개화당의 정변은 3일 만에 허무하게 끝나고 말았다.

그러면 윤웅렬과 윤치호가 지적한 정변 시 청국군의 개입이나 수구세력의 반격 문제에 대하여 김옥균과 박영효 등이 어떠한 생각을 가지고 있었던가를 살펴보기로 한다. 박영효의 갑신정변 회고담에 의하면,

> 여름에 김옥균이 귀국하고 가을에 일본공사 다케조에竹添進一郎가 내임하니 나의 개혁운동은 대개의 모의가 성립되었다. 그러나 단지 꺼려하는 것은 청병淸兵인지라. 이를 제각除却하는 데는 불가불 일병의日兵의 힘을 빌리지 아니치 못하겠는 고로 여러 번 주저하다가 다케조에 공사竹添公使의 확답을 듣고 이에 착수하였다.[139]

고 하여, 김옥균과 박영효 등은 거사계획을 세우고도 청국군대의 개입을 우려했으나, 일본공사로부터 병력지원의 확약을 받고 거사에 착수했다는 것이다. 또한 박영효는,

> 일찍이 광주유수廣州留守 시에 양성한 어영병御營兵 약 1천 명은 이때에 교관 신복모申福模를 거쳐 벌써 나의 수하手下가 되었으며, 일본 원병援兵이 약 2백 인이었다. – 적병敵兵은 정복군正服軍 4백, 사복잡졸私服雜卒이 8백 여에 지나지 않았다.[140]

---

139) 朴泳孝, 「甲申政變」『新民』제14호(1926.6),『韓國近世史論著集』1, 222쪽.
　　 "夏에 金玉均이 귀국하고 秋에 日本公使 竹添進一郎이 來任하니 吾人의 改革
　　 運動은 대개의 謀議가 성립되엿섯다. 그러나 但 所憚者는 淸兵인지라 此를 除
　　 却하는대는 불가불 日兵의 力을 借치 안이치 못하겟는 고로 여러 번 주저하다
　　 가 竹添公使의 확답을 듣고 於是에 착수하였다."

고 하여, 정변의 지원병력은 어영병御營兵 1천여 명과 일본군 200여 명 도합 1,200여 명이고, 수구세력의 지원병력도 정복군 400명과 사복잡병 私服雜兵 800여 명 도합 1,200여 명으로, 병력수에 있어서도 정변에 승산 이 있다고 생각했던 것 같다. 이렇게 볼 때, 김옥균과 박영효 등은 처음 에는 어영병 1천여 명을 염두에 두고 거사계획을 세웠고, 최종적으로 일 본공사의 병력지원을 확약 받음으로써 거사에 필요한 군사력은 확보되 었다고 믿었던 것으로 보인다.[141]

2) 국정개혁의 방법과 정변의 평가

개화자강과 자주독립이라는 공동의 이상을 가졌으면서도 김옥균과 박영효 등은 정변을 추진했고 윤치호는 정변에 반대했다. 윤치호는 그 이상을 실현함에 있어 집권수구당과 정면충돌을 피하고 설득과 타협을 통한 조화의 방법을 모색했던 것이다. 정변 이전 1884년 1월 13일에 윤 치호는 박영효를 방문하여 "왕실을 돕고자 하면 먼저 관인官人이 합력해 야 한다."고 담론했고, 1월 16일에는 박영효로부터 "어(윤중)·홍(영식)·김 (홍집) 3인이 만나 관인들이 합력하는 일을 의논했는데 일이 올바르게 되 었다."는 말을 듣기도 했다.[142]

1월 18일에 윤치호는 고종에게 "요즘 민정民情이 흉흉한 것은 관원들 이 사사私事에 힘쓰고, 합력하여 직무를 다하지 않는 까닭"이라 하고 관 인합력官人合力의 필요성을 역설했다.[143] 5월 12일에는 유대치·김옥균·

---

140) 위와 같음. "曾히 廣州留守時에 養成한 御營兵 約 一千名은 此時에 敎官 申福 模를 것처 발서 나의 手下가 되엇스며 日本援兵이 約 二百人이엇다. – 敵兵은 正服軍 四百 私服雜卒이 八百餘에 지나지 안엇다."

141) 『甲申日錄』 1884년 11월 16일조를 보면, 劉大致가 거사 때 군사력의 열세를 우 려했을 때, 김옥균과 박영효가 웃으면서 염려하는 기색을 보이지 않은 것도 군 사력의 문제에 이러한 복안이 있었기 때문일 것이다.

142) 『尹致昊日記』 1884년 1월 13일·16일조.

한만여·이석사李碩士·윤치호 등이 모인 자리에서 이조연과 한규직 등 "근시자近侍者들과 불가불 합력해야 한다."는 논의도 있었다.[144] 또 6월 2일 미국에서 민영익이 귀국했을 때, 김옥균과 함께 제물포에 마중나간 윤치호는 민영익에게 무엇보다도 "편민이국便民利國하는 일을 행할 뜻이 있으면 합력해야 한다."[145]고 권고했다. 이처럼 윤치호는 관인합력에 의한 점진적인 현실개량을 추진했던 것이다. 푸트 공사도 조선의 관인합력을 위해 노력한 바 있다.[146]

김옥균과 박영효 등도 앞에 서술한 바와 같이 1884년 상반기까지는 개화독립당과 수구사대당 간의 갈등관계를 해소하기 위해 관인합력의 타협적인 방법을 시도해보기도 했다. 그러나 1884년 후반기에 이르러 타협의 여지가 없다고 판단하고, 결국 수구사대당을 제거하려는 급진적인 정변의 길을 택했던 것이다.[147]

개화와 독립의 이상을 실현하기 위하여 김옥균과 박영효 등이 정변에 의한 급진적인 방법을 썼고, 윤치호가 관인합력에 의한 점진적인 방법을 견지한 것은 양자 간의 현실에 대한 인식 곧 시국관의 차이와 깊은 관련이 있었다.

먼저 김옥균과 박영효 등의 현실인식은 어떠했던가? 1883년에 박영효는 정계에서 실각했고, 1884년 5월 초에 귀국한 김옥균은 수구세력의

---

143) 『尹致昊日記』 1884년 1월 18일조.

144) 尹致昊 『日記』 1884년 5월 12일조.

145) 『尹致昊日記』 1884년 6월 2일조.

146) 푸트 공사는 홍영식에게 관인협력을 권고했고(『尹致昊日記』 1884년 4월 7일조), 개화당과 수구당의 인사들을 식사에 초대하여 화해를 모색하기도 했다(『尹致昊日記』 1884년 10월 26일조).

147) 伊藤博文 編, 1970, 『秘書類纂 朝鮮交涉資料』 上卷, 東京, 原書房, 271·289쪽 ; 徐載弼의 「回顧甲申政變」, 閔泰瑗, 『甲申政變과 金玉均』 부록, 86쪽을 보면 개화당이 평화적인 방법을 모색했다가 결국 거사의 방법으로 전환한 사실을 알려주고 있다.

증오와 공격의 표적이 되었다.[148] 한편 민영익은 1884년 5월 말에 귀국한 뒤 개화당 인사들의 기대를 저버리고 집권수구당 및 조선주둔 청국군 지휘관 원세개袁世凱와 완전히 결합했다.[149] 그리고 10월에는 개화당의 일원인 유재현柳載賢도 집권수구당에 가담했다.[150] 더욱이 이 무렵 고종과 민비가 개화당에 호의적이었던 태도를 바꾸어 수구당에 더욱 밀착해 갔다.[151]

이러한 사실들에 비추어 김옥균과 박영효 등은 개화와 독립의 추진 문제가 악화되어가고 있을 뿐만 아니라, 자신들의 신변마저 위협당하고 있다고 생각했던 것 같다. 이들은 이와 같은 현실에 대한 커다란 위기의식 속에서 기선을 제압하여 집권수구당을 타도하려는 급진적인 정변의 길을 택했던 것이다.[152]

한편 윤치호도 당시의 현실이 개화와 독립의 이상과 너무 동떨어져 있음을 개탄했다.[153] 그러나 이와 같은 현상은 처음으로 문호를 열고 개화를 시작하는 마당에서 어쩔 수 없는 일로 생각하고, 1884년의 후반기

---

148) 朴泳孝,「甲申政變」『新民』제14호(1926.6),『韓國近世史論著集』1, 221쪽 ;『尹致昊日記』1884년 5월 12일, 6월 18일조.

149) George C. Foulk, "Report of Information Relative to the Revolutionary Attempt in Seoul, Corea, December 4~7, 1884", George C. McCune and John A. Harrison, eds., 앞의 책, 109쪽에는, 1884년 9월경에 閔泳翊이 개화당과 완전히 관계를 끊었다고 기록되어 있는데,『尹致昊日記』1884년 6월 21일, 8월 4일조를 보면 민영익은 報聘使로 미국에 다녀온 뒤 바로 수구사대당 및 袁世凱와 결탁했음을 알 수 있다.

150)『尹致昊日記』1884년 9월 17일, 10월 29일조 ;『甲申日錄』, 12월 4일조.

151) 伊藤博文 編,『秘書類纂 朝鮮交涉資料』, 上卷, 270쪽 ; 이광린,『한국사강좌』 V(근대편), 173~174쪽.

152) George C. Foulk, "Report of Information Relative to the Revolutionary Attempt in Seoul, Corea, December 4~7, 1884", George C. McCune and John A. Harrison, eds., 앞의 책, 110쪽 ; 伊藤博文 編,『秘書類纂 朝鮮交涉資料』, 上卷, 271쪽.

153)『尹致昊日記』1884년 1월 1일·18일, 5월 12일조.

를 김옥균과 박영효처럼 위기의 상태로 보지는 않았다. 윤치호는 갑신년 섣달그믐의 일기에서 다음과 같은 요지로 한 해를 회고했다.[154]

첫째로 조정에 주석柱石 같은 신하는 없으나 국왕과 왕비가 성명聖明하여 문명개화에 어느 정도 효험이 있었다. 곧 윤치호는 당시 고종과 민비가 문명개화의 추진에 상당한 관심이 있다고 보았던 것이다.

둘째로 청인淸人의 속박을 받았으나 갑신년 추동秋冬 간에는 그 간섭을 벗어날 희망이 있었다. 곧 윤치호는 당시 고종과 민비는 반청감정이 강렬했고, 청불전쟁과 관련하여 청국의 세력도 약화되어간 것으로 판단했던 것이다.

셋째로 개화당에는 김옥균·박영효·홍영식·서광범·서재필 같은 문벌도 좋고 시무에도 어느 정도 통달하여 큰 지도자가 될 만하고 나라에 희망을 주는 인물들이 있었다. 곧 윤치호는 당시 개화당 인사들이 수구사대당 정권을 어느 정도 견제할 수 있었고, 고종과 민비도 내심으로 개화당 인사들에게 호감을 가지고 있다고 보았다.

넷째로 인민에게 떨쳐 일어나려는 희망은 없었으나 점차 깨우쳐서 갑신년 추동 간에는 검은 옷을 많이 입는 등 문명의 방향으로 가려는 조짐이 보였다. 곧 윤치호는 머지않아 인민이 깨우쳐 개화의 편에 서리라고 생각했던 것이다.

윤치호는 갑신년 후반기를 집권수구당이나 청국의 조선에서의 입지가 강화되어가는 시기가 아니라 오히려 약화되어가는 시기로 보았으며, 상대적으로 개화·독립에 점차 서광이 보이는 시기로 보았던 것이다. 즉 그는 1884년 후반기를 암흑의 시기가 아니고 여명의 시기로 인식했던 것 같다.

따라서 그는 부친 윤웅렬이나 푸트 공사와 마찬가지로, 개화당은 지사들을 널리 모아 세력을 강화하고, 국왕의 신임을 견고히 하며, 인민을

---

154) 『尹致昊日記』 1885년 2월 14일조.

깨우쳐서 개화의 편에 서게 해야 하며, 집권수구당을 견제도 하고 설득
도 하면서 관인합력에 의해 서서히 현상변혁을 추진해야 한다고 믿었다.
그리고 김옥균과 박영효 등의 급진적인 행동은 개화와 독립에 역효과를
초래하리라 예상하고 이에 반대했던 것이다.

정변의 결과는 윤치호 부자나 푸트 공사가 우려한 그대로의 사태가
되고 말았다. 윤치호는 정변 이후의 사태에 대하여,

> 폐일언하고 목씨木氏(穆麟德)가 할애비가 되고 김씨金氏(金弘集)는 손자가 되
> 어, 청국은 머리가 되고 간소奸小들은 수족이 되어, 우리나라는 이미 망했으
> 니 무슨 소망이 있겠는가.[155]

라고 탄식했다. 또한 그는 "정변을 겪은 뒤에 조야가 모두 소위 개화당
이라 하는 것은 충의를 모르고 외인과 연결하여 나라를 팔고 겨레를 배
반했다 하고, 세인들은 다 외교하는 사람을 매국지적賣國之賊이라."[156]고
할 뿐 아니라, 정변의 결과로 "개화·독립 등에 이르러서는 다시 혀 놀리
는 자가 없다."[157]고 통탄스러워했다. 윤치호는 결국 "급당急黨의 패거悖
擧가 이와 같이 심하게 나라를 그르친 것"[158]이라 하여 김옥균과 박영효
등의 급진개화당을 신랄히 비판하고, 김옥균은 진정한 의미의 용기가 없
다고 평가했다.[159]

윤웅렬도 갑신정변 이후의 사태변화에 대하여, 푸트 공사를 만난 자
리에서,

> 지금 우리 군주는 위협 속에 앉아 있어 모든 일을 능히 자유로이 하지 못

---

155) 『尹致昊日記』 1884년 12월 14일조.
156) 『尹致昊日記』 1885년 2월 14일조.
157) 『尹致昊日記』 1884년 12월 14일조.
158) 『尹致昊日記』 1884년 12월 21일조.
159) 『尹致昊日記』 1884년 12월 7일조.

하고 있다. 좌상左相(金弘集)과 병판兵判(金允植)이 선봉이 되고, 목씨木氏(穆麟德)
가 후진後陣이 되고 모주謀主가 되고 있으며, 청군淸軍이 원진圓陣을 치거나 방
진方陣을 쳐 군주가 핵심에 들어 있어서, 일체 개화 등의 말은 아무도 감히
입을 열지 못한다.160)

고 개탄했다. 푸트 공사도 "우정국혈연郵政局血宴은 용서할 수 없는 일"
이라고 비판하고, 김옥균과 박영효 등이 "급히 움직여 일을 그르쳤음"을
크게 원망했다.161)

요컨대 윤치호는 정변의 결과로 수구세력이 아무런 견제 없이 정권을
독단하게 되고, 청국의 조선 내에서의 입지가 더욱 강화되었으며, 개화
세력은 일망타진되고, 국왕은 청국에 의존하게 되었으며, 민중은 개화인
물을 적대시하게 되어, 결국 갑신정변은 그 의도와는 달리 모처럼 시작
된 개화와 독립의 분위기를 완전히 단절시켰다고 평가했다.

오늘날 갑신정변은 일정한 한계성을 가지고 있음에도 불구하고, 우리
역사상 불철저하게나마 국민국가를 지향한 최초의 정치개혁운동이며,
부르즈와적 정치운동의 시발점이라는 것이 학계의 지배적인 견해이다.162)
그리고 대국적으로 보아, 역사란 혁신운동과 보수반동의 교체 과정에서
그 폭을 넓히며 발전되어간다고 생각할 때, 정변 후 일정기간 동안의 개
화분위기의 단절상에 비추어, 갑신정변의 역사적 의미가 부정적으로 평

---

160) 『尹致昊日記』 1884년 12월 21일조.

161) 『尹致昊日記』 1884년 12월 9일·12일조, 1893년 10월 31일조의 朴泳孝 추종자
의 이야기 참조. 푸트 공사는 주일 미국공사에게 보낸 서한(이광린, 『개화당연구』,
172쪽)에서 갑신정변에 대하여 "그것은 그릇된 조언과 계획에 따라 일으킨 무익
한 정변이었다. 그리고 아무런 힘의 뒷받침도 없었다. 따라서 결국엔 실패로 돌
아가지 않을 수 없었다. 그 까닭은 대다수의 국민대중이 그들의 새 사상을 받아
들일 준비가 전혀 되어 있지 못하였고, 또 동정도 갖지 못하고 있었다."고 부정
적인 평가를 내렸다.

162) 姜萬吉, 1984, 『한국근대사』, 창작과비평사, 193~195쪽. 갑신정변에 대한 제반
평가는 糟谷憲一, 1981, 「近代의 政治史」 『新朝鮮史入門』, 東京, 朝鮮史研究
會, 323~325쪽.

가되어서는 안 될 것이다.

　김옥균과 박영효 등이 역사당위론적 입장에서 그 목적을 실현하기 위해 혁명적인 방법을 택한 이상주의자였다고 하면, 윤치호는 현실상황론적 입장에서 그 목적을 실현하기 위해 개량적인 방법을 택한 현실주의자였다고 할 수 있을 것이다. 그리고 현실상황론은 극복의 대상인 체제의 모순을 현실적으로 철저히 부정하기 어렵고, 결국 체제와 타협할 소지가 있음을 간과할 수 없을 것이다.

　갑신정변이 실패로 끝난 뒤 윤치호는 난처한 입장에 빠졌다. 윤치호 부자는 거사에 반대했음에도 불구하고, 김옥균 등과 절친했고 개화당정권으로부터 관직이 내려지기도 했기 때문에 세인들로부터 정변공모자로 의심받았던 것이었다. 그러므로 그는 "가히 나라가 있으나 달아나기도 어렵고, 집이 있으나 의탁하기도 어려운 형편이라."고 탄식했던 것이다.163)

　12월 7일에 윤치호가 푸트 공사와 함께 원세개袁世凱 진영에 머물고 있는 고종을 알현했을 때, 고종은 "나는 너의 부자가 죄 없음을 알고 있으니 걱정하지 말라."164)고 위로하기도 했다. 그러나 당시 세인들은 윤치호를 '일본당日本黨'이라 지목하고, "인제仁濟로 가면 일본으로 도망친다 했고, 서울로 돌아오면 내응한다."165)고 했을 정도여서 처신하기가 어려웠다. 그래도 푸트 공사의 비호 아래 신변에 커다란 위험은 없었으나 푸트 공사가 귀국을 결심하게 되자, 윤치호는 홀로 국내에 머물기가 곤란하게 되어 중국 상해로 망명유학의 길을 떠나게 되었다.

---

163) 『尹致昊日記』 1884년 12월 7일조.
164) 위와 같음.
165) 『尹致昊日記』 1884년 12월 30일조.

제2장 중·미유학과 갑오개혁기

1. 중국유학과 기독교의 수용

1) 중서서원(中西書院)의 윤치호

1884년 12월 4일의 갑신정변이 실패로 돌아가자, 김옥균·박영효 등 개화당 요인들은 일본으로 망명했다. 윤치호는 정변에 가담치는 않았으나 개화당의 멤버였고 김옥균·박영효 등과는 각별히 친밀한 관계였던 만큼, 신변에 위험을 느껴 국왕으로부터 외유의 허락을 받아 1885년 1월 상해로 망명유학의 길에 올랐다.[1] 이때 그의 나이는 21세였다.

미국공사관에서 항상 서양문명을 동경하며 미국유학을 꿈꾸고 있던 윤치호가 왜 적대감까지 가졌던 청국에 유학하게 되었을까? 윤치호가 그의 친구에게 보낸 서신에 의하면, 그 자신도 청국유학은 전혀 생각지도 않았으며, 가능하면 문명세계인 미국에 가려 했고, 아니면 일본에 머물고자 했다. 그러나 미국유학에는 감당할 수 없는 막대한 비용이 들고, 일본에 머물기도 여의치 않은 사정이 있어 부득이 청국에 유학하게 된 것이다.[2]

---

1) 윤치호의 日記에 의하면, 그는 1885년 1월 12월에 예궐하여 外遊自願書에 知道 (승낙)의 御筆을 받고 1월 19일에 외유 길에 올랐다. 尹致昊, 「風雨二十年 – 韓末 政客의 回顧談」『東亞日報』1930년 1월 13일자 및 尹致昊, 1930, 「回顧三十年」 『朝鮮南監理教三十年紀念報』朝鮮南監理教會傳道局, 73쪽 참조.

2) "Tchi Ho Yun's Letter to Anonymous Person," June 5, 1885 ; 박정신, 1977, 「윤

윤치호는 1885년 1월 19일 인천을 출발하여, 일본 나가사키長崎를 경유, 초대 주한 미국공사 푸트(Lucius H. Foote)의 소개장을 가지고 1월 26일 상해에 도착했다. 그리고 그는 미국 총영사 스탈(General Stahl)의 알선을 받아 중서서원(Anglo-Chinese College)에 입학했다.3) 중서서원은 1883년 미국 감리교선교사 영 알렌(Young J. Allen)이 설립한 미션스쿨로 윤치호가 입학한 1885년에는 대학으로 발전되었다.4) 윤치호는 2년 동안 일본에서 근대교육을 받은 경험이 있으나, 그의 체계적인 근대교육은 사실상 중서서원에서 비롯되었다고 할 수 있다.

윤치호는 중서서원에서 3년 6개월간 곧 7학기를 수학했다. 그가 수강한 과목의 전모는 알 수 없으나, 그의 일기를 통해 그 대체는 파악할 수 있다. 그는 1885년 봄 학기에는 영어독본·영문법·지리·수학·물리학 등 5개 과목을, 1885년 가을 학기에는 영어독본·영문법·세계사·경제론·화학 등 6개 과목을, 그리고 1886년 봄 학기에는 영어독본·영문법·세계사·지리·물리학 등 5개 과목을 수강했다. 그 이후 학기의 수강과목은 자세히 알 수 없으나, 중국어·영문법·생리학·물리학·화학 등의 과목명이 일기에 보인다. 특기할 점은 1887년 5월 24일부터 중국어를 월요일에서 금요일까지 집중적으로 공부하고, 토요일과 일요일에는 항상 성경공부를 하는 것이다.5)

이상과 같이 윤치호는 중서서원에서 영어·중국어·역사·지리·경제와 성경 등 인문사회과목과 수학·물리·화학·생물 등 자연과목을 고루 수강

치호연구」『백산학보』 23, 백산학회, 357쪽.

3) 金永義, 1934, 『佐翁尹致昊先生略傳』, 基督敎監理會總理院, 49~50쪽 ; 尹致昊, 「回顧三十年」『朝鮮南監理敎會三十年紀念報』, 74쪽 ; 『尹致昊日記』 1885년 1월 19일·22일·26일·27일·28일조.

4) Donald N. Clark, "Yun Ch'i-ho(1864~1945) : Portrait of a Korean Intellectual in an Era of Transition," *Occasional Papers on Korea*(Seattle : University of Washington, 1975), 66~67쪽 주 13 ; 박정신, 「윤치호연구」『백산학보』, 23, 357쪽 주 64.

5) 尹致昊의 상해시절의 일기.

했는데, 특히 영어·중국어·역사·성경에 열중한 흔적을 볼 수 있다. 그는 1885년 봄학기에 학급에서 수석을 했고, 1886년 봄학기에는 5개 수강과목 중 4개 과목에서 95점을 맞았다.6) 이로 미루어보아 그의 학업 성적은 대단히 우수했음을 알 수 있다.

윤치호는 학과 외에도 폭넓은 독서를 통해서 새로운 지식의 확대에 노력했다. 그가 상해시절에 읽은 책의 수는 그의 일기에 서명이 기록된 것만 해도 56권에 달하고 있다. 그의 독서 경향은 초기에는 역사서적과 문학서적이 주류를 이루었고, 후기에는 문학서적과 종교서적이 대종을 이루었다.7)

그는 『영국사』·『프랑스사』·『미국사』·『문명제국약사』·『부국책』 등 역사와 문명개화 관계의 서적을 탐독하여 세계역사의 흐름과 서양 선진 문명에 대한 이해의 폭을 넓히는 데 힘썼다. 동시에 『걸리버여행기』와 『아라비안나이트』로부터 스코트(Walter Scott), 에머슨(Ralph W. Emerson) 그리고 세익스피어(William Shakespeare) 등의 작품에 이르는 영문소설을 독파하여 그의 영어능력의 향상은 물론 문학적 소양을 기르는 데 노력했다.

또한 『천로역정天路歷程』·『신앙의 적』·『사상 중의 사상』·『패커의 성경』·『그리스도의 초대』·『그리스도의 모방』 등 많은 종교서적을 읽어 새로 수용한 기독교에 대한 지식과 기독교적 신앙을 쌓는 데 노력을 기울였다.8)

한편 윤치호는 일본유학기나 국내체류기에서와 마찬가지로 상해유학기에도 광범한 대인관계를 가졌다. 그의 일기에 의하면, 그가 접촉한 중서서원의 원우院友는 일본인 20명, 청국인 35명, 월남인 1명으로 모두

---

6) 『尹致昊日記』 1885년 7월 25일조, 1886년 7월 24일조.
7) 尹致昊의 상해시절의 일기에 서명이 기록된 책 수는 역사와 문명 관계의 서적이 8권, 문학서적이 35권, 종교서적이 13권으로 모두 56권이다.
8) 박정신, 「尹致昊研究」, 361~362쪽.

56명이었고, 그가 접촉한 일반인으로는 상해를 방문 중인 조선인 20명, 서양인 21명, 일본인 10명, 그리고 청국인 7명으로 모두 합하여 58명이었다.[9]

윤치호의 대인관계는 원만했던 것으로 보이며, 청국인들보다는 일본인들에게 호감을 가지고 접촉했던 것 같다. 그가 당시 접촉한 조선인 중에는 민주호閔周鎬·김학우金鶴羽·현흥택玄興澤·조희연趙羲淵·윤시병尹始柄 등이 포함되어 있다. 당시 상해에 장기간 체류했던 민영익은 윤치호와 만나기를 꺼려했다. 그리고 대다수의 조선인들도 갑신정변과 관련되어 있다고 생각하는 윤치호와 만나기를 꺼려하는 경향을 보였다.[10]

상해시절의 윤치호에게 지식이나 인격 면에서 많은 영향을 끼친 인물들은 중서서원의 선교교육자들이었다. 그중에서도 알렌(Y.J. Allen) 학장과 본넬(W.B. Bonnel) 교수의 영향은 지대했다. 윤치호가 알렌에 대하여 자신을 "복음 안에서의 아들"로 표현했고, 본넬은 자신을 "그리스도에게 인도한 직접적인 안내자" 또는 스스로를 그의 '애제자'로 표현했다. 사실상 이 두 선교교육자는 윤치호에게 근대학문을 가르치고, 그를 기독교로 인도했으며, 그에게 미국유학의 길을 열어주고 계속 보살펴준 스승이며 후견인이었다.[11]

상해시절의 윤치호는 외유할 때의 준비금이 있어서 자비유학이 가능했기 때문에[12] 물질적으로는 별다른 어려움이 없었다. 그러나 당시 어

---

9) 尹致昊가 접촉한 인물의 통계는 그의 상해시절의 일기에 의거한 것임.

10) 『尹致昊日記』 1885년 11월 3일·19일조, 1886년 7월 3일·9일, 10월 22일조, 1887년 2월 11일, 3월 6일조.

11) "T.H. Yun's Letter to Dr. Young J. Allen." November 7, 1888 & November 6, 1891 ; 『尹致昊日記』 1894년 9월 30일, 12월 27일조.

12) 윤치호가 외유 때 지참한 금액은 銀 500圓, 沙金 720圓 50錢 상당, 金23圓 70錢 상당으로 모두 약 1,250圓 정도였던 것 같다. 그런데 당시 中西書院의 반년 분 수업료는 15圓, 매월 식대는 2圓이었고 물가는 춘추복이 9圓, 동복이 11圓, 하복이 1圓 20錢 정도였다. 상해시절에 윤치호가 처음 2년간에 쓴 비용은 모두 500圓

둡기만 했던 조국의 현실과 자신의 장래는 그에게 빈번히 정신적인 고뇌를 안겨주었다.

2) 기독교의 수용

윤치호는 상해 도착 후 약 2주 뒤인 1885년 2월 15일에 미국인 교수를 따라 처음으로 교회에 나갔다.[13] 그가 교회에 나가게 된 것은 중서서원의 종교적 분위기와 미국인 교수의 권유에 의한 것이며, 그가 동경하던 서양문명과 관련이 깊은 서양종교에 대한 관심도 어느 정도 작용했을 것이다.[14]

윤치호는 상해 도착 이래로 세례 받기까지 약 2년 동안에 걸쳐 기독교 집회에 참석하는 한편, 자주 술을 마시고 때로는 밤의 여성과 가까이 하기도 했다. 그가 1887년 2월의 일기에서,

> 나는 십여 세부터 술을 잘 마시었고, 일본에 간 뒤에는 술을 마시는 버릇이 날로 늘어 오늘에 이르기까지 8,9년 사이에 자주 술에 취하여 천지를 가리지 못하고 구토하여 옷을 버리지 않은 달이 거의 없었다.[15]

정도였다. 『尹致昊日記』 1884년 12월 9일조, 1885년 1월 23일조, 1886년 3월 14일조, 1887년 2월 12일, 4월 27일·28일조 및 尹致昊, 「回顧三十年, 『朝鮮南監理敎會三十年紀念報』, 73~74쪽 참조.

13) 『尹致昊日記』 1885년 2월 15일조 ; 민경배, 1978, 「초기 윤치호의 기독교신앙과 개화사상」 『동방학지』 19집 특간 「국학기요」 I, 연세대 국학연구실, 167쪽.

14) 윤치호의 기독교와의 간접적인 접촉은 일본유학시절에 이루어졌고, 귀국 후 김옥균과 함께 미국장로교의 포교에 협조적이었으나, 그것은 기독교의 포교가 조선의 개화에 유익하다는 생각에서였고 그 자신의 신앙과는 무관한 것이었다. 韓培浩, 1977, 「한 初代敎人의 근대화의식과 韓末政治觀 - 윤치호일기를 중심으로」 『숭전대 논문집』 7, 387쪽 ; 1975, 『韓國監理敎會史』, 基督敎大韓監理敎會本部敎育局, 97~98쪽 ; 金永義, 『佐翁尹致昊先生略傳』, 41쪽 참조.

15) 『尹致昊日記』 1887년 2월 27일조.

라고 했고, 1884년 11월의 일기에서는,

연일(열흘 초부터 17일까지는 격일로 17일부터 22일까지는 아침마다) 능히 색色을 경
계하지 못하여 형용形容이 초췌하고 안청眼睛이 붉어져 있어 조기燥氣(불기운)
가 올라온 것임을 알 수 있다.16)

라고 했다. 곧 그의 음주와 여성관계는 상해시절에서 비롯된 것이 아니
었고, 일본유학기와 국내체류기 이래의 누적된 사생활의 연장이었다.

더욱이 상해유학기의 윤치호는 일종의 망명객으로 조국의 비관적인
현실에 대한 울분과 20대 초반의 젊은 나이에 객지생활의 외로움이 겹
쳐, 홀로 술잔을 기울이며 울적한 마음을 달래기도 했고, 친구들과 어울
려 폭음도 했으며, 밤의 여성과 회포를 풀기도 했다.17)

〈표 1〉 상해시절의 음주일수 통계

年 ＼ 月	1	2	3	4	5	6	7	8	9	10	11	12	計
1885	-	1	2	1	0	0	3	5	7	3	3	5	30
1886	4	9	2	4	1	2	0	1	2	4	3	1	35
1887	1	1	0	0	0	0	0	0	0	0	0	0	2

주 : 『尹致昊日記』에 기록된 것임.

윤치호는 교회에 다니게 된 뒤에도 "인생은 짧으므로 가능한 대로 최
대의 쾌락이 용납되어야 한다."는 생각에서 "감각적인 만족"을 추구했
고, "온전한 사람에게는 의사가 필요 없다."는 생각에서 "자기 자신의
정의正義"에 만족해하는 생활태도를 가졌다.18)

---

16) 『尹致昊日記』 1884년 11월 9일조.
17) <표 1>에서 볼 수 있듯이, 윤치호가 1885년 2월부터 금주하기 전인 1887년 2월
    까지 25개월 동안에 음주한 회수는 일기에 기록된 것만 67회이다. 이중 혼자 마
    신 것이 8회, 上海 체류중의조선인과 마신 것이 11회 그리고 나머지는 거의 中西
    書院의 院友들과 마신 것이다. 이 기간에 여성과 동침 회수는 11회이다.

그러나 윤치호는 1886년 초부터 설교와 성경공부, 종교서적과 종교강연을 통하여 기독교 신앙에 눈을 뜨게 되면서, 자신이 잘못된 길을 걷고 있다는 사실을 발견하고 새로운 삶을 위한 방향전환을 모색했다. 그는 자신의 사악함과 내세를 위해 깨끗한 영혼을 준비할 필요성을 깨닫게 되었다.[19]

그래서 그는 "영웅호걸이 술을 탐내다 패사敗事 운명한 자가 헤아릴 수 없이 많다."는 동서고금의 역사를 거울삼아, 부모와 군왕과 나라를 위해 유용한 인재가 될 것을 다짐하고,[20] 1886년 봄부터 본격적으로 계주戒酒를 시작했으며, 각종 기독교 집회에 적극적으로 참석하여 자기개선을 위해 노력했다.[21] 1887년 초부터는 기침조起寢條·세수조洗手條·금오수조禁午睡條·계주조戒酒條·근희조謹戱條·직언조直言條·진노조鎭怒條 등 여러 조목의 마음의 약속을 정하고 실천에 힘썼다.[22]

그러다가 윤치호는 1887년 2월 27일에는 절대금주를 서약하는 계주약패戒酒約牌에 서명하고 방탕한 생활을 청산하기에 이르렀다.[23] 그는 기독교를 통하여 세속적 감각적인 쾌락보다 내세를 위한 영혼의 만족이 더욱 고귀함을 알게 된 것이다. 또한 그는 무절제한 죄악적인 생활을 청산하는 데 있어 인간의 한계성을 느끼고 기독교 신앙의 유효성을 체험하게 되었다.[24] 따라서 그는 1887년 3월에는 본넬 교수의 권고로 기독교에

---

18) T.H. Yun, "A Synopsis of What I Was and What I Am", Lak-Geoon George Paik, *The History of Protestant Mission in Korea 1832~1910* (Seoul, Yonsei University Press, 1971), 166쪽.

19) 위와 같음.

20) 『尹致昊日記』 1886년 1월 2일조.

21) 『尹致昊日記』 1886년 2월 28일, 4월 4일조.

22) 『尹致昊日記』 1887년 1월 4일조에서 5월 10일조까지.

23) 戒酒約牌는 上海希望隊에서 낸 것으로 서명한 날로부터 금주할 것을 맹세하는 것이다. 이 戒酒約牌에 서명한 이후로 윤치호의 일기에는 음주와 女色을 범한 기록이 없다.

입교할 것을 결심하고, 4월 3일에 세례를 받음으로써 조선인 최초의 남 감리교 세례교인이 되었다.[25]

윤치호는 봉진교서奉眞敎書에서 세례를 받고자 하는 목적을 다음과 같이 밝히고 있다.

> 첫째는 기독교에 대한 지식과 신앙을 증진해 가치 있는 삶을 영위하기 위함이었고, 둘째는 인생의 황혼기에 구원의 길을 찾지 않고 내세의 구원을 미리 대비하는 삶을 위함이었으며, 셋째로는 새 사람이 된 증거를 보이고 세속적인 유혹과 시험을 이겨내는 삶을 위함이었다.[26]

윤치호는 기독교를 사랑의 종교, 구원의 종교로 믿고, 자기 영혼의 구원과 자기생활의 개선을 위한 종교로 수용했다. 당시 그가 수용한 기독교는 조국의 개화를 위한 사회변혁 차원의 종교가 아니었고, 자신의 변화를 위한 개인구원 차원의 것이었다. 윤치호가 1887년 4월 3일 세례 당일의 일기에서,

> 이날부터 나는 삼가 교敎를 받들고 주主 믿을 것을 맹세하였으니, 가히 일생에 있어 제일 큰 날이라 하겠다.[27]

라고 쓰고 있듯이, 기독교의 수용은 윤치호의 생애에 일대 전환을 가져

---

24) T.H. Yun, "A Synopsis of What I Was and What I Am", Lak-Geoon George Paik, 앞의 책, 166쪽.

25) 『尹致昊日記』1887년 3월 9일·22일, 4월 3일조 ; 梁柱三, 「南監理敎會小史」『朝鮮南監理敎三十年紀念報』, 46쪽.

26) T.H. Yun, "A Synopsis of What I Was and What I Am", Lak-Geoon George Paik, 앞의 책, 166~167쪽 및 민경배, 「초기 윤치호의 기독교신앙과 개화사상」, 169쪽 참조. 박정신은 「윤치호연구」362쪽에서 윤치호의 개종을 조선의 개화를 염두에 둔 개종으로 파악했다.

27) 『尹致昊日記』1887년 4월 3일조.

왔다. 그것은 세속적 쾌락을 추구하는 삶으로부터 영혼의 만족을 추구하는 삶으로의 전환이었으며, 자기중심의 정의를 추구하는 삶으로부터 하나님중심의 가치관을 추구하는 삶으로의 전환이었다.

그가 세례를 받은 1887년 봄 이후로 얼마나 신앙생활에 열중했는가는 <표 2>에 나타난 그의 상해시절의 종교집회 참가일수(회수)에서도 뚜렷이 엿볼 수 있다.

〈표 2〉 상해시절 종교집회 참가일수(회수)

年＼月	1	2	3	4	5	6	7	8	9	10	11	12	計
1885	-	1	(3) 2	0	2	3	(7) 6	0	5	4	11	10	(36) 34
1886	3	1	(9) 8	(11) 9	9	4	4	0	5	(17) 11	(15) 7	(12) 6	(90) 67
1887	(12) 8	(12) 6	(17) 8	(20) 12	(30) 18	(17) 12	(12) 9	(9) 5	(14) 11	(27) 15	(27) 18	(21) 14	(218) 139
1888	(30) 18	(13) 8	(18) 11	(18) 11	(24) 16	(18) 10	(11) 7	(7) 4	(10) 7	-	-	-	(147) 92

주 : 위의 통계는 『尹致昊日記』에 의거한 것임. ( )안은 참가회수이다.

예를 들면 윤치호가 1887년 1년 동안에 종교집회에 참가한 일수는 139일이고 참가 회수는 무려 218회에 달하고 있다. 이해 5월 한 달 동안에는 18일간에 걸쳐 30회나 종교집회에 참석하였다.

그가 주로 참석한 종교집회는 ① 일요일 오전의 중서서원 성경공부와 충일회衷一會 설교, 일요일 밤의 해인복음회海人福音會 설교와 청인예배당 설교, ② 수요일 밤의 기도회, ③ 금요일 오후의 중서서원 수신회(권계회), ④ 토요일 오전의 중서서원 성경공부, ⑤ 기타 미화서관美華書館의 계주회戒酒會·강연회·형제회와 계주회당戒酒會堂의 강연회·기도회·상해희망대 모임 등이었다.[28]

윤치호의 열성적인 신앙생활은 주변에서도 인정이 되어, 그는 1886년 11월에는 교수들과 학생들에 의하여 일요 교회당의 서기로 선임되었고, 1887년 9월에는 중서서원 계주회의 창립 멤버로 중요한 직책을 맡았으며, 1888년 3월에는 감리회 계회季會에 참석하여 그 서기로 선출되기도 했다. 이외에도 그는 선교회의(Missionary Conference)에도 참석했고, 중서서원 원우들과 성경회를 개설하기도 했다.[29]

윤치호의 상해시절을 기독교와 관련시켜 보면, 처음 1년 동안은 방탕생활기(1885년 봄~1886년 봄)였고, 다음 1년 동안은 생활전환기(1886년 봄~1887년 봄)였으며, 마지막 1년 반 동안은 독실한 신앙생활기(1887년 봄~1888년 여름)였다고 하겠다.

3) 청국사회에 대한 인식과 조선관

윤치호는 약 3년 반 동안 청국사회를 체험했다. 이 기간에 그는 청국사회를 어떻게 인식했고, 이와 관련하여 조선문제에 대하여 어떠한 견해를 가지고 있었던가? 먼저 그의 청국사회에 대한 인식부터 살펴보기로 한다.

첫째로 윤치호는 청국을 악취 풍기는 불결한 나라로 인식했다.

그가 체류한 상해는 높고 큰 집들, 양행洋行과 상점이 즐비하여 동양의 대도시라고 할만 했다.[30] 그리고 그가 돌아본 상해·소주蘇州·진강鎭江등 청국의 도시는 "일본의 도시에는 미치지 못했으나, 가옥의 견정堅正함과 도로의 규모, 하천·교량의 편리함과 재화의 풍족함이 우리나라의 도시에 비교하면 배는 더 낫다."[31]고 느껴졌다.

---

28) 尹致昊의 上海時節의 일기 참조.
29) 『尹致昊日記』 1886년 11월 28일조, 1887년 9월 29일, 10월 14일·16일조, 1888년 3월 2일·16일·29일, 5월 1일·28일, 6월 5일조.
30) 『尹致昊日記』 1885년 1월 26일조, 1886년 8월 28일조.

그러나 일본의 도로·가옥·인민의 청결함에 비하여, 청국의 악취 풍기는 거리와 음침한 집, 그리고 청국인의 더러운 몸가짐과 불결한 음식은 윤치호에게 깊은 혐오감을 주었고, "더럽고 냄새나는 청국"이란 관념을 굳게 해주었다.[32] 따라서 그는 일본을 "동양의 한 도원桃園"에 비유했고, 청국을 "더러운 물로 가득 채워진 연못"에 비유했다.[33] 한편 조선은 청국보다 더 못한 "똥 뒷간" 같다고 한탄했다.[34] 그는 청결을 문명의 한 척도로 생각했던 것이다.

둘째로 윤치호는 청국을 낙후된 무기력한 나라로 인식했다.

그는 일본이 30년 내외에 경장진작更張振作하여 문명부강을 일컫게 되었는데, 청국은 문명제국과 통교한 지 60여 년이 지났으나 대도시에는 학교·병원·놀이터 등 볼만한 문명시설이 없고, 강하江河에는 작은 기선도 없이 엉성한 배가 운행되며, 인민은 부문浮文만 숭상하고 지식이 없음을 보고 청국의 낙후성을 실감했다.[35] 그리고 그는 상해의 각국 조계租界에는 청국의 주권이 미치지 못하고, 영국 조계내의 공원에는 청국인만이 유일하게 출입이 금지되어 있음을 주시하고, 청국이 문명국가로부터 얼마나 천대받고 있으며, 얼마나 무기력한가를 피부로 느낄 수 있었다.[36]

따라서 그는 청국을, 주인이 게을러서 벽은 무너져 있고 일부 기와는 도둑맞았으며, 지붕은 강풍의 일격에 쓰러질 것 같은 "하나의 고가古家"에 비유했고, 네댓 살 먹은 어린아이만큼도 빨리 걸을 수 없는 "거구의

---

31) 『尹致昊日記』 1887년 1월 16일조.
32) 『尹致昊日記』 1885년 2월 15일조, 1887년 1월 16일, 6월 26일, 7월 23일조, 1888년 9월 10일·20일조.
33) 『尹致昊日記』 1888년 10월 3일조 ; "T.H Yun's Letter to Anonymous Person," June 5, 1885.
34) 『尹致昊日記』 1885년 9월 20일조.
35) 『尹致昊日記』 1884년 7월 22일조, 1885년 8월 4일·8일조.
36) 『尹致昊日記』 1885년 2월 11일조.

노인"에 비유했던 것이다.37) 그리고 그는 일본을 러시아를 제외한 "아시아에서 가장 훌륭한 문명국"으로 인식하고, 청국은 조선과 더불어 비문명국으로 인식했던 것이다.38)

셋째로 윤치호는 청국을 완고하고 교만한 나라로 인식했다.

그는 일본이 옛것을 고치고 새것을 본받아 부강한 문명국이 되었는데, 청국은 옛것에 매달려 무기력한 후진국에 머물러 있는데도, 청국은 여전히 개명開明을 외면하고 옛것을 맹종하고 있는 완고한 나라라고 생각했다.39) 그리고 그는

> (청국인은) 외국인이 업수이 여기기를 마치 개나 돼지처럼 하는데도 스스로를 중화인민中華人民이라 하고, 타국인을 가리켜 오랑캐라 한다.40)

라고 하여, 청국을 가증스런 나라라고 생각했다.41) 따라서 그는 청국을 "눈멀고 귀먹은 어리석은 노인"에 비유했고, 그런데도 몸집은 거대하여 스스로 세상에서 가장 강한 사람처럼 믿고 뽐낸다고 비난하며, 청국이 훌륭하게 문명화되려면 어리석은 중화의식을 버리고 서양문명을 수용해야 한다고 주장했다.42)

윤치호는 불결한 청국, 완고한 청국, 낙후된 청국, 수모받는 청국 속에서 조선의 모습을 보고 한심스러워했다. 그리고 문명제국으로부터 천대받으면서도 큰 체하는 교만한 청국이 경멸스럽고 가증스러웠다.43) 더

---

37) "T.H. Yun's Letter to Anonymous Person," June 5, 1888.
38) 위와 같음.『尹致昊日記』1894년 6월 20일조에서는 청국과 조선을 半文明國으로 보았다.
39)『尹致昊日記』1884년 7월 22일조, 1885년 8월 8일조, 1887년 7월 21일조.
40)『尹致昊日記』1885년 2월 15일조.
41) "T.H. Yun's Letter to Anonymous Person," June 5, 1885 ;『尹致昊日記』1885년 9월 20일조.
42) "T.H. Yun's Letter to Anonymous Person," June 5, 1885.

욱이 이러한 청국을 대국으로 섬기고 이에 의지하며 그 지휘를 받고 있
는 조선을 생각할 때 수치스럽고 비참한 마음을 금할 수가 없었다. 따라
서 그는 조선을 "눈멀고 귀먹은 어리석은 노인의 고함소리에 놀라는 소
년"에 비유했던 것이다.[44] 한편 그는 서양인들이 거침없이 세계를 횡행
하는 것을 보고 문명의 귀중함을 새삼 느끼었고, 일본이 변화 발전하는
것을 대견스럽게 생각했던 것이다.[45]

그러면 윤치호는 상해유학시절에 조선문제에 대하여 어떠한 견해를
가지고 있었던가를 살펴보기로 한다. 그가 상해유학(1885~1888)을 하던
당시의 동아시아의 국제정세는 한반도를 중심으로 청국과 일본, 러시아
와 영국 등 4개국의 이해관계가 얽혀 상호견제 속에서 일시적인 소강상
태를 이루고 있었다.[46] 윤치호는 갑신정변 이후 조선 내에서 청국세력
의 강화와 천진조약天津條約을 통한 일본의 반격, 러시아의 남하를 저지
하기 위한 영국의 거문도점령巨文島占領과 러시아의 제주도조차설 및 조
러밀약을 통한 조선보호설, 그리고 청국의 조선에 대한 실질적인 지배권
행사를 위한 갖가지 책동을 예의 주시했다.[47] 그는 일기에 당시 조선의
형세에 대하여 다음과 같이 기록했다.

---

43)『尹致昊日記』1885년 2월 11일, 5월 24일, 8월 3일·8일, 9월 20일조. 서재필의
   淸國觀은 田鳳德, 1981,「松齊 徐載弼의 개혁사상」『韓國近代法思想史』, 박영
   사, 258~260쪽 참조.
44)『尹致昊日記』1885년 6월 26일, 8월 8일조 ; "T.H. Yun's Letter to Anonymous
   Person," June 5, 1885.
45)『尹致昊日記』1885년 5월 24일조. 서재필의 日本觀은 앞의「松齊 徐載弼의 개
   혁사상」, 260~262쪽 참조.
46) 박준규, 1964,「청일개전과 열국외교」『동아문화』2, 서울대 동아문화연구소,
   1~2쪽.
47)『尹致昊日記』1885년 2월 14일, 3월 28일, 5월 23일, 6월 4일·26일, 7월 2일·21
   일조. 러시아에 의한 濟州道租借說은 오보였다(崔永禧, 1975,「구미세력의 침투」
   『한국사』16, 국사편찬위원회, 622쪽 참조).

북쪽의 독수리(러시아)가 힘을 길러 곧 기회를 기다려 날개를 떨치려 하고, 서쪽의 사자(영국)가 탐욕을 내어 이미 문으로 들어와 방을 엿보고 있다. 4린四隣(=러시아·영국·일본·청국)에게 잠식될 염려가 눈앞에 나타나 있어 8역八域(=조선)의 누란累卵의 위태로움을 말로 다할 수가 없다. 더욱이 돈미豚尾(=청국)로부터 수모 받음이 날로 심하여지고 있다.[48]

곧 그는 당시 조선이 영국·러시아·일본·청국 등 4개국에 의한 침탈의 위험 속에서 국가존망의 위기에 처해 있다고 본 것이다. 특히 청국의 부당한 간섭에 대하여 커다란 분노를 느꼈다.

윤치호는 조선이 청국에 의해 보호되고 있다고 생각하는 사람들이 많으나 청국은 조선을 보호할 만한 능력도 없으며, 갑신정변 당시의 어려움도 청국의 영향을 받은 사람들이 개화를 방해한 데서 초래된 것이라 하여, 청국을 조선개화의 방해자로 간주했다. 따라서 그는,

청국이 조선문제에 간접적으로나마 간섭하는 한, 조선은 문명화되거나 번영할 수 없다. 더욱이 조선은 청국의 간섭을 배제하고, 낡고 무지한 정치를 쇄신하는 데 전력을 다하고, 개화제국開化諸國의 모델에 따라 문명을 취하지 않는다면, 곧 안남(베트남)과 같은 비참한 상태에 빠질 것이다.[49]

라고 했다. 곧 그는 열강에 의한 침탈의 위기 속에서 조선이 생존할 수 있는 길은 첫째로 청국세력의 배제에 의한 자주권의 확립과, 둘째로 압제정치의 쇄신에 의한 내정의 개혁, 그리고 셋째로 개화제국의 모델에 따른 문명화의 추진에 있다고 믿었던 것이다.

그리고 윤치호는 당시 세계의 부강한 국가도 처음에는 빈약한 국가였으나, 진보에 힘쓰고 부강을 도모하며, 민생을 돌보고 민권을 존중함으로써 인민의 충군애국심을 일깨워서, 상하 일체가 되어 분발한 결과 국

---

48) 『尹致昊日記』 1885년 6월 26일조.
49) "T.H. Yun's Letter to Anonymous Person," June 5, 1885.

력이 신장되어, 외부로부터의 피해를 막을 수 있게 되었다고 보았다.[50] 곧 그는 진보에의 노력과 민력의 조성, 그리고 관민일체에 의한 국력의 배양이 외세극복의 근본적인 방법이라 믿었다.

그런데 윤치호가 본 조선의 현실은 어떠했던가? 조신朝臣들은 국력의 진작을 외면하고 관직과 사리만을 탐하며, 청국에 붙어 낡은 의견을 고집하고 새것을 방해하며, 백성들은 탐학에 시달려 정부를 원수처럼 여기고 난리를 생각하며, 군대는 오합烏合의 무리에 불과하고 재정은 바닥이 난 상태였다.[51]

그러므로 그는 조국의 부진不振한 형세와 깊어가는 외국으로부터의 수모에 깊은 회의를 갖게 되었다. 따라서 그는 러시아의 조선보호설, 청국인의 조선관리 구속설拘束說, 조청간 전선電線의 청국관할설 등에 접하여,

> 이 같은 국세國勢라면 일국의 생사의 명命을 천하에 둘도 없는 만이蠻夷(支那)의 손에 맡기느니보다는 차라리 전토쇼土를 다른 문명국에 맡기어 중세重稅와 악정 하에 있는 인민을 구하는 것만 같지 못할 것이다.[52]

라고 하여, 문명국에 의한 조선지배까지도 생각하게 되었다. 이와 같은 발상은 조국의 개화현실에 대한 절망적인 인식과, 야만적인 청국의 실질적인 조선지배에 대한 치욕감, 그리고 압제받는 인민을 구해야 한다는 애민의식에서 나온 것이었다. 윤치호의 조국의 현재와 미래에 대한 비관적인 인식은 그의 유학생활에 깊은 좌절감을 안겨주었다.

이와 같은 윤치호의 문명개화에 대한 열정과 조국의 현실에 대한 좌절감은 결국 민족패배의식에 빠지게 하여, 그가 일제강점 이후 일제의 식민통치를 수용하는 요인이 되었던 것으로 생각된다.

---

50) 『尹致昊日記』 1885년 6월 20일조.
51) 『尹致昊日記』 1885년 6월 20일·25일조.
52) 『尹致昊日記』 1886년 9월 9일조.

2. 미국유학과 근대사상의 형성

1) 미국 대학가의 윤치호

윤치호는 상해유학 중에도 미국유학에 뜻을 두고 있었으나 여의치 않아, 중서서원을 수료할 무렵에 일본 도시샤同志社에 유학을 교섭했다. 그러나 그는 조선정부의 허락 없이는 입학을 허가할 수 없다는 도시샤의 회신을 받고 일본유학을 단념했다.[53] 그러던 중 윤치호는 본넬 교수와 알렌 박사의 알선과 감리교회의 후원을 받아 전격적으로 미국 벤더빌트(Vanderbilt)대학에 유학하게 되었다.[54] 그는 1888년 9월 28일 상해를 출발하여 일본을 경유, 11월 4일 목적지인 미국 테네시주 내시빌(Nashville)에 도착했다. 이때 그의 나이는 24세였다.

윤치호는 벤더빌트대학 신학과 영어코스(English Course of Theology)[55]에서 3년 곧 6학기 동안에 13개 과목을 수강했다. 신학과 영어는 여섯 학기 동안 계속 수강했고, 교회사는 네 학기 동안, 연설학은 세 학기동안, 성경사·설교학·논리학은 두 학기 동안, 그리고 로마사·심리학·설교사·수신修身·화학은 한 학기 동안 수강했다.[56]

---

53) 『尹致昊日記』 1886년 9월 24일조, 1888년 8월 30일, 9월 4일자 ; "T.H. Yun's Letter to Dr. Young J. Allen," December 20, 1891.

54) 『尹致昊日記』 1888년 9월 11일·12일·13일·27일조 ; "T.H. Yun's Latter to Dr. Young J. Allen," November 7, 1888 ; Donald N. Clark "Yun Ch'i-ho(1864~1945): Portrait of a Korean Intellectual in an Era of Transition", Occasional Papers on Korea, 41쪽 ; 金永義, 『佐翁尹致昊先生略傳』, 58~59쪽.

55) 윤치호는 Vandervilt大學의 Theological Department에서, 보다 구체적으로는 English Course of Theology에서 공부했다. "T.H. Yun's Letter to Dr. Young J. Allen," February 21, 1889 ; 『尹致昊日記』 1891년 6월 8일조 ; Kim Hyung-Chan, "Yun Ch'i-ho in America : The Training of a Korean Patriot in the South, 1888~1893," Korea Journal, Vol. 18, No. 6, Korean National Commission for Unesco, 1978, 19쪽 참조.

그는 1889년 봄학기 기말고사에서 6과목 중 5과목에서 수석을 했고, 나머지 1과목에서 2등을 했으며, 그의 조직신학 답안지가 『웨즐리언 애드보케이트』(Wesleyan Advocate)지에 게재되기도 했다. 틸레트(Tillet) 교수가 "그는 신학과 영어코스에서 성공적이었다."고 평가한 바도 있듯이, 윤치호의 학업성적은 대단히 우수했다.[57] 그는 역사와 영문학에 많은 흥미를 가졌고, 전공인 신학 특히 조직신학은 골치 아프고 무미건조한 과목이라고 느꼈다.[58]

따라서 윤치호는 벤더빌트대학을 졸업한 뒤, 순수 학문을 닦기 위한 목적에서 상해의 두 후견자인 알렌 박사, 본넬 교수와 상의하여 조지아주 에모리(Emory)대학에 입학했다.[59] 그는 에모리 대학에서 2년 동안 역사·헌법사·정치경제학·자연지리학 등의 인문사회과목과 물리학·화학·식물학·대수학·기하학 등 자연과목을 수강했으며,[60] 별과과정(Sub Fresh Course)에 있었으므로 자신이 희망하는 과목을 자유로이 수강할 수 있었다.[61]

에모리 대학의 학장 캔들러(Warren A. Candler) 박사는 윤치호가 역사적인 인물이 될 것을 기대했고, 알렌 박사는 윤치호가 이학사 학위(B.S.)를 취득하기를 기대했다.[62] 또 캔들러 학장은 에모리 트러스티즈(Emory Trusties)

---

56) 尹致昊의 Emory 대학시절의 일기 ; Kim Hyung-Chan, 앞의 책, 19쪽.

57) "T.H. Yun's Letter to Dr. Young J. Allen," June 19, 1889 ; 『尹致昊日記』 1890년 2월 6일조, 1891년 6월 8일조 ; Kin Hyung-Chan, 앞의 책, 20쪽의 Table 1.

58) 윤치호의 역사와 문학에 대한 관심은 당시 그의 독서 경향에서 뚜렷이 나타난다. 그의 신학에 대한 태도는 『尹致昊日記』 1890년 4월 16일, 5월 6일조, 1891년 2월 27일, 4월 14일, 5월 4일조 참조.

59) 『尹致昊日記』 1890년 8월 13일, 11월 9일, 11월 17일조 ; "T.H. Yun's Letter to Dr. Young J. Allen," November 8, 1890.

60) 윤치호의 에모리 대학 시절의 일기 ; Kim Hyung-Chan, 앞의 책, 21쪽.

61) "T.H. Yun's Letter to Dr. Young J. Allen," November 6, 1891 ; 『尹致昊日記』 1891년 11월 18일조 ; Kim Hyung-Chan, 앞의 책, 21쪽.

62) 『尹致昊日記』 1892년 10월 14일조.

에서 윤치호에게 이학사 학위를 줄 예정이라고 했고, 졸업에 즈음하여
에모리 동창회에 윤치호를 동창으로 받아들이자는 결의안을 제출하기도
했다.[63] 이러한 사실들로 미루어보아 윤치호는 에모리대학에서도 촉망
을 받았고 그의 학업이 인정되어, 비록 별과생別科生이었으나 정규생의
자격으로 졸업하게 된 것을 알 수 있다.

　미국유학기 윤치호의 독서경향은, 그의 일기에 약 40여 권의 서명이
보이는데, 역사서적과 문학작품이 주류를 이루고 있다.[64] 역사서적으로
는 매콜리(Thomas B. Macaulay)의 『워렌 헤이스팅의 인도정책』(Waren Hasting's
Indian Policy)과 『영국의 역사』(History of England), 기번(Edward Gibbon)의 『로마
제국흥망사』(The Decline and Fall of Rome), 매켄지(Mackenzie)의 『19세기의 인도
제국』(Indian Empire in the 19th Century), 매카디(Macathy)의 『영국의 역사』(History
of England) 등이 있다. 그는 영국의 저명한 역사가인 매콜리와 기번에 심
취하여 문명과 역사에 대한 인식에 지대한 영향을 받았고,[65] 영국의 인
도경영에 각별한 관심을 보였다. 그것은 약육강식의 국제사회에서 강자
와 약자간의 관계에 대한 그의 깊은 관심을 의미하는 것이다.

　문학작품으로는 셰익스피어, 잉거솔(Ingersoll), 호돈(Nathaniel Hawthorne), 테
니슨(Alfred Tennyson), 포(Edgar A. Foe), 위고(Victor Hugo), 칼라일(Thomas Carlyle),
에머슨(Ralph W. Emerson) 등의 작품을 읽었다. 특히 그는 호돈과 칼라일에
매료되었고,[66] 『데이비드 코퍼필드』(David Copperfield), 『톰 아저씨의 오두
막집』(Uncle Tom's Cabin), 『레미제라블』 등과 같은 역사소설과 사회소설을

---

63) 『尹致昊日記』 1892년 11월 8일조, 1893년 6월 13일조.
64) 윤치호 미국유학시절의 일기 및 Kim Hyung-Chan, 앞의 책, 20쪽.
65) Macaulay 관계는 『尹致昊日記』 1889년 5월 25일, 12월 23일, 12월 28일조, 1890
　　년 1월 9일, 6월 28일조, 1891년 5월 8일조, 1892년 6월 26일조 참조. Gibbon 관
　　계는 『尹致昊日記』 1890년 7월 1일·30일, 9월 10일조 참조.
66) Hawthorne관계는 『尹致昊日記』 1891년 3월 10일·16일, 4월 10일조 참조.
　　Carlyle 관계는 『尹致昊日記』 1893년 6월 8일·29일조 참조.

감동 깊게 읽었다. 그는 에모리대학의 졸업에 즈음하여 우수한 수필을 선정하여 표창하는 문장경연에서 알렌 메달(Allen Medal)을 획득하여 그의 문장력을 드러내기도 했다.[67]

한편 윤치호는 미국 유학시절에 각종의 교내외 행사와 서클 활동에 적극 참가했다. 그는 벤더빌트 시절에 문학회·논리학회·철학회 등 다양한 서클의 토론회에 참여했고,[68] 낭송대회·연설대회(Green's Medal Contest, B.U. Convention Young Medal Contest) 등에도 연사로 자주 참가했으며,[69] 대학 YMCA와 국제 YMCA의 집회에도 참석했다.[70] 에모리대학에서는 대학 YMCA의 대표로 조지아주 YMCA대회에 연사로 참가하기도 했으며,[71] 학내 양대 토론회의 하나인 퓨 소사이어티(Few Society)의 멤버로 적극 활동하다가 그 회장에 선출되기도 했다.[72] 또한 졸업에 즈음해서는 졸업반에서 인망이 있는 학우로 영예를 가지는 'Senior'에 선출되기도 했다.[73] 퓨 소사이어티의 회장과 'Senior'에 선출되는 것은 별과생으로서는 전혀 기대할 수 없는 일로서 학내에서 그의 역량과 인망이 어느 정도였는지 짐작케 하는 것이다.

또한 그는 감리교 주일예배와 주일학교에 참석하여 활동했으며, 교파를 초월하여 각종 종교집회에 참가하여 활동했다. 특히 그는 벤더빌트 대학에 입학한 지 얼마 안 되는 1888년 12월 1일의 교회 초청연설을 비

---

67) 『尹致昊日記』 1893년 6월 12일·14일조.
68) 『尹致昊日記』 1888년 11월 17일조, 1889년 1월 30일, 3월 21일조, 1890년 10월 11일조, 1891년 4월 11일조.
69) 『尹致昊日記』 1889년 5월 21일조, 1890년 5월 27일조, 1891년 5월 27일, 6월 12일조.
70) 『尹致昊日記』 1890년 5월 11일, 9월 19일조.
71) 『尹致昊日記』 1892년 2월 27일·28일조 ; "T.H. Yun's Letter to Dr. Young J. Allen," May 7, 1892.
72) 『尹致昊日記』 1891년 11월 20일조, 1892년 5월 13일, 11월 26일, 12월 3일조.
73) 『尹致昊日記』 1892년 11월 8일조 ; Kim Hyung-Chan, 앞의 책, 21쪽.

롯하여, 제 19차 조지아주 주일학교연합회 연회에서의 조선에 대한 연설 그리고 무수한 교회순회 연설을 했다.[74] 그가 미국유학 기간에 교회 및 종교집회에서 한 연설은 무려 155회에 달하고 있다. 그중 초청연설이 30 회였고, 방학 중 여러 도시의 교회를 순회하며 행한 모금전도연설이 125 회였다.[75]

〈표 3〉 교회 및 종교집회 연설통계

	초청연설	모금전도연설	계
Vanderbilt시절	17회	30회	47회
Emory시절	13회	95회	108회
계	30회	125회	155회

　　윤치호의 연설은 주로 조선과 중국 및 일본의 선교宣敎 형편과 그 나라들의 습관·예절 등에 관한 것으로 동양선교에 관심을 환기시키려는 것이었다. 모금연설은 경제적으로 쪼들리는 윤치호 자신의 생활비를 벌기 위한 것이었다. 그의 연설은 유머와 위트로 청중들을 즐겁게 하여 다시 한번 듣겠다고 청중들이 몰려오는 일도 있었다.[76]

　　한편 윤치호는 죄수罪囚 전도에 관심을 가지고, 벤더빌트 시절에는 1년 6개월 간 매주 일요일마다 교도소 주일학교에 가서 가르쳤다.[77] 그는 흑인사회에도 깊은 관심을 가지고 에모리 시절에는 가난한 흑인농가에 가서 전도활동을 하기도 했다.[78] 이처럼 그가 사회에서 천대받는 소외

---

74) 『尹致昊日記』 1888년 12월 1일조, 1892년 5월 17일조.
75) 尹致昊의 미국유학시절의 일기에 의거한 <표 3> 참조.
76) 『尹致昊日記』 1892년 6월 19일, 8월 5일조.
77) 『尹致昊日記』 1889년 8월 15일조~1891년 2월 22일조.
78) 『尹致昊日記』 1888년 12월 2일조, 1891년 1월 16일, 5월 10일조, 1892년 12월 12일·22일조, 1893년 4월 16일조 및 Kim Hyung-Chan, 앞의 책, 21쪽 참조. 윤치호는 흑인 빈농가에서 조선 농촌의 비참한 모습을 발견했던 것이다.

된 계층에 관심을 쏟은 것은 그의 신앙심과도 관계가 있겠지만, 심리적으로 그 자신의 약자에 대한 동류의식의 발로였다고 보겠다.

윤치호의 미국유학생활은 경제적인 빈곤과 신체적인 병고와 정신적인 고뇌의 연속이었다. 망명시의 지참금을 상해유학기에 거의 다 소비한 그는 벤더빌트대학 시절에는 교내의 보빈금補貧金(Sustentation Fund)으로 식비를 충당했으나 방학 중에는 식생활마저 어려워 풀 뽑기, 건물청소, 서적외판 등의 아르바이트와 독지가의 후원으로 겨우 어려움을 모면했다.79) 에모리대학 시절에는 하기방학 중의 모금전도여행을 통하여 생활비를 충당했으며 항상 경제적으로 쪼들림을 받았다.80)

한편 원래 건강한 체질이 아니었던 윤치호는 벤더빌트 대학에 입학한지 4개월 뒤부터 몽설夢泄로 시작하여 탈진과 피로, 감기와 두통을 수반하는 전반적인 신체의 쇠약 현상으로, 그의 유학생활의 전 기간에 걸쳐서 병고 없이 지낸 달이 거의 없을 정도로 고질적인 병약에 시달려야만 했다.81) 그리고 조국의 수치스런 과거의 역사와 수모 받는 비참한 현실과 기대할 수 없는 절망적인 미래는 그에게 깊은 고뇌를 주었고,82) 그의 불안정한 현재의 생활과 불확실한 미래의 진로는 그에게 정신적인 불안감을 주었다.83) 그리고 부모와 이성에 대한 그리움과 돌아갈 수 없는 고

79) "T.H. Yun's Letter to Dr. Young J. Allen," December 3, 1888 ;『尹致昊日記』1889년 7월 3일·4일·12~20일조, 1890년 7월 2일~9일조, 1891년 6월 15일·16일조.
80)『尹致昊日記』1891년 6월 3일~9월1일조, 1892년 4월 9일, 6월 13일~9월 14일조, 1893년 6월 15일~9월 6일조 ; "T.H. Yun's Letter to Dr. Young J. Allen," September 12, 1891.
81) 윤치호의 미국유학시절의 일기, 특히 1889년 5월 4일조, 1890년 3월 8일, 6월 25일조, 1891년 2월 8일조, 1892년 7월 13일조, 1893년 3월 6일, 7월 12일, 8월 15일조 참조.
82)『尹致昊日記』1889년 4월 25일조, 1890년 7월 2일조, 1893년 10월 7일조, 1894년 10월 8일조.
83)『尹致昊日記』1890년 8월 22일조, 1891년 3월 22일조, 1892년 4월 2일, 6월 8일

국은 그에게 짙은 향수와 병적인 고독을 안겨주어 빈번히 그를 좌절감에 빠지게 했다.[84]

이와 같이 경제적 빈곤과 신체적 병약病弱과 정신적 고뇌는 윤치호로 하여금 그의 조국과 그 자신에 대한 약자로서의 심한 열등감을 느끼게 했고,[85] 약자에 대한 동류의식을 갖게 했던 것이다.

이와 같은 고난의 시기에 윤치호를 이끌어주고 그에게 많은 영향을 끼친 인물은 그가 '정확한 사람'이라고 평한 조직신학 교수 틸레트 박사와 '좋은 사람'이라고 평한 성경사 교수 호스(Hoss)박사, '위대한 사람'이라고 평한 캔들러(Candler) 학장이었다.[86] 특히 캔들러 학장은 역사·헌법·정치·경제학을 지도한 교수이며 감리교의 감독으로서, 윤치호의 정치·사회 및 역사의식의 형성과 기독교적인 인격의 형성에 깊은 영향을 주었다.[87]

2) 미국사회에 대한 인식과 그 영향

윤치호는 5년 동안 미국사회를 체험했다. 그는 미국사회를 어떻게 인식했고, 그러한 인식은 그의 사상형성에 어떠한 영향을 주었을까?

첫째로 윤치호는 미국을 당대 최고의 문명국가로 인식했다.

그는 미국본토의 첫 도착지인 샌프란시스코를 돌아보고, "도로와 가옥의 굉장함과 시전市廛 재물의 화려함은 전날 꿈에도 보지 못한 것"이라고 감탄했고,[88] 내시빌에 전차가 개통되자, 마차도 없이 가마로 왕래

조.

84) 『尹致昊日記』 1889년 10월 20일조, 1890년 1월 25일, 2월 8일, 5월 6일, 6월 25일, 8월 13일조, 1892년 1월 16일조, 1893년 4월 15일조.

85) 『尹致昊日記』 1889년 4월 25일조, 1891년 2월 2일조, 1892년 3월 15일, 9월 13일, 12월 29일조, 1893년 5월 3일, 6월 14일조.

86) 『尹致昊日記』 1892년 10월 4일조.

87) 『尹致昊日記』 1892년 10월 4일조, 1893년 3월 11일조 및 金永義, 『佐翁尹致昊先生略傳』, 62쪽.

88) 『尹致昊日記』 1888년 10월 28일조.

하는 우리나라를 생각하고, "개화와 야만의 등별을 이에서 볼 수 있겠다."고 했다.[89] 또 그는 조그만 마을에도 문명의 이기인 스팀과 전기가 이용되고 있음을 주시했고,[90] 당시 인구 150만이 넘는 시카고의 웅대함도 가보았다.

그는 미국은 6천만 인구의 거대한 나라이며, "어느 곳보다도 문명의 완성에 더 가까운 나라"라고 하여, 미국을 세계에서 문명이 가장 높은 성숙단계에 이른 강대국으로 인식했다.[91] 그러나 그는,

> 미국인들은 아메리카 대륙이 문명의 종점이라고 생각하지만, 세계는 아직 그 마지막 단계의 발전에, 그리고 인종도 아직 그 궁극적인 발달에 이르지 못했다.[92]

라고 하여, 미국이 문명발전의 최종 단계에 도달한 것으로는 보지 않았다.

또 그는 "고대 그리스가 장차 로마에 굴복할 것을 예측하지 못했고 로마도 골족, 튜튼족, 슬라브족이 장차 그를 능가하는 문명제국이 되리라고 예측하지 못했던 것처럼, 미국이 야만이라 부르는 국가들도 언젠가는 세계문명의 정상에 오를 날이 올지 모른다."고 하여,[93] 국가와 문명의 성쇠는 예측할 수 없이 변화한다고 믿었다.

윤치호는 문명·개화는 야만(미개)에서 반문명(半개화)의 단계로, 반문명(半개화)에서 문명(개화)의 단계로 발전된다고 생각했고, "야만인은 자연의

---

89) 『尹致昊日記』 1889년 5월 2일조.
90) 『尹致昊日記』 1893년 6월 23일·24일조.
91) 『尹致昊日記』 1892년 9월 19일조, 1891년 10월 25일조.
92) 『尹致昊日記』 1893년 4월 15일조. "Americans think and say that they are the last effort of the Almighty and that civilization has found her terminus on this Continent. This may be, yet it is rather a presumptuous declaration. For the world has not yet reached its last stage or the race, its ultimate development."
93) 『尹致昊日記』 1893년 4월 15일조.

노예이고 반문명인은 자연의 겁 많은 구절자이며, 문명인은 자연의 주인"이라 하여,[94] 인간은 문명지역에서만 만물의 영장이라 할 수 있다고 했다.[95]

그리고 그는 개화를 물질적 번영만으로 보지 않았고, 물질적 번영과 정신적 진보를 포괄하는 인간사회의 전반적인 향상의 개념으로 파악한 것 같다. 그는 당시 "미국인들이 정신문화보다 물질의 번영에 매진"하고 있는 것은 불가피한 필요악이라고 지적하고, 물질의 성장 후에는 정신문화에 방향이 돌려질 것이라고 하여,[96] 물질문명과 정신문화는 상호보완적 발전관계에 있다고 생각했다.

둘째로 윤치호는 미국을 최선의 민주주의 제도가 갖추어진 나라로 인식했다.

그는 미국에 도착하여 벤더빌트 대학에 가는 도중 1888년 하니발(Hannival)에서, 그리고 에모리 대학 재학 중 1892년 옥스퍼드에서 두 차례에 걸쳐 미국 대통령의 선거광경을 목격했다. 그는 미국의 선거 광경을 통하여 미국인들의 고도의 정치의식과 자유로운 정치토론 그리고 국민의 여론과 다수결에 의해 통치자가 선출되는 민주주의의 진면목을 엿볼 수 있었다.[97]

그리고 그는 조지아주 의회議會 및 미연방 상·하원을 견학하여 국민의 대표들이 제정한 법률에 의하여 통치되고, 민의가 반영되는 합의의 정치 곧 의회민주정치의 일단을 주시하기도 했다.[98] 또한 그는 흑인 강

---

94) 『尹致昊日記』1892년 12월 29일조. 유준길도 『西遊見聞』(東京, 交詢社, 1895)에서 개화의 단계를 未開→半開→開化로 파악했다. 이광린, 「유길준의 개화사상」『역사학보』75·76합집, 237쪽 및 金泳鎬, 1968, 「유길준의 개화사상」『창작과 비평』3권 11호, 483쪽 참조.

95) 『尹致昊日記』1893년 6월 3일조.

96) 『尹致昊日記』1890년 12월 12일조.

97) 『尹致昊日記』1888년 11월 3일조, 1892년 9월 19일, 11월 8일조 ; 박정신, 「윤치호연구」, 363~364쪽.

도에 대한 재판을 방청하고, 재판을 위한 방대한 인원구성과 피의자의 충분한 변호 그리고 증거에 의한 판결과 공개재판 등 인권보장의 장치가 잘 갖추어진 미국의 사법제도에 큰 감명을 받기도 했다.99)

뿐만 아니라 그는 대학강의와 서적을 통하여 민주주의의 역사와 그 본질을 체계적으로 이해할 수 있었으며, 각종 학회와 토론회에 참가하고, 대학토론회의 회장이 되어 회무를 주관하는 과정에서 민주사회의 운영방식을 직접 체험하기도 했다.

윤치호의 눈에 비친 미국은 "종교의 빛, 지적知的 자유, 정치적 자유"가 있는 나라, "너무 자유가 많아 고통" 받는다고 표현될 정도로 자유의 나라였다.100) 그리고 미국은 "인민의 인민에 의한 인민을 위한 정부"가 서 있는 민주국가 곧 자유와 민주주의가 향유되는 사회였다.101)

따라서 그는, 세계에는 "영국의 입헌군주제로부터 조선의 지독한 독재정치"에 이르는 여러 형태의 정치체제가 존재한다고 전제하고,

> 어느 누구도 미국의 민주주의가 그 결함에도 불구하고, 결국 가장 좋은 정부 형태임을 부인치는 않을 것이다.102)

---

98) 『尹致昊日記』 1889년 1월 31일, 1893년 8월 14일조 ; 박정신, 「윤치호연구」, 364쪽.
99) 『尹致昊日記』 1893년 4월 1일조 ; 박정신, 「윤치호연구」, 364쪽.
100) 『尹致昊日記』 1892년 11월 5일조, 1893년 5월 20일조.
101) 『尹致昊日記』 1892년 7월 27일조.
102) 『尹致昊日記』 1893년 9월 24일조. "Yet no one will deny that the democracy of America is after all the best form of government in spite of its defects." 유길준은 『西遊見聞』, 제5편, 「政府의種類」에서 "各國中에 英吉利政體가 最佳하고 極備한 者라 世界의 第一이라 稱하나니"라 하여 영국의 입헌군주제를 최선의 政體로 인식했다. 박영효도 1888년의 국정개혁에 관한 상소에서 자유민권과 군주전제권의 조화에 의한 '君民同治'의 입헌군주제를 구상했음을 보여주고 있다 (姜在彦, 1973, 『近代朝鮮의 變革思想』, 東京, 日本評論社, 124쪽).

라고 했듯이, 윤치호는 미국식 민주주의 곧 공화정부 형태가 당시에 현
존하는 최선의 정치체제라고 생각했다. 그는 미국유학 기간에 지식과 체
험을 통하여 철저한 민주주의 신봉자가 되었던 것이다.

셋째로 윤치호는 미국을 기독교윤리에 기초한 국가로 인식했다.

그는 중국 유학시기에 이미 독실한 기독교 신자가 되었으며, 미국 벤
더빌트 대학에서 신학을 전공함으로써 기독교에 대한 지식을 체계화할
수 있었다. 뿐만 아니라 수많은 전도연설과 종교활동을 통하여 미국사회
에 실제로 기능하고 있는 기독교의 실상을 파악할 수 있었다.

윤치호는 과거 미개지였던 내시빌이 불과 1세기 사이에 인구 10만의
근대적 문명도시로 발전된 것을 찬탄하면서, "내시빌은 백 년 전에는 인
디언의 사냥터였고, 미개한 종족의 거주지였는데, 기독교와 훌륭한 정부
와 개화된 국민이 천연의 숲을 '남부의 아테네'로 변화시켰다."[103]고 하
여, 기독교를 민주정부, 개화국민과 함께 미개사회를 문명사회로 변화시
키는 문명화의 원동력으로 파악했다.

또한 그는 기독교는 문명부강의 원동력일 뿐만 아니라, 인간을 자유
케 하고 민주정부를 탄생시킨 미국 민주주의의 창조력으로 인식했
다.[104] 그리고 그는 미국의 많은 지성인들이 종교 없이도 도덕적으로 선
하고 정직하다고 자부하지만, "미국인들은 누구나 도덕과 윤리의 근원
을 기독교의 복음에 두고 있다."고 하여 기독교를 미국인의 정신적 기반
으로 생각했다.[105]

따라서 윤치호는 "종교는 개인적으로나 국가적으로 모든 경우에 모든
종류의 성공의 기초"[106]라고 보았다. 그리고 그는 "삶 속에 실용되는 기

---

103) 『尹致昊日記』 1890년 3월 7일조.

104) 『尹致昊日記』 1894년 3월 11일조, 1893년 9월 24일조.

105) 『尹致昊日記』 1892년 2월 10일조 ; 박정신, 「윤치호연구」, 364쪽.

106) 『尹致昊日記』 1892년 11월 12일조.

독교는 그 앞에 어느 것도 맞설 수 없는 힘이다."[107]라고 하여 기독교를 막강한 힘의 종교로 인식했다. 그리고 그는 "내가 모든 종교 중에서 기독교를 선택한 것은 기독교는 일을 해내기 때문이다."[108]라고 하여 기독교를 현실적 실천종교로 보았으며, 또한 기독교는 사회개선에 사명의식을 가지는 공익적인 사회윤리라고 생각했다.[109]

여기서 우리는 윤치호가 중국유학 시기에 영혼구원 또는 인간개선의 종교 곧 개인윤리로 수용한 기독교가, 미국유학 시기에는 사회의 문명화와 민주화를 이루는 힘 있는 사회변혁의 종교 곧 사회윤리로 전화되고 있음을 알 수 있다. 윤치호에게 있어서 기독교 윤리와 개화 염원의 결합이 이루어졌던 것이다.

넷째로 윤치호는 미국을 인종차별이 자행되는 백인국가로 인식했다.

그는 미국유학생활의 과정에서 청국인, 흑인 그리고 인디언들이 얼마나 천대받고 멸시 당하는가를 목격했다.[110] 뿐만 아니라 그 자신도 미국에 처음 도착한 뒤, 호텔 숙박을 거절당하여 정거장에서 밤을 지새운 일을 비롯하여, 때로는 청국인으로 오인을 받아서, 때로는 조선 국적 때문에 미국인들로부터 직접 경멸과 모욕을 당하기도 했다.[111] 윤치호는,

> 인생은 즐거운 것이다. 그러나 지금 당하고 있고 앞으로 감당해야 할 국가적 수치와 굴욕을 생각할 때, 그리고 나의 모든 인생행로에서 국적 때문에 괴로움을 당할 모습과 언행言行을 연상할 때 인생이 지겹게 느껴진다. 나는 지

---

107) 『尹致昊日記』 1893년 12월 17일조.

108) 『尹致昊日記』 1894년 1월 1일조.

109) 『尹致昊日記』 1894년 1월 1일, 3월 11일조 ; 박정신, 「윤치호연구」, 365쪽.

110) 『尹致昊日記, 1890년 2월 14일조. "The persecution of the Chinese in the West, the treatment of the Negro in the South, and the dealing with the Indian by the whole nation are fair commentaries on the bragged about 'American doctrine' of the 'inalienable right of man'."

111) 『尹致昊日記, 1888년 11월 2일조, 1891년 6월 24일조, 1893년 9월 13일조.

　　금이나 앞으로도 죽음을 추구하지는 않을 것이다. 그러나 나는 죽음이 당장
　　자연스럽게 찾아온다면 강자 이외에는 누구에게나 냉담한 세상과 하직하는
　　것을 슬퍼하지 않을 것이다.112)

라고 했듯이, 그는 미국사회의 국가적 인종적 편견과 차별에 커다란 충
격을 받고 깊은 콤플렉스를 갖게 되었다. 따라서 윤치호는,

　　　그들의 웅변가·설교자·시인 그리고 정치가들은 인간의 평등과 자유와 우
　　애에 대하여 많이 말한다. 그러나 실제에 있어 미국인들은 그들의 평등주의
　　등이 오직 피상적이라는 사실을 보여주었다. 곧 이 '자유의 땅'에서 인간의
　　불가양不可讓의 권리를 누리고자 하면 백인이지 않으면 안 된다.113)

라고 하여, 미국의 민주주의란 인간의 자유·평등의 불가양의 권리를 백
인에게 국한시킨, 백인을 위한 백인의 민주주의에 불과다고 규정했다.
그리고 그는 미국인들이 주장하는 "고상한 주의와 그들의 비열한 편견
투성이의 행동 사이의 불일치"를 신랄히 비판했다. 따라서 그는,

　　　이 세계를 실제로 현실적으로 지배하는 원리는 정의가 아니고 힘이다. '힘
　　은 정의'라는 것이 이 세계의 신神이다.114)

라고 하여, 현실 세계에서는 힘이 곧 정의라 규정하고, 힘을 가진 자만이
불가양의 권리와 정의와 성공을 얻을 수 있다고 믿었으며, 이 같은 힘의
원리는 개인과 국가와 인종의 모든 경우에 두루 적용되는 것으로 인식했
다.115)

　　윤치호는 문명사회와 인종차별 그리고 약육강식과 신의 섭리 사이의

---

112) 『尹致昊日記』, 1893년 6월 14일조.
113) 『尹致昊日記』, 1890년 2월 14일조.
114) 위와 같음.
115) 『尹致昊日記』, 1890년 5월 6일조, 1891년 11월 27일조.

모순 속에서 심한 갈등이 느꼈다.[116) 그러나 그는,

> 국가 간 인종 간에 있어서 힘은 정의인가? 나는 항상 그렇게 생각해 왔다.
> … 우리는 더 강한 자가 더 약한 자보다 도덕과 종교와 정치에 있어 거의 항
> 상 더 낫거나 덜 부패한 것을 발견하게 된다. 그러므로 우리는 정의에 대한
> 힘의 승리처럼 보이는 것은, 절대적인 것은 아니지만, 비교적 불의에 대한 비
> 교적 정의의 승리라는 것을 알게 된다. 그래서 결국 다소의 예외는 있겠지만
> 정의는 인종 간에 있어서도 힘이다.[117)

라고 했다. 곧 그는 대체로 약자의 사회보다 강자의 사회에 더 많은 정
의가 내재되어 있다고 보아, 힘은 정의이고 결국 정의가 힘이라는 논리
속에서 강자의 약자에 대한 지배를 필요악으로 긍정하게 되었다.[118) 이
와 같은 윤치호의 '힘이 정의'라는 사회진화론적 시대관은 강대국의 약
소국 지배를 긍정하고, 후일에 그가 러일전쟁의 승자인 일본의 한국에
대한 식민통치를 불가피한 귀결로 받아들인 요인의 하나로 생각된다.

한편 윤치호는 자신이 개인적으로나 국가적으로나 인종적인 면에서
약자임을 인식하고, 백인으로부터 차별받는 흑인, 사회로부터 소외된 죄
수, 그리고 지배층으로부터 압제받는 민중의 문제에 깊은 관심을 가지
고, 이들 약자들의 향상을 위한 약자의 편에 선 의식을 형성하게 되었
다.[119)

그리고 그는 백인의 인종차별 속에서 황인종으로서의 강한 자각을 가
지게 되어,

> 당분간 내 자신의 청국인과 일본인에 대한 모든 국가적인 편견은 몽골인

---

116) 『尹致昊日記』 1889년 12월 9일조, 1892년 10월 14일조.
117) 『尹致昊日記』 1892년 11월 20일조.
118) 『尹致昊日記』 1891년 5월 12일조.
119) 本章 주 77·78·85 참조.

종에 대한 넓은 편애偏愛 속에 삼켜졌다.[120]

라고 했다. 곧 그는 백인종의 강자로서의 공격적인 인종주의를 증오하는 나머지 황인종의 약자로서의 방어적인 인종주의를 배태하게 되었던 것이다.

이와 같은 윤치호의 인종주의적 편견은 한말 국가독립의 유지가 절망적이라고 판단된 상황에서 '황인종제휴론黃人種提携論'으로 나타났고, 러일전쟁의 승자인 일본을 '황인종 명예의 옹호자'로 예찬하는 입장에 빠지게 했다. 우리는 인종적 감정이 국가적 감정을 넘어설 경우 동일 인종의 강대국에 영합할 소지가 있음을 간과할 수 없을 것이다.

3) 개화의 방향과 방법론

윤치호는 일본·중국·미국 유학을 통하여 근대학문을 섭렵하고, 전근대사회와 근대화과정사회 그리고 근대사회를 두루 체험하는 가운데 조국의 개화방향과 그 방법론을 구상하게 되었다. 그럼 먼저 그가 추구한 개화의 방향 또는 개화의 이상은 어떠한 것이었던가를 살펴보기로 한다.

첫째로 윤치호는 문명사회文明社會를 개화의 기본방향으로 설정했다.

윤치호는 당시의 국제사회를 약육강식, 적자생존의 열국경쟁의 사회로 인식했다. 그리고 이 같은 힘이 지배하는 냉엄한 사회에서 하나의 민족이 독립국가로 존속하기 위해서는 힘을 길러 강자 곧 적자適者가 되는 길밖에 없다고 보았다.[121] 따라서 그는,

---

120) 『尹致昊日記』 1891년 11월 27일조. "For the time being, of course, all national prejudices against the Chinese and Japanese on my part have been swallowed up in the broad partiality for Mongolian race."

121) 『尹致昊日記』 1889년 5월 25일조, 1891년 11월 27일조. 박영효도 1888년의 국정개혁에 관한 상소에서 당시의 세계는 "强者幷其弱 大者呑其小"의 약육강식의 시대임을 지적했다(姜在彦, 近代朝鮮の變革思想』, 120쪽).

우리 동양제국東洋諸國이 지금 필요한 것은 공허한 말(words)이 아니고 일 (work)이며, 철학(philosophy)이 아니고 힘(power)이다.[122]

라고 역설했다. 그리고 그 자신의 의무는 조국이 힘을 길러 적자가 되게 하는 것이라고 생각했다.[123]

한편 윤치호는 서양의 문명사회는 강자이고 동양의 비문명사회는 약 자로 인식하여, 강자 곧 적자가 되는 길은 무엇보다도 서양적 모델에 따른 문명화라고 생각했다.[124] 그러므로 그는,

세월이 흐르면 조선도 다른 나라와 마찬가지로 문명화할 것이다. … 만일 조선인이 이것을 실현치 못한다면 타국인이 그것을 할 것이다. 하나의 민족은 향상하느냐 사멸하느냐 이외에는 다른 길이 없다.[125]

라고 하여, 조선이 스스로 문명화하여 강자가 되지 못하면 타국의 지배 하에 들어갈 수밖에 없다고 생각했다.

따라서 그는 강자와 적자 그리고 부강과 독립을 의미하는 서구적 문명사회를 개화의 방향으로 설정했던 것이다. 그는 적자생존의 사회진화론을 약자의 강자화를 고무하는 이론으로 수용했으며, 동시에 강자의 약자 침탈을 긍정하는 이론으로 수용했던 것이다.

둘째로 윤치호는 문명사회와 더불어 민주사회民主社會를 개화의 기본 방향으로 설정했다.

그는 인간에게는 자유와 평등의 천부불가양天賦不可讓의 권리가 있으며 국가는 이 같은 인간의 기본적 권리를 보장하기 위하여 설립된 것으

122) 『尹致昊日記』 1893년 10월 29일조.
123) 『尹致昊日記』 1892년 10월 14일조, 1893년 4월 8일조.
124) "T.H. Yun's Letter to Anonymous Person," June 5, 1885 ; 『尹致昊日記』 1894 년 11월 27일조.
125) 『尹致昊日記』 1893년 4월 8일조.

로 보았다.[126) 그러므로 인민을 압제하고 수탈하는 포악한 정부하의 국
가는 존재 의미가 없으며,[127) 아시아제국諸國의 포악한 정치는 인민을
잔약케 하여 결국 서양의 침략을 자초한 것으로 인식했다.[128)

한편 민주정치는 인민에게 자유와 지성을 주어 모든 것을 이루게 한
다고 하여 민주주의를 인권·민권을 보장할 수 있는 최선의 이념으로 간
주했다.[129) 그리고 민주정부는 인권·민권 보장을 통하여 인민을 진작시
켜 문명사회로 발전시키는 문명화의 추진력이 되며, 또한 인권·민권 보
장을 통하여 민력의 양성 곧 국력의 배양을 이루게 하는 국가부강의 원
동력이 된다고 보았다.[130)

따라서 윤치호는 인민을 억압하고 피폐케 하여 국력을 쇠잔케 하는
압제사회를 비판하고, 인권·민권이 존중되고 문명·부강을 향유케 하는
민주사회를 개화의 기본방향으로 설정했던 것이다.[131) 그에게 있어 문
명사회란 곧 민주사회를 의미하는 것이었으며, 그가 생각하는 진정한 의
미의 국가독립이란 개별 국가로서의 국가체제의 유지가 아니고, 자유와
민주정치를 행하는 국가로서의 독립을 의미하는 것이었다.[132)

셋째로 윤치호는 문명사회·민주사회와 더불어 기독교사회基督敎社會
를 개화의 기본방향으로 설정했다.

---

126) 『尹致昊日記』 1890년 2월 14일조 ; "An Honest Confession", *The Independent*,
   Vol. 3, No. 57, May 19, 1898.
127) 『尹致昊日記』 1889년 12월 28일조.
128) 『尹致昊日記』 1889년 5월 25일조.
129) 『尹致昊日記』 1893년 4월 1일, 8월 14일, 9월 24일조. 윤치호는 1893년 8월 14
   일에 미국의 상원과 하원을 방문한 소감을 "Make a people free and intelligent
   and all greatness follows." 라고 피력했다.
130) 『尹致昊日記』 1890년 3월 7일조, 1885년 6월 20일조.
131) 『尹致昊日記』 1889년 5월 25일, 12월 28일조, 1891년 3월 8일조, 1893년 10월
   17일조.
132) 『尹致昊日記』 1893년 4월 8일조, 1894년 7월 27일조 ; 박정신, 「윤치호연구」,
   368쪽.

그는 기독교를 인간개선의 윤리임과 동시에 사회변혁의 윤리로 인식했으며, 서양의 문명부강과 자유민주주의를 창출시킨 힘의 종교, 강자의 종교, 가장 우월한 종교로 생각했다.[133] 따라서 그는 조선을 강자 곧 적자로 만들 수 있는 힘을 기독교에서 구했다.

한편 그는 기독교는 사회에서 소외된 죄수와 천대받는 흑인 그리고 비문명 이방인에게 관심을 가지고, 이들 약자들의 향상과 구원을 위해 노력하는 약자를 위한 약자의 편에 선 종교라고 인식했다.[134] 그리고 당시의 조선은 독립을 바라기도 어렵고 독립을 해도 국가보전이 어려울 만큼 약자의 처지에 있으며, 국왕에게도 관리들에게도 개혁의 의지도 능력도 없다고 보아, 조선의 정치변혁에 대해서는 회의적인 견해를 가지고 있었다.[135]

따라서 윤치호는 "일국의 흥망성쇠는 인민의 지각과 기상에 달린 것"이며 "우리나라 교육을 도와주고 인민의 기상을 회복시킬 기계는 예수교밖에 없다."고 하여 기독교를 통한 조선의 개화를 구상했다.[136] 또한 그는 "기독교는 조선의 구원이요 희망이다." "기독교는 조선의 유일한 구원이다."고 하여 기독교사회가 되는 것을 유일한 개화구국의 길로 생각했다.[137] 그리고 그는 "기독교화 다음엔 일본화가 조선에 가장 큰 축복일 것이다."[138]고 했다. 이것은 조선이 기독교화된 다음에는 일본식의

---

133) T.H. Yun, "A Synopsis of What I Was and What I am", Lak-Geoon George Paik, 앞의 책, 166~167쪽 ;『尹致昊日記』1893년 9월 24일, 1894년 3월 9일조.
134) 『尹致昊日記』1888년 12월 9일조, 1889년 12월 23일조, 1890년 1월 26일조, 1891년 5월 4일조, 1894년 1월 29일조. 윤치호는 천주교의 약소국에 있어서의 횡포에 대하여 비판적이었다. 윤치호의 천주교 비판에 대해서는 『尹致昊日記』1889년 3월 9일조, 1898년 1월 15일조, 1902년 10월 1일조 및 閔庚培,「初期尹致昊의 基督敎信仰과 開化思想」, 181~182쪽 참조.
135) 『尹致昊日記』1889년 3월 30일조, 1894년 9월 28일조.
136) 『尹致昊日記』1889년 3월 30일조.
137) 『尹致昊日記』1893년 2월 19일조, 1894년 4월 8일조.

문명화가 이루어지기를 염원한 것을 의미하며, 동시에 조선의 기독교화를 문명화에 선행하는 개화사업으로 구상했음을 의미한다. 그는 문명사회·민주사회의 예비단계로서 기독교사회를 개화의 기본방향으로 설정했던 것이다.

문명사회·민주사회·기독교사회를 개화의 기본방향으로 설정했던 윤치호는 어떠한 방법으로 조선의 개화를 실현하려 했던가?

윤치호는 조선의 개화를 실현하는 방법으로 무엇보다도 정치변혁政治變革을 중요시했다.

그의 개화독립을 위한 지론은 "청국의 세력을 제거"하고 "낡고 무지한 정치를 쇄신"하며, "개화제국의 모델에 따라 문명을 추구"하는 것이었다.139) 이를 위해서는 무엇보다도 정부를 개조하여 과감한 '개화정부'를 수립하여 개화·개혁 정책을 추진해야 한다고 생각했다.

그러면 윤치호는 개화정부 수립을 위한 정치변혁은 어떠한 방법으로 이루어질 수 있다고 보았는가?

윤치호는 1890년 5월의 일기와 1891년 1월의 알렌(Young J. Allen)에게 보낸 서신에서 예상되는 조선의 5개의 진로를 예시했다. 그 내용의 요지는 다음과 같다.140)

첫째는 평화적 자주개혁이다. 국내의 방해세력을 제압할 만한 강력한 군대의 조직, 정부의 재구성과 불필요한 관원의 일소, 언론·출판의 자유, 그리고 국민교육 등이 필요한 개혁항목이다.

둘째는 내부혁명이다. 현명하고 박력 있는 인사들에 의한 부패·부조

---

138)『尹致昊日記』1894년 11월 27일조. "Next to Christianization, Japanization would be the greatest blessing to Corea."

139) "T.H. Yun's Letter to Anonymous Person," June 5, 1885 참조.

140)『尹致昊日記』1890년 5월 18일조 ; "T.H. Yun's Letter to Dr. Young J. Allen," January 24, 1891.

리의 일소와 새로운 개화정부의 수립이다.

셋째는 현상유지이다. 이것은 정부의 우둔과 억압, 잔인과 독재의 상태이고, 국민의 무지와 미신, 빈곤과 고통의 상태이며, 국가의 수치와 치욕, 점진적 쇠멸의 상태이다.

넷째는 중국의 속박이다. 이것은 현상유지보다 더 비참한 상태이다.

다섯째는 영국 또는 러시아의 지배이다. 이들의 지배 아래서 인민은 인민으로서 고통을 덜고, 많은 이점을 가질 것이다.

이상과 같은 조선의 5개 진로 중에서 윤치호는 평화적 자주개혁과 내부혁명을 조선의 정치변혁에 있어 최선의 방법으로 인식했다. 그러나 당시의 대내외 여건으로 보아 이 두 방법은 실현이 불가능하다고 생각했다. 다음으로 그는 현상유지와 중국의 속박을 견딜 수 없는 최악의 상태로 인식했으며, 중국의 속박은 당시 가능성이 있는 상황으로 판단했다. 따라서 그는 최악의 상태를 탈피하기 위한 차선의 방법으로 영국 또는 러시아 등 문명국에 의한 지배 곧 문명국지배하의 개혁을 생각했던 것이다.[141]

여기서 우리는 윤치호가 조선의 개화를 위해 구상한 정치변혁의 방법을 평화적 자주개혁론과 내부혁명론 그리고 문명국지배하의 개혁론으로 집약할 수 있겠다.

요컨대 개혁이나 혁명 또는 외세에 의한 정부개조를 통하여 개화정부를 수립하여 개화·개혁 정책을 추진함으로써 개화의 이상을 실현하려는 것이 윤치호의 정치변혁의 논리였다.

국가의 독립보다 국민의 구원에 역점을 둔 윤치호의 자유민권의식과

141) 『尹致昊日記』 1889년 12월 24일·28일조, 1894년 12월 10일조, 1895년 1월 12일조. 윤치호는 외세의 간섭 아래서도 노력 여하에 따라 자주적 개혁의 효과를 거둘 수 있다고 믿었다.

개화지상주의는 그의 현실상황주의와 결합하여, 모순되는 세 가지의 변혁방법론을 그의 의식 속에 공존하게 했고, 외세지배하 개화·개혁까지를 긍정하게 했다. 우리는 외세지배 하에서는 개혁의 주체를 상실하게 되며, 주체를 상실한 개혁이 국민에게 이익과 구원을 주는 개혁이 될 수 없다는 사실과, 윤치호의 외세지배 하의 개혁론이 필경 일제지배 불가피론으로 이어진 사실을 감안할 때, 현상을 취하려다 본질을 잃게 되는 현실상황주의와, 문명文明에 눈뜨려다 자주自主에 눈멀게 되는 개화지상주의의 위험성을 지적하지 않을 수 없다.

다음으로 윤치호는 조선의 개화를 실현하는 방법으로 정치변혁에 못지않게 국민계몽國民啓蒙을 중요시했다.

당시 그는 조선의 정치변혁에 회의적인 견해를 가지고 있었기 때문에 국민계몽에 의한 개화의 실현에 더욱 적극적인 관심을 나타냈다.

윤치호는 약육강식의 국제사회에서 조선의 존망은 문명화의 여부에 달렸다[142]고 생각하고, 다음과 같이 국민계몽을 강조했다.

> 일국一國의 흥망성쇠는 그 인민의 지각과 기상에 달린 것이다. … 당금 우리나라 급무는 국민의 지식 문견聞見을 넓히고, 도덕 신의를 가르치며, 애국지심愛國之心을 기르는 데 있다.[143]

여기서 그가 말하는 지식이란 근대적인 지식이고, 도덕은 기독교에 기초한 도덕이며, 애국심은 국민국가에 대한 애국심이었다.[144]

곧 윤치호는 근대적인 지식과 기독교적 인격 그리고 국민국가에 대한 애국심을 가진 패기 있는 '개화국민'이 형성되어야 개화의 이상을 실현

---

142) 『尹致昊日記』 1893년 4월 8일조.
143) 『尹致昊日記』 1889년 3월 30일조.
144) 『尹致昊日記』 1885년 8월 3일조, 1891년 3월 22일조, 1894년 1월 21일, 9월 18일·27일조.

할 수 있다고 믿었던 것이다. 이것은 전근대적인 미개국민을 근대적인
개화국민으로 개조시킴으로써 개화사회를 이룰 수 있다는 일종의 '국민
개조론'이었다.

윤치호는 앞에서 언급한 것처럼 "기독교와 훌륭한 정부와 개화국민"
이 미국사회를 문명사회로 전환시켰다는 확신을 가지고 있었다.[145) 그
는 '개화국민'이 '개화정부'가 추진하는 개화·개혁 정책의 원동력이 된
다고 믿었던 것이다.

그리고 윤치호는 개화국민으로의 국민개조는 국민계몽에 의하여 이
루어질 수 있다고 생각했다. 그러므로 그는,

> 정치적 상황이 어떻든 간에 국민은 교육을 받아야 하며,[146) 아국我國 교육
> 을 도와주며 인민의 기상을 회복할 기계는 예수교밖에 없다.[147)

고 하여, 국민교육과 이에 관련하여 기독교의 중요성을 강조했다. 또한
그는 자신의 사명은 "국민에게 복음을 전파하는 것과 교육을 제공하는
것"이라 하여,[148) 선교와 교육을 국민계몽의 두 축으로 간주했다. 그런
데 그가 생각하는 선교와 교육은 별개의 것이 아니고, 기독교교육으로서
유기적인 관련성을 가진 것이었다. 그는 에모리 대학 시절에 이미 조국
에 기독교대학의 설립을 구상했었다.[149)

---

145) 『尹致昊日記』 1890년 3월 7일조.
146) "T.H. Yun's Letter to Dr. Warren A. Candler," March 27, 1895.
147) 『尹致昊日記』 1889년 3월 30일조.
148) 尹致昊日記』 1889년 12월 14일조. "I have a mission to fulfil; … What is this
    mission? It is this: preaching the Gospel, and giving education to my people."
149) 『尹致昊日記』 1893년 3월 10일·11일, 9월 7일조. 윤치호는 조국의 개화를 위한
    수단으로 기독교교육을 절감했기 때문에, 에모리대학 시절에 아픈 몸을 이끌고
    夏期 전도여행을 통하여 어렵게 모금한 230달러를 W.A. Candler학장에게 기탁
    하여, 후일 조선의 기독교교육을 위한 기금으로 쓰도록 했다.

요컨대 선교·교육에 의한 국민개조를 통해서 '개화국민'을 형성하여 개화·개혁 정책을 뒷받침함으로써 개화의 이상을 실현하려는 것이 윤치호의 국민계몽의 논리였다.

3. 청일전쟁·갑오개혁과 윤치호

1) 청일전쟁에 대한 윤치호의 태도

갑신정변의 실패로 한반도에 대한 정치적 진출을 저지당한 일본은 경제적 진출에 심혈을 기울였다. 한편 임오군란과 갑신정변 이후 조선에서 정치적 입장이 유리해진 청국은 경제적으로도 점차 일본을 위협하는 추세를 보였으며, 일본과 러시아의 한반도 진출을 근원적으로 봉쇄하기 위하여 조선의 병합까지도 기도하게 되었다.[150] 이에 일본은 정치적 경제적으로 한반도에서 우월한 입장을 차지하기 위하여 조선의 현상변화의 필요성을 절실히 느끼게 되었으며, 마침 발생된 동학농민운동을 계기로 청국이 출병하게 되자 대병大兵을 파견하여 청일전쟁을 도발했던 것이다.

청일전쟁 기간에 윤치호는 5년간의 미국유학을 마치고, 모교인 중서서원中西書院에서 교편을 잡고 있었다. 청일전쟁을 전후한 시기에 그는 청국과 일본에 대하여 기본적으로 어떠한 인식을 가지고 있었던가?

윤치호는 미국으로부터 일본에 도착한 첫 느낌을 "기쁨과 즐거움"으로, 그리고 청국에 도착한 첫 느낌을 "고통과 불쾌"로 단적으로 표현했다. 그것은 일본의 깨끗한 거리와 인민의 친절·청결·정직 그리고 청국의 더럽고 냄새나는 거리와 인민의 불친절·불결·부정직 때문이었다.[151]

---

150) 梶村秀樹, 1964,「朝鮮近代史の若干の問題」『歷史學研究』288, 東京, 歷史學研究會, 56쪽 ; 이광린, 1981,『한국사강좌』 V(근대편), 일조각, 25쪽 ; F.H. 해링턴, 이광린 역, 1973,『개화기의 韓美關係 – 알렌 박사의 활동을 중심으로』, 일조각, 222~ 225쪽.

그리고 그는 일본을 "작은 것의 대국" 또는 "동양의 문명국"으로 인식했
고, 조선이 본받아야 할 개화의 모델국가라고 생각했다.[152] 반면에 청국
은 자만과 부패로 가득 찬 낙후된 비문명국으로 조선의 독립과 개혁을 유
린하고 있는 "조선 번영의 진정한 적敵"으로 간주했다.[153] 그러므로 그는,

> 만일 내가 살 곳을 마음대로 선택할 수 있다면 일본이 바로 그 나라일 것
> 이다. 나는 지독하게 냄새나는 청국에서도, 인종적 편견과 차별대우가 무섭게
> 지배하는 미국에서도, 극악한 정부가 계속되는 한 조선에서도 살기를 원치 않
> 는다. 오 축복받은 일본이여! 동양의 파라다이스여! 세계의 정원이여![154]

라고 했다. 곧 윤치호의 의식 속에는 일본에 대한 선망과 호감이, 청국에
대한 혐오와 증오가 자리 잡고 있었다. 당시 친일반청親日反淸은 그의 일
본과 청국에 대한 기본 관념이었던 것이다.

 윤치호는 조선에서 청·일 간의 전쟁이 일어나리라는 소식을 듣고 환
영의 뜻을 표했다. 그는,

> 진실과 정의의 원리에 기초한 평화는 좋은 것이다. 그러나 지배자의 압제
> 와 피지배자의 노예상태에 의하여 유지되는 평화는 … 조선을 진정한 지옥으
> 로 만든 악덕이다.[155]

---

151) 『尹致昊日記』1893년 10월 29일, 11월 4일·15일조, 1894년 7월 4일, 12월 12
　　일조.

152) 『尹致昊日記』1893년 11월 1일조를 보면 일본을 "작은 것의 대국"이라고 다음
　　과 같이 찬탄하고 있다. "Japan imports iron, steamers, rails and other heavy
　　goods. She exports silk handkerchiefs and such pretty little handiwork. Yet her
　　export exceeds her import! A wonderful fact." 『尹致昊日記』1894년 9월 27일,
　　11월 27일조.

153) 『尹致昊日記』1894년 6월 2일·18일, 9월 27일조.

154) 『尹致昊日記』1893년 11월 1일조.

155) 『尹致昊日記』1894년 6월 20일조.

라고 했듯이, 청일전쟁이 조선의 압제적 현상을 타파하는 변화 요인이
될 것을 기대했던 것이다.

윤치호는 전쟁을 도발한 일본의 의도에 대하여, 일본이 "청국의 침략
으로부터 조선의 독립을 옹호하기 위하여 전쟁에 착수했다."고 공언하
지만, "보다 합리적인 해설은 청국이 조선의 총독이 될지 모른다는 일본
의 두려움과 일본의 다수 민중의 불안 상태가 내란을 야기할지 모른다는
일본의 두려움에서 발견된다."고 했다.156) 곧 그는 일본이 청일전쟁을
일으킨 동기는 조선에서 청국세력을 제거하기 위한 것과 일본 내부의 사
회적 불안을 해소하기 위한 것에 있다고 보았던 것이다.

윤치호는 청일전쟁淸日戰爭의 승패가 어떠한 결과를 가져오리라고 예
측했던가?

그는 일본이 승리하는 경우에는 일본이 조선에 대한 보호권을 획득하
고 청국으로부터 대만을 할양받을 것이며, 조선은 청국의 압제로부터 해
방되고 개혁의 희망을 가지게 될 것으로 생각했다. 한편 청국이 승리하
는 경우에는 청국이 조선에 대한 실질적 지배권을 확립하고 일본으로부
터 유구열도琉球列島를 할양받을 것이며, 조선은 청국의 하나의 성省으로
병합되고 개혁은 절망적인 상태에 빠질 것으로 생각했다.157) 따라서 그
는 다음과 같이 청일전쟁에서 일본이 승리하기를 기원했다.

---

156) 『尹致昊日記』 1894년 7월 24일조. "Japan gives it out that she has undertaken
the war purely to uphold the independence of Corea against the aggression of
China. This is too good to be true. A more rational explanation is found in the
fear of Japan that China might make a viceroyalty of Corea, and that the
distempered condition of the body public of Japan might breed a civil war."

157) 『尹致昊日記』 1894년 7월 24일·30일, 8월 4일조, 1895년 1월 12일조 ; "T.H.
Yun's Letter to Dr. Warren A. Candler," September 20, 1894. 일본의 朝鮮保護
國化案에 대해서는 柳永益, 1984, 「청일전쟁 중 日本의 對韓侵略政策-井上馨
公使의 조선보호국화 기도를 중심으로」『청일전쟁을 전후한 한국과 열강』, 한
국정신문화연구원, 131~134쪽 참조.

　　이 전쟁은 혁신적인 서양문명西洋文明과 퇴영적인 동양야만東洋野蠻 사이
의 충돌 이상의 것이다. 일본의 승리는 조선의 구원과 청국의 개혁을 의미할
것이다. 그 반대는 반도왕국을 청국의 끝없는 부패의 구렁에 빠뜨릴 것이며,
한편 청국인들도 그 제국帝國이 쇄신의 필요가 없다는 신념을 굳힐 것이다.
전 동양을 위하여 일본이 승리하기를![158]

　곧 그는 청일전쟁을 서양문명과 동양야만 간의 싸움으로 이해했고,
나아가 일본의 승리는 조선의 구원과 청국의 개혁의 계기가 됨으로써 전
동양에 이로운 것으로 판단했던 것이다. 또한 일본의 승패가 윤치호 자
신의 귀국 가능 여부를 결정하는 중요한 문제이기도 했다.[159]

　윤치호는 일본이 조선을 위해서가 아니고 자국의 이익을 위해서 청일
전쟁을 도발한 사실과 일본이 청일전쟁에서 승리하는 경우에 조선은 청
국으로부터 해방되지만 일본의 지배하에 들어가게 될 것을 예상했다. 곧
그는 청일전쟁이 청·일 양국의 조선지배를 위한 침략전쟁임을 분명히
인식했다. 그러나 그는,

　　　나는 조선에 대한 청국의 극악무도함을 너무도 증오하므로 다른 나라의
　　지배는 나에게는 비교적 견딜 만하다.[160]

고 하여, 조선 스스로 청국의 압제를 벗어나거나 개혁을 단행할 능력이
없는 상황에서는 청국의 야만적 압제보다는 일본의 근대적 지배 하에서
개혁을 도모할 수 있다고 기대했던 것이다. 그러므로 그는 청국군과 일
본군의 서울 주둔이 가지는 의미의 유일한 차이점은 "일본은 조선을 개
혁하려는 반면에 청국은 조선을 망칠 것이다."[161]라고 표현했다.

---

158) 『尹致昊日記』 1894년 9월 27일조 ; "T.H. Yun's Letter to Dr. Warren A.
　　Candler," September 20, 1894 ; "T.H. Yun's Letter to Mrs. Nellie Candler,"
　　October 11, 1894.
159) "T.H. Yun's Letter to Dr. Warren A. Candler," September 20, 1894.
160) 『尹致昊日記』 1894년 7월 31일조.

일본이 청일전쟁을 도발한 근본적인 의도는 조선에 세력권을 확보하는 데 있었고, 조선의 독립과 개혁은 그 명분에 불과했음을 감안할 때, 일본의 영향 하에서 조선이 개혁될 수 있다는 윤치호의 기대는 당시 제국주의의 일반적 속성이나 일본의 팽창주의를 안이하게 생각한 데서 나온 것이라 할 것이다.

다음으로 윤치호는 청일전쟁에 즈음하여 조선이 어떠한 자세를 취해야 한다고 보았는가?

그는 일본의 4천 병력이 조선에 주둔하고 있다는 소식을 듣고, 일본군대가 서울에 있는 한 청국은 부당한 짓을 못할 것으로 내다보고,

> 조선정부에 지혜와 애국심이 있다면 반도를 개혁하고 극동에서 스위스의 역할을 담당할 좋은 기회가 될 것이다.[162]

라고 했다. 곧 그는 한반도에서 청·일 양국의 세력균형이 유지되는 동안에 조선이 개혁을 단행하고 스위스와 같은 중립국의 역할을 함으로써 독립유지가 가능하다고 보았던 것이다.

또한 그는 청국의 사주를 받은 조선 군대가 일본 군대를 공격했다가 참패하고 청·일간에 전쟁이 일어났다는 소식을 듣고, 조선은 사태를 관망하면서 조선문제를 향상시킬 기회를 잡는 것이 현명했을 것이라고 논평하고,

> 늦은 감이 있으나, 만일 현명하고 애국적인 인사들이 반도半島의 일들을 담당한다면, 이 시점에서 조선의 개혁과 청국의 속박으로부터 해방의 가능성이 있다. 엄정한 중립이 조선의 안전일 것이다.[163]

---

161) 『尹致昊日記』 1894년 7월 30일조.
162) 『尹致昊日記』 1894년 6월 23일조. "If there were wisdom and patriotism in the government of the peninsula, this would be a fine time to reform Corea and play the part of Switzerland in the Far East."

라고 했다. 곧 그는 청일전쟁이 조선의 개혁과 독립의 좋은 기회가 될수 있다고 보았고, 열강의 각축 속에서 조선의 안전을 항구적으로 보장하는 방법으로 전시중립과 영세중립을 포괄하는 조선중립화론朝鮮中立化論을 주장했던 것이다.164)

청일전쟁에서 청국이 승리하면 조선은 청국에 병합되고, 일본이 승리하면 조선은 일본의 보호국이 되리라고 예상했던 상황에서, 윤치호가 조선중립화론을 주장한 것은 논리상으로는 모순으로 보인다. 그러나 항상주어진 현실상황에서 최선책과 차선책을 동시에 생각하는 그의 상황주의적인 사고 속에서는 청일전쟁에서 일본이 승리하는 경우에는 일본의영향 하에서 개혁이 가능하다고 생각했고, 어느 한 나라의 일방적인 승리 또는 지배가 아닐 경우에는 조선중립화가 최선책이라고 생각했을 것으로 보인다.

청일전쟁은 윤치호가 기대한 대로 일본의 승리로 끝났다. 그는 청일전쟁에서 일본이 승리한 결과에 대하여, 첫째로 인민에 대한 착취를 일삼던 악당들의 근거지 곧 압제정부를 붕괴시키고 개화정부의 수립을 가져왔고,165) 둘째로 조선에 대한 청국의 병합계획을 좌절시키고, 청국으로부터 조선의 해방을 가져왔으며,166) 셋째로 왕실세력의 축소, 불필요

---

163) 『尹致昊日記』 1894년 7월 24일조. "Though late, there are possibilities of Corea's reformation and deliverance from the yoke of China at this juncture, if wise and patriotic men had the affairs of the peninsula in hand. A perfect neutrality would be her safety."

164) 갑신정변 이후부터 러일전쟁에 이르기까지 내외국인에 의하여 조선중립화론이 제기되었다. 조선중립화론에 대해서는 강만길, 1978, 「兪吉濬의 韓半島中立化論」 『분단시대의 역사인식』, 창작과비평사, 102~117쪽과 이광린, 『한국사강좌』 V (근대편), 210~213쪽 및 李鉉淙, 1982, 『韓末에 있어서 中立化論』, 國土統一院 참조.

165) "T.H. Yun's Latter to Dr. Warren A. Candler," September 20, 1894 & June 28, 1895.

166) "T.H. Yun's Latter to Dr. Warren A. Candler," June 28, 1895 ; 『尹致昊日記』

한 관청의 폐지, 신분제도의 약화, 교육의 중요성 인식 등 정치·사회적
인 변화를 가져왔다[167]고 평가했다. 곧 그는 청일전쟁의 결과는 조선의
압제정권과 청국의 압제세력을 타도하고, 개화정부를 수립하여 갑오개
혁의 계기를 마련했다고 보아 긍정적으로 평가했던 것이다.

2) 갑오개혁에 대한 윤치호의 인식

갑오개혁은 넓은 의미에서는 1894년 7월 27일부터 1896년 2월 10일
까지, 곧 갑오·을미년 간에 일어났던 근대화운동을 총칭하며, 흔히 제1차
개혁기(1894.7.27~12.17), 제2차 개혁기(1894.12.17~1895.7.7), 제3차 개혁기(1895.
8.24~1896.2.10)로 시기를 구분한다.[168] 좁은 의미의 갑오개혁은 1894년 7
월 27일부터 동년 12월 17일에 걸치는 군국기무처軍國機務處의 개혁활동
을 지칭한다. 그리고 이를 전후하여 일본정부의 한국에 대한 정책의 변
화과정을 ① 출병 및 개혁권고기(1894. 6. 2~7. 23), ② 소극간섭기(1894.7.23~
9.18), ③ 적극간섭기(1894.9.18~1895.6.4)로 시기를 구분하기도 한다.[169]

윤치호가 중국 상해에서 귀국한 것은 1895년 2월 12일(乙未 정월 18일)
이었으니, 그는 좁은 의미의 갑오개혁 곧 제1차 개혁은 외국에서 망명객
의 입장에서 지켜보았고, 을미년 간의 개혁 곧 제2차 개혁부터는 국내에
서 개혁 참여자의 입장에서 관찰했다고 할 수 있다.

먼저 갑오개혁 직전에 윤치호가 조선의 변혁에 대하여 어떤 의식을

　　　1894년 8월 4일. 청국의 조선병합 관계는 『尹致昊日記』 1895년 1월 12일조 원
　　　문 참조. "In course of a few years Corea would have become, to all practical
　　　purposes, a Chinese province with the King and his government as an
　　　ostentatious nothing. The war broke up the Chinese plan."

167) "T.H. Yun's Latter to Dr. Warren A. Candler," June 28, 1895.

168) 이광린, 『한국사강좌』 V(근대편), 322·343·375쪽.

169) 유영익, 1976, 「甲午更張을 圍繞한 일본의 對韓政策 - 갑오경장의 타율론에 대
　　　한 수정적 비판」 『한국사논문선집』(근대편), 역사학회, 113쪽.

가지고 있었던가부터 살펴보기로 한다.

그는 1894년 2월, 상해 YMCA에서 행한 조선문제에 관한 연설에서 "평화적 또는 폭력적 내부혁명만이 조선의 유일한 구제책이다."라고 주장했고,[170] 동년 5월 동학당東學黨의 봉기가 삼남지방에 만연되고 있다는 소식을 듣고, "악으로 물들고 피에 얼룩진 정부를 때려 부수는 어떠한 일도 환영하고 또 환영한다."고 했듯이,[171] 그는 조선의 현실을 최악의 상태로 인식했고, 조선의 현상변혁에 강렬한 열망을 가지고 있었다.

따라서 윤치호는 동학농민운동을 계기로 일어난 청일전쟁을 조선의 현상변혁을 위한 좋은 기회로 생각했다. 그리고 그는 청일전쟁을 조선의 지배권을 둘러싼 청·일 양국의 각축으로 생각했던 만큼, 일본의 조선에 대한 내정개혁의 요구가 순수하게 조선을 위한 것이 아님을 충분히 알고 있었다.[172] 그러나 일본은 조선의 독립과 개혁을 공언했던 만큼 일본이 승리할 경우에, 만일 "조선정부에 지혜와 애국심이 있으면 조선을 개혁할 수 있는 좋은 기회가 될 것"으로 믿었던 것이다.[173] 또한 그는 "일본이 조선정부에 제출한 개혁안은 바로 내가 항상 실현되기를 원했던 것"이라 하여,[174] 일본측이 마련한 조선내정개혁안에 대하여 전폭적인 공감을 표시했고, 그 자신도 10개조의 개혁안을 구상하기도 했다.[175]

그러나 윤치호는 갑오개혁의 진행과정에서 개혁에 대한 회의감을 표시했다. 그 이유는 첫째로 국왕과 민비와 대원군에게는 필요한 개혁의

---

170) 『尹致昊日記』 1894년 2월 21일조.
171) 『尹致昊日記』 1894년 5월 30일조. "If a Japanese paper is to be trusted, 東學黨 in the three southern provinces of Corea seems to kick up a lively racket. Welcome, three times welcome, is anything and everything(except p-t-l) that may smash up the evil saturated and bloodful government of the unhappy peninsula."
172) 『尹致昊日記』 1894년 6월 20일, 7월 24일조.
173) 『尹致昊日記』 1894년 6월 23일조.
174) 『尹致昊日記』 1894년 8월 3일조.
175) 『尹致昊日記』 1894년 9월 28일조.

능력도 의욕도 없다고 판단했기 때문이다.[176] 둘째로는 정부 관인들이 국가의 장래보다 사리私利를 위해 분열과 대립을 일삼는 조선의 정치풍토 때문이었다.[177] 셋째로는 일본군이 조선에 주둔하면 인민의 반일감정으로 개혁이 진행되기 어렵고, 일본군이 철수하면 정부나 국왕이나 민비가 청국을 끌어들여 개혁이 중단될 것으로 보았기 때문이다.[178]

따라서 윤치호는 조선을 개혁하는 유일한 길은 피터 대제와 같은 강력한 지도자의 "명령의 힘"에 의한 것뿐이라 했고,[179] 결국 부패한 소수 독재로부터 조선 인민을 구원하는 길은 "현 정부와 낡은 왕조를 철폐"하는 것이라고 단정했다.[180] 그는 조선왕조하에서는 개혁의 희망이 없다고 믿었던 때문이다.[181] 그의 현상변화에 대한 열망과 개혁의 부진不進에 대한 절망은 그로 하여금 당시의 정권은 물론 조선왕조까지도 부정하게 했던 것이다.

그러면 윤치호는 조선의 개혁과 외세의 존재를 어떻게 생각했던가? 그는,

> 청국과 조선은 그들의 개혁에 있어 외세의 배체를 원한다. 그러나 홀로 두면 청국과 조선은 개혁하지 않을 것이다.[182]

---

176) 위와 같음.
177) 『尹致昊日記』 1894년 8월 25일, 9월 9일조.
178) 『尹致昊日記』 1894년 7월 30일, 10월 1일조.
179) 『尹致昊日記』 1894년 8월 25일조. 그는 나폴레옹 같은 지도자를 갈망하기도 했다. 『尹致昊日記』 1894년 8월 4일조 참조.
180) 『尹致昊日記』 1894년 9월 12일조. "After all, the only way to deliver the Corean people from a corrupt and corrupting oligarchy may be the entire abolition of the present government and of the old dynasty. It is no use to try to patch up a thoroughly rotten government."
181) 『尹致昊日記』 1894년 10월 8일조.
182) 『尹致昊日記』 1894년 12월 10일조.

라고 했다. 그는 당시 열국경쟁의 시대에 조선에 있어서 외세는 피할 수 없는 존재일 뿐만 아니라, 조선의 개혁에 있어서 필요한 존재라고 인식했던 것이다. 그리고 외세가 "축복이 될지 방해가 될지 저주가 될지는 조선정부의 지혜와 애국심 여하에 달린 것"이라고 생각했다.[183]

윤치호는 외세의 개입이 반드시 개혁에 방해가 되는 것은 아니고, 오히려 개혁의 계기가 될 수도 있으며, 만일 관인들이 합력하여 그 기회를 잘 이용하면 외세의 개입 하에서도 어느 정도 자주적 개혁의 효과를 거둘 수 있다고 믿었던 것이다. 따라서 그는 조선의 개혁에 있어서 일본인은 개혁의 장애요인을 제거하는 데 그치고, 개혁은 조선인 스스로 담당해야 한다고 생각했던 것 같다. 그러므로 그는 일본의 조선에 대한 개혁 강요를 '대 실책'이라고 평했고, "일본은 개혁을 조선정부에 맡기고, 단호하면서도 점잖게 개혁을 권고했어야 한다."고 했다.[184] 그는 일본이 개혁의 후원자에 머물고 개혁의 주체는 조선정부가 되어야 한다고 믿었던 것이다.

1894년 9월 중순, 평양과 황해전투에서의 승리를 계기로 일본의 대조선정책對朝鮮政策은 소극간섭책에서 적극간섭책으로 전환되었고, 오오토리 가이스케大鳥圭介 공사가 물러가고 10월 말경에 이노우에 가오루井上馨 공사가 새로 부임해왔다.[185] 이 사실에 대하여 윤치호는,

---

183) 『尹致昊日記』 1894년 12월 10일조, 1895년 1월 12일조. "I am perfectly sure that Japan will help Corea as long as there is any hope for its regeneration. Whether Japan's interference will prove a blessing or a curse to Corea, the question depends chiefly on the wisdom and patriotism or the folly and selfishness of the Corean government. Corea has now a fine opportunity for improving her condition."

184) 『尹致昊日記』 1894년 8월 7일조. "Japan has committed a serious blunder in forcing the King to carry out these violent measures. She would have done better, had she left everything to the government of Corea urging it to the desired reformation by gentle, though resolute pressure."

185) 유영익, 「갑오경장을 圍繞한 일본의 對韓政策－갑오경장의 타율론에 대한 수정

일본은 이제까지는 개혁을 조선인 스스로 하도록 하려 했다. 그러나 그들이 개혁의 의욕도 능력도 없음을 보고 주도권을 잡기로 결심한 것 같다.[186]

고 논평했다. 곧 이노우에 공사의 부임 이전까지는 일본은 대체로 조선인 스스로 개혁하도록 방임하여 결국 제 1차 개혁은 조선인이 담당했다는 견해이다.

제1차 개혁기에 오오토리 공사가 조선의 내정에 불간섭주의 내지 방관주의를 취한 것은 청일전쟁의 수행과정에서 조선정부와 조선국민의 협조가 필요하다는 전략적인 이유와 열국 특히 러시아에 외교적 내지 무력적 간섭의 구실을 주지 않으려는 대외적 이유 때문이었다. 이노우에 공사가 부임하여 적극간섭주의를 취한 것은 당시 조선정부 내에 조성된 심각한 정치적 알력을 해소하여 대조선정책을 원활하게 추진하려는 데 있었다고 이해된다.[187]

1895년 2월 윤치호는 망명유학 10년 만에 귀국했다. 귀국 후에 그가 듣고 본 조선의 정국은 어떠했던가?

조선정부에는 김홍집·김윤식 등 구당(Old party)과 박영효·서광범 등 신당(New party)의 연립내각이 구성되어 극한적인 대립상태를 보였고, 특히 박영효는 정계의 주도권을 잡고자 했다. 그리고 대원군은 구당과 연결하여, 민비는 신당을 조종하면서 정권 장악을 위한 음모와 암살을 일삼았다. 한편 일본 이노우에 공사는 국왕을 수중에 넣고 신·구 양당의

적 비판」, 위의 책 332~333쪽.

186) 『尹致昊日記』 1894년 11월 1일조. "Japan has so far tried to let the Coreans reform themselves. But seeing that they are both unwilling for and incapable of regeneration, she seems to be determined to take the reins into her own hand."

187) 제1차 갑오개혁은 大鳥公使를 비롯한 일본들에 의해 추진된 것이 아니고, 군국기무처의 조선개혁파에 의해 추진되었다는 논증은 유영익, 「갑오경장을 圍繞한 일본의 對韓政策 - 갑오경장의 타율론에 대한 수정적 비판」, 위의 책, 318~319쪽 참조.

격화된 대립을 중재하면서 일본의 국가적인 실리를 취하고 있었다.[188]

윤치호가 귀국하자 신·구 양당에서는 각기 그를 포섭코자 했으나, 그는 당파를 초월하여 학부에서 국민교육의 일을 담당하기를 희망했다.[189] 결국 그는 신·구 양당의 조정역을 맡아달라는 김홍집 총리의 요청과 이노우에 공사의 권고를 받아들여 2월에 정부 참의參議가 되었고, 박영효 전성기였던 6월에는 학부협판學部協辦에 임명되었다.[190] 그는 당파적 투쟁과 음모를 국가개혁을 망치는 최대의 암적인 요소로 인식했던 만큼 재직 기간에 초당적 입장에서 당파간의 조화를 이루는 데 나름대로 노력을 기울였다.[191]

1895년 7월 7일에는 당시 정계 최고의 실력자였던 박영효가 반역음모 혐의로 체포 직전에 재차 일본으로 망명하게 되었다. 박영효의 실각에는 갖가지 소문과 추측이 나돌았다. 박영효의 민비 제거 음모가 일인

---

188) 『尹致昊日記』 1895년 2월 14일·15일조 ; Young I. Lew, "The Reform Efforts and Ideas of Pak Yong-hyo 1894~1895," *Korean Studies,* Vol. I (The Center for Korean Studies, University of Hawaii, 1977) 26~29쪽 ; 李瑄根, 1963, 『한국사』 (현대편), 진단학회, 460~461쪽.

189) "T.H. Yun's Latter to Dr. Young J. Allen," February 19, 1895 & March 13, 1895 ; 『尹致昊日記』 1894년 8월 22일, 10월 8일, 12월 27일조, 1895년 2월 18일조. 윤치호의 귀국은 청일전쟁을 계기로 한 개화정부의 성립과 甲申政變 관계자들에 대한 사면으로 가능해졌다, 망명유학 10년 동안 조국을 그리워하던 윤치호는 1894년 8월 22일에 일본인 친구로부터 자신이 사면되었다는 소식을 들었고, 동년 10월 8일에는 부친으로부터 아직 귀국하지 말라는 서신을 받았으며, 동년 12월 27일에 東京에 있는 사촌(致昕)으로부터 귀국하라는 연락을 받은 뒤에, 1895년 2월 11일에 귀국했다. 그의 귀국에 앞선 계획은 선교·교육을 통하여 민중을 계몽하는 것이 一案이었고, 관직을 갖는 경우에는 학부에서 교육을 진흥시키는 것이 二案이었다.

190) 『尹致昊日記』 1895년 2월 15일조 ; "T.H. Yun's Letter to Dr. Young J. Allen," March 13, 1895 ; "T.H. Yun's Letter to Dr. Warren A. Candler," June 28, 1895.

191) "T.H. Yun's Letter to Dr. Young J. Allen," March 13, 1895 ; 『尹致昊日記』 1895년 9월 28일, 1896년 1월 16일조.

日人의 발설로 탄로되었다는 설도 있었고, 박영효를 제거하려는 재경 일
본당국과 박영효를 싫어하는 러시아 공사의 동상이몽적인 합작이라는
설도 있었다. 그런데 윤치호는 "민비는 박영효를 이용하여 대원군을 연
금시켰고, 김홍집 일파를 쓰러뜨렸으며, 결국엔 김홍집을 이용하여 박영
효를 역습했다."고 하여, 박영효의 실각에는 김홍집·유길준의 구당을 이
용한 민비의 노련한 솜씨가 결정적인 역할을 했다고 보았다.[192]

윤치호는 박영효가 주도한 제2차 개혁기 곧 이노우에 공사를 통한 일
본의 적극간섭기에 대하여,

> 과거 수개월 동안 일본은 행동 면에서 조선의 이익을 위해 아무런 관심도
> 보여주지 않았다. … 일본은 자국에 이익이 되고 조선을 해치게 되는 모든
> 것을 탈취하려 했고 또 탈취하고 있다.[193]

라고 했다. 곧 이노우에 공사를 통한 일본의 적극간섭은 조선의 개혁추
진을 위한 간섭이 아니고 일본의 이권탈취를 위한 간섭이었다는 것이다.
요컨대 제2차 개혁기에도 일본은 이권탈취에 급급했을 뿐 개혁추진은
조선 관인들이 담당했다고 본 것이다.[194]

윤치호는 박영효의 실각 직전에,

> 정부가 현명하고 강하고 훌륭하면 국가의 향상에 희망이 있다. 현재의 가
> 장 큰 문제는 다른 당파 간의 파벌싸움에 있다.[195]

---

192) 『尹致昊日記』 1895년 7월 8일, 1896년 1월 15일조.

193) 『尹致昊日記』 1895년 8월 5일조 원문. "During the months past, Japan has never shown in acts the least concern for the real interest of Corea. … Japan has tried and is trying to grab at everything that may benefit her, however fer encroachment may injure Corea." ; 『尹致昊日記』 1895년 9월 7일조.

194) 제2차 갑오개혁이 井上馨 공사와 40명의 일본인 고문관에 의해 추진되었다는 설을 부정하고, 박영효 등 조선 내각대신들에 의해 추진되었다는 설은 Young I. Lew, "The Reform Efforts and Ideas of Pak Yong-hyo 1894~1895," *Korean Studies*, Vol. I, 44~45쪽 및 이광린, 『한국사강좌』 V(근대편), 343~344쪽 참조.

고 하여, 갑오개혁의 최대의 장애요인은 정치세력간의 파벌싸움에 있다
고 지적했다. 그리고 박영효의 실각 직후에는,

> 그래서 결국 일본은 조선을 개혁하는 데 실패했다. 그런데 그 잘못은 일본
> 의 잘못이 아니고 조선정부의 잘못이다.[196]

라고 하여, 갑오개혁은 결국 근본적으로 조선정부의 잘못으로, 곧 사실
상 개혁을 담당한 조선정부의 파벌싸움으로 소기의 성과를 거두지 못하
고 실패했다고 보았던 것이다.

박영효의 재차 망명 후에 김홍집의 제3차 내각이 구성되고 윤치호는
외부협판外部協辦에 임명되었는데, 그는 당시의 정계동향을 어떻게 보았
던가?

첫째로 왕실세력이 회복되어 국왕의 대권과 내각 사이에 암투가 전개
되고 있다고 보았다.[197] 그리고 왕실을 둘러싼 아첨과 음모의 작태는 그
에게 "왕실의 개혁 없이는 개혁의 희망이 없다."는 생각을 굳게 해주었
다.[198] 둘째로 일본의 강경책으로 왕실세력이 러시아에 접근하여 러시
아가 조선정치에 중요한 역할을 맡게 됨으로써 러시아와 일본 사이에 긴
장상태가 조성되고 있다고 보았다.[199] 그리고 박영효 망명 후 급거 귀임
한 이노우에 공사의 불간섭주의로의 전환은 러시아와의 충돌을 회피하

---

195) "T.H. Yun's Letter to Dr. Warren A. Candler," June 28, 1895. "Should the
government be wise and strong and good, there is hope of improving the country.
At present the greatest trouble lies in the factious strifes between different
parties."
196) 『尹致昊日記』 1895년 8월 5일조.
197) "T.H. Yun's Letter to Dr. Young J. Allen," July 17, 1895.
198) 『尹致昊日記』 1895년 8월 28일조.
199) 『尹致昊日記』 1895년 7월 16일조 ; "T.H. Yun's Letter to Dr. Young J. Allen,"
July 17, 1895.

려는 수단으로 간주되었다.[200)

1895년 9월 1일에 일본공사 미우라 고로三浦梧樓가 새로 부임하고, 9월 17일에 이노우에가 귀국한 뒤, 조선정계에는 국왕에 의한 김홍집·어윤중 제거계획설과, 이에 맞서 김홍집·유길준의 대원군 옹립계획설이 떠돌았다.[201) 그런 가운데 10월 8일 을미사변乙未事變이 발생했다.

윤치호는 을미사변에 대하여 러시아 세력을 질시하는 일본공사관이 왕실세력의 강화에 반대하는 조선내각과 제휴하여 친러적 왕실세력의 총수인 민비를 살해한 것으로 생각했다.[202) 곧 그는 일본공사 미우라와 서기관 스기무라杉村濬 그리고 총리대신 김홍집과 외무대신 김윤식이 을미사변에 관련되어 있고, 스기무라와 유길준이 이 사건의 발안자였으며, 재경 일본 군인들과 훈련대 군인들이 행동대였다고 생각했던 것이다.[203)

윤치호는 민비의 집권은 곧 "압제와 잔인과 부패"를 의미하는 것이므로, 인민이 민비의 죽음에 애도하지 않는 것도 당연하다고 생각했다.[204) 그러나 그는 일국의 왕비를 잔인하게 살해한 일본인들의 야만적인 행위에 대하여 공분을 느꼈다.[205) 따라서 그는 새로 개편된 친일내각이 추진

---

200) 『尹致昊日記』 1895년 8월 5일조. 井上 공사는 새로운 對韓政策을 모색하기 위하여 1895년 6월 7일에 본국에 갔다가 박영효 실각 후 7월 21일에 귀임했다.

201) 『尹致昊日記』 1895년 9월 22일조.

202) "T.H. Yun's Letter to Dr. Young J. Allen," October 21, 1895 ; "T.H. Yun's Letter to Dr. Warren A. Candler," October 22, 1895 & January 22, 1896 ; 『尹致昊日記』 1895년 12월 4일조.

203) "T.H. Yun's Letter to Dr. Warren A. Candler," January 23, 1896 ; 『尹致昊日記』 1895년 10월 8일, 11월 6일, 12월 11일·15일, 12월 30일조.

204) 『尹致昊日記』 1895년 10월 9일조, 12월 11일조. "No man who has any sense at all will deny that the Queen's reign was a long stretch of oppression, cruelty and corruption. She made millions poor that a few might be rich. She made millions wretched that a few might be happy … Is it wonder then that the people should so little lament her dead?"

205) "T.H. Yun's Letter to Dr. Young J. Allen," October 21, 1895 ; "T.H. Yun's Letter to Dr. Warren A. Candler," October 22, 1895 & January 23, 1896.

하는 '민비의 폐비'와 '국왕칭제운동'에 반대의 입장을 취했다.206) 한편 윤치호는 일본정부가 '대역정부大逆政府 곧 김홍집내각을 승인하고, 민비의 살해를 통한 친일정권 수립에 만족해하는 태도를 신랄히 비판했다.207) 그가,

> 전쟁 중에 훌륭하게 처신했던 일본인들은 일국의 왕비의 살해가 증명하듯이 … 믿을 수 없고 비열하고 잔인함을 스스로 입증했다.208)

고 했듯이, 을미사변에서 드러난 일본의 만행은 그에게 강한 반일감정을 일깨워주었다.

윤치호는 을미사변 후 친일파의 수중으로부터 국왕을 구출하려다 실패로 끝난 1895년 11월 28일의 춘생문사건春生門事件209)에 연루되어 일시 미국 공사관에 피신했다가, 1896년 2월 11일의 아관파천俄館播遷 이후 다시 정치활동의 자유를 얻었다.210) 아관파천의 성공은 김홍집 친일내각을 붕괴시킴으로써 갑오개혁에 종지부를 찍었다.

윤치호는 실질적으로 을미의병운동의 계기가 되었다고 본 단발령斷髮令에 대하여, 단발에는 찬성하나 단발 강요는 현명치 못하다고 했듯이,211)

---

206) 『尹致昊日記』 1895년 10월 9일·15일조.
207) 『尹致昊日記』 1895년 11월 17일조.
208) "T.H. Yun's Letter to Dr. Warren A. Candler," January 23, 1896.
209) 春生門事件은 을미사변에 대한 반동으로 김홍집의 친일내각을 타도하고 정부를 개조하여 시국을 수습하려는 의도에서, 근왕파와 구미파 요인들이 친위대를 움직여 국왕을 궐외로 옮기려다 실패한 사건이다. 이 사건은 侍從 林最洙, 參領 李道徹, 中樞院議官 安駉壽, 司計局長 金在豊 등이 주동했고, 李範晉·李允用·李完用·尹雄烈·尹致昊 등이 호응했으며, 일부 서양인까지 관련되어 국내외에 큰 파문을 던졌다(이선근, 1963, 『한국사』(현대편), 진단학회, 684~687쪽).
210) 『尹致昊日記』 1895년 11월 27일·28일조, 1896년 1월 6일·24일, 2월 11일조.
211) 『尹致昊日記』 1895년 12월 15일·28일·29일·31일조, 1896년 1월1일·3일조. "Why the people said nothing when the Japanese murdered our Queen like a dog, but object to cutting their hair!"(『尹致昊日記』 1895년 12월 28일조 원문)

그는 자신이 비판하고 있던 을미사변 후의 김홍집의 친일내각이 추진한 개혁까지도, 강압적인 개혁방법에는 비판적이었지만, 그 개혁 내용은 긍정적으로 받아들인 것으로 보인다.

요컨대 윤치호는, 일본이 청일전쟁을 통하여 청국과 조선의 수구정권 등 조선의 개혁을 가로막고 있던 장애요인을 제거함으로써 결국 일본의 영향 하에서 갑오개혁이 가능하게 되었다고 인식했다. 그러나 그는 일본은 개혁을 후원하는 데 머물고 조선이 개혁을 담당해야 한다고 믿었고, 실제로도 개혁에 있어 일본의 간섭을 받지 않은 것은 아니지만, 대체로는 개화인사로 구성된 조선정부가 개혁을 추진한 것으로 생각했다. 이른바 갑오개혁에 대한 제한된 자율론의 견해라 하겠다.[212]

그런데 윤치호는 갑오·을미년 간에 걸친 갑오개혁은 소기의 성과를 거두지 못하고 실패로 끝났다고 인식했다. 그 실패의 원인은 일본이 자국의 이권 탈취에 급급하여 개혁의 후원자로서 성실한 역할을 하지 못한 점에도 있다고 보았으나, 근본적으로는 개혁의 담당자인 조선정부가 내분과 파벌싸움에 휘말려 현명하게 그리고 애국적으로 개혁을 추진하지 못한 점에 있다고 보았다. 그럼에도 불구하고, 그는 대국적인 견지에서 갑오개혁을 조선이 추구해야 할 개화·개혁의 올바른 방향으로 인식하고, 조선의 정치, 사회 및 의식의 변화에 크게 기여한 것으로 긍정적인 평가를 내렸다.[213]

---

212) 유영익, 「갑오경장을 圍繞한 일본의 對韓政策 – 갑오경장의 타율론에 대한 수정적 비판」, 앞의 책, 130~131책과 Young I. Lew, 앞의 "The Reform Efforts and Ideas of Pak Yong-hyo 1894~1895," *Korean Studies,* Vol. I, 44~45쪽 ; 이광린, 『한국사강좌』 V(근대편), 318·333~334쪽 ; 강만길, 1984, 『한국근대사』, 창작과비평사, 199~201쪽.

213) "T.H. Yun's Letter to Dr. Warren A. Candler," June 23, 1895 ; *The Independent,* December 29, 1898, "This Popular Movement"에서, 윤치호는 갑오개혁은 미완성의 개혁이었지만 서구사상을 대폭적으로 도입시켰다고 높이 평가했다.

제3장 독립협회운동기

1. 독립협회의 개조를 위한 윤치호의 노력

1) 독립협회의 계몽단체화와 윤치호

독립협회獨立協會는 1896년 7월 2일 서재필徐載弼에 의해 창립되었다. 그는 개화당의 주요 멤버로 갑신정변에 참가했다가, 정변 실패 후에 미국에 망명하여 11년 동안 근대학문과 근대사회를 익히고 귀국했다. 그는 "자유사상과 민주적 지식"으로 "인민을 지도 계발"하고, 계몽된 인민의 힘으로 조국을 "자주독립의 완전한 국가"로 만들려는 의도에서 1896년 4월에 『독립신문』을 창간했다.[1] 신문 간행의 성공에 힘입어 서재필은 인민의 힘으로 근대적 자주독립국가를 형성하고, 다수인의 힘으로 "자유민주주의적 개혁사상"을 대중화하기 위해서는 '정치적 당파'가 필요하다는 생각에서 독립협회를 창건하게 되었다.[2]

독립협회는 당시 사회에서 누구나 공감할 수 있는 '충군애국'과 '자주독립'을 슬로건으로 내걸었다. 독립협회는 갑오개혁을 주도한 집권관료들의 모임으로 발기한 건양협회建陽協會의 잔여세력과 아관파천 후 정계에 큰 세력을 형성한 구미파의 본산인 정동구락부貞洞俱樂部를 기반으로

---

1) 金道泰, 1948, 『徐載弼博士自敍傳』, 首善社, 215쪽 ; 신용하, 1976, 「독립신문의 창간과 그 계몽적 역할」 『독립협회연구』, 일조각, 2·9쪽.
2) 金道泰, 위의 책, 215쪽.

조직되어 처음부터 상당한 영향력을 가지게 되었다.[3] 독립협회는 독립
문·독립관·독립공원 같은 독립의 상징적인 기념물 건립을 창립사업으로
하여 국민에게 독립정신과 민족의식을 일깨워 주었고, 이 사업의 진행과
정에서 관민官民 간에 거대한 세력을 형성하게 되었다.[4]

독립협회 창립 당시의 임원진에는 고문에 서재필, 회장에 안경수安駉
壽, 위원장에 이완용李完用, 위원에 김가진金嘉鎭·김종한金宗漢·민상호閔商
鎬·이채연李采淵·이상재李商在 등 그리고 간사원에는 송헌빈宋憲斌·남궁
억南宮檍·심의석沈宜碩·팽한주彭翰周·오세창吳世昌 등이 있었다. 이후 독
립협회에는 당시 정계의 저명인사들이 거의 망라되어 있었다.[5]

윤치호는 정동구락부의 주요 멤버였으나 독립협회의 창립 멤버는 아
니었고, 1897년 후반기에 독립협회에 참여했다. 그것은 그가 1896년 4
월 1일부터 1897년 1월 27일까지는 민영환閔泳煥을 수행하여 러시아황
제 니콜라이 2세의 대관식에 참석차 외유 중이었고, 동년 3월 28일부터
6월 17일까지는 상해에 체류하여 독립협회에 참여할 기회가 없었기 때
문이었다.[6] 윤치호가 독립협회의 모임에 참석한 최초의 기록은 그의 일
기 1897년 7월 25일조에 있다. 그는 이 날짜의 일기에서 독립협회에 대
하여,

---

3) 朴猛, 1931.11,「獨立協會의 創立과 解散顚末」『慧星』제1권 8호 ; 1982,『韓國
近代史論著集』2, 太學社, 250쪽 ; 菊池謙讓, 1937,『近代朝鮮史』下卷, 東京,
鷄鳴社, 496~500쪽 ; 한홍수, 1970,「독립협회의 정치집단화과정」『연세대 사회
학논집』3, 25쪽 ; 신용하,「독립협회의 창간과 조직」『독립협회연구』, 82~84쪽.

4) 한홍수,「독립협회의 정치집단화과정」, 28쪽 ; 신용하,「독립협회의 독립문건립과
토론회의 계몽활동」『독립협회연구』, 261쪽. 독립문건립 보조금은 1896년 7월부
터 1897년 8월까지 사회 각계각층 2천여 명으로부터 5,897원이 모금되었다. 이
사실은 독립협회의 사회적 지반과 공인을 보여주는 것이다.

5)『大朝鮮獨立協會報』제1호(1896.11.30), 10~11쪽 ; 신용하,「독립협회의 창간과
조직」『독립협회연구』, 93쪽, 독립협회 임원명단.『尹致昊日記』1897년 7월 25
일조 ; 윤치호,「獨立協會의 始終」『新民』제14호(1926년 6월호), 58쪽.

6)『尹致昊日記』當該日條.

협회는 광대극이다. 그것은 서로 용납될 수 없는 요소들의 집합체이다. 이
완용과 그의 일파들이 당분간 상호 이익을 위해 얽혀 있다. 다음엔 대원군파·
러시아파·일본파·근왕파와 다른 파들이 있다. 각 정파는 여기 저기 무리를
지어 나 같은 국외자는 발붙일 곳이 없다.[7]

라고 기록하고 있다. 당시 그의 눈에 비친 독립협회는 이해관계를 달리
하는 각종 정파가 뒤섞여 동상이몽 하는 쓸모없는 집단에 불과했다.

따라서 윤치호는 당시 독립협회의 실질적인 지도자인 서재필에게 독
립협회를 유용한 단체로 개조할 것을 제의했다. 윤치호의 구상은 독립협
회를 강의실·도서관·오락실 그리고 박물관을 갖춘 일종의 학회(General
Knowledge Association)로 개조하려는 것이었다. 곧 그는 독립협회를 관인들
이 모여 한담하는 사교 클럽에서 민중을 계도하는 계몽단체로 전환시키
고자 했던 것이다.[8]

서재필이 윤치호의 구상에 전적으로 동의함으로써 두 사람은 1897년
8월 5일의 독립협회 모임에서 협회의 개조를 강력히 제의하여, 협회를
일단 토론회로 개조하기로 결정을 보았다. 윤치호는 권재형權在衡·박세
환朴世煥과 함께 회칙 기초 3인위원에 선임되었으며, 회칙이 제정됨에 따
라 8월 15일에 독립협회 토론회가 조직되었다. 8월 29일에는 「조선의
급선무는 인민의 교육으로 작정함」을 제목으로 하여 독립협회의 제1회
토론회가 개최되었다.[9] 제1회 토론회에는 회원 76명이 참가했는데, 제2
회부터는 회원과 방청인이 수백 명씩 참석하여 성황을 이루었다.[10]

---

7) 『尹致昊日記』 1897년 7월 25일조.
8) 『尹致昊日記』 1897년 8월 5일, 8월 29일조 ; 『독립신문』 1898년 7월 20일자 「독
   립협회」 ; 尹致昊, 1930, 「獨立協會事件に就いて」 『韓末を語る』, 東京, 朝鮮研究
   社, 53쪽.
9) 『尹致昊日記』 1897년 8월 5일, 8월 8일, 8월 15일, 8월 29일조 ; 『독립신문』
   1897년 8월 31일자 잡보.
10) The Independent, August 31, 1897, "Local Items" & September 16, 1897, "Here and
    there," ; The Korean Repository, Vol. 4, No.11(November, 1897), 473쪽 ; 신용하,

독립협회 토론회는 회원과 민중에게 사회의 당면문제를 인식시키고, 회원들에게 대중연설의 훈련 기회를 주었으며, 민중을 독립협회 모임에 참여케 하여 독립협회를 민중계몽단체로 전환시키는 계기를 마련했다.[11] 이처럼 윤치호는 서재필과 더불어 독립협회에 토론회를 도입하여 독립협회를 활성화시키는 데 결정적인 역할을 했다. 당시 윤치호는 1897년 가을까지 서울의 모든 학교에 토론회를 도입시킬 계획을 가지고 있었다.[12]

윤치호는 서재필과 함께 독립협회 토론회 이외에도, 독립협회 주최 개국기념식에서의 연설, 기독교인 주최 고종탄일 축하회에서의 연설, 대한제국 경축연회에서의 연설, 배재학당培材學堂 토론회 1주년 기념식에서의 연설, 배재학당의 토론회 지도, 정동예배당 청년회의 토론회 지도, 경성학당 광무협회光武協會에서의 연설 등 각종 사회집회·청년집회에서의 연설과 토론지도를 통하여 민중계몽에 힘쓰고, 민중운동의 기간요원 양성에 크게 기여했다.[13]

윤치호와 서재필의 이 같은 노력의 결과로 1898년에 이르러 독립협회는 민중에 바탕을 둔 근대적인 정치운동을 전개할 수 있었고, 이때에 이들이 지도한 배재학당의 협성회協成會와 경성학당의 광무협회는 독립협회의 전위적 행동대로서 중요한 역할을 담당할 수 있었던 것이다.[14]

「독립협회의 독립문건립과 토론회의 계몽활동」, 263~267쪽, 독립협회토론회 일람표.

11) 신용하, 위의 논문, 274쪽 참조. *The Independent*, *December* 29, 1898, "This Popular Movement"에서 尹致昊는 "The Club entered a new career in the latter part of 1897 when it became a debating society."라 하여 토론회의 도입을 독립협회의 하나의 큰 전환점으로 파악했다.

12) 『尹致昊日記』 1897년 8월 29일조.

13) 『尹致昊日記』 1897년 8월 13일, 8월 23일, 10월 3일, 10월 12일, 11월 11일, 11월 31일조, 1898년 2월 13일조 ; 『독립신문』 1897년 12월 31일자, 1898년 1월 1일, 2월 12일, 2월 17일, 2월 19일자.

2) 독립협회의 정치단체화와 윤치호

독립협회는 1898년 2월 21일 구국운동의 선언과 3월 10일 제1차 만민공동회萬民共同會의 개최를 통하여 민중계몽단체에서 근대적인 정치단체로 탈바꿈했는데, 이 과정에서 윤치호의 생각과 역할을 살펴보기로 한다.

윤치호는 1896년 상반기에는 조선사회에 반일친러적 경향이 있었다고 보았는데, 그 이유는 아관파천 이전의 조선에 대한 일본의 편협하고 강압적인 자세에 비하여, 아관파천 이후의 조선에 대한 러시아의 관대하고 온건한 자세 때문이라고 분석했다. 그러나 1897년에는 일본이 기반을 확보해가고, 러시아는 기반을 잃어가고 있다고 보았는데, 그 이유는 아관파천 이전에는 일본의 간섭 아래 구악·구폐가 억제되고 개화·개혁이 추진되었는데, 아관파천 이후에는 러시아의 간섭 아래 구악·구폐가 부활되고 개화·개혁이 도외시되었기 때문이라고 분석했다.[15]

윤치호는 그 구체적인 예로서 러시아 간섭 아래 1897년에는 ① 무명잡세와 가렴주구가 부활되었고, ② 매관매직과 궁중음모가 성행되었으며, ③ 인사행정과 법질서가 문란해졌고, ④ 왕실재정이 낭비되었으며, ⑤ 학교교육이 등한시되었다는 점들을 지적했다.[16]

요컨대 윤치호는 러시아의 간섭은 조선의 개화·개혁에 도움이 되지 않을 뿐만 아니라, 오히려 조선사회를 갑오개혁 이전의 상태로 되돌리는 수구반동적 방향으로 몰고 간다고 판단하여 반러적 입장을 취하게 되었던 것이다.[17]

---

14) 한홍수, 「독립협회의 정치집단화과정」, 39쪽.
15) 『尹致昊日記』 1897년 9월 22일조.
16) 위와 같음.
17) 윤치호는 1897년 2월 7일조 일기에서, 러시아는 조선의 自治不能을 드러내도록 방치하고 있다고 비난했고, T.H. Yun, "Popular Movement in Korea," The Korean Repository, Vol.5, No.12(December, 1898), 465쪽에서는, 갑오개혁으로 제한되었던 군주권이 아관파천 이후에 다시 절대화되어 法 위에 군림하는 것으로 보았으며,

더욱이 1897년 9월 초에 부임한 러시아 공사 스페이에르(Alexei de Speyer)는 전임자인 웨베르(Karl I. Waeber) 공사의 온건노선을 버리고 침략 간섭정책을 강화했다. 스페이에르 공사는 ① 절영도絶影島 석탄고기지의 조차를 요구하여 조선에 군사기지의 건설을 준비코자 했고, ② 조선왕실의 보호를 구실로 러시아의 사관과 대병大兵을 조선에 주둔시켜 조선의 군사권을 장악코자 했으며, ③ 영국인 브라운(J.M. Brown)을 해고하고 러시아인 알렉세이에프(K. Alexeiev)를 탁지부 고문으로 임명케 하여 조선의 재정권을 장악코자 했다.[18]

윤치호는 처음에는 러시아 군사교관과 재정고문의 고용 자체를 반대할 의사는 없었으며, 아관파천 직후 조선정부가 이들의 파견을 러시아 정부에 요청한 사실도 잘 알고 있었다. 그러나 그는 러시아 공사가 친러파를 이용하여 국왕을 위협하고 군사교관과 재정고문의 고용을 강요하는 부당한 처사와 이들의 고용을 침략적인 목적에 악용하려 함을 간파했기 때문에 이에 반대 입장을 취하게 된 것이다.[19]

게다가 스페이에르 공사는 부임 초부터 독립협회를 '미국당美國黨'으로, 『독립신문』을 미국신문으로 지목하여 공개적으로 비판하는가 하면, 러시아의 간섭에 비판적이었던 『독립신문』의 정간과 서재필의 추방을 획책했고,[20] 웨베르 공사와 마찬가지로 윤치호를 친미파로 간주하여 그

尹致昊,「獨立協會事件に就いて」『韓末を語る』, 55쪽에서는, 아관파천 후에 "開化黨の勢力は地を拂ひ,　甲午革新の大業も南柯の夢と消え去って政府は独り親露黨の專權にまかせられた"라고 회고했다. The Independent, October 18, 1898, "A Forward Movement"; 신용하,「독립협회의 독립문건립과 토론회의 계몽활동」『독립협회연구』, 277쪽 참조.

18) 신용하, 위의 논문, 280쪽 ; 『尹致昊日記』 1897년 10월 8일, 11월 6일, 11월 11일조.
19) 『尹致昊日記』 1897년 11월 6일조, 1898년 3월 18일조.
20) 『尹致昊日記』 1897년 9월 20일, 10월 8일, 10월 12일, 11월 6일, 12월 13일, 12월 18일조. Speyer공사가 『독립신문』과 독립협회에 대하여 노골적으로 반감을 표시하자, 안경수, 이윤용, 이완용 등은 독립협회 모임에 나오기를 꺼려했다.

의 관직에의 복귀를 불가능하게 했다.[21]

　따라서 윤치호는 조선의 개화·개혁의 추진기관을 말살하려 하고, 그의 개혁운동의 동지를 축출하려 하며, 자신의 진로마저 가로막고 있는 러시아의 침략세력에 대하여 반대 입장을 취하게 되었던 것이다.

　한편 러시아의 한국에 대한 침략정책에 편승하여 열강은 서로 견제하면서 다투어 한반도의 이권침탈에 뛰어들었다. 특히 영국은 러시아의 남하정책을 견제하기 위하여 1898년 정초에 동양함대 소속 군함 10척을 인천에 파견, 무력시위를 벌여 국내에 커다란 파문을 던지기도 했다.[22]

　이와 같이 당시의 상황은 밖으로는 러시아의 침략정책이 강화되고 열강의 경쟁적인 이권침탈이 자행되었으며, 안으로는 친러수구정권의 이기적인 야합으로 대한제국의 부존자원賦存資源과 자주독립은 순식간에 상실될 심각한 위기에 직면하게 되었다.[23]

　이러한 상황 속에서 1898년 2월 7일 윤치호는 서재필을 방문하고, 독립협회가 중요한 정치문제에 대하여 고종에게 상소하도록 하자고 제의했다. 서재필은 이에 적극적으로 동의했다.[24] 이것은 독립협회를 민중계몽단체로부터 정치단체로 전환시키려는 의도로 풀이할 수 있을 것이다.

　2월 13일의 독립협회 토론회에서는 「남에게 종이 되고 살기를 얻는 것은 하느님과 사람 사이에 죄를 얻음」이란 제목으로 열띤 토론이 벌어졌다. 여기에서 "황제는 어느 열강의 노예이다." 곧 황제가 러시아의 노예라는 과격할 발언까지 나왔다.[25] 윤치호는 이 같은 격앙된 분위기가 독립협회를 해칠까 우려했다. 그래서 그는

---

21) 『尹致昊日記』1897년 8월 17일, 9월 20일, 10월 8일, 10월 12일조.

22) 尹致昊, 「獨立協會事件に就いて」『韓末を語る』, 55쪽 ; 『尹致昊日記』1898년 1월 1일조.

23) 신용하, 「독립협회의 자주민권자강운동」『獨立協會硏究』, 277~283쪽.

24) 『尹致昊日記』1898년 2월 7일조.

25) 『독립신문』1898년 2월 19일자 잡보 ; 『尹致昊日記』1898년 2월 13일조.

> 우리나라와 우리 군주는 만국에 동등해야 한다. 백성은 압제당하고 있다. 우리 독립협회는 국가의 안전을 위협하는 것은 외국 포함砲艦의 출현이 아니고 국내의 실정失政임을 황제에게 알려주어야 한다.26)

는 요지로 연설하고, 이러한 사실을 고종에게 상소할 것을 제의하여 사태의 합리적인 해결을 꾀했다. 윤치호의 동의는 50대 4로 가결되었다. 이같은 상소 제의는 정계에 센세이션을 일으켰다. 재야인사들과 민주원리를 이해하는 인사들은 이에 찬성했고, 현직관료들은 강력히 반대했다.27)

5인위원에 의해 상소문이 작성되자, 독립협회 회원 135명은 결사적인 구국운동을 서약하고, 1898년 2월 21일 다음과 같은 요지의 구국운동 상소를 올렸다.

> 국가의 국가 됨은 둘이 있으니 자립自立하여 타국에 의뢰치 않고, 자수自修하여 일국一國에 정법政法을 행하는 것입니다. 그런데 자립自立에 있어서는 재정권과 병권·인사권을 자주하지 못하고, 자수自修에 있어서는 전장典章과 법도가 행해지지 않고 있으니, 국가가 이미 국가가 아닌즉, 원컨대 안으로는 정장定章을 실천하시고 밖으로는 타국에 의뢰함이 없게 하시어, 우리의 황권을 자주하고 국권을 자립하소서.28)

이 자립自立·자수自修의 구국상소는 대외적으로는 자주국권의 수호와 대내적으로는 자유민권의 보장을 목표로 한 자주·민권 운동의 선언이었으며, 독립협회의 정치단체로의 출발을 선언한 것이기도 했다.

독립협회가 주장한 대외적 자주는 아관파천 이래로 한국의 재정권·군사권·인사권에 깊이 관여하고 있던 러시아에 대한 자주가 제1차적인

---

26) 『尹致昊日記』 1898년 2월 13일조.

27) 『尹致昊日記』 1898년 2월 13일, 2월 15일조.

28) 『承政院日記』 光武 2년 2월 2일(陽曆 2월 22일)조 「中樞院一等議官安駧壽等疏」 ; 『駐韓日本公使館記錄』(本省往報告), 제36호, 1898년 2월 29일조 雜件 ; *The Independent*, February 24, 1898, "The Memorial of the Independent Club".

목표였다. 당시 러시아는 대한제국의 자주국권을 위협하는 주된 적대 집단이었던 것이다. 『독립신문』은 이 구국운동 선언에 대하여,

> 이 백여 명의 맹서한 것은 나라에 힘 있기가 철갑선이나 몇 여단旅團 되는 군사에게 비유할 일이 아닐러라.[29]

라고 하여, 개국 500년에 처음 있는 획기적인 사실로 기록했다.

독립협회는 1898년 2월 27일의 통상회通常會에서 129명의 회원과 수백 명의 방청객이 참석한 가운데 임원을 개선하여, 회장에 이완용, 부회장에 윤치호, 서기에 남궁억南宮檍, 회계에 이상재·윤효정, 제의提議에 정교鄭喬·양홍묵梁弘默·이건호李建鎬를 선출했다.[30] 이날 회의는 러시아의 절영도 석탄고기지 조차요구에 대한 격렬한 반대성토를 하고, 총대위원을 선출하여 절영도 조차문제의 전말을 문의하는 공한을 외부外部에 발송키로 결정했다. 윤치호는 이 사실에 대하여 "민주주의 물결이 한국의 정치에 작용하기 시작했다"고 평가했다.[31]

독립협회는 1898년 3월 3일과 3월 6일의 모임에 이어 3월 7일의 특별회에서는 첫째 러시아의 절영도 조차요구의 선례가 된 일본의 절영도 석탄고 철거를 요구하고, 둘째 재정권 침해의 우려가 있는 한러은행의 폐쇄를 요구하며, 셋째 이권양도와 관련하여 친러파와 관계 대신을 규탄하는 세 개의 공한을 발송했다.[32] 이때 흥분한 회원들은 황제의 옛 궁궐

---

29) 『독립신문』 1898년 2월 22일자.

30) 鄭喬, 1971, 『大韓季年史』 上, 국사편찬위원회, 183쪽.

31) 『尹致昊日記』 1898년 2월 27일조 ; Frederick A. Mackenzie, *Korea's Fight for Freedom*(Reprinted by Yonsei University Press, 1969), 69쪽을 보면, 서재필도 러시아 군사교관문제로 한국 역사상 처음으로 민주주의가 정부 내에 기능화하기 시작했다고 평가했다.

32) 『독립신문』 1898년 3월 10일자 「대한독립협회」 ; 신용하, 「독립협회의 자주민권자강운동」 『독립협회연구』, 252쪽.

로의 환궁을 요구하는 궐문 앞 시위를 제의하기도 했다. 윤치호는 이러한 시위에 내포된 위험성을 느끼고,

> 황금의 알을 얻기 위해 암탉을 잡으려는 것은 무분별한 일이며 … 우리가 이제 누리기 시작한 언론의 자유를 남용치 않도록 신중해야 한다.

고 설득하여 시위하자는 동의를 부결시켰다.[33]

한편 이날 러시아 공사 스페이에르는 전신으로 본국과 협의한 후 장문의 조회照會를 외부外部에 보내와 한국황제의 요청에 의하여 러시아 정부가 군사교관과 재정고문을 파견한 사실을 상기시키고, 한국황제와 정부가 러시아의 원조를 필요로 하는지의 여부를 24시간 이내에 회신하도록 최후통첩을 보내왔다.[34] 이 조회를 받은 고종과 한국정부는 당황하여 우선 회신 시한을 3일간 연기해줄 것을 러시아 공사관에 요청했다.[35]

이 무렵 윤치호를 비롯한 독립협회 간부들은 신변에 커다란 위협을 느꼈다. 3월 8일에 윤치호는 믿을 만한 소식통을 통하여 김홍륙金鴻陸 등 친러파가 독립협회 지도자들의 암살을 기도하고, 고종에게 재차 아관파천을 강요하고 있다는 정보를 입수했다. 이날 급진적인 정교鄭喬와 최정식崔廷植 등은 시골로 도피할 의사를 피력했으나, 윤치호는 이를 만류하고 좀 더 사태를 관망하기로 했다.[36]

이러한 상황 속에서 독립협회는 민중의 힘으로 러시아의 침략적인 간섭을 물리치고 완전한 자주국권을 확립하기 위해, 종로 네거리에서 대규

---

33) 『尹致昊日記』1898년 3월 7일조.

34) 『舊韓國外交文書』제17권, 俄案 997號, 1898년 3월 7일조「露敎鍊士官 및 度支部顧問官의 繼續駐韓의 希願 여부를 24시간 내에 회답하라는 통첩」;『尹致昊日記』1898년 3월 10일조.

35) 『舊韓國外交文書』제17권, 俄案 999號, 1898년 3월 8일조「露敎鍊士官 및 度支部顧問官의 繼續駐韓希望에 대한 照覆」.

36) 『尹致昊日記』1898년 3월 8일, 3월 9일조.

모의 민중대회인 제1차 만민공동회萬民共同會를 개최하여 민중적 정치운
동을 본격화시키게 되었다.

2. 독립협회의 자주·민권운동과 윤치호

독립협회는 1898년 3월 10일에 제1차 만민공동회를 개최한 이래로
민중을 기반으로 하여 자주국권운동과 자유민권운동을 전개했는데, 이
과정에서 윤치호의 생각과 역할을 살펴보기로 한다.

1898년 3월 10일 아침에 윤치호는 독립협회 회장 이완용의 방문을
받고, 이완용과 서재필이 러시아 교관 등의 철수 요구를 위해 종로에서
민중대회를 열기로 했다는 사실을 전해 들었다. 윤치호는 민중이 자칫
폭도화 하여 당국에 탄압의 구실을 줄 위험이 있다고 판단하여 즉시 서
재필을 찾아가 상의했다. 서재필은 웃으면서 "한국 민중은 당국에 대항
하여 봉기할 용기가 없다."고 했으며, 결국 정부를 위협하지 않는 선에
서 민중집회를 진행하기로 합의했다.37)

이날의 민중대회, 이른바 제1차 만민공동회에서는 서울시민 1만여 명
이 종로에 운집한 가운데 시전상인 현덕호를 회장으로 선출하고, 현공렴
玄公廉·홍정후洪正厚·이승만李承晩 등 배재학당과 경성학당의 학원學員들
이 러시아의 침략정책을 비판하고 한국의 자주독립을 역설하는 연설을
했다. 그리고 만민공동회는 "러시아의 군사교관과 재정고문을 즉시 돌
려보내고 대한의 자주독립권을 지키자."는 요지의 결의안을 채택하여
정부에 강력히 건의했다.38)

---

37) 『尹致昊日記』 1898년 3월 10조 ; 鄭喬, 『大韓季年史』 上, 182쪽. 『大韓季年史』
   에는 서재필이 정교에게 비밀히 청하여 만민공동회를 개설했다고 기록되어 있다.
38) 『독립신문』 1898년 3월 13일자 잡보, 3월 15일자 잡보 ; 『尹致昊日記』 1898년
   3월 10일조 ; 신용하, 「독립협회의 자주민권자강운동」 『독립협회연구』, 297쪽.

윤치호는 독립협회 회원들이 표면에 나서지 않고 배후에서 민중을 통제하여 적절한 시간에 대회를 성공적으로 마칠 수 있도록 모든 노력을 기울였다.[39] 서울의 정계와 외교계는 이 같은 대규모의 민중집회가 질서정연하게 성공한 사실에 놀라움을 금치 못했다.[40]

독립협회와 러시아의 압력 사이에서 러시아의 군사교관과 재정고문 철수문제에 대한 대책에 부심하고 있던 한국정부는 3월 11일에 "자국의 문제를 스스로 처리하는 것이 한국정부와 인민의 의사이므로 군사교관과 재정고문을 철수해가기를 희망한다."는 요지의 문서를 러시아 공사관에 송달하기에 이르렀다.[41] 결국 러시아 정부는 한국정부의 요청을 받아들여 군사교관과 재정고문을 철수해감으로써 독립협회의 주장은 관철되었다.[42]

이것은 독립협회가 주도한 우리나라의 근대적 민중운동, 민주적 정치운동의 최초의 승리를 의미하는 것이다. 그리고 이 만민공동회는 종래의 개화운동에 결여되었던 민중과 개화운동과의 성공적인 결합을 의미하며, 독립협회의 정치단체로서의 성공적인 출범을 의미하는 것이기도 했다.

서재필은 러시아의 군사교관과 재정고문의 철수 사실을 "민의民意의 승리"라고 표현했고,[43] 윤치호는 이 사실에 대하여

---

39) 『尹致昊日記』 1898년 3월 10일조.

40) *The Independent,* March 12, 1898, "People's Mass Meeting" ; *Communicating to the Secretary of State from U.S. Representatives in Korea* : H.N. Allen, No.89, March 19, 1898, "Crisis in Korea".

41) 『舊韓國外交文書』, 제17권, 俄案 1001號, 1898년 3월 12일조「露士官 및 顧問官의 今後不用事 및 同援助에 對한 謝意表明次 露京으로 大使를 特派한다는 通告」; 『尹致昊日記』 1898년 3월 12일조.

42) 『舊韓國外交文書』 제17권, 俄案 1002號, 1898년 3월 17일조「露士官 및 顧問官의 撤收 및 韓國大使特派를 拒絕하는 照覆」.

43) Frederick A. Mackenzie, *Korea's Fight for Freedom*(1969, Reprinted by Yonsei University Press), 70쪽.

> 이제 한국이 다시 한번 독립이 된 것은 확실한 사실이다. 모든 것은 한국
> 의 의사와 행동에 달려 있다. 국왕과 정부가 이 기회를 이용할 것인지?[44]
> 　한국은 지금 절호의 기회를 가졌다. 아무도 한국에 간섭하고 있지 않다.
> 국가의 복리에 마음 쓰는 강력하고 지각 있는 정부는 한국에 그리고 한국을
> 통하여 세계에 확고하고 지속적인 평화를 수립하기 위한 이 마지막 기회를
> 이용할 것이다.[45]

라고 하여, 독립협회가 주도한 만민공동회가 성공하여 러시아의 침략적
간섭을 제거하고 자주독립의 기초를 닦아놓은 것으로 평가했다.

　한편 만민공동회를 전후하여 고종과 친러정권의 독립협회에 대한 분
쇄 책동이 자행되는 가운데, 3월 16일에는 독립협회의 전임회장 안경수
가 수원유수로, 3월 21일에는 회장 이완용이 전북관찰사로 지방에 내려
가게 되어, 윤치호는 회장대리로 독립협회의 실질적인 대표가 되었고, 5
월 14일에는 서재필이 용산龍山을 출발, 미국으로 추방됨으로써,[46] 윤치
호는 『독립신문』의 주필로서 독립협회의 최고지도자로서 어려운 시기에
자주국권운동과 자유민권운동을 지도하게 되었다. 당시 그의 나이는 34
세였다.

　만민공동회를 통하여 러시아의 군사교관과 재정고문을 철수시키는데
성공한 독립협회는 민중의 힘을 배경으로 하여 러시아의 절영도 석탄고
기지 조차요구를 철회시켰고, 이 조차요구의 근거가 된 일본의 절영도
석탄고기지도 결국 반환케 했다. 그리고 러시아의 재정간섭의 우려가 있
는 한러은행도 폐쇄케 했다.[47]

---

44) 『尹致昊日記』 1898년 3월 18일조.
45) 『尹致昊日記』 1898년 3월 19일조. 이 일기를 보면 정부고문 Clarence R.
　　Greathouse는 러시아 교관단의 예기치 않은 철수는 첫째로 러시아가 중국문제에
　　주력할 입장에 있고, 둘째로는 러시아가 한국문제로 일본에 전쟁도발의 구실을
　　주지 않으려는 잠정적 조처라고 분석했다.
46) 『尹致昊日記』 1898년 3월 13일, 3월 16일, 3월 21일, 5월 14일조 ; 『독립신문』
　　1898년 5월 19일자 잡보.

한편 러시아의 대한침략정책의 실행에 실패한 스페이에르 공사가 물러가고 마튜닌(N. Matunine)이 신임 공사로 부임해 왔다. 그는 1898년 5월 초에 군사기지의 설치를 위하여 목포·증남포甑南浦 지역의 매도를 요구해 왔다. 이 무렵 프랑스 공사 플랑시(Collin de Plancy)는 전일 허가했던 광산채굴지의 확정을 요구해왔다. 이에 독립협회는 한러조약을 인용하여 러시아 요구의 부당성을 지적하고, "각 광鑛은 아국我國 인민이 개채開採하여 스스로 부강지책富强之策을 기해야 한다."는 요지의 공한을 외부대신에게 보내어 강경히 항의함으로써, 결국 러시아와 프랑스의 이권요구를 좌절시켰다.[48]

나아가 독립협회는 미국과 독일 등이 차지한 철도·광산·삼림 관련의 이권에도 반대하는 입장에 서게 되었다. 정교·현제창·이건호·조한우 등 독립협회의 강경파 인사들은 1896년부터 1898년 9월까지의 대외 이권 양도 사실을 조사한 결과, 역대의 외교 관계자들이 뇌물을 받고 이권을 허락한 사실을 밝혀내어 특별회를 열고 전면적인 대책을 수립하고자 했다. 그러나 윤치호·남궁억 등 독립협회 고위지도층은 대외관계의 악화를 우려하여 더 이상 강경한 행동을 취하지 않도록 무마했다.[49]

9월 15일에는 고종과 법부法部 고문 미국인 구례具禮(Clarence R. Greathous)가 황실호위를 위한 외국인 용병부대를 설치하고자 상해로부터 외국인 30명을 고용해왔다.[50] 독립협회는 특별회를 열고 자주독립국가로서 황

---

47) 鄭喬, 『大韓季年史』上, 176~183쪽.

48) 鄭喬, 『大韓季年史』上, 191~194쪽 ; 『독립신문』 1898년 5월 26일, 5월 28일자 ; 『舊韓國外交文書』 제17권, 1053, 1054, 1062, 1063, 1069, 1073, 1075, 1081, 1088, 1100, 1104, 1113, 1120, 1131, 1141, 1143호를 보면, 木浦·甑南浦地段問題는 1898년 5월 7일부터 7월 1일까지 20여 회에 걸친 한·러간의 왕복서신을 통하여 매듭짓게 된다.

49) 鄭喬, 『大韓季年史』上, 228~230쪽 ; 신용하, 「독립협회의 자주민권자강운동」 『독립협회연구』, 329~331쪽.

50) 『駐韓日本公使館記錄』(機密本省往信), 機密 제39호, 1898년 10월 5일조 「三拾

실이 외국인의 보호를 받는 것은 전 국민의 수치라 하고, 정부 각부에
총대위원을 파견하여 외국인용병 고용반대를 주장했으며, 나중에는 3일
동안 외부문전外部門前에서 대규모의 민중대회를 열고 강경히 반대시위
를 벌여 결국 외국인 용병을 돌려보내게 했다.[51]

이와 같이 윤치호 지도하의 독립협회는 국권수호·국토수호·국익수호
등을 포괄하는 자주국권운동을 성공적으로 추진했다. 독립협회는 자주
국권운동의 전개과정에서 자유민권운동도 동시에 전개했다.

윤치호는 약육강식·적자생존의 냉엄한 국제사회에서 자주국권을 지
키는 본질적인 방법은 국력을 길러 강국이 되는 것이며, 국력배양은 민
력양성에서 가능하며 민력양성은 민권보장에서 가능하다고 믿었다.[52]
한편 윤치호는 천부인권설天賦人權說에 의거하여 인권·민권은 당연히 보
장되어야 할 천부의 권리라고 믿고 있었다.[53] 따라서 그는 독립협회의
최고지도자로서 민권보장운동을 강력히 추진했던 것이다.

독립협회의 정부에 대한 민권보장운동은 1898년 3월 중순에 시종원
侍從院 시종 김영준金永準이 이원긍李源兢·여규형呂圭亨·지석영池錫永·안기
중安沂中 등 독립협회 회원 4인을 무고로 투옥시킨 사건에서 비롯되었다.
독립협회는 총대위원을 선출하여, 이들 4인의 구금 이유와 그 적부適否
여하를 밝히라고 요구하는 항의 공한을 경무사에게 발송했다. 그런데 이

人ノ傭外國巡査排斥ノ件」；尹致昊,「獨立協會事件に就いて」『韓末を語る』, 56~
57쪽.

51) The Independent, September 20, 1898, "The Foreign Guards" & September 29, 1898,
"Local Items,"；『皇城新聞』 1898년 9월 20자 別報「質問顚末」과 1898년 9월
21일자 雜報「新雇將歸」；『독립신문』 1898년 9월 20일자「보호군수단」과 9월
21일자 잡보「보호군희고」.

52) 『尹致昊日記』 1889년 5월 25일조, 1891년 11년 27일조, 1885년 6월 20조, 1890
년 3월 7일조.

53) 『尹致昊日記』 1890년 2월 14일조；The Independent, May 19, 1898, "An Honest
Confession".

들 4인은 재판도 없이 황제의 명에 의하여 유언비어 유포죄로 10년 유
배에 처해졌다.54)

윤치호는 이 같은 황제의 조처는 어떠한 범죄인도 재판 없이는 처벌
할 수 없다는 법률과 법의 정신에 명백한 위반이라고 중대시하고, 독립
협회의 지도자들과 협의하여 황제에게 항의하기로 결정했다.55) 독립협
회는 3월 26일에 특별회를 열고, "국가의 표준은 법률에 있으므로 4인의
죄상은 재판으로만 적법하게 처리되어야 한다."는 요지의 강경한 항의
공한을 법부대신에게 발송했다.56) 법부대신은 황제의 처분이므로 "재고
불능"이라는 회신을 보내와,57) 독립협회의 주장은 당장 관철되지는 못
했다. 그러나 독립협회의 항의는 군주의 법률로부터의 초월성을 부인하
고 법률과 재판에 의하여 신체의 자유권을 주장한 근대적 민권보장운동
의 시발점이었다는 점에서 중요한 의미를 가지는 것이다. 이들 4인은 독
립협회의 자유민권운동이 진전됨에 따라 6월 하순에 황제의 특사로 전
원 석방되었다.58)

이 사건과 관련하여 윤치호가 김영준을 만나서 나눈 대화의 요지를
간추려보면 다음과 같다.59)

　　김 : 법부대신에게 보낸 서한으로 인하여 황제가 그대에게 진노하고 있다. 이
　　　　이상 그 문제를 거론치 말게 하라.
　　윤 : 나는 독립협회의 회장으로서 회원들의 정당한 항의를 멈추게 할 수는 없
　　　　다. 우리나라는 위기에 처해 있다. 황제가 올바르지 않으면 국가가 어려

---

54) 鄭喬, 『大韓季年史』 上, 185쪽 ; 『尹致昊日記』 1898년 3월 16일조.
55) 『尹致昊日記』 1898년 3월 21일조.
56) 『尹致昊日記』 1898년 3월 26일조 ; 『독립신문』 1898년 3월 29일자 잡보, 3월
　　31일자 잡보.
57) 『尹致昊日記』 1898년 3월 28일조 ; 鄭喬, 『大韓季年史』 上, 186쪽.
58) 신용하, 「독립협회의 자주민권자강운동」 『독립협회연구』, 313쪽.
59) 『尹致昊日記』 1898년 3월 28일조.

움을 당할 것이다.

김 : 국왕은 이 땅의 주권자이다. 국왕의 행동을 문제 삼는 것은 민주주의를
　　도입하는 것이다.

윤 : 문호를 개방한 상태에서 과거의 전제군주주의(absolute monarchism)로 되돌아
　　갈 수는 없다.

김 : 그대는 무엇을 믿고 황제의 꺼려함을 개의치 않는가?

윤 : 내가 믿는 바는 오직 내 주장의 정당성이다.

　1898년 5월 하순에는 법부대신 겸 고등재판소 재판장 이유인李裕寅이
판사 마준영馬駿榮을 교사하여 평민 홍재욱洪在旭의 가산을 늑탈하려 한
사건이 발생했다. 이에 독립협회는 공개재판을 요구하고 이를 방청하여
재판의 편파성을 지적하고, 판사 마준영을 부정재판자로 고발하는 한편,
이유인에게도 엄중 항의하여 결국 6월 하순까지 이 두 사람을 면직시키
는 데 성공했다.[60]

　6월 하순에는 경무사 신석희申奭熙가 사주전私鑄錢 용의자로 구속되었
다가 무죄 석방된 평민 최학래崔鶴來의 몰수한 가산을 반환치 않은 사건
이 발생했다. 독립협회는 가산몰수의 법적 근거를 밝히라고 요구했으며,
경무사는 선례에 의한 것이라고 응수했다. 이에 독립협회는 내부대신에
게 공한을 보내어 "신법으로 보장된 재산권이 폐지된 구법에 의하여 침
해될 수 없다."는 요지로 강력히 항의하여, 결국 최학래의 가산은 반환
되고 경무사 신석희는 7월 초순에 해임되기에 이르렀다.[61]

　9월 중순에는, 후술하겠지만, 김홍륙金鴻陸에 의한 국왕암살 미수사건
이 발생했다. 이때 독립협회는 비록 김홍륙이라도 법률에 의해서만 처벌
되어야 한다고 공개재판을 요구했다. 이 사건을 계기로 수구지배층이 노

---

60) 鄭喬, 『大韓季年史』上, 194~199쪽 ; *The Independent, June* 4, 1898, "The Club
　　and the Court" & June 16, 1898, "The Club versus the Judge".

61) 鄭喬, 『大韓季年史』上, 200~201쪽 ;『독립신문』1898년 6월 25일자 잡보 ; *The
　　Independent, May* 7, 1898, "Departmental News" & June 25, 1898, "Departmental
　　News" & June 9, 1898, "Local Items".

류법筝戮法·연좌법의 부활을 획책하자, 독립협회는 노륙법·연좌법은 생명의 자유권을 침해하는 악법이라고 주장하여 강력히 반대투쟁을 벌여 기어코 노륙법·연좌법의 부활을 저지시켰다.[62]

이처럼 윤치호 지도하의 독립협회는 법률과 재판에 의하여 국민의 생명과 재산 등 기본적인 권리 곧 자유민권의 보장을 위한 운동을 성공적으로 추진했던 것이다.

3. 독립협회의 참정·개혁운동과 윤치호

윤치호를 비롯한 독립협회 지도부는 국권수호와 민권보장의 근본적인 방책은 개혁내각을 수립하고 민선의회를 설립하여, 국민참정을 실현하고 국정개혁을 단행함으로써 근대적인 자강체제를 갖추는 데 있다고 생각했다.[63] 독립협회는 1898년 가을부터 개혁내각의 수립과 의회식 중추원의 설치를 위한 본격적인 운동을 전개했는데, 이 과정에서 윤치호의 생각과 역할을 살펴보기로 한다.

독립협회는 1898년 8월 28일에 회장에 윤치호, 부회장에 이상재, 서기에 박치훈·한만용, 회계에 이일상, 사법위원에 이채연·남궁억·정교 그리고 평의원 20 명을 선출하여 명실상부한 민중대변체제로 임원진을 구성했다.[64] 그리고 9월 11일의 김홍륙 독차사건을 계기로 9월 13일에

---

62) 『皇城新聞』 1898년 9월 27일, 9월 29일자 잡보 ; The Independent, October 8, 1898, "A Forward Movement".

63) 尹致昊, 「獨立協會의 活動」 『東光』 제26호(1931년 10월호), 36쪽 ; 『駐韓日本公使館記錄』(機密本省往報告), 發第75號, 1898년 11월 8일조, 「獨立協會大臣排斥ニ關スル詳報」 ; 신용하, 「독립협회의 자주민권자강운동」 『독립협회연구』, 361쪽.

64) 『독립신문』 1898년 8월 30일자 잡보 「협회림원」과 9월 6일자 「림원선명」 ; 신용하, 「독립협회의 창간과 조직」 『독립협회연구』, 98쪽.

만민공동회를 개최함으로써 수구내각을 타도하고 개혁내각을 수립하기 위해 강력한 정치투쟁을 전개했다.

김홍륙 독차사건이란 러시아 공사관 통역으로 정권을 농단하다가 독립협회의 지탄의 대상이 되어 유배당한 김홍륙이 하수인을 시켜 고종에게 독차를 올리게 한 '국왕암살미수사건'으로 국내에 커다란 파문을 던졌다. 독립협회는 9월 13일 종로에서 민중대회를 열고, '반역사건'을 규탄하고 사건의 진상규명을 요구했다.[65] 한편 수구지배층은 김홍륙 독차사건이 발생한 것은 법이 너그러운 까닭이라 하여 갑오개혁 때에 폐지된 노륙법과 연좌법의 부활을 획책했다.[66]

윤치호 지도하의 독립협회는 10월 초순에 이르러 고등재판소 앞에서 민중대회를 열고, 노륙법과 연좌법 부활의 부당성을 성토하고, 증거인멸의 우려가 있는 김홍륙 독차사건의 연루자에 대한 악형과 고문의 책임을 물어 법부대신을 고등재판소에 고발했다.[67] 이때에 수구유생들은 노륙법과 연좌법의 부활을 지지하는 상소를 올리고, 중추원에서 이들 법의 부활요구 상소에 연명치 않은 독립협회 회장 윤치호를 역도逆徒 보호의 뜻이 있다고 공박했다.[68]

독립협회와 황국중앙총상회皇國中央總商會는 덕수궁의 정문인 인화문仁化門 앞에서 대규모의 민중집회를 열고, 10월 7일, 8일, 10일, 3차에 걸친

65) 『독립신문』 1898년 9월 14일자 「협회츙군」 ; 鄭喬, 『大韓季年史』 上, 233~234쪽 ; 菊池謙讓, 『近代朝鮮史』 下卷, 515쪽.

66) The Independent, September 27, 1898, "The Privy Council at Work" ; 鄭喬, 『大韓季年史』 上, 240~241쪽 ; 『承政院日記』 光武 2년 8월 9일(陽曆 9월 24일)조 「中樞院一等議官徐相雨等疏」.

67) The Independent, October 6, 1898, "The Independence Club vs. Sin Kisun" ; 『독립신문』 1898년 10월 4일자 「독립교회 고발ᄉ건」과 「잡보」 ; 『ᄆᆡ일신문』 1898년 10월 5일자 사설.

68) 『高宗實錄』, 光武 2년 10월 6일조 「成均館敎授慶賢秀等疏略」 ; 『독립신문』 1898년 10월 5일자 잡보 「도약소상쇼」와 10월 6일자 「도약소 쇼본변론」 ; The Independent, October 16, 1898, "Against the Independence Club".

합동상소를 통하여, 김홍륙 독차사건 및 노륙법·연좌법 부활책동과 관
련하여 관계대신의 책임추궁에서 비롯하여 정부 일곱 대신의 부패 무능
을 규탄하고, 이들의 파면과 새로운 내각의 수립을 강경하게 요구했다.
등교를 거부한 각급 학교의 학생들과 철시한 수많은 시전상인들이 합세
하여 주간시위와 야간농성을 감행하여 독립협회의 '7대신퇴진'과 '내각
개편'의 요구를 적극적으로 지원했다.[69] 그 결과 누차에 걸친 황제의 해
산 명령은 거부되었고, "일곱 신하가 백날을 물러가지 아니하면 신등臣
等도 백날을 물러가지 아니 하겠다."는 독립협회와 민중들의 완강한 요
구가 관철되어, 10월 12일까지 7대신이 모두 해임되고 박정양朴定陽을
중심으로 하는 개혁파 내각이 수립되었다.[70]

  재경 각국 외교관들은 한국의 민중운동에 의한 전면적인 내각개편으
로 개혁파 인사들이 집권하게 된 사실에 경탄을 표시했고, 미국공사는
이 사실을 "평화적 혁명"(peaceful revolution)이라고 다음과 같이 본국에 보
고했다.

     하나의 평화적 혁명이 일어났습니다. 대중의 요구에 의하여 거의 전면적
    인 내각개편이 이루어졌습니다. 그러한 내각개편은 1894년 일본이 한국을 실
    질적으로 장악하고 있던 때에 있었습니다.[71]

  윤치호는 『디 인디펜던트』(The Independent)에서 일곱 대신의 해임 사실

---

69) 鄭喬, 『大韓季年史』上, 247~253쪽 ;『독립신문』1898년 10월 8일, 10월 11일,
    10월 12일자 독립협회상소 ;『承政院日記』光武 2년 8월 22일(陽曆 10월 7일)조
    와 8월 26일(陽曆 10월 11일)조 「中樞院一等議官尹致昊等疏」;『皇城新聞』
    1898년 10월 12일자 雜報 「學員赴會」와 「各廛撤市」.
70)『독립신문』1898년 10월 13일자 「황상칙유」와 잡보 「텬은망덕」;『高宗實錄』,
    光武 2년 10월 11일, 10월 12일조.
71) *Communicating to the Secretary of State from U.S. Representatives in Korea,* No. 152,
    October 13, 1898, "Change of Cabinet, Peaceful Revolution, Independence Club" ;
    The Independent, October 13, 1898, "Local Items".

을 독립협회의 '승리'로 표현했고, 한 민간단체의 평화적 요구에 의해
영향력 있는 일곱 대신이 해임된 사실은 "압제적인 한국에서 볼 수 없던
일"이라고 논평했다.[72] 그리고 그는 "독립협회는 1894년에서 1895년에
걸친 개혁을 와해시킬지도 모를 수구의 물결에 대항하여 계속 성공적으
로 싸워왔다."고 평가하고,

> 개선의 가능성이 없을 정도로 입법立法이 남용되지 않도록 인민은 입법에
> 발언권을 가져야 한다.

고 하여, 앞으로 독립협회의 운동방향은 의회議會 설립에 의한 국민참정
의 실현임을 천명했다.[73]

독립협회에 의한 의회설립 문제는 이미 1898년 3월에 독립협회가 민
중을 배경으로 러시아의 침략적인 간섭을 성공적으로 배제하는 과정에
서, 서재필과 윤치호 등 독립협회 지도자들 사이에서 논의되었다. 그리
고 같은 해 4월 3일의 독립협회 토론회에서 「의회원을 설립하는 것이
정치상에 제일 긴요함」이라는 제목으로 의회의 필요성을 공식 거론함으
로써 의회설립운동이 표면화되었다.[74]

윤치호는 로버츠(Henry M. Roberts)의 「의회통용규칙」을 번역, 4월 초순
에 간행하여 독립협회 회원들에게 배포했고, 4월 중순부터는 『독립신문』
에 광고하여 일반에 판매하여 의회설립에 대비한 회의진행법을 보급했
다.[75]

---

72) *The Independent,* October 13, 1898, "Victory" & October 18, 1898, "A Forward
Movement".

73) *The Independent,* October 18, 1898, "A Forward Movement".

74) 『독립신문』 1898년 3월 29일, 3월 31일, 4월 9일자 잡보.

75) 『尹致昊日記』 1898년 3월 8일조 ; *The Korean Repository,* Vol. 5, No. 4(April
1898), "Literary Department" ; 『독립신문』 1898년 4월 14일에서 1898년 6월 21
일까지의 광고.

이 무렵 정부 일각에서도 정부의 자문기관으로서 중추원의 기능을 강화해야 한다는 움직임이 있었고, 4월 중순 정부고문인 이선득李善得 (Charles W. LeGendre)은 윤치호를 방문하고, 전제정치와 대의정치는 모두 한국의 현실에 맞지 않다는 이유를 들어, 정부대신의 견제기관으로서 개화인사들로 구성되는 자문원諮問院의 설치를 제의하기도 했다.[76]

그러나 독립협회의 고문 서재필은 4월 하순에 『독립신문』의 논설을 통하여, 세계 개화제국의 선례에 따라 의회를 설립하면, 첫째로 정책의 결정업무와 집행업무가 분업화되어 국정에 효율성을 기할 수 있고, 둘째로 민의를 국정에 반영할 수 있어 국민과 국가가가 일체감을 갖게 되며, 셋째로 관민이 합력하여 국가와 왕실의 기초를 공고히 할 수 있다는 취지 아래 의회설립의 필요성을 공개적으로 주장했다.[77]

6월 하순에 정부는 중추원中樞院에 30명의 의관議官을 두되, 10명은 하의원下議院이 되어 의안을 상정하고, 20명은 상의원이 되어 이를 토의 결정하여 정부에 조처토록 하는 의회형식을 가미한 중추원 개편을 구상하기도 했다.[78] 그러나 그 기능이 정부 자문기관의 범주를 넘는 것은 아니었다.

윤치호 지도하의 독립협회는 1898년 7월 3일의 상소와 7월 12일의 재소再疏를 통하여, 구주 각국의 상·하의원의 설치는 만국통용의 규범이라 하고, 홍범洪範의 준행과 인재의 등용 및 민의의 채용을 강조하면서 의회설립을 주장했다.[79] 윤치호가 7월 3일의 상소와 관련하여 그의 일기에서,

---

76) 『尹致昊日記』 1898년 4월 14일조.
77) 『독립신문』 1898년 4월 30일자 「론셜」.
78) 『독립신문』 1898년 6월 30일자 잡보.
79) 『承政院日記』 光武 2년 5월 21일(陽曆 7월 9일)조 「中樞院一等議官尹致昊等疏」와 6월 2일(陽曆 7월 20일)조 「前中樞院議官尹致昊等疏」.

지도자가 되는 것은 때로는 추종자가 되는 것이다. 나는 이 문구를 예전에 읽었다. 그러나 그 진리를 오직 지금 깨달았다.[80]

고 기록했듯이, 당시 독립협회의 의회설립운동에는 윤치호보다 적극적인 입장을 취한 급진노선이 대두되고 있었다. 7월 12일의 재소에는 황제의 실정을 비판하는 과격한 내용이 담겨 있었다. 그리고 두 차례의 상소에 대한 황제의 부정적인 회답에 불만을 품은 다수의 회원들은 황제를 위한 만세삼창을 거부하기도 했다.[81]

윤치호는 7월 12일, 독립협회의 제소위원提疏委員이 의회설립 상소문을 가지고 회의장을 나갈 때 회원들이 근엄한 표정으로 일어서서 오른손을 들어 경의를 표하는 모습을 보고, 그의 일기에 "그 광경은 이 노예의 땅에서 내가 보아온 가장 인상적인 것이었다."고 감명 깊게 기록하고 있다.[82]

7월 중순에 이르러 의회설립문제와 관련하여 조야간의 여론은 중추원의 의회식 개편으로 기울어졌으며, 7월 하순에는 중추원을 국가의 최고 기관으로 개편한다는 설이 신문에 보도되기도 했다.[83] 그런데 중추원 개편에 대한 독립협회와 정부의 의도는 본질적으로 달랐다.

윤치호 등 독립협회의 의도는 중추원에 의회의 기능을 부여하여 궁극적으로는 국민에게 참정권을 줌으로써 전제군주제를 입헌군주제로 개편하여 책임정치를 구현하려는 것이었다.[84] 그러나 윤치호는 일반 민

---

80) 『尹致昊日記』 1898년 7월 3일조. "To be a leader is often to be a follower. I read of this before but I realize its truth only now."

81) 『尹致昊日記』 1898년 7월 10일조, 7월 12일조.

82) 『尹致昊日記』 1898년 7월 12일조.

83) 신용하, 「독립협회의 자주민권자강운동」 『독립협회연구』, 364쪽 ; 『독립신문』 1898년 8월 1일자 잡보 「중추원이 높다」.

84) 『독립신문』 1898년 7월 16일자 「이게 중추원 죠직인지」 ; *The Independent, July 26, 1898, "The Signs of The Times" & July 28, 1898, "The Utility of the*

중의 시민의식의 결여를 통감하고, "내가 만일 한국에서 대의국민의회(a representative popular assembly)가 가능하다고 생각했다면, 그렇게 생각한 적이 없지만, 나는 당장 그 생각을 포기하겠다."[85]고 했다. 그는 당시의 한국은 민도가 낮아 현실적으로 당장 서구식의 철저한 대의국민의회의代議國民議會를 실시하기는 불가능하다고 믿었던 것이다.

또한 윤치호는 관리들이 부패한 정부에 책임지는 체제도 부당하고, 그렇다고 우매한 국민에게 책임지는 체제도 비현실적이라고 판단했다. 따라서 그는 독립협회가 잠정적으로 국민을 대표하는 과도적 의회형태로 중추원을 개편하되 실제로는 의회 기능을 발휘하도록 하려는 것이었다.[86]

한편 정부측의 의도는 중추원에 외형적으로는 의회적 색채를 가미한다 해도, 본질적으로는 전제군주체제 내에서 정부의 자문기관으로서 중추원의 기능을 활성화하여, 독립협회의 실질적인 의회설립운동을 저지하려는 것이었다.[87] 따라서 정부는 중추원의 개편 실시를 공언하고, 윤치호·이건호·정교 등 독립협회 회원과 일부 황국협회 회원을 중추원 의관에 임명하기도 했으며, 9월 하순에는 중추원을 새로 개원하기도 했다.[88]

그러나 독립협회는 정부 자문기관으로서의 중추원 실시에 만족하지 않고 실질적으로 의회의 기능을 가지는 중추원으로의 개편운동을 전개했다. 독립협회는 1898년 10월 12일의 박정양 내각의 성립을 일단 개혁

Independent Club".

85) 『尹致昊日記』 1898년 5월 2일조.

86) *The Independent,* July 28, 1898, "The Utility of the Independent Club" ; 尹致昊, 「獨立協會事件に就いて」 『韓末を語る』, 58쪽.

87) 『독립신문』 1898년 7월 16일자 「이게 중추원죠직인지」 ; 『皇城新聞』 1898년 9월 26일자 雜報 「樞院實施」.

88) 『官報』 第1000號, 光武 2년 7월 13일조 ; 『皇城新聞』 1898년 9월 26일자 「樞院實施」.

내각의 수립으로 간주하고, 본격적으로 의회설립을 추진하기 위해 정부에 관민협상官民協商을 제의했다.[89] 그리하여 10월 15일에는 남궁억·홍정후 등 독립협회 대표 5명과 박정양·민영환 등 정부대신들이 정부청사에 합석하여 의회설립과 내정개혁 문제를 정식으로 협의했다. 여기에서 독립협회 대표들은 중추원을 의회식으로 개편할 것과 의관의 반수는 독립협회에서 선출하도록 할 것을 제의하여 정부측의 호의적인 반응을 얻었다.[90]

독립협회와 박정양내각이 의회설립문제를 순조롭게 추진하는 동안에 수구세력은 크게 반발했다. 또한 독립협회의 강력한 활동에 위협을 느낀 고종은 조병식 등 수구인사들을 다시 기용하는 한편, "국회國會도 할 수 없는 일을 민회民會가 남용하므로 언론과 집회를 엄격히 통제한다."는 요지의 조칙을 발표했다.[91]

이에 독립협회를 비롯한 민권단체와 시민·학생들은 상소와 민중집회를 통하여, "정부에 대한 탄핵·성토 및 언론·집회의 자유는 인민의 권리에 속한다."고 주장하면서 1주일 동안에 걸친 집요한 투쟁을 전개하여, 마침내 황제의 언론통제조칙을 번복시키고 이른바 '언론자유의 투쟁'을 승리로 이끌었다.[92]

---

89) 鄭喬, 『大韓季年史』上, 260쪽 ; *The Independent*, October 18, 1898, "A Forward Movement".

90) 『미일신문』 1898년 10월 17일자 別報 ; 鄭喬, 『大韓季年史』上, 261~263쪽 ; 尹致昊는 *The Independent*, October 18, 1898, "A Forward Movement"에서, 독립협회의 중추원 개편 제의는 大韓의 정치구조에 새로운 요소를 도입한 의회의 설립(the formation of Assembly)을 주장한 것이라고 논평했다.

91) 『承政院日記』 광무 2년 9월 6일(陽曆 10월 20일)조 「詔」 ; *The Independent*, October 25, 1898, "An Anti-Club Decree".

92) *The Independent*, October 25, 1898, "Fight for the Freedom of Speech" ; 鄭喬, 『大韓季年史』, 上, 266~275쪽 ; 『承政院日記』 광무 2년 9월 9일(陽曆 10월 23일)조 「中樞院一等議官尹致昊等疏」와 9월 11일(陽曆 10월 25일)조 「中樞院副議長尹致昊等疏」 「中樞院副議長尹致昊等疏批旨」 ; 『독립신문』 1898년 10월 27일자 「독

고종은 독립협회와 민중의 가두집회 등 강경한 활동을 억제하기 위해
서는 중추원의 개편이 불가피하다고 생각하여, 10월 23일에는 의정부
찬정贊政 박정양을 참정參政으로 승진 발령하는 동시에 한규설과 윤치호
를 각각 중추원 의장과 부의장에 임명하여 중추원관제를 개정토록 했
다.93)

중추원 부의장 윤치호는 독립협회의 대표를 겸하여 정부대신들과 합
석하여 중추원 개편문제를 협의했다. 이때 정부측은 정부 자문기관적인
중추원관제 개정안을 미리 만들어 독립협회의 동의를 얻고자 했다. 그러
나 독립협회는 정부안에 만족하지 않고 독자적인 중추원 관제개정안을
마련하여, 10월 24일에 회장 윤치호를 통하여 이를 정부에 제출했다.94)

정부대신들은 '독립협회안'에 대체로 찬의를 표했으나, 의석배정에
있어서는 같은 민회이므로 황국협회에도 민선의관의 반수를 배정해야
한다고 이의를 제기했다. 고종도 민선의관 25명 중 17명만을 독립협회
에 배정하도록 조칙을 내렸다.95) 그런데 독립협회는 중추원의관 50명
중 과반수를 확보코자 하여, 회장 윤치호는 민선의관 25명을 독립협회에
배정하거나 아니면 황국협회에 배정할 것을 정부에 요구했다. 이에 정부
는 황국협회에 민선의관 전부를 담당할 수 있는지 의사를 타진했으나,
황국협회가 불가능하다고 통보함으로써 결국 독립협회가 중추원 의석의
과반수를 전담할 수 있게 되었다.96)

립협회지쇼」.

93) 『承政院日記』光武 2년 9월 9일(陽曆 10월 23일)조「詔」참조.

94) 鄭喬, 『大韓季年史』上, 272~273쪽 ;『뎨국신문』1898년 10월 26일자 잡보 ;
『皇城新聞』1898년 10월 26일자 雜報「樞院改案」.

95) *The Independent,* October 27, 1898, "The Privy Council" ;『뎨국신문』1898년 10월
26일 잡보 ; 鄭喬, 『大韓季年史』上, 273~274쪽.

96) 鄭喬, 『大韓季年史』上, 276쪽 ; *Communicating to the Secretary of State from U.S.
Representatives in Korea* : H.N. Allen, No.154, October 27, 1898, "Recent Action
Taken by the Independence Club of Korea" ; *Reports and Communications from the*

독립협회는 의회설립운동이 계획대로 진전되자, 국정개혁의 기본방향을 협의할 목적으로 정부에 관민공동회官民共同會의 개최를 제의했다.[97] 10월 28일의 관민공동회 첫날에는 정부측이 대회장소 문제로 불참을 통고해왔으나, 수천 명의 시민들이 종로 대회장에 모인 가운데 대회가 시작되어, 민중들은 윤치호를 관민공동회 대회장으로 선출했다. 회장 윤치호는 "상하 내외가 모두 일심으로 힘을 모아 정치를 안정시키는 방책을 강구하자."는 뜻의 연설을 하고,[98] 이어서 대회 중에 회중이 지켜야 할 다음의 네 가지 조건을 제시했다.[99]

1. 황제와 황실에 대한 불경한 언사 및 민주주의民主主義와 공화정치共和政治에 대한 주장은 용납되지 않는다.
2. 외국과 외국인에 대한 불손한 발언과 대외조약에 위반되는 주장은 용납되지 않는다.
3. 미래의 향상에 대한 방책의 강구에 주력하고, 인신공격이나 전직대신 등에 대한 폭언은 용납되지 않는다.
4. 우리의 사회관습과 종교의식 및 의복양식과 두발형태에 저촉되는 제의는 용납되지 않는다.

회장 윤치호의 네 가지 조건은 회중會衆의 열광적인 환호로 통과되었다. 이 네 가지 조건은 황제와 외국인의 의구심을 풀어주고, 정부 관인과

British Consul in Seoul, No.108, November 12, 1898.

97) 주한 日本公使는 『駐韓日本公使館記錄』(機密本省往信), 發第75호, 1898년 11월 8일조 「獨立協會大臣排斥ニ關スル詳報」에서, 독립협회와 관민공동회의 목적은 신정부를 조직함과 동시에 중추원을 개혁하여 참정권을 부여하고 정부와 연합하여 秕政을 개혁하려는 데 있다고 본국에 보고했고, 尹致昊는 「獨立協會의 活動」『東光』, 제26호(1931년 10월호), 36쪽 에서, 독립협회와 관민공동회의 주요목표는 중추원의 부활과 입헌정치의 실시에 있다고 회고했다.

98) 鄭喬, 『大韓季年史』上, 278~279쪽 ; 『駐韓日本公使館記錄』(機密本省往信), 發第75호, 1898년 11월 8일조 「獨立協會大臣排斥ニ關スル詳報」.

99) *The Independent,* November 1, 1898, "An Assembly of All Castes".

일반 민중의 광범한 호응을 받아 관민공동회를 성공시키려는 것이었다.

드디어 10월 29일에는 윤치호가 고종을 설득하여 정부 대신들이 참석한 가운데 역사적인 관민대공동회官民大共同會가 개최되었다. 정부측에서는 박정양 등 현임대신들과 민영환 등 전임대신들이 참석했고, 민간측에서는 독립협회를 비롯하여 황국협회皇國協會·황국중앙총상회·협성회·광무협회·찬양회贊襄會 등 사회단체의 회원과 일반 시민·학생 등 1만여명이 참석했다.

관민공동회는 회장 윤치호의 취지 설명과 의정부 참정 박정양의 인사말로 시작되었다. 이날의 대회는 국가주권의 자주화, 국가이권의 수호, 국가재정의 일원화, 국민자유권의 보장, 인사행정의 공정화, 의회식 중추원의 실시 등을 골자로 하는 헌의6조獻議六條 곧 국정개혁강령을 결의하여 참가 대신들의 동의를 얻었다.[100] 10월 30일에 황제는 헌의6조를 재가함과 동시에, 과도한 언론을 규제하는 내용이 포함되어 있으나, 거의 민중의 요구에 부합되는 서정쇄신을 다짐하는 조칙5조詔勅五條를 반포했다.[101]

---

100) 『독립신문』 1898년 11월 1일자 「관민공동회ㅅ실」 ; 鄭喬, 『大韓季年史』, 上, 281~282쪽 ; 尹致昊, 「獨立協會의 活動」『東光』, 제26호(1931년 10월호), 36쪽 참조.

獨立協會의 傳單中 獻議六條
一. 외국인에게 依附치 말고 관민이 同心合力하여 專制皇權을 鞏固케 훌 事.
一. 鑛山, 鐵道, 煤炭과 森林及 借款借兵과 政府與外國條約事를 若非各部大臣과 中樞院議長이 合同 着啣捺印則 不得施行훌 事.
一. 全國財政은 無論某稅하고 度支部로 句管하되 他部와 私會社는 無得干涉하고 豫算과 決算을 人民의게 公佈훌 事.
一. 自今爲始하야 凡干重大훈 罪犯을 另行公判하되 被告가 到底說明하야 究竟 自服後에 施行훌 事.
一. 勅任官은 大皇帝陛下끠옵셔 諮詢政府하야 從其過半數하야 任命하실 事.
一. 實踐章程훌 事.

101) 『독립신문』 1898년 11월 1일 「관민공동회 ㅅ실」.

獨立協會 傳單中 詔勅五條

헌의6조의 재가와 조칙5조의 반포는 인민의 권리청원權利請願에 대한 황제의 동의로 해석될 수 있는 것이었다. 그러므로 윤치호는 『독립신문』 논설에서 "관민이 합심하여 국가정치를 바로잡자 하는 것은 우리나라에 처음으로 있는 큰일이라." 하고, 이 11조의 실천 여부가 곧 국가흥망의 갈림길이라고 논평했던 것이다.[102]

11월 3일에 정부는 헌의6조 실시의 제1차적 조치로 황제의 재가를 받아 의회식 중추원 관제를 공포했다.[103] 전문 17조로 된 이 중추원 관제는 10월 24일에 독립협회가 정부에 제시한 중추원 개편안을 거의 그대로 반영한 것이다. 이때 개편된 중추원中樞院은 관선의관 25석과 민선의관 25석을 규정한 상원의 성격을 띤 근대 의회의 과도적 형태의 것이었다. 그리고 민선의관은 당분간 독립협회에서 선출토록 규정하여 독립협회가 주도하는 의회설립이 가능하게 되었다.

윤치호는 이 중추원 관제는 근대국가의 의회의 기능을 가지고 있으나, 보통선거가 아니고 민선을 독립협회가 대행하는 점에서 준국민의회 準國民議會(semi-popular assembly)의 성격을 지녔다고 평가했다.[104] 이 같은

一. 諫官廢止後 言路壅滯 上下無勤勉警勵之意 亟定中樞院章程 以爲實施事.

一. 各項規則 既有一定 各會與新聞亦不可無防限 會規令議政府中樞院 參酌時宜裁定 新聞規例令內部農商工部 依倣各國例裁定 施行事.

一. 觀察使以下地方官及 地方隊長官等 無論現任與已遞 若有乾沒公貨者 依贓律施行 驅奪民財者 這這惟給本主後 按律懲勘事.

一. 御使觀察等員之作弊者 許令本土人民赴訴于內部及法部 以爲查究懲治事.

一. 設立商工學校 以勸民業事.

102) 『독립신문』 1898년 11월 3일 「관민의 직척」.

103) *The Independent,* November 10, 1898, "Molayo's Account of Recent Event in Seoul" ; 『高宗實錄』, 光武 2년 11월 2일조 ; 『勅令』, 光武 2년 11월 2일자 ; 『官報』 光武 2년 11월 4일자.

104) *The Independent,* October 27, 1898, "The Privy Council" & November 10, 1898, "Molayo's Account of Recent Event in Seoul" ; *Communicating to the Secretary of State from U.S. Representatives in Korea* : H.N. Allen, No. 154, October 27, 1898, "Recent Action Taken by the Independence Club of Korea" ; *Reports and*

의회식 중추원 관제의 반포는 제한된 면에서나마 황제가 칙령으로 국민
의 참정권을 공인한 것으로 한국 민주주의 역사에 있어 획기적인 사실이
아닐 수 없다.

독립협회는 11월 4일 박정양내각의 통고에 따라 민선의관 25명을 11
월 5일에 독립관에서 선출하기로 결정했다.[105] 이로써 의회식 중추원의
실시를 목전에 두게 되었고, 독립협회의 지론인 개혁내각과 민선의회의
합력에 의한 근대적인 자강개혁이 실현될 단계에 이르게 되었던 것이다.

4. 독립협회의 종말과 윤치호의 태도

독립협회가 민선의관을 선출키로 작정한 하루 전날인 1898년 11월 4
일 밤, 독립협회가 공화정을 추구한다는 다음과 같은 요지의 익명의 고
시告示가 독립문 석벽에 붙은 익명서匿名書 사건이 발생했다.

> 임금의 길은 천명을 받드는 것인데, 왕실이 퇴폐하고 국가가 무너져 백성
> 을 돌보려 하지 않으니, 백성과 하늘이 서로 응하고 만민이 함께하여 대통령
> 에게 권한을 주면 백성을 다스림에 큰 복이 있을 것이다. 온 백성과 함께 개
> 명 진보함을 축수하노라.[106]

유기환·이기동·조병식 등 수구세력은 이 고시를 증거라 하여 "독립
협회라는 것은 윤치호를 대통령으로 하여 왕정을 폐지하려는 음모단체"
라고 몰고 갔다.[107]

Communications from the British Consuls in Seoul, No.108, November 12, 1898.

105) 鄭喬, 『大韓季年史』 上, 289주 ; 『尹致昊日記』 1898년 11월 3일조.

106) 尹致昊, 「獨立協會의 始終」 『新民』 제14호(1926년 6월호), 59~60쪽.

107) 尹致昊, 앞의 「獨立協會의 始終」, 60쪽 및 金永義, 『佐翁尹致昊先生略傳』,
121~122쪽.

그들 수구세력은 독립협회가 11월 5일에 독립관에서 대회를 열고 박정양을 대통령, 윤치호를 부통령으로 하는 공화국共和國을 수립코자 한다고 고종을 충동하여, 11월 4일 밤에서 11월 5일 사이에 독립협회 지도자 17인을 체포했다.[108] 조병식 일파는 원래 독립협회 지도자 20인을 체포하여 구명운동의 여유를 주지 않고 즉각 사형에 처할 계획이었으나, 회장인 윤치호를 체포하지 못하여 계획의 변경이 불가피했다.[109]

윤치호는 이미 11월 1일에 수구파와 고종 간에 자신에 대한 암살 음모가 진행되고 있다다는 정보를 입수한 바 있었으며, 11월 5일 새벽에는 당일의 민선의관 선거방법을 구상하던 중에 순검巡檢들이 자기 집을 포위하고 있음을 알고, 극적으로 탈출하여 외국인 집에 은신하여 체포되지 않았다.[110]

익명서사건으로 독립협회가 혁파되고 박정양내각이 붕괴되었으며, 의회식 중추원의 발족도 무산되고 말았다. 이에 대하여 윤치호는 일기에,

> 오늘의 관보는 독립협회의 혁파와 헌의6조에 서명한 대신들을 파면시킨 칙령을 공포했다. 이것이 국왕이라니! 어떠한 거짓말 잘하는 배신적인 겁쟁이라도 이 대한의 대황제보다 더 비열한 짓을 하지 못할 것이다. 정부는 친일노예 유기환과 친러악당 조병식의 수중에 있다. 러시아인들과 일본인들이 틀림없이 모종의 이권을 위해 이 사건에 개입하여 그들의 노예들을 지원하고 있다. 저주받을 일본놈들! 나는 그들이 대한의 마지막 희망인 독립협회를 분쇄

---

108) *The Independent,* November 10, 1898, "Molayo's Account of Recent Event in Seoul" ; 尹致昊『日記』1898년 11월 6일조. 체포된 17명의 독립협회 지도자 명단은 다음과 같다. 李商在·方漢德·劉猛·鄭恒謨·玄齊昶·洪正厚·李建鎬·卞河璡·趙漢禹·廉仲模·韓致愈·南宮檍·鄭喬·金斗鉉·金龜鉉·兪鶴柱·尹夏榮.

109) 『尹致昊日記』1898년 11월 12일조 ;『起案』(法部編), 第68冊, 光武 2년 11월 7일조「訓令警務廳」제40호에서, 의정부 참정 趙秉式은 경무사 申泰休에게 윤치호의 체포는 조금도 지체할 수 없는 일이니 즉각 체포, 押交하라고 지령을 내렸다.

110) 『尹致昊日記』1898년 11월 1일, 11월 5일조 및 金永義,『佐翁尹致昊先生略傳』, 122~125쪽.

하는 데 러시아인들을 돕는 이유를 알게 되기를 진심으로 희망한다.[111]

라고 기록했다. 그는 독립협회를 분쇄하는 데 고종과 수구파 그리고 러시아와 일본이 결탁되어 있음을 간파하고, 고종의 배신적인 비열한 행위를 매도했으며, 일본의 탐욕적이고 간교한 행동을 저주했던 것이다.

독립협회가 해산된 뒤에 만민공동회는 수시로 개최되는 집회에서 일종의 상설단체로 발전하여 11월 5일부터 12월 25일까지 50여 일 간 정부와 황제를 상대로 과감한 정치투쟁을 전개했다.[112]

11월 5일 『제국신문』 편집인 이승만李承晩과 배재학당 교사 양홍묵梁弘默은 선교사 아펜젤러의 집에 은신 중에 윤치호와 만나서 익명서파동의 대책을 협의한 끝에, 이들은 되도록 속히 민중을 동원하여 투쟁하기로 합의했다. 이승만과 양홍묵 등 독립협회 회원들은 즉시 행동을 개시하여 민중을 동원했고, 익명서파동에 분개한 시민과 학생들이 적극 합세하여 경무청 앞에서 대규모의 만민공동회를 열었다.[113] 민중들은 구속된 17인과 공죄功罪를 같이하겠다고 구속되기를 자원했으며, 17인이 고등재판소로 이송되자 집회장소를 고등재판소 앞으로 옮겨 6일 동안 '불철주야'하고 '풍찬노숙'하며 농성시위를 계속했다.[114]

수구정권은 무력으로 만민공동회를 진압코자 했으나 민중들이 끝까지 완강하게 저항했고, 재경 미국·영국 공사가 무력행사에 반대했으므

---

111) 『尹致昊日記』 1898년 11월 5일조.
112) 菊池謙讓·田內武, 1936, 『近代朝鮮裏面史』, 京城, 東洋拓植公論社, 341쪽 ; Frederick A. Makenzie, *Korea's Fight for Freedom*(1969, Reprinted by Yonsei University Press), 72쪽.
113) 『尹致昊日記』 1898년 11월 5일 ;『독립신문』 1898년 11월 7일자 잡보「만민충애」.
114) 『독립신문』 1898년 11월 7일, 11월 8일, 11월 9일자 諸雜報 ;『駐韓日本公使館記錄』(機密本省往報告), 發第75호, 1898년 11월 8일조「獨立協會大臣排斥ニ關スル詳報」.

로 방침을 바꾸어, 11월 10일에 독립협회의 17인 지도자를 모두 석방시키게 되었다.[115]

만민공동회의 구속인사 석방운동 기간에 수구파 이기동李基東은 윤치호의 부친 윤웅렬을 통하여 윤치호의 상해 외유外遊를 권유했고, 유기환兪箕煥은 윤치호의 사면을 전제로 당국에 굴복할 것을 종용했다.[116] 그러나 윤치호는 이를 거부하고 만민공동회의 대정부투쟁을 지도했다. 그는 외국인에게 동정을 잃고 정부에 무력탄압의 구실을 주게 될 폭력은 결코 행사치 말 것과 만민공동회를 대궐 앞으로 옮겨 국왕에게 압력을 가하도록 독립협회의 청년회원들에게 지시하기도 했다.[117]

윤치호는 독립협회 지도자 17인이 석방된 뒤에도 ① 헌의6조가 실시되도록 황제로부터 직접 재가를 받고, ② 조병식 등을 대궐에서 축출케 하며, ③ 독립협회가 복설될 때까지 만민공동회를 지속시켜야 한다고 생각했다. 그래서 그는 석방된 지도자의 한 사람인 현제창玄濟昶을 통하여 만민공동회를 종로 네거리로 옮겨 지속하게 했다.[118] 한편 그는 『독립신문』을 통하여

문명은 세계의 대세"이며, "정리正理는 가장 뒤에 이기고 이로울 자이라 하니 대한 인민들은 … 정리正理를 방패와 창으로 삼고 나라 일을 담당하시오.[119]

---

115) 『皇城新聞』 1898년 11월 10일, 11월 11일자 別報「萬民共同會實錄」 ; 『독립신문』 1898년 11월 12일자 「선고방청」 ; 鄭喬, 『大韓季年史』 上, 302쪽 ; Reports and Communications from the British Consuls in Seoul, No.108, November 12, 1898.

116) 『尹致昊日記』 1898년 11월 7일, 11월 8일조 ; The Independent November 12, 1898, "Molayo's Reports and Reflection".

117) 『尹致昊日記』 1898년 11월 6일~11월 10일조.

118) 『尹致昊日記』 1898년 11월 11일조 ; Reports and Communications from the British Consuls in Seoul, No.112, Confidential, November 25, 1898.

119) 『독립신문』 1898년 11월 11일자.

라고 하여 민중의 현실참여 의식을 고무하기도 했다.

종로로 옮긴 만민공동회는 11월 11일부터 11월 22일까지 5차에 걸친 상소와 계속적인 민중대회를 통하여 ① 조병식 등 5흉五凶의 처벌, ② 헌의6조의 실시, ③ 독립협회의 복설, ④ 대소 관원의 택용擇用 등의 요구조건을 내걸고 집요한 투쟁을 전개했다.120) 고종과 수구정권은 무마로도 위협으로도 만민공동회를 해산시키는 데 실패하게 되자, 마침내 11월 21일에는 홍종우洪鍾宇·길영수吉泳洙·박유진朴有鎭이 지휘하는 2천여 명의 부상단負商團을 동원하여 인화문 앞의 만민공동회를 공격케 하여 일대 유혈충돌을 일으켜 다수의 희생자를 냈다.121) 그러나 다음날 22일에 흥분한 시민들이 자발적으로 종로에 모여, 수만 명에 이르는 대규모의 민중대회로 부상단에 대항하자, 고종은 민중의 압력에 굴복하여 5흉의 재판과 독립협회의 복설을 허락하게 되었다.122)

윤치호는 만민공동회의 항쟁 기간에 항상 신변에 위험을 느껴 행동의 자유를 잃고 있었으나, 양홍묵梁弘默·이승만李承晩 등 청년행동대와 조한우趙漢宇·유학주兪鶴柱 등 민중지도자들과 수시로 접촉하며 계속 만민공동회 운동에 지도력을 발휘했다.123)

윤치호는 일부 회원이 일본과 타협하여 일본을 만민공동회의 지지세

---

120) 『독립신문』 1898년 11월 12일~11월 23일자. 五凶이란 趙秉式·閔種默·兪箕煥·李基東·金禎根 등 수구과 五人을 말하며 익명서사건의 장본인들로 지목되었다.

121) *The Independent* November 19, 1898, "Molayo's Reports" & November 22, 1898, "Molayo's Reports" 및 『駐韓日本公使館記錄』(機密本省往報告), 發第52호, 1898년 11월 23일조 「當國近來ノ國狀具報拜ニ右關スル卑見具申ノ件」 『독립신문』 1898년 11월 22일자 「어젓기 광경」 및 尹致昊, 「獨立協會事件に就いて」 『韓末を語る』, 59쪽 참조.

122) *The Independent* November 24, 1898, "Molayo's Reports" ; 鄭喬, 『大韓季年史』上, 343~344쪽.

123) 『독립신문』 1898년 11월 16일자 별보 「모 살인률」 ; 『尹致昊日記』 1898년 11월 11일~11월 13일조.

력으로 만들자는 의견에 대하여, "이것은 한국인을 다시 일본인의 압제적인 지배에 부속시키고, 우리의 애국적인 정책에 외국인을 끌어들이는 요인이 된다."고 반대했다. 또한 그는 다른 회원이 독립협회에 적대적인 대신들의 저택을 불태워버리자고 하는 주장에 대하여, ① 그런 행동은 정부에 무력사용의 구실을 주고, ② 그것은 인민과 외국인의 동정을 잃게 할 것이며, ③ 폭력은 적에게 동일한 보복의 본보기를 주게 되고, ④ 소수 악인의 집을 불태워서 얻을 것은 없을 것이라고 반대했다. 그리고 그는 전직관리들과 제휴하여 상소를 올리고, 연설위원을 사방에 파견하여 투쟁이념을 백성들에게 설명하여 일반 민중의 지지기반을 넓히도록 지도 격려했다.124)

만민공동회는 독립협회 복설 등의 요구사항에 대한 고종의 허락을 받아냈으나, 그 실천에 의문을 품었고, 부상단이 수구파의 엄호 아래 여전히 준동하고 있었기 때문에, 민중대회를 지속시키면서 부상단과 대치 상태를 이루고 있었다.125) 한편 고종은 겉으로는 만민공동회의 요구에 양보하면서, 내면적으로는 재경 외교사절의 양해를 얻어 민회와 민론民論을 무력으로 탄압하고자 했다.126)

윤치호는 사태의 심각성을 깨닫고, ① 정부는 믿을 수 없으나 황제의 말씀은 한번 믿어보아야 하고, ② 민중대회가 격화되면 외국의 시비와 정부의 탄압을 자초할 우려가 있으며, ③ 정부의 간곡한 실천약속에 시간적 여유를 주어야 한다고 민중을 설득하여, 만민공동회는 11월 23일 밤을 기하여 2일간의 시한부로 일시 해산했다.127)

---

124) 『尹致昊日記』 1898년 11월 13일조.

125) 鄭喬, 『大韓季年史』 上, 346~347쪽.

126) *Reports and Communications from the British Consuls in Seoul,* No.112, Confidential, November 25, 1898 ; 『駐韓日本公使館記錄』(機密本省往信), 機密 「11月 22日 謁見始末」.

127) 『독립신문』 1898년 11월 25일자 잡보 「잠시파회」 ; 『皇城新聞』 1898년 11월

그러나 정부로부터 5흉의 처벌, 부상의 혁파, 인재의 등용 등 만민의 요구조건을 실천하려는 성의 있는 태도가 보이지 않자, 11월 26일에는 수만 명의 민중이 참가한 대규모의 만민공동회가 개최되었다. 이러한 상황 속에서, 이날 황제는 병정·순검의 호위 아래 대소 관인과 각국 공사들 그리고 신사·숙녀들이 참석한 가운데 만민대표 200명과 부상대표 200명을 초치하여 인화문 밖에서 친유親諭를 했다.[128]

황제는 친히 하교하여 중추원의 실시, 독립협회의 복설, 5신의 징판懲判, 부상의 혁파, 11조의 실시 등 민중의 제반 요구사항의 실천을 재천명하고, 칙어를 통하여 현 사태의 모든 책임이 황제 자신과 정부대신에게 있음을 시인하고, 앞으로는 군신 상하가 '신의'로서 서로 '월권범분越權犯分'함이 없도록 하자고 당부했다. 이어서 독립협회 회장 윤치호는 만민공동회 회장 고영근高永根, 독립협회 부회장 이상재와 함께 민중의 총대위원으로 고종에게 나아가 ① 5흉의 징판, ② 민중이 신임하는 대신의 등용, ③ 헌의6조의 실시 등을 재 다짐받았으며, 이에 민중은 만세를 부르고 산회했다.[129]

이날의 황제친유는 군주와 민중이 자리를 함께한 일종의 군민공동회君民共同會라 할 수 있는 것으로, 정부에 대한 인민의 신뢰가 완전히 무너져 황제 자신이 인민 앞에 나설 수밖에 없는 극한상황에서 이루어진 것이다.

1898년 11월 26일의 황제친유 이후에 황제의 '신의'를 건 약속은 그 실천에 있어 민중의 기대에 부응치 못했다. 12월 5일자의 관보에 실린 심상훈沈相熏·김명규金明圭·박제순朴齊純·이윤용李允用 등의 중용은 12월

25일자「會中運動」; *The Independent* November 24, 1898, "Molayo's Reports".

128) 『독립신문』 1898년 11월 28일자「국태민안」; *Reports and Communications from the British Consuls in Seoul*, No.114, Confidential, November 28, 1898.

129) 위와 같음 ; *The Independent* November 28, 1898, "Molayo's Reports" ; 鄭喬, 『大韓季年史』, 上, 351~353쪽 ; Frederick A. Mackenzie, 앞의 책, 72~73쪽.

6일부터 만민공동회의 투쟁을 재연시켰다. 민중은 종로에서 민중대회를 열고 상소를 올려, 황제의 친유는 티끌만큼도 효험이 없다고 통박하고, 약속대로 '신의'를 지켜 인민의 요구사항을 즉각 실천하도록 촉구했다.[130] 민중의 정부에 대한 불만과 불신은 이제 황제에 대한 불만과 불신으로 변화되어 갔던 것이다. 12월 12일부터 민중은 각부 문전에 나아가 고급 관인들을 불러 헌의6조 등 요구사항을 즉각 실천하도록 실력행사에 돌입했다.[131]

윤치호는 황제친유 이후 급진강경파가 주도한 12월 6일의 만민공동회의 재개를 성급한 잘못된 행동으로 간주하고, 만민공동회의 재개는 ① 일반 민중의 공분과 공감을 살 만한 충분한 이유가 없고, ② 자금이 없어 집회를 계속하기 어렵다고 판단하여 이를 반대하는 입장에 서 있었다. 따라서 급진강경파의 과격한 행동을 견제하는 데 최선을 다했고, 만민공동회의 주장을 지원하는 데 적극성을 결여하게 되었다.[132]

종로에서 만민공동회가 계속되던 12월 16일 새로운 관제官制에 의하여 개원된 중추원의 회의에서는 만민측 의관들이 주동이 되어, 인민의 여망에 맞는 대신급 인물로서 민영준閔泳俊·민영환·이중하李重夏·박정양·한규설·윤치호·김종한·박영효·서재필·최익현崔益鉉·윤용구尹用求 등 11인을 무기명투표로 선출, 정부에 통첩하여 선택해 쓰도록 했다.[133] 이것은 사실상 개혁내각의 수립을 요청한 것이다. 만민공동회는 중추원의

---

130) 『독립신문』 1898년 12월 8일, 12월 9일자 「공동회상소」; *The Independent*, December 19, 1898, "Molayo's Reports".

131) 『皇城新聞』 1898년 12월 13일자 雜報 「共請部官」; 『駐韓日本公使館記錄』(機密本省往信), 機密 第5號, 1899년 2월 17일조 「本官歸任後ニ於ケル政況具報ノ 民會解散ノ件」.

132) 『尹致昊日記』 1898년 12월 27일조.

133) *The Independent*, December 20, 1898, "The Privy Council"; 『駐韓日本公使館記錄』(機密本省往信), 機密 發第88號, 1898년 12월 27일조 「朴泳孝召還ノ建議ニ 關 スル件」.

결의를 추인하고, 3인의 고발위원을 선정하여 망명 죄인 박영효의 죄의
유무를 재판하도록 법부法部에 요구했다. 한편 내부 주사主事 이석렬李錫
烈 등 33인은 연명상소를 올려 박영효의 '음도불궤陰圖不軌' 죄목의 부당
성을 지적하고 그를 등용하도록 건의했다.134)

    윤치호는 내심으로는 박영효의 등용을 원하여 개인적으로 고종에게
박영효에 대한 관용을 주청한 일도 있었다.135) 그러나 12월 12일경 일
본인 대륙낭인 쓰네야恒屋盛服로부터 만민공동회에서 박영효의 소환문제
를 제안토록 요청받았을 때에 이를 단호히 거절했다. 그 이유는 만민공
동회가 반정부운동을 전개하고 있는 상황에서 박영효 문제를 거론하는
것은 일반 민중에게 만민공동회에 대한 공격의 구실을 줄 것이라고 믿었
기 때문이었다. 따라서 그는 12월 16일의 최정덕崔正德·이승만 등 급진
파가 중추원에서 박영효를 천거한 것은 "현명치 못한 제의" 또는 "어리
석은 행동"이라고 규정했던 것이다.136)

    윤치호의 예측대로 민중의 격화일로의 행동방식과 중추원의 박영효
천거, 그리고 이에 대한 만민공동회의 추인 등 일련의 사태는 고종으로
하여금 전일의 '공화제추진설' 및 새로이 유포된 '박영효대통령설'과 관
련하여 독립협회와 만민공동회 운동을 반체제운동 또는 혁명운동으로
단정하게 하고 민회 탄압의 결심을 굳히게 한 것으로 보인다.137)

    한편 일반 민중은 장기화된 민중시위에 염증을 느끼고, 민중지도자들
내부에서도 사회의 안정과 정부에 개혁의 시간적 여유를 주기 위해서는

---

134) *The Independent*, December 20, 1898, "The Privy Council" ;『皇城新聞』1898년
      12월 19일자 雜報「動議歸國」, 12월 20일자 雜報「請餘裁判」, 12월 21일자 雜
      報「委員改薦」;『독립신문』1898년 12월 22일자「리씨쇼쵸」.
135)『尹致昊日記』1897년 10월 26일, 12월 14일조.
136) *The Independent,* December 27, 1898, "Molayo's Reports" ;『尹致昊日記』1898년
      12월 27일조.
137) 菊池謙讓, 1939,『近代朝鮮史』下卷, 京城, 鷄鳴社, 526~527쪽 ;『尹致昊日記』
      1898년 12월 27일조에는 朴泳孝皇帝說도 보인다.

만민측이 자중해야 한다는 여론도 대두되고 있었다.[138] 더욱이 망명 반
역죄인으로 낙인찍힌 박영효 기용 운운은 단순히 충군애국이란 전통적
윤리관에서 민회활동을 지지했을 다수의 일반 민중의 행동력 곧 민회의
배후세력을 크게 약화시켰던 것으로 보인다.[139]

결국 고종과 수구파는 재경 외교사절들의 양해를 얻어 12월 22일과
23일에 병력을 동원하여 만민공동회를 강제로 해산시키고,[140] 12월 25
일에는 황제의 칙어로 11개조의 민회금지령民會禁止令을 내려 독립협회
와 만민공동회 등 모든 민회활동을 완전히 중단시켰다.[141]

5. 윤치호의 독립협회운동 평가와 지도노선

윤치호는 독립협회·만민공동회 등 민회民會 운동을 하나의 완결된 운
동으로서는 실패한 것으로 보았으며, 그 실패는 민회의 내외적 요인에
기인한 것으로 파악했다.[142] 그는 민회 실패의 내적인 요인 곧 민회측의

---

138) 『독립신문』 1898년 12월 12일자 잡보 「금옥관ㅈ 문답」, 12월 28일자 「공동회에
     디흔 문답」.

139) 『尹致昊日記』 1898년 12월 27일조 ; *The Independent*, December 27, 1898,
     "Molayo's Reports".

140) 鄭喬, 『大韓季年史』 上, 390·399~401쪽 ; 『駐韓日本公使館記錄』(機密本省往
     報告), 發第5號, 1899년 2월 27일조 「本官歸任後ニ於ケル政況具報ノ民會解散
     ノ件」 ; 『尹致昊日記』 1898년 12월 27일조 및 *The Independent*, December 27,
     1898, "Molayo's Reports".

141) 『독립신문』 1898년 12월 27일자 「황칙공록」 ; 『駐韓日本公使館記錄』(機密本
     省往報告), 發第87號, 1898년 12월 27일조 「共同會ヘノ勅語」.

142) 신용하 교수는 「만민공동회의 자주민권자강운동」 『독립협회연구』, 515~525쪽
     에서, 民會運動의 실패 원인을 ① 고종·수구세력과 외세의 야합에 의한 무력탄
     압, ② 민회급진파의 사려 깊지 못한 행동, ③ 민회지도자들의 지도력 부족, ④
     민회 조직의 비철저성과 비능률성, ⑤ 민회 조직과 운동의 대중에 대한 파급력
     결여, ⑥ 신흥사회세력의 미성숙으로 파악했다. 강만길 교수는 『한국근대사』(창

실책으로서 독립협회의 조직적인 통제를 벗어난 민회 급진파의 무분별
하고 과격한 행동을 지적했다.

첫째로 그는 황제친유皇帝親諭 이후 곧 1898년 12월 6일 이후 민회 급
진파 주도하의 만민공동회는 일반 민중의 공분을 사기에 충분한 이유가
없었고, 급진파의 박영효 천거에 대한 만민공동회의 추인은 민회에 대한
일반 민중의 지지를 결정적으로 약화시켰다고 보았다.[143]

둘째로 그는 12월 6일 이후 민회 급진파 주도하의 만민공동회는 자금
도 없이 무모하게 시작하여, 집회가 20여 일 계속되는 동안 700 내지
1천 명의 '투석전사戰士'들을 유지시키는 데 거의 6천원에 달하는 막대
한 경비가 소요되어, 부유층에 헌금을 요구함으로써 민회에 대한 유력층
의 지지를 상실했다고 분석했다.[144]

셋째로 그는 12월 6일 이후 급진파 주도하의 만민공동회의 극한적인
과격한 투쟁은 재경 외교사절의 민회에 대한 동정을 잃게 했고, 호시탐
탐 민회의 탄압을 노리던 고종과 수구파에게 재경 외교사절의 양해 아래
병력으로 민회를 해산시킬 충분한 구실을 주었다고 생각했다.[145]

작과비평사, 1984), 227~230쪽의 「獨立協會運動의 性格」에서, 독립협회의 국
민주권론의 한계성을 그 운동실패의 가장 중요한 원인으로 파악했다.

143) 『尹致昊日記』 1898년 12월 27일조 ; *The Independent*, December 27, 1898,
"Molayo's Reports".

144) 『尹致昊日記』 1898년 12월 27일조, 1889년 1월 5일, 1월 9일, 1월 16일, 1월
25일, 2월 4일조. 독립협회와 만민회의 경제적 기반문제는 중요한 문제이나 아
직 밝혀져 있지 않다. 다만 『독립신문』과 『尹致昊日記』를 통하여 미루어볼 때,
그 경비는 주로 회원들과 민중들(특히 시전상인들)의 헌금에 의존했던 것 같다.
그 이유는 첫째로 독립협회는 창립사업인 독립문건립사업부터 헌금방식을 이용
했고, 둘째로 1898년 후반기에 독립협회와 만민공동회의 운동이 한창일 때, 민
중들의 자발적인 헌금이 쇄도했으며, 셋째로 민회가 해체된 뒤, 尹致昊와 高永
根이 민회의 負債 3,200圓을 정리하는데, 양자가 200圓씩 우선 부담하고, 나머
지는 모금으로 해결하고자 했던 점 등을 들 수 있다. 그리고 독립협회와 만민공
동회의 가장 강력한 지지기반은 시전상인들이었으므로 이들의 헌금이 가장 큰
비중을 차지했을 것으로 생각된다.

다음으로 윤치호는 독립협회·만민공동회 등 민회운동을 실패케 한 민회民會 외적인 요인, 곧 보다 본질적인 요인으로서 다음의 세 가지 점을 지적했다.

첫째로 윤치호는 고종과 수구정권의 반개혁적 성향을 민회 실패의 중요한 요인의 하나로 파악했다. 그는 세계대세와 국가장래를 외면하고 전제권력의 유지에만 급급했던 고종과 수단 방법을 가리지 않고 관직과 사리 추구만을 일삼던 수구정권의 반개혁적 태도 때문에 항상 국정개혁에 비관적인 견해를 가졌다.146) 그리고 그는 고종과 수구정권이 기회만 있으면 개화세력을 타도하고 개혁운동을 억압하려 했기 때문에, 이들에게 탄압의 구실을 주지 않도록 항상 민회 급진파의 과격한 행동을 견제하는 데 노력했다.147) 요컨대 그는 개화세력이 극복할 수 없을 정도로 고종과 수구정권의 반개혁세력이 강대했던 점을 민회의 패인으로 간주했던 것이다.

둘째로 윤치호는 일반 민중의 개화의식의 결여를 민회 실패의 중요한 요인의 하나로 파악했다. 그는 한국은 아직 민도民度가 낮아 '대의국민의회代議國民議會'나 '하의원下議院'의 실시가 불가능하다고 생각했다.148) 뿐만 아니라 그는 일반 민중은 독립협회의 국가와 국민을 위한 투쟁을 정당하게 인식하지도 못한다고 탄식했으며,149)

---

145) 『尹致昊日記』 1898년 11월 6일, 11월 13일, 12월 27일조 ; *The Independent*, December 27, 1898, "Molayo's Reports".

146) 『尹致昊日記』 1897년 2월 8일, 8월 20일, 11월 14일조, 1898년 3월 19일, 11월 3일, 11월 16일조.

147) 『尹致昊日記』 1897년 8월 5일, 12월 13일조, 1898년 3월 8일, 3월 13일, 7월 13일, 11월 4일, 11월 5일, 11월 6일, 11월 13일, 12월 27일조.

148) 『尹致昊日記』 1898년 5월 2일조 ; 『독립신문』 1898년 7월 27일자 「하의원은 급치안타」.

149) 『尹致昊日記』 1898년 11월 6일조.

　　황제가 말했기 때문에 박영효를 반역자로 생각하는 인민은 지금 왕좌에
있는 허수아비보다 더 나은 통치자를 가질 자격이 없다.[150]

라고 하여, 국왕과 마찬가지로 우매한 국민에게도 개혁의 희망을 걸 수
없다고 생각했다. 따라서 그는 교육과 선교에 의한 국민계몽·국민개조
를 강조하는 점진적인 개혁노선을 중요시했다. 요컨대 그는 일반 민중이
개화세력의 근대적 자강개혁운동을 뒷받침할 만큼 충분히 개화국민으로
성장되어 있지 않은 점을 민회 패인으로 간주했던 것이다.

　셋째로 윤치호는 외세外勢와 수구정권과의 야합을 민회 실패의 중요
한 요인의 하나로 파악했다. 그는 문호개방 이래로 외세가 조선의 정국
에 깊은 영향을 끼쳐왔고, 고종과 수구정권의 민회대책도 외세의 향배와
깊은 관련이 있음을 잘 알고 있었다.[151] 또한 그는 한반도에서 이권쟁취
를 노리는 외국세력이 부패한 수구정권과 결탁할 소지가 있음을 간파했
으며,[152] 실제로 러시아와 일본은 수구정권의 민회 탄압에 깊이 개입되
어 있었고, 1898년 12월에는 다른 외국도 정부의 민회에 대한 무력탄압
에 동의하는 추세를 간파하고 있었다.[153] 따라서 그는 항상 독립협회와
만민공동회가 그 활동과정에서 결코 외세를 무모하게 적대시하여 외세
의 동정을 잃지 않도록 지도했던 것이다.[154] 요컨대 그는 민회의 투쟁이

---

150) 『尹致昊日記』 1899년 1월 1일조.
151) 『尹致昊日記』 1898년 3월 28일, 11월 8일조.
152) 『尹致昊日記』 1898년 11월 8일, 11월 11일, 11월 13일조.
153) 『尹致昊日記』 1898년 11월 5일, 11월 7일, 11월 8일, 11월 12일, 11월 15일,
　　12월 27일조. 尹致昊는 1898년 11월 15일조의 일기에, Brown의 정보에 의하여,
　　서울의 6개 외국공관 중 2개 공관은 민중에 동정적이고, 2개 공관은 황제에 협
　　조적이며, 1개 공관은 反獨立協會的이고, 1개 공관은 중립적이라고 기록했다.
　　신용하 교수는 민중에 동정적인 2개 공관은 영국과 미국이었고, 황제에 협조적
　　인 2개 공관은 러시아와 일본이었으며, 반독립협회적인 1개 공관은 프랑스였고,
　　중립적인 1개 공관은 독일이었던 것으로 파악했다(신용하, 「독립협회의 자주민
　　권자강운동」 『독립협회연구』, 517쪽 주 509).

과열되는 상황에서 외세와 수구정권이 상호 이익을 위하여 결탁했던 점
을 민회의 패인으로 간주했던 것이다.

전통체제를 근대체제로 변혁시키는 근본적인 방법은 혁명을 통한 방
법이라 하겠다. 혁명적 방법을 택하지 않는 한, 당시로서는 민중과 더불
어 국왕을 민회의 편에 서게 해야 했다. 그런데 민회 지도자들이 민중의
기반은 어느 정도 확보했으나 국왕을 수중에 넣는 데에 충분한 노력을
기울이지 않았던 점이 민회의 결정적인 패인이었다고 생각된다.

한편 윤치호는 독립협회와 만민공동회 등 민회운동을 지속적인 민족
운동의 한 맥락으로서 긍정적으로 평가했다.[155]

첫째로 윤치호는 독립협회운동을 갑오개혁 등 종래의 개화·개혁 운
동의 맥락을 잇는 개화운동으로 인식했다. 그는 1880년부터 새로운 서
구의 정치·종교·과학 사상이 국내에 유입 전파되었고, 1894년과 1895년
간의 전반적인 국정개혁은 미완성의 개혁이었지만 서구사상을 대폭적으
로 도입시켰다고 평가하고, 이 같은 개화·개혁 운동의 맥락 속에서 독립
협회가 출현하여 활동하고 있다고 보았다.[156]

곧 그는 갑오개혁 등의 연장선상에서 개화·개혁의 추진체로서 독립
협회의 운동에 역사적인 의미를 부여했던 것이다.

둘째로 윤치호는 독립협회운동을 민중과 결합된 민중적 개화운동으
로 인식했다. 그는 초기의 독립협회를 관인들이 모여 한담이나 하는 쓸
모없는 사교 클럽으로 낮게 평가했으나, 독립협회가 1897년 후반기에

154) 鄭喬, 『大韓季年史』 上, 228~230쪽 ; *The Independent*, September 15, 1898,
"Molayo's Reports" ; *The Independent*, November 1, 1898, "An Assembly of All
Castes" ; 『尹致昊日記』 1898년 11월 6일, 11월 13일조.
155) 신용하, 「독립협회의 자주민권자강운동」 『독립협회연구』, 375~377쪽과 「만민
공동회의 자주민권자강운동」 『독립협회연구』, 515~516쪽.
156) *The Independent*, October 18, 1898, "A Forward Movement" & December 29,
1898, "This Popular Movement".

토론회를 도입하여 민중계몽단체로 전환되었고, 1898년 봄에는 정치단
체로 변모하여 결국 '민중기관' 또는 '국민대표기관'으로서 과감하게 국
정개혁운동을 전개했다고 보았다.[157) 그러므로 그는 후기의 독립협회에
대해서는 "대한大韓의 마지막 희망"이라고까지 평가했다.[158)

곧 그는 독립협회가 민중과 유리된 종래의 개화운동과는 달리 민중과
결합된 민중을 배경으로 한 개화운동이었던 점을 높이 평가했던 것이다.

셋째로 윤치호는 독립협회운동을 민권에 바탕을 둔 근대적 민중운동
으로 인식했다. 그는 독립협회가 주도한 민중운동은 민권을 고취하여 정
부의 권력남용을 견제했고, 일반 민중의 지적知的 향상에 공헌했으며, 독
립협회의 가두 대중집회는 민중 특히 젊은 세대에게 지대한 교육적 효과
를 주었다고 믿었다.[159) 따라서 그는 독립협회의 민중운동은 "한국에 있
어 전혀 새로운 경험"이며, 독립협회는 "광무연대光武年代의 민중운동으
로 조선사상朝鮮史上에 남아 있을 것"이라고 평가했다.[160)

곧 그는 독립협회운동을 민권에 기초한 우리나라 최초의 근대적 민중
운동으로 인식하고, 근대개혁에 불가결한 국민계몽에 크게 기여한 점을
높이 평가했던 것이다.

넷째로 윤치호는 독립협회운동을 국민국가관에 입각한 진정한 자주
운동으로 인식했다. 그는, 독립협회가 '국가'라는 관념을 민중에게 고취
하여 "국가의 신발견"을 하도록 했다고 하여, 독립협회가 민중에게 새로
운 국가관 곧 근대적 국민국가관을 고취한 사실을 강조하고, 독립협회는

---

157) 尹致昊, 「獨立協會事件に就いて」 『韓末を語る』, 53쪽 ; 尹致昊, 「獨立協會의
始終」 『新民』 제14호, 58쪽 ; *The Independent*, September 3, 1898, "Mr. Yun's
Address" & November 10, 1898, "Molayo's Accounts of Recent Events in Seoul".
158) 『尹致昊日記』 1898년 11월 5일조.
159) *The Independent,* December 29, 1898, "This Popular Movement".
160) 『尹致昊日記』 1899년 2월 1일조 ; 尹致昊, 「獨立協會의 始終」 『新民』 제14호,
57쪽.

'독립자주'의 네 글자를 외교문서상에서 국민의 머리 위로 옮겨놓은 시초였다고 하여, 독립협회가 우리 역사상 처음으로 국민국가관에 입각한 근대적인 자주독립정신을 국민에게 심어주었다고 자부했다.161) 뿐만 아니라 독립협회는 실제로 외세의 침략적인 간섭을 배제하고 일시적이나마 자주독립의 유지에 공헌한 것으로 믿었다.162)

곧 그는 독립협회운동이 단순히 국가의 자주운동이 아니고 국민국가를 전제로 한 근대적 자주국권운동이었던 점을 높이 평가했던 것이다.

다섯째로 윤치호는 독립협회운동을 국민참정에 의한 민주적 개혁운동으로 인식했다. 그는, 독립협회가 갑오개혁에 역행하는 수구정권을 붕괴시키고 인망 있는 내각(popular cabinet) 곧 개혁내각을 수립케 하는데 성공했으며,163) 나아가 '국민정치'를 요구하여 중추원을 준準국민의회(semi-popular assembly)로 법제화하는 데 성공하여, 우리 역사상 처음으로 제한된 범위에서나마 국민참정의 계기를 마련했다고 평가했다.164) 그리고 이렇게 함으로써 독립협회는 한때 외세에 의뢰하지 않고 자주적인 국정개혁의 계기를 만들었다고 믿었다.165)

곧 그는 독립협회운동이 단순한 개혁운동이 아니고, 개혁내각과 민선의회의 합력에 의한 국민참정을 전제로 한 민주주의적 개혁운동이었던

---

161) 尹致昊, 「獨立協會의 始終」『新民』제14호, 58쪽. 독립협회는 국가를 국민과 동질적으로 파악하는 國民國家觀을 가지고 있었으므로, 여기에서 '국가의 신발견'이란 국민국가에 대한 인식을 의미하며, '獨立自主'의 4자를 국민의 頭上에 옮겨놓았다는 것은 국민국가를 전제로 한 자주독립의식을 국민에게 배태시켰다는 의미로 해석될 수 있을 것이다.

162) 『尹致昊日記』1898년 3월 18일, 3월 19일조.

163) The Independent, October 18, 1898, "A Forward Movement" & December 27, 1898, "Molayo's Reports".

164) 尹致昊, 「獨立協會의 始終」『新民』제14호, 60쪽, The Independent, October 18, 1898, "A Forward Movement" & November 10, 1898, "Molayo's Accounts of Recent Events in Seoul".

165) 『尹致昊日記』1898년 11월 13일조.

점을 높이 평가했던 것이다.

윤치호의 독립협회와 만민공동회 등 민회운동에 대한 이 같은 평가는 당시 민회운동의 최고지도자였던 그의 지도노선과 긴밀한 연관이 있었다. 따라서 우리는 윤치호의 민회운동에 대한 기본적인 지도노선이 무엇이었던가를 살펴보기로 한다.

첫째로 윤치호는 독립협회나 만민공동회 등 민회 내부의 운영에 있어서 지도자의 독단에 의한 지시가 아니고, 회원 간의 토론에 의한 합의를 존중하고,166) 민중운동에 있어서도 지도자가 민중의 감정에 호소해 민중을 선동하는 것이 아니고, 민중에게 주의주장과 행동방향을 계도하여 민중의 여론을 일으켜 이를 수렴하는167) 상향식上向式의 민주주의적 지도노선을 가지고 있었다.

둘째로 윤치호는 극복해야 할 적대집단에 대해서 강력히 맞서 투쟁한 경우도 있었으나,168) 기본적으로는 감정적인 대결로써 상대에게 자극을 주어 적대관계를 심화시킬 우려가 있는 강경노선을 지양하고, 합리적인 대화로써 상대를 설득하여 적대관계를 협력관계로 전환시키려는 온건노선을 지향했다.169) 따라서 그는 관민 간의 갈등관계를 조화관계로 유도하려는 '관민협력'을 강조했던 것이다.170)

---

166) 신용하, 「독립협회의 창간과 조직」『독립협회연구』, 132쪽. 윤치호는 매사를 협의에 의하여 처리했고, 윤치호 지도하의 독립협회는 합의에 의한 민주적 방식으로 운영되었다.

167) 『尹致昊日記』 1898년 2월 13일, 11월 13일조 ; 金永義, 『佐翁尹致昊先生略傳』, 139~140쪽.

168) 『尹致昊日記』 1898년 11월 11일조.

169) 『尹致昊日記』 1898년 2월 13일, 3월 10일, 3월 28일, 11월 13일, 12월 27일조 ; 『독립신문』 1898년 11월 25일자 잡보 「잠시파회」 ; The Independent, November 1, 1898, "An Assembly of All Castes" ; 鄭喬, 『大韓季年史』 上, 228~229쪽.

170) 鄭喬, 『大韓季年史』 上, 279쪽 및 『독립신문』 1898년 11월 3일자 「관민의 직칙」과 1898년 12월 15일자 「민권론」 참조.

셋째로 윤치호는 이상理想의 실현을 위한 변혁의 방법에 있어서는 당위론적 입장에서 궁극적인 목표를 추구하는 급진적 혁명주의 또는 폭력주의가 필요하다고 생각하면서도,[171] 현실적 실현가능성과 미래에 미칠 효과를 고려하여, 상황론적 입장에서 현실적으로 실현 가능한 단계적인 목표를 추구하는 점진적 개량주의 또는 상소와 정부에 대한 건의 및 평화적 시위에 의한 비폭력주의를 기본적인 지도노선으로 삼고 있었다.[172]

이와 같은 윤치호의 지도노선은 때로는 민회의 급진강경파에 의해 반발을 받기도 했고 무시되는 경우도 있었다. 정교 등 급진강경파는 윤치호 등 독립협회 지도부의 점진온건노선에 비판적인 자세를 취하기도 했고,[173] 민회급진파에 의해 주도된 1898년 12월의 민중들의 과격한 투쟁은 윤치호 등 민회 지도부의 통제를 크게 벗어난 것이었다.[174] 그러나 윤치호의 지도력은 대체로 1898년 11월 하순 황제친유皇帝親諭 때까지는

---

171) 『尹致昊日記』 1889년 12월 12일, 12월 14일조, 1893년 12월 19일조, 1894년 2월 21일, 5월 30일조, 1898년 2월 5일조. "The only way to keep the Emperor from deceiving and oppressing the people is to deprive of him the power of doing so. But this can not be even thought of under the present circumstance."(『尹致昊日記』 1898년 11월 16일조 원문)

172) 예컨대 ① 1898년 2월 13일의 독립협회 토론회에서 "황제는 러시아의 노예"라는 등 격앙된 분위기를 내정개혁을 건의하는 상소로 유도한 점, ② 동년 3월 10일의 제1차 만민공동회가 폭력화하지 않도록 통제에 힘쓴 점(이상 『尹致昊日記』 同日條), ③ 동년 10월 28일의 제1차 관민공동회의 개막연설에서, 황제와 전직 관료들을 비난하지 말 것, 민주주의와 공화정치를 주장하지 말 것, 전통적인 사회관습에 저촉되는 제의를 삼갈 것 등을 주장한 점(The Independent, November 1, 1898, "An Assembly of All Castes"), 그리고 1898년 11월 6일과 11월 13일에 독립협회 회원들에게 폭력적 방법을 쓰지 말도록 지시한 점(『尹致昊日記』 同日條)에서 윤치호의 점진적 개량주의와 비폭력주의에 바탕을 둔 지도노선을 엿볼 수 있다.

173) 鄭喬, 『大韓季年史』, 上, 228~229쪽.

174) 『尹致昊日記』 1898년 12월 27일조.

건재했고, 그의 지도노선은 독립협회운동의 기본방향을 이루었다고 할
수 있다.

그리고 독립협회의 주요 회원인 김락집金洛集이 "어떤 사람들은 윤치
호를 '근대의 현인'(mordern sage)으로 생각한다"[175]고 한 말에서, 우리는
윤치호가 당대 최고의 근대적 지성으로 존경받고 있었음을 알 수 있다.
또한 독립협회의 주요 회원인 최경환崔景煥이 민회 지도자 중 고영근의
추종자는 6명 내외, 이상재의 추종자는 10명 내외, 윤치호의 추종자는
40명 이상이라고 추산한 데에서,[176] 우리는 윤치호가 민회 지도자로서
많은 지지를 받고 있었음을 알 수 있다.

당시 『제국신문』의 창간자였고, 독립협회의 막후 실력자였던 이종일
李鍾一[177]이 윤치호에 대하여,

> 윤치호 동지는 박력 있는 인사이다.[178]
> (한성부) 판윤(윤치호)은 신망 있는 인사이며 민권운동의 기수이다.[179]

라고 평가했듯이, 독립협운동기의 윤치호는 점진적 온건노선을 견지했
으나, 결코 소극적이거나 나약한 지도자가 아니었고, "민권운동의 기수"
로서 신망을 받은 박력 있는 지도자였다고 하겠다.

독립협회운동이 일정한 한계가 있음에도 불구하고 진정한 의미에서
한국의 민주주의와 민족주의 그리고 근대화운동에 새로운 이정표를 세
웠다고 한다면, 독립협회의 회장으로서 독립협회운동을 정력적으로 지

---

175) 『尹致昊日記』1898년 11월 4일조.
176) 『尹致昊日記』1899년 1월 23일조.
177) 李炫熙, 1978, 「默庵備忘錄解題」『韓國思想』16, 한국사상연구회, 265~266쪽.
178) 李鍾一, 「默庵備忘錄」, 1898년 6월 11일조(『韓國思想』16, 296쪽). "尹致昊同志 迫力人士也."
179) 李鍾一, 「默庵備忘錄」, 1898년 12월 28일조(『韓國思想』16, 327쪽). "判尹 信望之人士 又民權運動之旗手也."

도한 윤치호는 독립협회의 창립자인 서재필과 더불어 한국의 민주주의·
민족주의·근대화운동의 최초의 추진자였다고 하겠다.

제4장 한말 애국계몽운동기

1. 보수반동시대의 지방관 윤치호

독립협회의 자주·민권 운동과 참정·개혁 운동으로 한동안 위축되었던 수구세력과 외국세력의 야합으로 독립협회가 강제 해체된 뒤, 민중운동이 일체 중단된 가운데, 아무런 견제 없이 수구정권의 압제체제는 강화되고 열강의 권리침탈은 격화되어 보수반동의 시대가 도래했다.

1899년 8월에 반포된 대한국국제大韓國國制는 국가의 기본법 곧 헌법이라 할 수 있는 것으로, 제1조를 제외하고는 황제의 전제 대권만을 규정하고 있는 보수반동체제의 상징적 존재였다. 대한국 국제를 요약하면 다음과 같다.[1]

제1조 대한국은 세계 만국에 공인된 자주독립한 제국이니라.
제2조 대한제국의 정치는 만세 불변할 전제정치이니라.
제3조 대한국 황제께서는 무한한 군권君權을 향유하시느니라.
제5조 대한국 황제께서는 육·해군을 통솔하시고 계엄·해엄을 명하시느니라.
제6조 대한국 황제께서는 법률을 제정 또는 개정하시고 사면·복권을 명하시
    느니라.

---

1) 『官報』 광무 3년 8월 22일조 ; 이광린, 1981, 『한국사강좌』 Ⅴ, 일조각, 441~443
    쪽 ; 신용하, 1976, 「만민공동회의 자주민권자강운동」 『독립협회연구』, 일조각,
    515쪽 ; 『尹致昊日記』 1899년 1월 23일, 2월 10일조 ; "T.H. Yun's Letter to Dr.
    Young J. Allen." June 16, 1904.

　　제7조 대한국 황제께서는 행정 각부의 관제를 제정 또는 개정하시고 행정상
　　필요한 칙령을 발하시느니라.
　　제9조 대한국 황제께서는 선전·강화 및 제반 조약을 체결하시느니라.

　1898년 12월 25일 독립협회와 만민공동회가 해체된 뒤에도, 일부 급
진적인 민중운동자들은 민중집회의 재개를 모색했으나 윤치호는 이에
반대 입장을 취했다. 그 이유는 ① 민중집회에 필요한 자금이 전혀 없
고, 박영효의 천거로 민중의 호응을 기대할 수 없어 집회의 재개가 불가
능하다는 것, ② 민중집회가 열리면 정부는 징세 부진의 책임을 민회에
돌릴 것이고, 봉급을 받지 못한 군인들은 민회에 보복적인 공격을 가해
오리라는 것, ③ 지금 현재의 민중 데모로 이득을 볼 수 있는 측은 오직
일본인과 러시아인뿐이라는 것, ④ 대궐에 들어가 악당들을 소탕할 수
없는 한 가두집회는 당면문제의 근본적 해결책이 되지 못한다는 것 등이
었다.[2]

　그러므로 일본공사 가토 마스오加藤增雄가 주선한 수구대신 민영기閔
永綺와 만민공동회 회장 고영근 그리고 독립협회 회장 윤치호의 4자회합
에서, 고영근은 정부와 민회지도자 간의 화해를 거부했으나, 윤치호와
민영기는 양자 간의 화해를 지지했다.[3] 그는 일정 기간 동안 민회와 정
부 간에 냉각기를 가질 필요가 있다고 믿었던 것이다. 당시에 민권운동
세력과 수구정권과의 화해 모색은 현실적으로는 성사가 불가능한 것이
었고, 역사적으로는 민권운동의 후퇴를 의미하는 것이었다.

　한편 정부 일각에서도 한규설·민영환 등이 정부와 민중지도자의 화
해를 모색하기도 했다.[4] 그러나 대세를 잡은 수구세력은 민회지도자들
을 역률逆律로 다스려야 한다는 상소가 빗발치는 가운데, 강경책을 써서

---

　2)『尹致昊日記』1898년 12월 27일조, 1899년 1월 9일조.
　3)『尹致昊日記』1898년 12월 27일조.
　4)『尹致昊日記』1899년 1월 1일조.

민중운동자들에 대한 대대적인 탄압을 가하여, 다수의 민중운동자들이
체포 투옥되고 일부는 외국인 집에 은신하게 되었다.5)

　윤치호도 외국인 집에 은신하고 있던 중, 1899년 1월 7일자로 덕원감
리德源監理 겸 덕원부윤德源府尹에 임명되었다.6) 민중지도자들에 대한 대
옥사大獄事가 준비되는 과정에서, 민중운동의 최고지도자였던 윤치호에
대한 이 같은 조처는 당시 법부대신으로 있던 부친 윤웅렬의 노력과, 윤
치호에 대한 고종의 친애감, 그리고 평소 대인관계가 원만했던 윤치호와
일부 수구인사들과의 친분관계가 크게 작용했던 것으로 보인다.7)

　윤치호는 한때 해외망명을 생각하기도 했으나, 민회지도자와 친분이
있는 수구인사들 그리고 미국·일본·러시아 공사 등의 자문을 받아,
1899년 2월 2일 덕원 감리직을 수락하기로 결심했다.8) 그가 덕원감리로
서울을 떠나기로 결심한 내면적인 동기는 ① 당시 보수반동체제가 강화
되어 장차 민회활동에 의한 개혁은 여망이 없다고 판단했던 점, ② 자신
의 행동으로 가족들의 생명을 위태롭게 하지 말라는 부친의 간곡한 권고
를 거역하기 어려웠던 점, ③ 해외망명은 여의치 않고 신변의 위험이 가
중되어 서울에 머물기가 어려웠던 점 등을 들 수 있겠다.9)

---

5) 『尹致昊日記』 1899년 1월 9일, 1월 21일, 1월 23일, 1월 25일, 1월 30일조. 民會
　와 민회지도자에 대한 규탄 상소는 1970, 『高宗時代史』 四, 국사편찬위원회,
　748~753쪽 참조.
6) 『高宗實錄』, 光武 2년 1월 7일조.
7) 金永義, 1934, 『佐翁尹致昊先生略傳』, 基督敎朝鮮監理會總理院, 127~128쪽 ;
　『尹致昊日記』 1899년 1월 5일조. 윤치호에 대한 감리직의 임명은 부친 윤웅렬의
　요청에 의하여 金永準과 閔泳綺가 주선하여 이루어진 것이다.
8) 『尹致昊日記』 1898년 1월 7일, 1월 16일, 1월 21일, 1월 22일, 1월 24일, 1월
　25일, 2월 2일조 ; "T.H. Yun's Letter to Dr. Young J. Allen." August 5, 1899.
9) ①에 대해서는 『尹致昊日記』 1899년 1월 9일, 1월 21일, 1월 23일, 2월 10일조
　참조. ②에 대해서는 『尹致昊日記』 1899년 1월 7일, 1월 16일조 및 "T.H. Yun's
　Letter to Dr. Young J. Allen." March 28, 1902 & June 17, 1902 참조. ③에 대해
　서는 『尹致昊日記』 1899년 1월 21일, 1월 23일, 1월 24일조 및 "T.H. Yun's

정부의 윤치호에 대한 감리직 임명은 일종의 회유적인 추방이었으며, 윤치호의 감리직 수락은 자신과 가족의 안전을 위한 일종의 자구책이었던 것이다.[10) 반정부 민권운동의 최고지도자인 윤치호가 그것도 민중지도자들이 대거 체포 구금되는 상황에서, 극복의 대상인 수구반동정권 하의 지방관직을 수락한 사실은 그의 타협적인 성향을 잘 드러낸 것이다.

윤치호는 1899년 3월 7일 원산에 도착하여, 덕원감리德源監理 겸 덕원부윤府尹으로 활동했으며, 1900년 6월에는 삼화감리三和監理 겸 삼화부윤에 전보되고, 1901년 7월에는 다시 덕원감리 겸 덕원부윤에 복귀했다. 그는 1903년 7월에 천안군수天安郡守로 전보되고, 1904년 2월에는 무안감리務安監理로 발령받았다가 부임 전 동년 3월에 외부협관에 임명되었다.[11) 곧 그는 독립협회가 해산된 이후부터 러일전쟁이 일어났을 때까지 약 5년 동안 지방관직을 전전했던 것이다.

윤치호는 지방관으로서 다음과 같은 볼 만한 치적을 남겼다.

첫째로 감리서監理署에 기생하여 음모를 일삼는 불필요한 이속吏屬들과, 감리서의 출입을 빙자하여 농민들을 기만하는 협잡배들을 일소하여 관기를 바로잡았다.[12)

둘째로, 민사·형사 재판에 있어 뇌물과 청탁을 배격하고 판결에 공정을 기하여 형정刑政을 쇄신했다.[13)

셋째로, 정부고관들의 무명잡세 징수와 관내 관리들의 민중에 대한 수탈을 막고, 내외국인을 막론하고 법이 정한 징세를 준수토록 하여 공

Letter to Dr. Young J. Allen." March 28, 1902 참조.

10) 金永羲, 『佐翁尹致昊先生略傳』, 128쪽 ; "T.H. Yun's Letter to Dr. Young J. Allen." August 5, 1899 & March 28, 1902 & June 17, 1902.

11) 『尹致昊日記』 1899년 3월 5일조, 1900년 12월 18일조 ; 『高宗實錄』, 光武 5년 7월 24일조, 光武 8년 2월 15일조, 光武 8년 3월 12일조.

12) 金永羲, 『佐翁尹致昊先生略傳』, 139~140쪽.

13) 위의 책, 133~140쪽.

정한 세정을 확립했다.[14]

넷째로, 중대한 문제가 있을 때마다 시장에 천막을 치고 민중을 모아 연설을 하여, 민중의 여론을 일으키고 민의를 수렴하는 등 민중의 의사를 반영하는 행정을 폈다.[15]

다섯째로, 학교의 설립을 적극 후원하고, 직접 야학과 서당에 나가 청년들에게 개화지식을 보급하는 등 근대교육을 장려했다.[16]

지방관으로서 윤치호의 시정방침의 기본은 민중에 대한 압제와 수탈을 억제하고 민중생활의 향상을 기하는 데 있었던 것이다. 이와 같은 위민행정爲民行政을 실시하는 데에는 많은 장애요인과의 투쟁이 수반되었는데, 그 중 몇 가지의 사례를 들면 다음과 같다.

사례 1 : 서양 선교사와 불량 신도들의 횡포 근절

당시 외국인들은 국내에서 치외법권을 누렸다. 지방의 선교사들은 양대인洋大人으로 위세를 부리며 주민의 재판에까지 관여하는 일이 있었다. 양반·관리들의 탐학을 피하여 입교한 신도들 가운데 불량 신도들은 선교사의 위세를 빌어 양민들을 괴롭히기도 했다. 윤치호가 덕원감리에 부임한 초에 나신부羅神父(Thomas Bouladoux)라는 프랑스인 선교사는 관찰사 이상으로 위세를 부리며, 불량 신도들을 비호하고 주민들을 호출하여 심문 감금하는 등 불법행위를 자행했다. 윤치호는 나신부의 행적을 프랑스 공사관에 통지 항의하여 나 신부를 서울로 송환케 하고 불량신도들의 횡포를 근절시켰다.[17]

---

14) 위의 책, 132~133쪽.
15) 위의 책, 133~134쪽.
16) 위의 책, 135쪽.
17) 위의 책, 129~132쪽 ;『尹致昊日記』1898년 1월 15일조, 1902년 10월 1일조 ; 尹致昊, 「風雨二十年 - 韓末政客의 回顧談」『東亞日報』1930년 1월 14일자.

사례 2 : 부상대負商隊의 횡포 엄단

당시에 왕실과 정부고관들의 비호 아래 강력한 조직을 가진 부상대의 행패는 전국 도처에서 자심했으나 지방관에게는 이를 금지할 권한이 없었다. 그러나 덕원감리로서 윤치호는 부상들에 의한 첩장帖狀의 강매와 불법세금의 징수 및 인신에 대한 사형私刑 등 위법행위를 철저히 단속하여 원산에서 부상대의 횡포를 근절시켰다.[18]

사례 3 : 만인계萬人契의 금지

윤치호가 삼화감리로 있을 때 안악安岳·신천信川·용강龍岡·삼화 일대에는 만인계가 성행했으며, 이와 관련하여 노름·강도·살인·패가敗家 등의 피해가 속출했다. 지방관들은 표면적으로는 이를 금지했으나 내면적으로는 뇌물을 받고 이를 묵인하는 상태였다. 윤치호는 비도덕적이고 민폐가 심한 만인계를 관할구역 내에서 엄금하여 박멸하고, 이웃 지역에서 만인계로 치부한 자가 들어오면 그 돈을 몰수하여 여러 서당에 장학금으로 배분해 주기도 했다.[19]

사례 4 : 외국 광산업자와 불량 광부들의 횡포 근절

윤치호가 천안군수에 부임하기 전에 직산금광의 광부들은 외국인 광산업자의 위세를 빌어 주민들에게 행패를 부리고, 이를 처벌하려던 군수를 타살하기까지 했다. 윤치호는 부임 초에 광부들이 농민들을 집단 구타한 사건이 발생하자, 가해 광부들을 체포 감금하고, 군청을 포위하며 위협하는 광부들을 다시 체포했다. 그는 광부들의 석방을 요구하는 일본인 감독까지 체포하고, 최후로 오만한 태도로 나타난 미국인 광산주를 준절하게 질책하여 군수의 조처에 승복케 함으로써 광부들의 횡포를 근

---

18) 『尹致昊日記』 1890년 12월 14일조 "Fight with Peddlers".

19) 『尹致昊日記』 1900년 12월 18일조 ; 金永義, 『佐翁尹致昊先生略傳』, 140쪽.

절시켰다.20)

이와 같이 윤치호는 때로는 신변의 위험을 무릅쓰고 항상 민중의 편에 서서, 외국인과 정부고관의 불법행동을 견제하고, 이들의 비호 아래 날뛰는 불량배와 부상대 등의 횡포를 근절하여 민중을 보호하고 민중생활의 향상을 위해 진력했다. 따라서 윤치호는 관내 민중으로부터는 '경골감리硬骨監理' '애민愛民의 군수'로 존경을 받았다.21)

그러나 그의 견제로 민중을 수탈할 수 없게 된 정부고관들은 그를 질시하고 증오했다. 정부고관들의 윤치호에 대한 증오는 한때 그를 덕원감리에서 봉고파직封庫罷職을 시키기까지 했다. 안핵사按覈使가 정부에 올린 봉고파직의 이유는 "애민태과심어학민태과愛民太過甚於虐民太過"였다. 곧 "백성을 너무 사랑하는 것은 백성을 너무 학대하는 것보다 더 나쁘다"는 것이었다.22)

『좌옹佐翁 윤치호선생 약전』의 집필자가

좌옹 선생은 데모끄레씨를 쓰며 민중의 여론을 따라 한 조그마한 평화의 시市를 만들려고 하였었다.23)

라고 기술했듯이, 윤치호는 중앙정계에서 좌절된 민중을 위한 개혁정치의 이상을 제한된 지방에서나마 실현시키고자 진력했던 것이다.

---

20) 金永義, 위의 책, 155~157쪽.

21) 위의 책, 132·144~146쪽 ; "T.H. Yun's Letter to Dr. Young J. Allen," March, 28, 1902.

22) 『尹致昊日記』1900년 12월 14일조 "The Royal Inspector vs. Myself" ; 金永義, 『佐翁尹致昊先生略傳』, 135~137쪽.

23) 金永義, 위의 책, 133쪽.

2. 러일전쟁·을사조약에 대한 윤치호의 태도

청일전쟁과 삼국간섭 이후에 열강의 동아시아 침탈을 위한 각축은 첨예화되어 갔다. 특히 1898년부터 열강의 청국분할경쟁은 본격화되었다.

독일은 1898년 3월에 산동반도의 교주만을, 영국은 동년 6월과 7월에 구룡반도와 위해위威海衛를, 그리고 프랑스는 1899년 11월에 광주만을 각각 조차했다. 미국은 1898년 스페인과의 미서전쟁美西戰爭을 통하여 필리핀을 점령하고, 열강에 대하여 청국에서의 문호개방을 선언했다.[24] 러시아는 1896년에 동청철도東淸鐵道 부설권을 획득하고, 1898년 3월에는 여순과 대련을 조차하여 만주를 그 세력권에 넣었으며,[25] 1896년 2월의 아관파천을 계기로 일본을 대신하여 한반도에 강력한 영향력을 행사하게 되었다.[26]

삼국간섭과 아관파천을 계기로 만주와 조선에서 세력을 상실한 일본은 1896년에 러시아와 협상을 벌여, 웨베르·고무라小村壽太郎 각서(1896. 5.14)와 로바노프·야마가타山縣有朋 의정서(1896.6.9)를 체결하여 한반도에서 러시아와 동등한 권리를 인정받게 되었으며,[27] 1898년에는 러시아가 만주집중정책으로 동아시아정책을 전환함에 따라, 로젠·니시西德二郎 협상(1898.4.25)을 통하여 일본이 한반도에서 경제적 우위권을 인정받게 되어 러일 양국 간에 이른바 만滿·한韓 교환정책이 이루어졌다.[28]

20세기에 들어서서, 러시아가 1900년에 청국의 의화단사건義和團事件

---

24) 이광린, 1981, 『한국사강좌』Ⅴ(근대편), 일조각, 457~158쪽.
25) 위의 책, 457쪽.
26) 崔文衡, 1979, 『列强의 東아시아政策』, 일조각, 17쪽.
27) 위의 책, 18~21쪽 ; 이광린, 『한국사강좌』Ⅴ, 387~390쪽.
28) 이광린, 위의 책, 391~192, 403~404쪽 ; 최문형, 『열강의 동아시아정책』, 일조각, 32~37쪽.

을 계기로 만주를 점령하고 그 지배권을 확립하게 되자, 일본은 1902년
에 영국과 영일동맹을 맺어 러시아의 남하정책에 대응했다. 한편 일본은
1903년에는 러시아와 협상을 통하여 만주와 한반도에서 러·일 양국의
이익범위를 확정코자 했으나, 협상이 끝내 결렬됨에 따라 1904년 2월에
러일전쟁을 도발했던 것이다.[29]

국내외 정세에 깊은 관심과 통찰력을 가지고 있던 윤치호는 당시 세
계 도처에서 침략을 일삼고 있던 백인의 오만과 불공평, 부정의를 비판
하고,[30] 백인제국(the white powers)을 지구상의 약탈자(the earth grabber)로 규
정했다.[31]

그리고 윤치호는 "특히 한국사회에서 그리고 일반적으로는 세계에서
부정不正이 승리해오고 승리하고 있는 현상"을 통탄해 하고,[32]

> 세상이 약육강식弱肉强食의 냉엄한 법칙으로 창조되었다면 절대자는 약자
> 의 권익을 고려했는지 의심스럽다.[33]

라고 하여, 사회진화론적인 현실에서 신神의 정의正義에 깊은 회의감을
품기도 했다. 결국 그는 "정의는 약자의 꿈이며 압제는 강자의 관행이
다."[34]라고 했듯이, 당시 국내적 국제적 현실을 정의가 존재하지 않는
약육강식·침략경쟁의 시대로 판단하고, 러일전쟁도 이러한 약육강식·침
략경쟁의 시대적 소산으로 인식했다.

윤치호는 일찍이 러·일 양국을 동양의 2대 문명국으로 인식하고, 특

---

29) 동덕모, 1976, 「한국과 20세기 초의 국제정세」 『한국사』 19, 국사편찬위원회,
   15~25쪽 ; 이광린, 『한국사강좌』V, 462~465쪽.
30) 『尹致昊日記』 1902년 5월 7일조.
31) 『尹致昊日記』 1903년 1월 3일조.
32) 『尹致昊日記』 1900년 12월 25일조.
33) 『尹致昊日記』 1903년 1월 3일조.
34) 『尹致昊日記』 1905년 10월 25일조.

히 일본을 조선의 개화·개혁의 모델 국가로 간주하여,[35] 예상되는 청국의 전근대적인 지배와 절망적인 현상유지에 대한 대안으로 러시아나 일본의 영향 하에서 조선의 개화·개혁을 기대하기도 했다.[36] 그러나 갑오개혁과 아관파천을 통해 일본과 러시아의 간섭을 경험한 이후로는 러·일 양국을 비롯한 외세의 간섭에 대하여 기본적으로 비판적인 입장을 견지했다.[37]

독립협회 해산 이후의 윤치호는, 러시아와 일본이 자국의 이권획득을 위해 수구정권의 독립협회 해산을 후원했으며, 나아가 황제나 정부의 부정과 부패를 조장하고 있음을 간파하고,[38] 러·일 양국을 한국의 개화·개혁에 대한 방해세력 또는 이권침탈국으로 인식했다. 그는 국가적인 차원에서 러시아와 일본을 대외적인 적대집단으로 간주했던 것이다.

그런데 윤치호가 지방관 재직 시에 러시아인들로부터 노예처럼 학대받는 노령露領에 있는 한국인들의 참상과 한국에 있어서 일본인들의 비열함과 부정의를 비교하여,

가장 비열한 일본인도 보드카를 마시는 정교도正敎徒 러시아인에 비하면 신사요 학자일 것이다.[39]

라고 표현했듯이, 그는 러·일 양국인들의 한국인에 대한 태도와 관련해서는 일본인보다 러시아인에게 더욱 강한 증오감을 나타냈다.

윤치호의 러시아인에 대한 강한 증오감은 그의 인종적 편견과도 깊은

---

35) "T.H. Yun's Letter to Anonymous Person," June 5, 1885 ;『尹致昊日記』1884년 7월 22일조, 1894년 11월 27일조.

36)『尹致昊日記』1890년 5월 18일조, 1894년 9월 28일조.

37)『尹致昊日記』1897년 9월 22일조, 1898년 11월 5일조.

38)『尹致昊日記』1898년 11월 5일, 11월 12일, 12월 27일조 ; "T.H. Yun's Letter to Dr. Young J. Allen." March 28, 1902 & June 16, 1904.

39)『尹致昊日記』1902년 5월 7일조.

관련이 있었다. 그는 미국에서 백인으로부터의 인종차별을 체험했고, 당시 세계 도처에서 자행되고 있던 백인국가들의 침탈과 횡포에 강한 증오감을 갖고 있었던 것이다.[40) 따라서 그는,

> 일본인과 한국인 사이에는 인종·종교·문자의 동일성에 기초한 감정과 이해의 공통성이 있다. 일본·청국·한국은 극동을 황인종의 영원한 보금자리로 지키고, 그 보금자리를 자연의 뜻대로 아름답고 행복하게 만들기 위하여 공동의 목표와 공동의 정책과 공동의 이상을 가져야 한다.[41)

라고 하여, '황인종단합론' 또는 일종의 '극동삼국제휴론'을 주장했다. 이와 같은 윤치호의 '극동삼국제휴론'은 일본인들이 대륙침략을 위장 또는 합리화하기 위하여 내세운 '아시아주의' 또는 '동양평화론'과 일맥상통할 수 있는 논리이다. 아시아주의의 선구적 주창자인 다루이 도키치樽井藤吉의 '대동합방론'이 러일전쟁을 전후한 시기에 한국을 병합하기 위한 사상적 도구로 사용된 것은 널리 알려진 사실이다.[42)

윤치호는 인종적인 차원에서 백인국가인 러시아보다는 황인국가인 일본에 대하여 동류감 또는 친밀감을 가지고 있었던 것이다. 이와 같은 윤치호의 러시아와 일본에 대한 국가적 인종적 감정은 러일전쟁에 대한 그의 태도에서도 뚜렷이 나타났다. 윤치호는 1905년 5월에 일본이 러시아의 발틱함대를 격파했다는 소식에 접하여, 그의 일기에,

> 한국인으로서 나는 일본의 잇따른 승리에 대하여 좋아할 특별한 이유가 없다. 모든 승리는 한국 독립의 관榴에 못질이다. … 그러나 황인종으로서 한국은 - 더 정확히 말해서 나는 - 일본의 영광스런 승리를 자랑스럽게 여긴

---

40) 『尹致昊日記』 1902년 5월 7일조 ; 1903년 1월 3일조.

41) 『尹致昊日記』 1902년 5월 7일조.

42) 韓相一, 1979, 「大陸浪人과 아시아連帶主義」 『日本硏究論叢』, 創刊號, 現代日本硏究會, 176~182쪽 .

다. 일본은 황인종의 명예를 옹호했다.[43]

라고 했다. 그리고 그는 러일전쟁에서 일본의 최종적인 승리가 결정된 1905년 9월의 일기에는,

> 나는 일본이 러시아를 패배시킨 것이 기쁘다. 그 도국인島國人들은 황인종의 명예를 영광스럽게 옹호했다. 백인은 오랫동안 대세를 잡아 수세기 동안 동양인종을 솥 안에 가두었다. 일본이 단독으로 이 마력을 깬 것은 그 착상 자체가 당당한 것이다. … 나는 황인종의 일원으로서 일본을 사랑하고 존경한다. 그러나 한국인으로서는 한국의 모든 것 독립까지도 앗아가고 있는 일본을 증오한다.[44]

라고 기록했다. 여기서 우리는 윤치호가 러일전쟁을 러·일 양국의 한국에 대한 지배권쟁탈전으로 인식했음과 동시에 백인국가와 황인국가 간의 인종전쟁으로 인식했음을 알 수 있으며, 국가적 차원에서는 한국의 독립을 탈취해가는 일본을 증오하면서도 인종적 차원에서는 황인종의 명예를 옹호한 일본을 존경하는 대일감정의 이중구조를 엿볼 수 있다.

윤치호의 러일전쟁에 대한 이원적 시각은 전쟁의 결과로 예상되는 국가의 독립상실을 황인종의 명예회복으로 상쇄하려는 일종의 보상심리補償心理의 발로라고도 볼 수 있을 것이다. 이와 같은 보상심리는 국권을 상실한 상황에서는 일본인들이 주장하는, 일본을 '동양의 맹주'로 하는 '동양인의 영광'에 영합할 소지를 내포하고 있는 것이다.[45]

그러나 러일전쟁의 개전과 동시에 일본이 서울을 장악하고 한반도에 대한 지배권을 강화해감에 따라,[46] 러일전쟁 중 윤치호의 침략세력에

---

43) 『尹致昊日記』 1905년 6월 2일조.
44) 『尹致昊日記』 1905년 9월 7일조.
45) 韓相一, 「大陸浪人과 아시아連帶主義」, 앞의 책, 186~187쪽.
46) 이광린, 『한국사강좌』 V, 465~466쪽.

대한 비판은 일본에 집중되었다. 윤치호는 "일본의 정책은 한국을 일본
에 의존시키기 위하여 타국으로부터 독립시키는 것"이며, "일본의 충고
는 한국의 복리를 위한 것이 아니고 일본인만의 이익을 증진하기 위한
것"이라 하여 일본의 편협한 이기주의를 비판했다.47) 또한 그는 일본인
은 한국인을 백인이 인디언이나 흑인을 취급하듯 하며, "일본인은 한국
의 복리를 위해 싸우고 있다고 공언하면서 한국인을 노예화하려는 그들
의 잘 알려진 의도와 정책을 숨기려 하지도 않는다."고 하여 일본의 노
골적이고 배신적인 침략행위를 비판했다.48)

또한 그는 일본이 한편으로는 일진회의 반정부운동을 지원하고 다른
한편으로는 황제에게 일진회의 탄압을 대가로 황무지 개척권을 요구하
며,49) 한편으로는 압제정치를 조장하고 다른 한편으로는 민중선동을 지
원하여 한국사회를 혼란케 함으로써 그들의 침략목적에 이용하려는 야
비하고 교활한 침략정책을 근시안적 정책이라고 비판했다.50) 그리고 윤
치호는 구미歐美 스승으로부터 배운 일본의 궁극적인 목표는 한국에 대
한 경제적 수탈에 그치지 않고 결국은 한국을 병합하는 데 있으며, 러일
전쟁 과정에서 일본은 실질적으로 한국에 대한 지배권을 확립했음을 간
파하고 있었다.51)

요컨대 윤치호는 일본이 한국에 있어 좋은 정부 대신에 나쁜 정부를

---

47) 『尹致昊日記』 1904년 4월 26일조.
48) 『尹致昊日記』 1904년 5월 27일조.
49) 『尹致昊日記』 1904년 9월 24일, 9월 27일, 9월 30일, 12월 27일조 ; "T.H. Yun's
    Letter to Dr. Young J. Allen." August 5, 1904에서, 윤치호는 황무지 개척권의
    요구는 실질적으로 한국 자원의 3분의 2를 일본인의 수중에 넣으려는 것이라고
    비난했다.
50) 『尹致昊日記』 1904년 12월 25일조, 1905년 1월 12일조 ; "T.H. Yun's Letter to
    Dr. Young J. Allen." June 16, 1904 & August 5, 1904.
51) 『尹致昊日記』 1904년 12월 27일조, 1905년 1월 12일, 6월 2일, 10월 16일, 11월
    2일조.

원하고, 한국의 개혁 대신에 부패를 조장하며, 한국의 독립 대신에 병합
을 추진하고 있음을 간파하고 이를 신랄하게 비판했던 것이다.

그러나 윤치호는 침략국인 일본에 대한 비판과 동시에 피해국인 한국
자체에 대해서도 가차 없이 비판을 가했다. 그가 러일전쟁 중에 그의 스
승인 알렌교수에게 쓴 서신을 보면,

> 전쟁이 일어났습니다. 한국에는 구원이 없습니다. 어느 쪽이 이기든 한국
> 은 모든 당사국 중 가장 큰 피해국이 될 것입니다. 더욱 나쁜 것은 한국이
> 그 정부의 무능·부패·압제를 통하여 현 사태를 초래했다는 점입니다. 견제
> 받지 않은 전제정치專制政治가 나라를 파멸시켰습니다. 러·일 양국은 그들의
> 목적을 채우기 위하여 차례로 이 부패를 조장했습니다.[52]

라고 하여, 러일전쟁으로 가장 큰 피해국이 될 한국의 처지는 그 책임이
외세의 침탈에만 있는 것이 아니고, 한국정부의 무능·부패·압제에 있다
고 비판했다.

윤치호는 황제와 정부관리들이 애국심과 개혁 의지가 전혀 없이 오직
사리와 관직만을 추구하여 민중에 대한 압제와 수탈만을 일삼고 있음을
비판하고,[53] "황제의 정책은 한국민중을 수탈하고 타국인들에게 수탈당
하는 것"이며, "한국대신들의 정책은 한국민을 억압하기 위하여 누구에
겐가 의지하는 것"이라고 비판했던 것이다.[54] 따라서 그는,

> 절도들에 의한, 절도들을 위한, 절도들의 그런 가혹한 정부는 하늘 아래
> 어느 국가라도 멸망시킬 수 있을 것이다.[55]

---

52) "T.H. Yun's Letter to Dr. Young J. Allen." June 16, 1904.
53) 『尹致昊日記』 1894년 1월 1일, 4월 9일, 8월 25일, 9월 18일, 9월 28일, 10월
    8일조, 1898년 3월 28일조, 1902년 12월 31일조, 1904년 4월 26일, 5월 1일, 8월
    6일, 10월 20일조.
54) 『尹致昊日記』 1904년 4월 26일조.
55) 『尹致昊日記』 1899년 3월 7일조.

라고 하여, 당시의 정부를 이기적인 '절도들의 정부'(government of thieves)
로 규정하고 조선왕조 멸망의 당위성을 주장했다.56)

당시 윤치호가 한국에서 황제와 대신들과 지방관들이 그리고 한국인
들과 일본인들이 다투어 약탈행위를 일삼고 있던 현실을 "한국은 그 위
에서 여러 국적의 독수리들이 잔치를 베풀기에 바쁜 썩은 시체이다."57)
라고 표현했듯이, 당시의 한국 민중은 정부의 부패·무능과 일본인의 부
패·무능의 조장에 의한 이중적 무정부(dual anarchy) 상태와, 그리고 한국인
과 일본인에 의한 이중적 압제(double tyranny) 상태의 견딜 수 없는 질곡
속에 있다고 분석했다.58)

따라서 윤치호는,

> 나는 황제에게서도 또는 비굴하고 부패한 대신들에게서도 또는 완전히 죽
> 은 대중에게서도 한국의 장래에 대한 희망을 발견할 수 없다.59)

라고 하여, 한국의 장래를 비관적으로 전망했다. 그는 결국 일본이 한국
을 전면적으로 지배하게 될 것을 예견했고, 한국의 당시 세대로부터는
독립과 선정善政을 기대할 수 없다고 믿었던 것이다.60)

이와 같은 민족의 현실과 미래에 대한 비관적 인식은 일종의 민족패
배의식을 낳고, 민족패배의식은 일제가 강력한 힘으로 침략해 왔을 때,
결국 일제통치를 긍정하고 이에 협력하는 결과를 가져왔을 것이다.

러일전쟁에서 승세를 굳힌 일본은 1905년 7월의 태프트·가쓰라桂太郎

---

56)『尹致昊日記』1904년 7월 3일조에 보면, 이상재도 조선왕조 멸망의 당위성을 주
  장하고 있다.
57)『尹致昊日記』1905년 7월 4일조.
58)『尹致昊日記』1905년 10월 14일, 10월 25일, 10월 21일조.
59)『尹致昊日記』1904년 5월 6일조.
60)『尹致昊日記』1905년 11월 2일조.

각서와 8월의 제2차 영일동맹英日同盟을 통하여 미국과 영국으로부터 한국에 대한 지배권을 인정받고,[61] 9월의 러일강화조약을 통하여 러시아로부터도 한국에 있어서 정치적 군사적 특수이권과 한국에 대한 지도·보호·감리의 권리를 인정받았다.[62] 이어서 일본은 같은 해 11월에 한국과 강제로 '을사보호조약'을 체결하기에 이르렀다.

윤치호는 을사조약乙巳條約의 체결이 임박했을 때,

> 누구든지 조약에 서명하는 자는 일본의 쓸데없는 약속에 나라를 팔게 될 뿐이다.[63]

라고 하여, 을사조약의 체결을 매국행위로 간주했다. 그리고 을사조약이 체결되었을 때 "한국의 독립은 오늘 오전 1시 또는 2시경에 조용히 사라졌다."[64]고 하여, 을사조약의 체결을 독립의 상실로 인식했다. 그러나 윤치호는

> 그 조약은 … 지난 수년 동안에 일어났던 일련의 사건들의 불가피한 결과였다. 나는 한국의 모든 고난을 만든 운명의 여신(the Author and Finisher) 외에 아무도 비난하지 않는다.[65]

라고 하여, 을사조약을 돌발적인 사건으로가 아니고 과거 사건들의 결과로 또는 불가항력적인 현실로 받아들였다. 그리고 윤치호가 을사조약이

---

61) 동덕모, 「한국과 20세기 초의 국제정세」『한국사』19, 33~36쪽 ; 이광린, 『한국사강좌』 V, 468쪽.
62) 동덕모, 위의 논문, 40~42쪽 ; 이광린, 위의 책, 469~470쪽 ; 『尹致昊日記』 1905년 10월 16일조.
63) 『尹致昊日記』 1905년 11월 17일조.
64) 『尹致昊日記』 1905년 11월 18일조. 윤치호는 외부대신 박제순이 보호조약에 서명한 것에 놀랐고, 참정대신 한규설이 끝까지 반대한 것에 찬사를 보냈다.
65) 위와 같음.

체결되기 한 달 전에,

> 일본의 괴로운 노예제 하에서 한국인들은 동족 지배자에 의한 폭정이 이
> 민족 지배자에 의한 폭정의 디딤돌이 되었음을 알게 될 것이다.[66]

라고 예견했듯이, 그는 을사조약 체결 이후의 일본의 지배는 한국인을
노예상태로 몰아넣는 폭정이 될 것으로 전망했다.

요컨대 윤치호는 독립의 상실과 일본의 폭정을 수반하게 될 을사조약
을 열강의 침탈경쟁인 러일전쟁의 불가피한 귀결로 보고, 개혁과 개선을
외면해온 한국인에 대한 역사의 심판 또는 신의 심판으로 인식했던 것이
다.[67]

윤치호는 을사조약이 체결된 당일에 외부협판 직을 사퇴했다. 그리고
그는 외부대신 서리에 임명되었으나, 자신에게 굴욕감과 동포에게 증오
감을 줄 것 외에 외부外部 본연의 임무는 사라졌다고 하여 그 직의 수락
을 거부했다.[68] 그는 일본인의 수중에서 움직이는 "내각에서보다는 개
인 자격으로 조국을 더 도울 수 있다."[69]는 생각을 가지고 관직을 떠났
던 것이다.

3. 한말 애국계몽운동과 윤치호

일본의 강제에 의하여 을사조약이 체결된 뒤, 한국사회의 각계각층으
로부터 을사조약을 폐기하고 독립을 회복하려는 국권회복운동이 요원의

---

66) 『尹致昊日記』 1905년 10월 16일조.
67) 『大韓自强會月報』 제1호(大韓自强會, 1906), 35~36쪽 「尹致昊演說」 ; 『尹致昊
   日記』 1893년 9월 24일조, 1899년 3월 5일, 3월 6일조, 1905년 11월 6일조.
68) 『尹致昊日記』 1905년 11월 18일, 11월 29일조.
69) 『尹致昊日記』 1905년 12월 12일조.

불길처럼 일어났다.

첫째로 을사조약에 서명한 대신들의 처벌과 강제 체결된 조약의 폐기를 황제에게 요구하는 상소운동이 일어났다.[70] 윤치호는 조병세趙秉世 등 관인들이 주도하는 상소에 참여할 것을 세 차례나 요청받았으나 모두 거절했다. 그는 상소의 의도는 좋으나 일본이 20여만 명의 인명과 수억원의 비용을 들여 획득한 권익을 힘없는 황제에의 상소로써 파기시킬 수 없다고 믿었기 때문이었다.[71]

둘째로 을사조약의 강제 체결을 국제여론에 호소하여 일본에 대한 국제적 압력으로 조약을 취소케 하려는 외교운동이 일어났다.[72] 윤치호는 러일강화조약이 체결된 직후에 고종이 미국과 프랑스에 밀사를 보내어 한국의 독립을 보장받으려 한 것에 대하여, 황제가 "워싱턴과 파리의 거리에서 한국의 독립을 줍고자 한다."고 그 불가능함을 지적한 바 있었다.[73] 그는 외교운동에 대하여, ① 어느 열강도 일본에 먼저 돌을 던질 만큼 정의롭지 않으며, ② 한국은 열강과 독립적 외교관계를 가진 과거 20년 동안 세계의 동정을 살 만한 아무런 일도 하지 않았으며, ③ 어느 나라도 부패한 한국인을 위해 세계적 강대국이 된 일본의 비위를 건드리지 않을 것으로 판단하여, 외교운동에 의한 조약취소의 가능성을 배제했다.[74] 그는 독립은 훌륭한 정부를 가져야 가능하며, 훌륭한 정부 없는 외교는 무용하다고 확신했던 것이다.[75]

셋째로 국권상실에 울분한 우국지사들이 자결自決을 통해 을사조약에

---

70) 국사편찬위원회, 1972, 『高宗時代史』六, 탐구당, 381~394쪽.

71) 『尹致昊日記』1905년 11월 27일조.

72) 동덕모, 「한국과 20세기 초의 국제정세」『한국사』19, 32~33쪽 ; 이광린, 『한국사강좌』V, 470~471쪽.

73) 『尹致昊日記』1905년 10월 28일조.

74) 『尹致昊日記』1905년 12월 17일조.

75) 『尹致昊日記』1905년 11월 27일조.

항거하기도 했다.[76] 윤치호는 민영환의 자결에 대해 그의 조용한 용기와 애국심과 영웅적인 죽음을 찬양했으나, 자결을 문제 해결의 바람직한 방법으로는 보지 않았다.[77]

넷째로 척사위정론斥邪衛正論의 입장에 서 있는 수구유생들을 중심으로 하여 일본세력을 무력으로 구축하고 국권을 회복하려는 항일의병운동이 전개되었다. 의병운동은 국권을 빼앗긴 이상 승패를 초월하여 즉각적인 결전을 시도한 것으로, 당시에 가장 강력했던 항일투쟁이었다.[78] 윤치호는 일본이 러일전쟁에 승리한 강대국가이며 열강으로부터 한국의 보호권을 인정받은 상황에서, 의병의 힘으로는 결코 일본군을 격퇴할 수 없음을 잘 알고 있었다. 그리고 그는

> 일본인, 일진회원一進會員, 부패한 왕실, 무능하고 부패한 정부 등 한국의 일반적인 병폐에 더하여, 충청남도와 전라도의 백성들은 최근에 의병義兵 또는 항일폭도들에 의하여 지독하게 괴로움을 당하고 있다. 그 소요 진압의 구실로 일본군대는 주요 중심지를 점령한다.[79]

라고 하여, 의병은 일본군을 격퇴하기는 고사하고 오히려 일본군에게 점령지 확대의 구실을 주고 있으며, 나아가 의병은 일본인·일진회·왕실·정부와 더불어 백성을 괴롭히는 또 다른 병폐가 되고 있음을 지적했다. 그는 독립회복의 방법으로 항일의병투쟁을 부정적으로 인식했던 것이다.[80]

---

76) 朴殷植, 1946, 『韓國痛史』, 삼호각, 90~96쪽 ; 국사편찬위원회, 『高宗時代史』 六, 392~396쪽.
77) 『尹致昊日記』 1905년 11월 30일, 12월 12일조.
78) 신용하, 1980, 「한말의 애국계몽운동」 『한국근대사와 사회변동』, 문학과지성사, 79~81쪽 ; 이원순, 1976, 「대한제국의 종말과 의병항쟁, 개요」 『한국사』 19, 국사편찬위원회, 8~10쪽 ; 姜在彦, 1980, 『朝鮮の開化思想』, 東京, 岩波書店, 247~248쪽.
79) 『尹致昊日記』 1906년 6월 15일조.

다섯째로 자주국권과 인민참정의 실현을 목표로 독립협회운동을 주
도했던 개화자강계열의 인사들을 중심으로 하여 애국계몽운동이 전개되
었다. 애국계몽운동은 '나'와 '적'의 힘의 격차를 객관적으로 인식하고,
실력의 부족으로 상실된 국권의 회복은 실력의 양성으로만 가능하다고
하는 국권회복의 장기전을 전제로 한 실력양성운동이었다.[81]

윤치호는 강대국의 약소국에 대한 침탈행위에 대해 강한 비판의식을
가지고 있었으나,

> 분노와 격정은 우리를 돕지 못할 것이다. 먼저 강대하게 되기를 힘쓰라.
> 그리하면 다른 모든 것들, 정의와 공정과 (타국인의) 재산이 우리에게 더해질
> 것이다.[82]

라 하고, "독립의 길은 자강自强에 있고, 자강의 길은 내치의 닦음과 외
교의 신뢰에 있다."[83]고 하여, 국가독립의 근본적인 방법은 분노와 격정
에 있지 않고 내치와 외교에 기초한 국가자강에 있다고 믿었다.

그런데 윤치호는 한국이 열국과 독립적인 외교관계를 가져온 과거 20
여 년 동안 특히 열강의 세력균형 아래서 비교적 독립국가의 위치에 있
었던 과거 10여 년 동안 국정개혁을 통한 국가자강을 도모하지 못함으
로써 독립상실의 비극을 맞게 되었다고 판단했다.[84] 따라서 그는 1896

---

80) 『大韓每日申報』 1906년 5월 30일자 「義兵」 ; 姜在彦, 『朝鮮の開化思想』, 248
　　쪽. 당시 애국계몽운동자들은 일본군에 대한 무력대결을 실력의 파괴를 초래하는
　　'不度時 不量力'의 무모한 행동이라고 비판했다.

81) 신용하, 위의 『한국근대사와 사회변동』, 79~81쪽.

82) 『尹致昊日記』 1902년 5월 7일조.

83) 『高宗實錄』 光武 9년 12월 1일조, 「尹致昊上疏」.

84) 『尹致昊日記』 1905년 6월 20일, 12월 17일조 ; 『大韓自强會月報』 제1호,
　　35~36쪽 ; 최문형, 1979, 「열강의 동아시아정책」, 일조각, 21~39쪽에서, 최교수
　　도 아관파천에서 러일전쟁까지의 10년 동안 러·일 양국 간의 세력균형 속에서 한
　　국의 독립 유지가 가능했던 것으로 분석했다.

년에서 1904년 사이의 통치자들을 한국 역사상 최대의 반역자로 규정했던 것이다.[85]

요컨대 윤치호는 을사조약에 의한 독립의 상실은 약육강식의 냉엄한 국제사회에서 실력의 부족 때문으로 인식하고, 상실된 독립의 회복은 오직 실력양성으로만 가능하다는 애국계몽운동의 노선에 서서, 을사조약이 체결된 즉시 관직을 버리고 애국계몽운동에 전념했던 것이다.

애국계몽운동은 근대교육운동과 산업개발운동으로 전개되어 수많은 민중계몽단체와 각종 학회가 조직되었고, 활발한 출판활동과 학교설립운동이 일어났으며, 여러 가지 신문이 간행되었다.

1906년에 장지연·윤효정 등의 발기로 교육확장과 산업개발에 의한 자강독립을 표방하고 설립된 대한자강회는 개화자강계열의 인사들을 거의 망라하고 전국에 33개의 지회를 가진 당시 대표적인 애국계몽단체였다.[86] 윤치호는 대한자강회의 회장에 추대되어 ① 의무교육의 실시, ② 굿과 점과 땅의 길흉 보는 일의 금지, ③ 부동산매매법의 제정 등을 정부에 건의하기도 하고, 강연회를 통하여 국민사상의 계도에 노력을 기울였다.[87] 그러나 대한자강회는 1907년에 헤이그밀사사건을 구실로 일본이 고종의 퇴위를 강요하자, 이에 반대운동을 펴다가 민중을 선동했다는 이유로 강제로 해산되었다.[88]

당시의 애국계몽단체는 대부분이 합법단체로 통감부에 의하여 그 활동을 크게 제약받았으나, 안창호安昌浩·양기탁梁起鐸·전덕기全德基·이동휘李東輝 등이 1907년에 조직한 신민회新民會는 비밀단체로, 무장과 비무

---

85) 『尹致昊日記』 1905년 6월 20일조.

86) 『大韓自强會月報』 제1호, 9~19쪽 ; 유영렬, 1997, 「대한자강회의 애국계몽사상과 운동」 『대한제국기의 민족운동』, 일조각, 109~110쪽.

87) 『大韓自强會月報』 제8호(1907), 66·70~71 ; 權熙英, 1980, 「大韓自强會의 社會思想과 民族運動」 『論文集』 제2집, 海軍第二士官學校, 155~156쪽.

88) 유영렬, 앞의 「대한자강회의 애국계몽사상과 운동」, 156쪽.

장활동을 통한 공화제의 수립을 민족운동의 공식적인 목표로 설정했
다.[89] 신민회는 표면기관으로 민족운동의 간부 양성을 위한 대성학교大
成學校와 자금 염출을 위한 자기회사磁器會社 그리고 출판활동을 위한 태
극서관을 설립하고 국권회복을 위한 실력양성운동을 전개했다.

윤치호는 신민회의 주도멤버로 안창호·이종호李鍾浩 등과 더불어 대
성학교를 설립하고 그 교장이 되어 대성학교를 민족간부 양성을 위한 모
델학교로 발전시키는 데 노력했다.[90] 그리고 그는 안창호·이상재 등과
더불어 애국주의와 신사상·신지식·신산업의 개발 및 실력양성을 주장하
는 신민회의 계몽강연 연사로 전국에 명성을 떨쳤다.[91] 또한 그는 안태
국安泰國·옥관빈玉觀彬 등과 더불어 신민회의 외곽단체인 청년학우회를
조직하고 그 설립위원회 위원장이 되어 청년운동을 적극 지도했다.[92]

이처럼 윤치호는 신민회의 교육·계몽 운동에는 적극적인 활동을 보
였으나, 신민회의 독립군기지설립 같은 직접적인 국권회복운동에는 적
극적인 관심이 결여되었던 것으로 보인다. 그 이유의 하나는 그가 현실
상황론의 입장에 서서 국권회복은 당시의 상황에서 불가능하다고 체념
한 때문일 것이다. 이러한 윤치호의 노선은 당시 같은 애국계몽계열에
속하면서도 역사당위론의 입장에 있던 이동녕李東寧·이동휘·신채호申采
浩 등이 국권회복의 가장 확실한 방법은 독립군을 양성하여 적당한 시기
에 일제와 전쟁을 통해서 독립을 쟁취하는 것이라 믿고 독립전쟁노선을
걸었던 것과는 좋은 대조를 이루고 있다.[93]

---

89) 신용하,『한국근대사와 사회변동』, 83~84쪽 및 신용하, 1977,「신민회의 창건과
　　국권회복운동」상,『한국학보』8, 일지사, 35~47쪽.
90) 신용하,「신민회의 창건과 국권회복운동」상『한국학보』8, 54·58·61~62·71쪽.
91) 신용하, 1977,「신민회의 창건과 국권회복운동」하『한국학보』9, 129~310쪽.
92) 신용하, 위의 논문, 147~150쪽.
93) 1910년 주권피탈 전후의 독립전쟁론에 대해서는 신용하, 위의 논문, 152~162쪽 ;
　　윤병석, 1977,「1910년대의 한국독립운동」『한국근대사론』Ⅱ, 지식산업사, 26~
　　28쪽.

한편으로 윤치호는 YMCA운동에 적극 참여했다. 윤치호는 일찍이 미국유학시절에 YMCA회원이 되었고, 1892년에는 에모리 대학의 YMCA대표로 조지아 주 YMCA대회에 연사로 참가한 일도 있었다.[94] 한국YMCA가 창립된 것은 1903년 10월이었다. 당시 윤치호는 지방관에 재직중이어서 창립 멤버는 아니었으나, 1904년에 상경하여 마침 그 무렵 옥중에서 석방된 독립협회의 동지들과 YMCA에 가입했다.[95]

그는 1905년에 YMCA 이사에 피선되었고, 1908년에는 YMCA 이사회 부회장에 피선되어(회장은 Arther B. Turner) 사실상 한국인으로서는 YMCA의 최고지도자가 되었다.[96] 그리하여 1910년 제1회 YMCA학생하령회夏令會, 1911년의 제2회 하령회의 대회장으로 크게 활동하고, YMCA의 종교활동·교육활동·체육활동을 통한 민족의 실력양성운동에 크게 기여했다.[97]

애국계몽운동기에 윤치호가 최대의 관심을 가지고 열정을 쏟은 것은 한영서원韓英書院(Anglo-Korean School)을 통한 교육사업이었다. 한영서원은 남감리교 선교부가 1906년에 송도松都(개성)에 설립한 기독교 학교였다.

윤치호는 우리나라 최초의 남감리교 신자로서 중·미 유학 이래로 선교·교육에 깊은 관심을 가지고, 에모리 대학 졸업에 즈음하여 고학생활의 어려움에도 불구하고 조국의 선교·교육을 위한 기금으로 230달러를 캔들러(Warren A. Candler) 학장에게 기탁한 바 있었다. 1895년 귀국 후에는 캔들러 학장과 은사인 상해 중서서원의 학장 알렌(Young J. Allen) 박사에게 선교사의 파송을 요청하여, 1897년에 한국 최초로 남감리교회가 탄생하게 되었으며, 이 교회의 건물도 윤치호가 기증한 가옥을 개조한 것

94)『尹致昊日記』1890년 5월 11일, 9월 19일조, 1892년 2월 27일, 2월 28일조 ; "T.H. Yun's Letter to Dr. Young J. Allen." May 7, 1892.

95) 전택부, 1987,『한국기독교청년회운동사』, 정음사, 62~65, 79~83쪽.

96) 위의 책, 95·124쪽.

97) 위의 책, 157~161, 126~129쪽.

이다.98)

한편 윤치호는 1895년 귀국 후 갑오개혁기에 교육진흥을 위해 학부에 봉직하기를 희망했고, 단기간의 학부협판 재직 중에도 2개 교의 보통학교를 세웠다.99) 그리고 독립협회운동기에 독립협회의 회장과 『독립신문』의 주필로서 분망한 중에도, 1년 6개월 동안 거의 매주 일요일에 교회에서 전도연설을 통해 기독교 전도를 도왔다.100) 독립협회 해산 후 지방관 재직 시에는 원산의 원흥학교源興學校 설립과 운영을 물심양면으로 지원했고, 서당교육의 개선과 해외유학생 파견에도 힘썼다.101) 을사조약 체결 후에 한영서원이 설립된 것도 전술한 윤치호의 기탁금 230달러와 윤치호 부자의 또 다른 기부금이 기초가 된 것이었다.102)

윤치호는 국어·영어·국사 교육에 깊은 관심을 가지고 있었지만 가장 중요시한 것은 실업교육이었다.103) 그러므로 그는,

> 실업교육은 선교부가 착수해야 할 유일한 교육이다. 인문교육도 나름대로 유익하다. 그러나 … 한국이 가장 필요로 하는 것은 민중에게 노동의 존귀함을 가르치는 것이다. 기계를 잘 다룰 줄 아는 한국의 젊은이는 셰익스피어나 스펜서(Spencer)를 인용하는 젊은이들보다 더 바람직한 국민이다.104)

---

98) Lak-Geoon George Paik, *The History of Protestant Misson in Korea 1832~1910* (Seoul, Yonsei University Press, 1971), 195~198쪽 ; 梁柱三, 1930, 『朝鮮南監理敎會三十年記念報』, 朝鮮南監理敎會傳導局, 18~20쪽 ; 『韓國監理敎會史』(基督敎大韓監理會本部敎育局, 1980), 99~105쪽.

99) 『尹致昊日記』 1895년 2월 18일조, 1896년 3월 31일조.

100) 『尹致昊日記』 1899년 2월 12일조.

101) 金永義, 『佐翁尹致昊先生略傳』, 135·140·147쪽.

102) 위의 책, 192~194쪽 ; 梁柱三, 『朝鮮南監理敎會三十年記念報』, 20·80~83쪽 ; 『尹致昊日記』 1899년 2월 1일, 2월 2일조. 또 다른 기부금이란 윤용렬이 1896년에 교육사업기금으로 제공한 1천원의 기부금과 1899년에 윤치호 부자가 실업교육기금으로 각각 제공한 1천 원씩의 기부금으로 모두 3천원의 기부금을 뜻한다.

103) "T.H. Yun's Letter to Dr. Young J. Allen." March 24, 1895 ; 『尹致昊日記』 1883년 10월 18일조, 1904년 11월 1일조.

라고 하여, 기독교 선교부의 역점사업으로서 실업교육의 중요성을 강조했다. 그리고 그는,

> 우리들이 어떠한 학교의 설립을 원한다면, 그것은 한국의 젊은이들이 노동이 수치가 아니라는 것과, 한국의 장래는 노동에 달려 있다는 것, 그리고 기독교가 일하는 종교라는 것을 산 진리로 배울 수 있는 실업학교여야 한다.105)

라고 하여, 한국의 장래와 관련하여 실업교육의 중요성을 강조했다. 그럼 윤치호가 이처럼 실업교육을 강조한 근본 의도는 무엇일까?

첫째로 청년들에게 근로정신을 고취하여 한국인의 노동을 천시하는 폐습을 타파하고, 스스로 일해서 경제적으로 자립하는 자립능력을 배양시키려는 것이었다.106)

둘째로 경제적 자립능력에서 얻어질 수 있는 개인적인 독립정신을 국가적인 독립사상으로 승화시켜 국가독립의 기초를 닦으려는 것이었다.107)

셋째로 선교당국이 경제적 자립능력을 배양하는 실업교육에 힘써서 한국인의 영혼의 구원뿐만 아니라, 현실생활의 구원을 통하여 생활 속에 실용되는 기독교를 정착시키려는 것이었다.108)

그러므로 윤치호는 1906년부터 1911년 가을 105인사건으로 투옥될 때까지, 송도 한영서원의 교장으로 시무하는 동안에, 한영서원에 과수, 채소, 원예, 목축, 목공, 철공, 피혁, 직조, 사진술 등의 과목을 개설하고,

---

104) 『尹致昊日記』 1902년 10월 31일조.

105) "T.H. Yun's Letter to Dr. Warren A. Candler" October 22, 1895.

106) 李光洙, 1962, 「規模의 人 尹致昊氏」 『李光洙全集』 17卷, 三中堂, 384쪽 ; 金永義, 『佐翁尹致昊先生略傳』, 148~149, 196~197쪽.

107) 『大韓自强會月報』 제1호, 35~37쪽.

108) 『尹致昊日記』 1891년 12월 11일조, 1893년 12월 17일조.

농장과 공장을 갖추어 이론과 실습을 통하여 철저한 실업교육을 실시했던 것이다.[109]

윤치호가 역점을 두었던 실업과목의 종류는 첫째로 졸업 후에 최소의 자금과 시간으로 실행할 수 있는 것, 둘째로 재료와 기구의 구입이 용이한 것, 셋째로 자금과 시간에 상응하는 이익이 단기간에 회수될 수 있는 것으로, 그의 실업교육은 바로 직업교육이었던 것이다.[110] 이와 같은 윤치호의 실업교육의 방침은 우리나라에서 기독교학교와 실업교육을 연결시킨 최초의 자각적인 노력으로 높이 평가될 수 있는 것이다.[111]

한편 윤치호는 한영서원의 주변 약 500에이커(약 60만 평)의 토지에, 선교본부와 좋은 시설을 가진 학교와 병원, 잘 닦인 도로와 100여 채가 넘는 아늑한 주택, 천여 명이 예배를 볼 수 있는 대학교회, 그리고 농장과 과수원, 목장과 제조공장 등이 갖추어진 기독교 모범촌의 건설을 추진했다.[112]

윤치호의 기독교 모범촌 계획은 교회를 중심으로 기독교적 분위기가 넘치는 마을, 대학을 중심으로 근대적 지식이 교류되는 마을, 그리고 농장과 공장을 중심으로 경제적으로 풍요로운 마을을 건설하여, 건실한 지역사회의 표본을 제시하려는 것이었다.[113] 그리고 그는 이러한 모범촌이 증가하여 헐벗고 굶주린 민중의 피난처가 되고, 지역 사회의 발전을 통해 국력이 향상되기를 기대했던 것이다.[114] 곧 기독교 모범촌은 윤치

---

109) 金永義, 『佐翁尹致昊先生略傳』198, 209쪽 ; 尹致昊, 「風雨二十年 – 韓末政客의 回顧談」『東亞日報』1930년 1월 15일자.

110) Lak-Geoon George Paik, *The History of Protestant Misson in Korea 1832~1910*, 394쪽.

111) 위와 같음.

112) "T.H. Yun's Letter to Dr. Warren A. Candler," April 16, 1907 & June 3, 1907 & October 13, 1907.

113) "T.H. Yun's Letter to Dr. Warren A. Candler," June 3, 1907.

114) "T.H. Yun's Letter to Dr. Warren A. Candler," October 13, 1907.

호의 기독교구국·교육구국·실업구국의 포부를 실현하려는 애국계몽운
동의 종합의 장場이었다고 하겠다.

윤치호는 1895년 이래로 남감리교의 선교 중심지로서 송도에 깊은
관심을 가져오던 중,[115] 1906년에 한영서원의 교장이 되면서 기독교 모
범촌 건립사업을 추진하여, 1907년에는 100에이커(약 12만 평) 정도의 선
교부 부지를 마련하여 사업을 진척시켰다.[116] 그러나 한국의 정치상황
이 악화됨에 따라 선교사들의 적극적인 협력을 얻을 수 없게 되어 결국
자금난으로 기독교 모범촌 건립사업은 중단되고 말았다.[117] 일본인들은
을사조약으로 사실상 한국의 통치권을 장악한 이래로 선교사들의 기독
교 교육사업을 음으로 양으로 방해했던 것이다.

그러므로 당시 윤치호는 남감리교 선교 지도자 알렌 박사에게 보낸
서신을 통하여 "소위 보호 하에서 한국을 이전보다 열 배는 더 나쁘게
만들고 있는 일본인들은 진정으로 한국인들을 돕는 남녀들의 유일한 단
체이기 때문에 선교부를 싫어한다. 일본은 한국인들이 뭔가 배우는 것을
원치 않는다."고 일본의 한국인 우민화 정책을 비판했으며, 이어서 다음
과 같이 일본인들을 매도한 바 있다.[118]

> 일본인들은 그들의 나라와 영국 그리고 미국에서는 기모노를 입은 천사들
> 일지 모른다. 그러나 그들은 한국에서는 독사들이다.

윤치호는 일제가 한일합방 후에 식민통치의 장애물로 여긴 기독교세
력과 민족운동세력을 제거하기 위해 날조했던 105인 사건의 최고 주모

---

115) "T.H. Yun's Letter to Dr. Warren A. Candler," July 1, 1895 ;『尹致昊日記』
　　　1902년 10월 31일조.
116) "T.H. Yun's Letter to Dr. Warren A. Candler," October 13, 1907.
117) 尹致昊,「風雨二十年－韓末政客의 回顧談」『東亞日報』1930년 1월 14일자.
118) "T.H. Yun's Letter to Dr. Warren A. Candler," December 25, 1906.

자로 1912년 2월에 체포되어 가혹한 고문과 3년간의 옥고를 치르고 출감했다.[119] 그는 출감한 뒤에 『매일신보每日申報』 사장과의 회견에서,

> 이후부터는 일본 여러 유지신사와 교제하여 일선日鮮 민족의 행복되는 일이던지 일선 양 민족의 동화에 대한 계획에는 어디까지나 참여하여 힘이 미치는 대로 몸을 아끼지 않고 힘써볼 생각이로다.[120]

라고 하여, 일제의 '일선동화日鮮同化' 정책에 협력하겠다고 천명했다.

윤치호가 이처럼 대일협력을 천명한 배경에는 일제의 가혹한 고문과 강요 그리고 그 자신의 심경의 변화가 작용했음은 물론이지만, 논리적인 면에서는 개화기의 그의 지식 속에 내재되어 있던 비관적인 한국사관에 의한 민족패배의식과 현실상황론에 의한 대세순응주의 그리고 사회진화론에 의한 개화지상주의가 작용했던 것으로 생각된다.

이제까지 살펴본 바와 같이, 윤치호는 독립협회운동기에는 민권운동의 최고지도자로서 자주·민권과 참정·개혁 등 민주주의·민족주의·근대화운동을 정력적으로 추진했고, 독립협회 해체 이후에는 애민愛民의 지방관으로서 제한된 지역에서나마 민중의 구원과 민생의 향상을 위한 위민행정을 베풀었으며, 을사조약 체결 이후에는 애국계몽운동의 지도자로서 먼 장래의 국권회복을 목표로 국민계몽에 의한 국민개조와 민력양성에 전력을 기울였다. 이렇게 볼 때, 개화기의 윤치호는 시대상황의 변화에 대응하여 국가와 국민을 위해 나름대로 최선의 노력을 다한 인물로 평가될 수 있을 것이다.

---

119) 鮮于燻, 1955, 『民族의 受難－百五人事件眞相』, 독립정신보급회, 24·103~105·109쪽. 일제가 105인 사건을 날조한 내면적인 이유에 대해서는 윤병석, 1977, 「1910年代의 한국독립운동」 『한국근대사론』Ⅱ, 지식산업사, 29~31쪽 참조.

120) 『每日申報』 1915년 3월 14일자. 105인사건 이후 윤치호의 태도변화에 대해서는 *Korean Publication,* Vol. Ⅰ, Series 1(The Korean Students League of America, Philadelphia, Pa, March 1919), 9~10, "Mr. T.H. Yun's New Policy".

  그러나 윤치호는 민권운동의 지도자로서는 체제변혁에 불가결한 혁명성이 결여되었고, 애민의 지방관으로서는 파괴의 대상인 보수반동체제에 협력하는 결과가 되었으며, 애국계몽운동의 지도자로서는 가까운 장래의 국권회복에 적극성이 결여되었던 점에서, 개화기의 민족운동의 지도자로서 일정한 한계성도 지니고 있었다.

제2편

윤치호의 근대변혁사상과 그 방법론

제1장 윤치호의 근대변혁사상

1. 전통적 유교사상에 대한 비판

전통사상이란 근대사상과 대칭되는 개념으로 기존사회를 바탕으로 형성되어 현실사회의 가치규범으로 적극 평가되며, 미래사회에도 규제를 가하여 역사적 지속성을 가지는 사회적 유산이다. 또한 전통사상은 사회적 일체감을 강화시키고 집단정신을 고양시키는 강한 힘을 가지는 반면, 변화에 대한 혐오와 새로운 것에 대한 불신을 그 속성으로 한다.

이 같은 전통사상은 사회의 전환기에 있어 그 긍정적인 면은 계승되어야 하지만, 그 부정적인 면은 극복되어야 할 것이다. 서구에서의 전통사상은 근대 초기의 합리주의에 의해 극복되어 근대사상으로 전환되었음은 잘 알려진 사실이다.

조선왕조의 사회적 정치적 가치규범으로서의 전통사상은 주자학적 유교였다. 전통사회의 태내에서 근대사회를 추구했던 개화기의 윤치호가 전통사상인 유교에 대하여 어떻게 인식하고 평가했던가 하는 문제는 그의 근대의식의 깊이를 헤아리는 하나의 방법이 될 것이다. 따라서 그의 전통적 유교사상에 대한 인식을 살펴보기로 한다.

첫째로 개화기의 윤치호는 유교를 허례적虛禮的 형식윤리形式倫理로 인식했다.

윤치호는 상해유학 시절에 기독교 세례교인이 되었다. 그는 어떠한

인간의 도움으로도 진정한 의미의 무죄의 생활이란 절대로 불가능하다
는 인간의 불완전성에 대한 인식에서 기독교 신앙에 눈을 떴다. 그는 마
음에 하나님을 모시고 내세와 영혼을 인식함으로써 참다운 도덕적 품격
과 정직한 인간의 형성이 가능하다고 보았다.[1]

　윤치호는 도그마적인 철학이나 지적인 종교를 배격하고, "옳고 진실
하다고 알고 있는 것을 행할 수 있게 하는 산 도덕 혹은 정신적인 힘"을
추구했다.[2] 그러므로 그는,

　　　현재의 구원 없이는 천국의 구원도 없다.[3] 일을 못해내는 종교는 무종교
　　보다 더 나쁘다.[4] 생활 속에 실용된 기독교는 거대한 힘이다.[5]

라고 하여, 지극히 현실적이고 실천적이며 실용적인 종교로서 기독교를
수용했다. 그가 종교나 철학 또는 사상에서 추구한 것은 정직한 인간과
일을 해내는 종교 곧 내면적인 도덕성과 현실적인 실용성實用性이었다고
하겠다.

　이러한 관점에서 윤치호가 본 유교는 어떠했던가?

　　　나는 근래에 유교의 사서四書를 정독하고 많은 교훈을 발견했다. 그러나
　　… 영혼의 요구를 만족시켜주지 못했기 때문에 거기서 나의 추구하던 것을

---

1) Lak-Geon George Paik, *The History of Protestant Mission in Korea* 1832~1910 (Seoul,
　　Yosei University Press, 1971), 166~167쪽의 T.H. Yun, "A Synopsis of What I
　　was and What I am" ;『尹致昊日記』1892년 2월 10일조.

2)『尹致昊日記』1890년 5월 19일조.

3)『尹致昊日記』1891년 12월 11일조.

4)『尹致昊日記』1894년 1월 1일조 ; "T. H. Yun's Letter to Dr. Warren A.
　　Chandler," January 23, 1896에서 윤치호는 "To teach the Corean that honest work
　　is not a disgrace is one of the obligations of Christianity."라 하고, 기독교 선교의
　　일환으로 실업교육을 강조했다.

5)『尹致昊日記』1893년 12월 17일조.

찾을 수 없었다.6)

중국인은 더욱 유교적인 소양을 가질수록 그의 말은 신빙할 수가 없다 …
수치스런 유교여! … 그 체계는 그 신봉자들을 정직한 인간으로 만드는데 실
패했다.7)

이처럼 그에게 있어서 유교는 영혼의 요구를 만족시킬 수 없는 "지식
종교"에 불과하며, "그 도덕에 신神이 없어" 인간을 자만하고 이기적으로
만들뿐 정직한 인간으로 만들지 못한다고 생각되었다.8) 곧 유교는 영혼
의 구원이나 인간의 개선을 위한 윤리가 되지 못한다고 인식했던 것이다.

나아가 윤치호는 유교의 무용론을 들면서 다음과 같은 요지로 말하고
있다.

유교의 교훈은 꽤 아름답다. 그러나 그 신봉자에게 그 교훈을 실천하게 할
힘이 없는 조직(system)이 무슨 소용이 있겠는가? 유교는 무력하다. 따라서 무
용하다. 그 기초가 효孝 이상의 것이 못되기 때문이다. 유생들은 효에 규정된
계율을 성취했을 때 그 덕의 원리에 도달했다고 생각한다. 이 극히 진부한 덕
은 방종, 복수, 거짓, 그리고 가식을 포함하고 있다.9)

곧 윤치호는 유교가 그 아름다운 교훈을 실천하게 할 힘 곧 실천력이
없으므로 무용하다는 것이다. 또 유교가 무력한 것은 "허례적인 효"에
기반을 두었기 때문이란 것이다.10) 결국 그에게 유교의 덕德은 거짓과
가식에 둘러싸여 진실을 실천할 수 없는 무력하고 무용한 윤리로 인식되
었다.

요컨대 유교는 진실한 의미의 내면적 도덕성과 현실적 실천성이 결여

---

6) Lak-Geon George Paik, 앞의 책, 166~167쪽.
7) 『尹致昊日記』 1893년 12월 12일조.
8) 『尹致昊日記』 1890년 5월 18일조. 1894년 9월 27일조.
9) 『尹致昊日記』 1893년 12월 12일조.
10) 『尹致昊日記』 1894년 3월 11일조.

된 허례적인 형식윤리로서 영혼의 구원이나 인간의 개선을 위한 윤리가
되지 못하는 것으로 비판되었다.

둘째로 개화기의 윤치호는 유교를 이기적利己的 가정윤리家庭倫理로 인
식했다.

윤치호는 종교나 사상이 개인個人의 구원뿐만 아니라 사회社會의 개선
에 책임을 가져야 한다고 생각했다. 그는 기독교와 유교를 다음과 같이
비교했다.

> 예수는 그 제자들에게 가서 가르치라고 명하며 반면에 유생들은 와서 배
> 우라고 말한다. 이것은 커다란 차이를 의미한다. 왜냐하면 기독교인은 그가
> 소유하거나 알고 있는 뭔가 좋은 것을 공유하는 것을 의무로 여기는 반면, 유
> 생들은 자만과 사리私利를 위해 그것을 자신에 고수한다. 유교사회에 있어서
> 공공심의 전적인 결여는 나의 견해를 입증할 것이다.[11]

곧 윤치호는 예수가 "가서 가르치라."고 명한 것과 유생들이 "와서 배
우라."고 말한 것은 기독교의 사회를 향한 의무감과 공익성을, 그리고
유교의 자기를 향한 자만심과 이기심을 표현한 것으로 보았다.

또한 윤치호는 유교를 효 중심의 가정윤리로, 인간의 모든 의무를 가
정에 국한시키는 사리私利중심주의적 체계로 파악했다. 이 같은 유교사
회에서는 인간은 자신의 이익과 직결되지 않는 한 타인에게 무관심하며
공공심을 전혀 찾아볼 수 없게 된다고 보았다.[12]

나아가 윤치호는 이처럼 극도의 공공심이 결여된 이기적인 유교사회
에서는 개인은 사회에 무관심하고, 유생들은 지식과 소유물을 자신을 위

---

11) 위와 같음.

12) 『尹致昊日記』 1902년 4월 6일조. "Altruism has always been condemned by
Confucianist: hence public spirit is almost an unknown quantity in Korea or China
or any other country where the gross materialism of Confucius has reduced the
whole range of human duty within the four walls of one's house."

해 고수하며, 관리들은 중대한 국익보다 개인의 이익을 추구하게 된다고
했다.[13] 뿐만 아니라 그는 공자가 "사람은 관직에서 군주를 섬기는 것이
최고의 의무"라 가르쳤고, 자기 스스로 "초상난 집의 개喪家之狗"처럼 관
직을 추구했던 사실을 지적하고, 유교적 조선사회의 이기적 관직추구열
을 신랄하게 비판했다.[14]

요컨대 유교는 사회와 국가에 대한 의무감과 공익성이 결여된 이기적
인 가정윤리로서 비판되었던 것이다.

셋째로 개화기의 윤치호는 유교를 압제적壓制的 계서윤리階序倫理로 인
식했다.

윤치호는 모는 인간은 태어날 때부터 평등하며, 생명·재산·자유 등
불가양의 권리를 가진다는 천부인권사상을 지니고 있었다.[15] 그는

> 기독교는 인간을 자연의 위에 두고, 마음과 상상想像과 타고난 힘을 행사
> 함에 있어 인간을 자유롭게 하며, 자연의 힘을 주인의 입장에서 이용하므로
> 기독교국은 부국富國이 된다.

고 하여 기독교를 자유의 원리 또는 부국의 원리로 인식했다. 반면에 허
례적인 부자관계, 가부장적 군신관계, 그리고 압제적인 부부관계 등을
비롯한 유교의 오륜五倫을 매도했다.[16]

나아가 윤치호는 유교의 압제체제를 다음과 같이 통렬하게 비판했다.

> 유교는 국가에 대하여 국왕을 압제자로, 가족에 대하여 아버지를 압제자

---

13) 『尹致昊日記』 1894년 3월 11일조, 1902년 4월 6일조.

14) 『尹致昊日記』 1904년 5월 27일조.

15) 『尹致昊日記』 1890년 2월 14일조 ; The Independent, May 19, 1898, "An Honest
　　Confession" ; 『독립신문』 1898년 8월 4일 논설 「협회에서 홀 일」, 8월 15일 논설
　　「세 밧는 권리」.

16) 『尹致昊일기』 1894년 3월 11일조, 1893년 9월 24일조, 1890년 3월 7일조.

로, 며느리에 대하여 시어머니를 압제자로, 아내에 대하여 남편을 압제자로,
노예에 대하여 주인을 압제자로 만들어 가정과 국가에서 모든 자유정신과 기
쁨을 말살시켰다. 따라서 유교는 압제적 계서체계階序體系라 할 만하다.[17]

곧 그는 유교를 사회전반에 걸친 인간관계에 있어 총체적인 압제체제
또는 계서윤리라고 단정했다. 이 같은 압제체제는 자유·평등의 원리와
는 양립할 수 없으며 정치적으로는 전제정치를 의미한다. 윤치호는 "그
도덕에 신이 존재하지 않고, 그 정치체제가 민중의 목소리(vox populi)를
외면하는 유교는 어느 민족이든지 자만하고 이기적이며 노예근성에 빠
지게 할 만큼 충분히 야비하다."[18]고 비판하고, 전제정치하의 억압과 수
탈 그리고 침체는 인간을 노예화하는 '정치적 지옥'이라고 했다.[19]

요컨대 유교는 가정과 국가에서 자유와 기쁨을 말살하고 인간을 노예
화하는 압제적 계서윤리로 비판되었다.

넷째로 개화기의 윤치호는 유교를 배타적排他的 절대윤리絶對倫理로 인
식했다.

윤치호는 19세기 후반기의 국제관계는 적자생존과 약육강식의 원리
가 지배하고 있다고 믿고, 이러한 현실에서 조선이 살아남을 수 있는 길
을 사회의 변화와 진보에서 구했다.[20] 또한 그는 벤더빌트 대학의 소재
지인 내시빌에 대한 글 가운데, "기독교基督敎와 훌륭한 정부政府와 개화
국민開化國民이 천연의 숲을 '남부의 아테네'로 변화시켰다."[21]고 했듯

---

17) 『尹致昊日記』 1904년 5월 27일조.
18) 『尹致昊日記』 1894년 9월 27일조. "Confucianism whose morality has no God and whose political system admits no vox populi is gross enough to make any race conceited, selfish and slavish."
19) 『尹致昊日記』 1893년 10월 7일조.
20) 『尹致昊日記』 1889년 5월 25일조, 1893년 4월 8일조, 1903년 1월 3일조.
21) 『尹致昊日記』 1890년 3월 7일조. "Christianity, good government, and enlightened people have turned a wild forest into the Athens of the South." ; 『尹致昊日記』 1889년 3월 30일, 1893년 2월 19일조.

이, 기독교를 변화와 진보의 원리 곧 개화의 에너지로 인식했다.

한편 그는 유교의 사리私利중심주의와 전제정치는 조선인의 머리를 화석화시켜 새로운 사상을 통하지 못하게 하며,[22] 무기력하고 회고주의적인 유교 내에는 진보와 향상의 활력도 삶도 없다[23]고 보았다. 그리고 유교는 조선인을 사회개선의 능력도 의욕도 가질 수 없을 정도로 파멸시켰다고 비판했다.[24]

그러나 윤치호는 조선의 모든 잘못을 유교에 책임지우는 것을 불공정하다고 했다. 왜냐하면 기독교를 포함한 어떠한 종교도 처음엔 인민을 진작시키다가 그것이 절대화되면 예외 없이 인민을 퇴화시키고 억압한다고 보았기 때문이다. 그는 "일본의 봉건적 경쟁과 칼은 불교·유교·신도神道 등의 종교가 소중국小中國 혹은 소인도小印度로 화하지 못하게 했고, 한편 종교는 일본의 호전적인 상무정신을 조절하여 극동의 인디언이 되는 것을 막아주었다."[25]고 하여 일본의 사회현실과 종교사상의 조화를 바람직하게 여겼다.

곧 윤치호는 어떠한 종교나 사상도 그 사회에 알맞도록 조화를 이루지 못하고 절대화되면, 사상이 고착되어 변화와 진보가 불가능하며, 나아가 인민을 억압하고 사회를 퇴영화시킨다고 인식했던 것이다.

요컨대 조선의 유교는 유일사상으로 진보와 향상의 활력이 없어 개화의 에너지가 될 수 없으며, 사상을 고갈시키고 사회를 퇴영화시키는 배타적인 절대윤리로서 비판되었다.

다섯째로 개화기의 윤치호는 유교를 사대적事大的 종속윤리從屬倫理로 인식했다.

---

22) 『尹致昊日記』 1902년 12월 31일조.
23) 『尹致昊日記』 1893년 12월 12일조.
24) 『尹致昊日記』 1894년 9월 28일조.
25) 『尹致昊日記』 1900년 12월 18일조.

윤치호는 하나님과 나라를 섬기는 것을 일생의 사명으로 여겼다.[26] 사회의 기독교화와 국가의 근대화는 그가 추구한 조선 번영의 2대 방략이라 할 수 있다.

그는 기독교교육을 통한 국민의 지식견문의 확대, 독립기상의 회복, 애국심의 앙양 그리고 이에 바탕을 둔 정치변혁에 의해 근대사회의 실현이 가능하다고 보았다.[27] 따라서 그의 기본 사상 내부에는 사회의 변혁과 국가의 발전을 위해 조선인으로서의 주체의식과 국가의 자주성 그리고 국민의 애국심이 크게 강조되었다.[28]

이러한 관점에서 윤치호는 전통적 유교교육은 "진보적이고 생동하는 면이 없고 조선에 관한 것도 없이, 오직 진부한 중국의 고전과 역사"만을 가르치는 허학虛學이라고 비판했다. 특히 그는,

> 우리는 조선인이라기보다는 더 중국인이다. 어릴 때부터 오직 중국 서책書册에 의해서만 배워왔기 때문이다. 공자와 그 만발한 정화精華에 의하여 우리는 중국인처럼 쓰고 중국인처럼 읽고 중국인처럼 생각하며, 중국인처럼 경배하고 중국인처럼 다스리고 중국인처럼 파멸되었다.[29]

라고 하여, 유교는 필경 조선인으로서의 주체의식을 상실케 하고 중국인화 하는 사상이라고 비판했다. 따라서 그는 "현명한 정부가 가장 먼저 해야 할 일은 소학교에서 중국 서책을 금지시키는 일"이라고 주장했던 것이다.[30]

---

26) 『尹致昊日記』 1888년 12월 19일조.

27) 『尹致昊日記』 1889년 3월 30일조 .

28) 『尹致昊日記』 1895년 1월 6일조에서 윤치호는 서양교육을 잘못 받은 자들의 자기 것 멸시 풍조를 경멸했다. 『독립신문』 1898년 12월 17일자 논설 「나라ᄉ랑ᄒᄂᆫ 론」.

29) 『尹致昊日記』 1900년 12월 18일조 ; 『독립신문』 1897년 8월 26일자 「윤치호의 연설」.

30) 『尹致昊日記』 1900년 12월 28일조.

또한 윤치호는 오랜 세기 동안의 중국에의 국가적 신속臣屬은 조선인으로 하여금 강대국에의 예속을 타성화하여 국가의 자주성을 약화시켰다고 비판했다.[31] 중국에의 신속은 전통적인 유교사회에서는 자연스럽게 받아들여졌다. 가부장적 유교윤리에 바탕을 둔 동아문화권의 국제질서 안에서는 인간과 인간 그리고 국가와 국가 간의 차등관계 또는 종속관계가 당연시되었기 때문이다.

윤치호는 과거의 종속관계는 시대 상황이 그러했고, 나라를 지키는 하나의 방편으로 볼 수도 있으나, 지금은 도리어 나라를 망치며 타국의 수모를 받게 된다고 하여 국가평등의식에 의한 국가의 자주독립을 강조했다.[32]

또한 국가 발전에 불가결한 애국심과 관련하여 그는 유교사상 내의 충忠이란 효孝의 확대개념으로서 전제군주에 대한 절대적 순절적인 충에 불과하며, 유교사회에는 진정한 의미의 애국심은 존재하지 않는다고 생각했다.[33]

요컨대 유교는 조선인으로서의 주체성과 국가의 자주성 및 진정한 의미의 애국심이 결여된 사대적 종속윤리로서 비판되었다.

이제까지 우리는 개화기 윤치호의 유교사상에 대한 인식과 비판을 살펴보았다. 그는 전통사상으로서의 유교는 인간을 노예화하고 사회를 퇴영화시키며 국가정치를 전제화하는 윤리로서, 인간의 개선이나 사회의 발전 또는 국가정치의 변혁의 원리가 될 수 없으며 결국 개인과 사회와 국가의 현실문제에 해결 능력이 없다고 비판했다.

---

31) 『尹致昊日記』 1897년 11월 11일조.
32) 『尹致昊日記』 1884년 2월 6일조. "今我國與淸國干係 五州之衆 三尺之童 孰不知之 然而以今比古 事變頓異 古則爲其屬邦 甘處其下 不但勢所使然 亦是保國一策 今則恪事宗國 苦守舊規 何啻事竟無益 反必敗國乃已 … 必修勉圖自振 以期獨立 當我邦之急務."
33) 『尹致昊日記』 1894년 9월 18일, 9월 27일조.

윤치호의 비판은 유교의 원리에 대한 본질적인 비판이었다기보다는 유교가 역사상황에서 어떻게 기능했는가 하는 현상적인 분석의 성격을 띠고 있다.[34] 특히 서구 근대사회의 이념으로서 기독교를 긍정하는 측면에 서서, 동양 특히 한국 전통사회의 이념으로서 유교의 부정적 측면에 역점을 둔 비판이었다.

윤치호는 유교사상에 내재되어 있다고 보는 허례적인 형식윤리, 이기적인 가정윤리, 압제적인 계서윤리, 배타적인 절대윤리 그리고 사대적인 종속윤리 등을 지양하고, 기독교사상에 내재되어 있다고 보는 실용적인 실천윤리, 공익적인 사회윤리, 자유·평등의 윤리, 진보적인 변화윤리 그리고 주체적인 자주윤리 등을 지향했다. 이러한 그의 의식 속에서, 우리는 그의 전통사상에 대한 철저한 부정과 근대사상에 대한 전면적인 추구를 명백히 간파할 수 있다.

윤치호는 기독교 정신에 기초한 민주국가·문명국가인 미국의 발전상에서 근대사회의 전형을 보았고, 유교·불교·신도가 주체적으로 조화를 이룬 일본의 문명개화의 과정에서 근대화운동의 전형을 보았다. 그러므로 그는 절대화된 유교일변도의 조선과 중국의 낙후된 비참한 현실을 투시하고 현상타파의 의지 속에서 전통적 유교사상의 극복 논리를 전개한 것이다.

2. 전통적 통치체제에 대한 비판

여기에서 말하는 전통적 통치체제란 조선왕조의 전제군주체제를 의미한다. 개화기의 윤치호가 전제군주체제에 대하여 어떻게 인식했는가

---

34) 閔庚培, 1979,「初期 尹致昊의 基督敎信仰과 開化思想」『東方學志』19 特刊, 國學紀要 1, 연세대 국학연구실, 182쪽.

의 문제는 결국 그의 근대사회에 대한 인식의 깊이를 살피는 것이 될 것이다.

먼저 개화기 윤치호의 정치적 이상과 관련하여 그의 전제군주체제에 대한 인식을 살펴보기로 한다.

윤치호가 전제군주체제에 대하여 어떻게 인식하였는가에 대하여는 긍정론과 부정론의 두 가지 상반되는 견해가 있을 수 있다. 그의 직접적인 또는 간접적인 의사표시로 볼 수 있는 다음의 사례들은 그가 군주의 실질적인 통치권을 인정했음은 물론 나아가 전제군권의 강화를 지지했던 것으로 이해될 수도 있다.

　① 조선의 관리들은 가련한 노예이다. 그들은 결코 사리私利보다는 공익을 좋아할 수 없다. 애국심이란 그들에게는 알려져 있지 않은 용어이다. 그들은 나라가 어지러울 때는 겁쟁이고 평화로울 때는 이리이며 어느 때나 위선자이다. 조선정부를 개혁할 수 있는 유일한 길은 자체의 힘이나 아니면 외국의 힘에 의한 명령 밖에 없다 … 아, 피터대제大帝여!35)
　② 무식한 세계에서는 군주국이 도리어 민주국보다 견고함은 고금사기와 구미의 정형을 보아도 알지라.36)
　③ 우리나라는 단군 이래 전제정치 하는 나라이라, 구미 각국 중에 인민공화정치니 민주정치 한다는 나라의 정형과는 대단히 다르니 … 우리는 모두 백성이니 … 우리나라 전제정치 하시는 대황제 폐하를 만세무강 하시도록 갈충 보호하여 ….37)
　④ 외국인에게 의부依附치 말고 관민이 동심합력 하여 전제황권을 공고케 할 사.38)

곧 ①은 무능하고 부패한 정부관리를 제어하고 정치개혁을 단행하기

---

35) 『尹致昊日記』 1894년 8월 25일조.
36) 『독립신문』 1898년 7월 27일자 논설 「하의원은 급치 안타」.
37) 『독립신문』 1898년 10월 29일자 「윤치호의 연설」.
38) 『高宗實錄』, 光武2년 10월 30일조 ; 『皇城新聞』, 광무2년 11월 1일자 別報 「관민공동회의 헌의6조」.

위해서는 피터 대제와 같은 개혁적인 절대군주의 강력한 지도력이 필요
하다는 견해, ②는 국민이 우민愚民 상태인 낮은 민도民度에서는 군주국
이 효율적이라는 견해, ③은 국가의 역사적 현실적 상황 속에서 전제정
치가 불가피하다는 견해, ④는 전제군권을 강화하자는 직접적인 표현
등으로 해석될 수도 있다.

이와 같은 표현들은 결국 윤치호가 전제군주제를 인정했을 뿐만 아니
라, 전제군권의 강화를 주장한 전제군주주의자로 이해될 수 있다. 그러
나 이와 같은 표현이 나오게 된 이면을 살펴보면 그의 의도가 전제군주
제의 옹호에 있다고 보기는 어려울 것이다.

곧 ①은 정부관리에 대한 철저한 불신감과 정치개혁에 대한 절망감
그리고 근대화에 대한 절실한 염원에 역점을 둔 것으로 볼 수 있다.

②는 민권운동의 반대세력인 황국협회가 독립협회의 의회식 중추원
개편 운동에 대항하여 하원 설립을 주장하자, 하원 설립의 시기상조 또
는 비현실성을 강조하기 위한 것으로 볼 수 있다.

③④는 관민공동회를 전후하여 민중의 정부에 대한 과격한 언행을
경계하고, 국왕의 민권투쟁에 대한 반체제운동 의혹을 불식하여, 정부에
게 민권파 탄압의 구실을 주지 않으려는 의도에서 나온 것으로 볼 수
있다.

④는 외세에 의하여 국권이 위협당한 대외적 현실을 염두에 둔 주장
으로, 민권에 대립되는 대내적인 군권의 강화를 의미한 것이 아니고, 오
히려 궁극적으로 민권의 보장과 관계되는 대외적인 군권 곧 국권의 자주
를 강조한 것으로 볼 수 있다.[39]

이 같은 시각에서 볼 때 위의 전제군주제 긍정의 표현들은 윤치호의
근본사상의 표현이라기보다는 당시의 현실적 상황에서 나온 다분히 정
치적인 표현으로 보여 진다. 우리는 다음에서 그의 정치적인 이상이 어

---

39) 姜在彦, 1973, 『近代朝鮮の變革思想』, 東京, 日本評論社, 190쪽.

디에 있었던가를 중심으로 그의 전제군주제 부정론을 상정할 수 있을 것이다.

윤치호는 1898년 12월의 『독립신문』 논설 「민권론民權論」에서, "동양적 전제정치에서는 민권을 억압하고 정부가 국가의 권리를 독단하여 국가유사시에 인민이 수수방관하게 되므로 국가가 빈번히 쇠망하게 된다."고[40] 했고, 역시 같은 달의 『독립신문』 논설 「정치가론」에서는 "이탈리아에서 전제정치를 폐하고 입헌정치를 행하여 인민에게 자유지권自由之權을 주었기로 이탈리아가 통일하였는지라."[41]라고 했다. 이것은 전제정치→민권억압→국가쇠망 그리고 입헌정치→자유권리→국가유지라는 논리 속에서 전제정치를 폐하고 입헌정치를 행함으로써 자유민권에 의한 국가의 유지 발전이 가능하다는 이론이다.

윤치호는 동양의 전제정치를 유교적 속성과 관련하여 가정과 국가에서 자유정신과 기쁨을 말살하고 인간을 노예화하는 압제체제로 파악했다.[42] 『윤치호일기』 1893년 10월 7일자를 보면,

> 천만의 생령生靈이 자유로이 생각하고 말하고 행동하지 못하는 나라, 능력이 발휘되지 못하고 포부가 실현되지 못하며 애국심이 표현되지 못하는 나라, 지옥같은 전제정치가 수세대의 굴종과 빈곤과 무지를 낳는 나라, 삶 속에서 죽어가고 죽음 속에서 살아가는 나라, 도덕적 물질적 부패와 더러움이 해마다 수천의 생명을 앗아가는 나라, 이 같은 정치적 지옥이 얼마나 계속될 것인가?[43]

라고 하여, 자유와 민권이 억압되고 굴종과 빈곤이 강요되는 전제체제

---

40) 『독립신문』 1898년 12월 15일자 논설 「민권론」. "T.H. Yun's Letter to Dr. Young J. Allen," June 16, 1906에서, 그는 "Despotism unchecked has ruined the country(Korea)."라고 전제정치를 비판했다.

41) 『독립신문』 1898년 12월 7일자 논설 「정치가론」.

42) 『尹致昊日記』 1904년 5월 27일조.

43) 『尹致昊日記』 1893년 10월 7일조.

하의 조선의 절망적인 현실을 '정치적 지옥'이라 비판하여 전제체제 부정의 의식을 뚜렷이 보여주고 있다. 『윤치호일기』1893년 4월 8일자를 보면,

> 세월이 흐르면 조선도 다른 나라와 마찬가지로 문명국이 될 것이다. 그 천만의 백성들도 언젠가는 자유에 대하여 말하고 자유를 누리게 될 것이다. 그리고 오늘의 세대가 당하는 노예적 예속을 웃으며 회고할 것이다. 마을마다 학교와 대학이 들어서고 아름다운 반도의 도읍都邑에는 궁전 같은 집들과 깨끗한 거리 그리고 공중기념물들을 자랑하게 될 것이다. 그렇다. 이 모든 것들은 꼭 실현될 것이다.[44]

라고 하여, 문명국가·자유주의·근대사회에 대한 열망을 강력하게 피력하고 있다.

1898년 3월 독립협회의 민중운동이 시작될 무렵, 근왕파인 김영준金永準이 "지존至尊인 국왕의 행동을 문제 삼는 것은 이 땅에 민주주의를 도입하는 것"이라고 했을 때, 윤치호는 "만일 한국이 과거의 은둔상태로 되돌아간다면 절대군주제가 될 것이다. 그러나 문호를 완전히 개방하고 외국인이 주시하는 마당에 한국은 구습으로 돌아갈 수는 없다."[45]고 하여, 과거의 전제군주체제로부터 새로운 체제 사실상 민주주의 체제를 지향해 가고 있음을 암시하고 있다.

요컨대 윤치호는 자유와 민권이 보장되는 자유민주주의 그리고 근대문명 국가의 구현을 정치적 이상으로 했던 것이다. 그러므로 인민을 노예화하고 필경 국가를 쇠망케 하는 압제체제로 생각한 전제군주제를 부정하는 입장에 있었던 것이다. 그러나 그의 전제군주제 부정 의식은 그

---

44) 『尹致昊日記』 1893년 4월 8일조.
45) 『尹致昊日記』 1898년 3월 28일조. "If Corea were to go back to her old seclusion, absolute monarchism might do. But with all her doors open and foreigners watching her action, Corea can't go back to the old time practice."

의 전제군주제 옹호의 표현이 말해주듯이 당시 시대상황과 관련하여 과 감한 행동으로 표출되지 못한 일정한 한계성을 지닌 것이었다.

다음으로 우리는 개화기 윤치호의 군주와 왕조 및 정부에 대한 관점 을 중심으로 그의 전제군주체제에 대한 비판과 군주주권의 부정과정을 살펴보기로 한다.

윤치호에게 있어서 일본유학(1881~83)과 갑신정변(1884) 그리고 상해유 학(1884~88)에 이르는 시기는 개화사상을 학습하고 이를 실습하고 이를 확대해가는 과정이었다. 그의 근대사상이 성숙된 것은 미국유학(1888~93) 을 통해서였으며 이후 그의 통치체제에 대한 시각은 큰 변화를 보여주고 있다.

상해유학 시절 윤치호는 고종과 가친의 사진을 자기 방 벽 위에 걸어 놓고 정초에는 부모와 '군부모君父母' 그리고 조선인민을 위해 축복을 빌 곤 했다.[46] 당시 그는 국왕의 우유부단함을 애석하게 여겼지만 국왕에 게 선정善政의 의욕은 있다고 믿었다.[47] 따라서 국정이 위태롭게 된 것 은 국왕의 "만기친찰萬機親察"에 있는 것이 아니고 "군부모의 애민은정愛 民恩情"을 받들지 못하는 조정 신하들의 이기적 권세욕에 있다고 보았 다.[48] 곧 그는 '군부君父'라는 가부장적 군주, 국왕의 '만기친찰'이라는 전제적 군권 그리고 "군부모의 애민은정"이란 군주의 시혜적 애민을 긍 정하는 전통적인 존왕의식을 보여주고 있다. 그러므로 실정失政의 책임 문제도 체제적 차원에서가 아니고 인사적 차원에서 생각했고, 개화와 관 련하여 체제에 대한 비판도 거의 찾아볼 수 없다.

윤치호는 상해유학기까지는 조선의 개화와 변혁을 모색함에 있어서

---

46) 『독립신문』 1886년 2월 4일, 2월 21일조, 1887년 1월 24일조.
47) 『尹致昊日記』 1884년 1월 18일조. "上雖知其善 又欲行之而躊躇多疑 貪得姑安 惑於小奸 乏於能斷 事罕得果 謀多无實."
48) 『尹致昊日記』 1885년 6월 20일조.

전제체제 내적인 주장과 활동에 머물렀으며, 개화방법도 국왕의 선정의
욕善政意慾에 대한 신뢰를 바탕으로 국왕과 개화 엘리트들의 제휴에 의해
국왕 중심의 정치개혁에 역점을 둔 것으로 보인다.[49]

이와 같은 윤치호의 의식은 미국유학기에 일대전환을 보여준다. 그는
미국유학을 통하여 광범한 서구의 근대학문을 습득하고, 자유민권에 기
초한 미국 민주주의를 체험했기 때문이다. 따라서 그의 변혁방법론도 자
주개혁론과 내부혁명론 그리고 선진국 지배하의 개혁론 등으로 다양화
되고[50] 개화 엘리트와 민중의 제휴에 의한 다분히 체제변혁적인 성격으
로 변화되어갔다.

윤치호는 5년간의 미국유학을 마치고 상해체류 중에 조선왕조와 정부
에 대하여 다음과 같은 견해를 피력했다.

> 조선정부의 조직은 이기주의란 말로 표현되고 그렇게 구성되어 있다. 현
> 조선왕조는 모든 국가의 모든 역사 중에서 최악의 것이다.[51]
> 수치스러운 조선 역사에 대하여 더 알면 알수록 현 왕조 하에서는 개혁의
> 희망이 없음을 확신하게 된다. 정부는 500여 년 간 국가의 향상을 위해 아무
> 것도 한 일이 없다.[52]
> 결국 부패한 그리고 부패하고 있는 소수독재정치로부터 조선인민을 구하
> 는 유일한 방법은 현 정부와 낡은 왕조를 완전히 철폐하는 것이다. 철저히 썩
> 은 정부를 미봉하는 것은 소용없는 일이다.[53]

곧 그는 조선왕조를 최악의 왕조로, 조선정부를 이기적인 정부로 규

---

49) 박정신, 1977, 「윤치호연구」 『백산학보』 23, 백산학회, 356쪽.
50) 『尹致昊日記』 1890년 5월 18일조 ; "T. H. Yun's Letter to Dr. Young J. Allen,"
    January 24, 1891.
51) 『尹致昊日記』 1894년 1월 1일조.
52) 『尹致昊日記』 1894년 10월 8일조.
53) 『尹致昊日記』 1894년 9월 12일조. "After all, the only way to deliver the Corean
    people from a corrupt and corrupting oligarchy may be the entire abolition of the
    present government and of the old dynasty."

정하고, 이와 같은 최악의 조선왕조와 이기적인 조선정부 아래서는 전혀 개혁을 기대할 수 없다는 점과 부패한 독재정치로부터 인민을 구해야 한다는 점에서 조선왕조와 조선정부의 전면적인 철폐의 필요성을 절감했다.

윤치호는 귀국 후 독립협회운동기에 국왕에 대하여 직접적인 비판을 가했다. 그는 국왕은 믿을 수 없고 겁이 많으며 이기적인 존재로 아무 일도 해낼 수 없는 '악인'이라고 규정했다.[54] 또한 그는,

> 왕은 이 나라를 빨리 처분하기로 결심한 듯하다. 하늘은 이 나라를 찰즈 1세의 악화된 재판再版인 절대통치 하에 둠으로써 이 나라의 수많은 죄악을 심판했다.[55]

라고 하여, 당시 조선의 정치적 현실을 절대통치로 보고 고종을 찰즈 1세보다 더 국민을 억압하는 절대통치자로 인식했다. 아는 바와 같이 찰즈 1세는 왕권신수설王權神授說에 의해 국민과 의회를 탄압하여 청교도혁명淸敎徒革命을 유발시킨 영국의 절대군주였다.

필경 윤치호는 "황제로 하여금 인민을 속이고 억압하지 못하게 하는 유일한 방법은 그로부터 그렇게 하는 권력을 박탈하는 것"[56]이라 하여 민권을 탄압하는 군권은 박탈되어야 한다고 생각했다.

독립협회운동이 좌절된 뒤 1900년대에 윤치호의 군주에 대한 비판은 극도에 달했다. 그는 당시 황제의 정책은 "조선인을 수탈하고 타국인에 의해 수탈되는 것"이고, 대신들의 정책은 "조선인을 억압하기 위하여 누구에겐가 의지하는 것"이며, 일본인의 정책은 "조선을 일본에 의존시키기 위해 타국으로부터 독립시키는 것"이라고 분석했다.[57] 또한 그는 "황

---

54) 『尹致昊日記』 1898년 3월 28일조.
55) 『尹致昊日記』 1898년 11월 3일조.
56) 『尹致昊日記』 1898년 11월 16일조.
57) 『尹致昊日記』 1904년 4월 26일조.

제는 남의 가옥과 토지를 약탈하는 데 그 전 생애를 보내왔다."58)고 하여, 황제를 인민의 수탈자로 간주했다. 뿐만 아니라 그는 "황제의 실정失政이 국가를 파멸과 치욕으로 몰아넣었다."59)고 하여 황제를 국가파멸의 책임자로 규정했다.

윤치호는 당시의 조선현실이 선善과 악惡 중 양자택일의 상황이 아니고 대악大惡과 소악小惡 중 양자택일의 상황이라60)고 전제하고, 당시 국민들이 일인日人들을 싫어하면서도 환영해야 한다면 그 이유는 일인보다 황제를 더 증오하기 때문이며,61) "만일 저주가 한 인간을 죽일 수 있다면 저 사악한 황제는 진작 죽어서 지옥의 가장 밑바닥에 갔을 것이다."62)고 하여 황제를 일인보다 더 악한 인민의 증오의 적的으로 지목했다.63)

나아가 윤치호는 황제를 "조선 최악의 적敵"이라 규정하고 황제의 "전적全的인 퇴위"만이 인민을 구하는 길이라고 주장했다.64) 또한 황제뿐만 아니라 인민을 압제하고 불의와 죄악을 범하는 개인이나 국가는 신의 심판을 받아야 한다고 하여 조선왕조의 멸망을 당연한 것으로 생각했다.65)

---

58) 『尹致昊日記』 1904년 8월 6일조.
59) 『尹致昊日記』 1904년 5월 6일조.
60) 『尹致昊日記』 1904년 4월 12일조 및 1905년 5월 10일조.
61) 『尹致昊日記』 1905년 4월 21일조. "The Japanese on the country behave so badly that Koreans detest them. However they are obliged to welcome even the Japanese, not that they hate Japanese less but that they hate the Emperor more."
62) 『尹致昊日記』 1904년 9월 30일조.
63) 『尹致昊日記』 1904년 4월 26일조.
64) 『尹致昊日記』 1904년 12월 29일조. "Nothing short of his(Emperor's) total dethronement would satisfy the sense of justice or the feeling of disgust of the people."
65) 『尹致昊日記』 1900년 12월 25일조 ; "T. H. Yun's Letter to Dr. Young J. Allen," October 21, 1902. 윤치호는 1902년 11월 22일조의 일기에서, 한국인은 당시가

요컨대 개화기의 윤치호는 조선왕조의 통치체제는 국민의 권익과 사회의 개혁 및 국가의 향상을 외면하고, 국민을 압제 수탈하는 부패 무능한 이기적인 전제체제이며, 국왕은 기만적인 절대 통치자, 국민의 수탈자, 실정의 책임자, 나아가 국가최악의 적이라 규정했다. 따라서 국가와 국민을 위해서는 국왕의 퇴위는 물론 조선왕조와 조선정부는 완전히 철폐되어야 한다는 주장이다. 상해유학기의 국왕에 대한 신회를 바탕으로 한 전통적 존왕의식은 미국유학기에서 독립협회운동기를 거쳐 1900년대에 이르는 사이에 국왕퇴위, 왕조철폐 등 전통체제 변혁의 당위의식으로 전환된 것이다.

그럼 윤치호는 국왕퇴위와 왕조멸망이 어떻게 이루어지고 그 이후 어떠한 사회가 오리라고 전망했던가? 1900년 12월 30일의 일기에서 윤치호는 조선의 장래에 대하여 두 가지 장기 전망을 내리고 있다.

먼저 그는 과거 수세기간의 조선의 역사를 통하여 비관적인 전망을 내리고 있다. 곧 그는 조선의 양반체제, 유교주의, 경제적 빈곤, 전체정치 등이 역성혁명적인 왕조교체로 악순환을 되풀이하여 사회의 정체와 지리멸렬의 상태가 지속될 것으로 보았다. 여기서 주목할 사실은 그는 역성혁명적인 왕조교체를 역사의 악순환으로 인식하고 국왕퇴위와 왕조멸망이 역성혁명에 의해서 이루어져서는 안 된다는 의식을 보여주고 있다.[66]

다음으로 그는 낙관적인 전망을 내리고 있다. 곧 첫째로 장차 한국의 변화는 내부의 힘에 의해서가 아니면 외부의 영향력에 의해서라도 반드시 이루어져야 한다고 했다. 따라서 국왕퇴위·왕조멸망 이후에 근대화 개혁이 뒤따를 것이며, 그것은 내부의 지배나 외국의 지배 하에서의 두 가지 가능성이 있음을 지적한 것이다. 셋째로 서기 2100년에는 한국에

조선왕조의 마지막이라고 생각하고 있다고 기록했고, 1904년 7월 31일조의 일기에는, 이상재도 조선왕조의 멸망을 당연시하고 있다고 기록하고 있다.

66) 『尹致昊日記』 1900년 12월 30일조 ; 『독립신문』 1898년 12월 15일조 「민권론」.

근대사회가 이루어지리라고 전망했다. 즉 생활수준의 향상과 자연환경의 개선, 도로·학교 등의 근대시설과 국방력의 완비 그리고 "동의同議에 의한 납세" 곧 "동의에 의한 정치"가 가능해지는 의회민주주의와 근대화가 실현될 것으로 전망한 것이다.[67]

이상을 종합하여 볼 때, 개화기의 윤치호는 의회민주주의와 근대문명사회를 향한 정치적인 이상을 가지고 조선왕조의 전통체제 즉 전제군주체제는 내부의 힘이나 외부의 힘 등 어떠한 방법으로든지 극복되어야 한다고 믿은 것은 분명하다. 또한 국왕퇴위와 왕조멸망 이후 새로운 국왕이나 왕조가 들어설 것을 원치 않은 것도 분명하다. 이렇게 볼 때 그의 국왕퇴위와 왕조멸망의 의식은 전제체제는 물론 군주주권 또는 군주제도의 부정에까지 이르렀다고 이해된다. 그러나 윤치호의 군주주권 부정의식은 그의 현실상황론적인 점진적 타협주의에 의해 철저한 체제변혁을 위한 과감한 행동이 수반되지 못했고, 그의 개화지상주의에 의해 외세지배 긍정의 입장에 빠지게 되는 문제점을 안고 있었다.

3. 근대국가관의 수용

전통적인 유교사상과 전제군주체제를 철저히 부정하는 입장에 섰던 개화기의 윤치호는 어떠한 국가관을 가졌던가? 국민국가와 충군애국 및

---

67) 『尹致昊日記』 1900년 12월 30일조. "Korea must change willy-nilly. Either under a Korean or a foreign rule, rail-roads, telegraph, steamers and post will, in the course of the coming century, so revolutionize Korea that a Korean in the year of grace 2000 A.D. will be new creature compared with Korean of these day. By 2100 A.D. these poor huts with cesspools all around will give place to decent brick houses. These bare hills and mountains ⋯ will then again be clothed with the beauty of trees and flowers. The patient and long suffering millions of the peninsula wil l⋯ be taxed, with their consent, to keep public roads in order, schools in efficiency and national defense in effective conditions."

국가독립에 대한 그의 인식을 중심으로 하여 그의 근대국가관을 살펴보기로 한다. 먼저 윤치호의 국민국가에 대한 인식과 관련하여 그의 근대국가관을 살펴보기로 한다.

유럽 중세사회의 "영주領主 없는 토지 없다."는 영지관념領地觀念이나, 동양 전통사회의 "무릇 천하에 왕의 땅이 아님이 없다."는 왕토사상王土思想에서는 국가는 토지를 의미하며, 토지를 군주에 귀속시켜 필경 국가는 군주의 사유재산으로 간주되었다. 곧 전근대사회에서는 국가의 요소로서 국민과 통치권이 등한시되고 토지가 중심이 되었으며 군주가 곧 국가를 의미했던 것이다.

19세기 말 독립협회운동 당시에도 사회 일반에는 아직 왕토사상이 설득력을 가지고 있었다. 심지어 독립협회의 간부였던 정교鄭喬도 국토를 "선왕先王의 강토"라고 표현했다.[68]

윤치호는 『독립신문』 논설에서 "나라라 하는 것은 사람을 두고 이름이니"[69]라고 하여 국가의 중점을 인간에 두었다. 이러한 견해는 국가는 군주와 국민으로 구성되는 공동체로 인간이 주가 되고 토지는 종이 되는 자연법적 국가관의 발상이라 하겠다.

또한 그는 "나라라 하는 것은 일정한 토지를 두고 거느려 다스리는 권權에 복종하는 인민이 많이 모인 바이다."[70]라고 하여, 국가란 토지(영토)와 인민(국민)과 다스리는 권(주권)의 요소로 구성되며, 일정한 토지 위에 통치조직을 가지는 국민집단으로 인식했다. 이것은 국가를 토지에 중점을 두고 군주의 사유물시하는 전통적 국가관과 차원을 달리하는 견해

---

68) 鄭喬, 1971, 『大韓季年史』上, 국사편찬위원회, 176쪽.

69) 『독립신문』 1898년 12월 15일자 논설 「민권론」.

70) 『독립신문』 1898년 12월 17일자 논설 「나라 ᄉ랑ᄒᄂ 론」 및 1897년 5월 16일자 「尹致昊演說」. 『독립신문』 1898년 7월 15일자 논설 「독립ᄒᄂ 샹칙」에서는 "나라라 하는 것은 그 속에 있는 백성을 모아 된 것"이라 하여 국가를 국민집단으로 인식했다.

이며, 국가를 인간에 중점을 두는 자연법적 국가관을 바탕으로 국민집단과 동일시하는 근대적 국가개념이라 하겠다. 이 같은 근대적 국가개념[71]은 천부인권론, 사회계약론, 인민주권론과 밀접한 관련을 가진다.

윤치호는 "모든 인간이 태어날 때부터 평등하다는 사실"은 "하늘이 부여한 것이며 인류보편적인 이론이기 때문에 진리"이며, 생명·재산·자유 등 인간의 "불가양의 권리들과 번영은 우연히 길에서 줍는 것이 아니라 오랜 노력과 연구와 투쟁을 통하여 획득되는 것"으로 인식했다.[72] 이 같은 자연법적 천부인권론은 그의 인간 인식의 기본 이론이었고 그의 근대사상의 핵심을 이루었다.

윤치호는 이 같은 인간의 기본적 권리(자연권)를 수호하기 위하여 인민의 협의 또는 군민통치계약君民統治契約에 의하여 국가를 만든 것이며, 정부를 비롯한 모든 국가기구는 인민을 위해 설립된 것으로 인식했다. 이 같은 인식은 그의 직접 간접의 의사표현으로 볼 수 있는 『독립신문』의 다음과 같은 논설란에서 뒷받침되고 있다.

> 나라라 하는 것은 사람을 두고 이름이니 … 사람이 토지를 의지하여 나라를 세울 때 임금과 정부와 백성이 동심합력하여 나라를 세웠나니 … 백성의 권리로 나라가 된다.[73]
> 대범 나라는 백성으로써 근본을 삼고 백성으로써 권을 세워 일백 관원을 백성을 위하여 베풀었은즉[74] 정부가 백성을 말미암아 된 것이요 백성이 정부

---

71) 국가의 개념에 대해서는 白尙建, 1975, 「國家」『政治學大辭典』, 박영사, 172쪽 참조.
72) *The Independent,* May 19, 1898, "An Honest Confession" ;『독립신문』1898년 8월 4일자 「협회에서 홀 일」 ;『尹致昊日記』1890년 2월 14일조. 윤치호는 천부인권론에 입각하여 기본적 인권으로서 생명과 재산권의 자유 및 언론의 자유를 각별히 강조했으며, 미국의 민주주의에 대하여 인간의 자유와 불가양의 권리를 국가적 인종적 편견으로 백인에 국한시켰다고 신랄히 비판한 철저한 자유민권론자였다.
73)『독립신문』1898년 12월 15일자 논설 「민권론」.
74)『독립신문』1898년 11월 21일자 논설 「관민공동회 6차 상쇼」.

를 위하여 난 것이 아니라.[75]

곧 이것은 국가란 자생적인 것이 아니고 통치자와 피치자 간의 합의 또는 계약에 의해 인민의 권리로써 인민을 위하여 인위적으로 창출된 것이라는 근대적 국가발생의 개념을 의미하는 것이며, 국가나 정부권력의 기원을 인민에게서 구하고 권력설정의 목적을 인간의 기본적 권리수호에 두는 사회계약론적[76] 국가관을 의미하는 것이다.

인민을 국가권력의 원천, 권력설정의 목적 그리고 국가의 주인[77]으로 인식한 윤치호는, 정부란 "인민에 의한 인민을 위한 인민의 정부"여야 한다고 인식하여,[78] 인민이 국가 정치의 존재양식을 최종적으로 결정할 수 있다는 이른바 인민주권론적[79] 인민관을 가졌던 것이다.

따라서 그는 "인민은 국왕과 양반을 위해 부림당하는 우마牛馬가 아니며"[80] 인민 스스로를 위하여 국정비판권[81]과 국정참여권,[82] 나아가 혁

75) 『독립신문』 1898년 11월 26일자 논설 「유진률씨 편지」.
76) 사회계약론에 대해서는 田中浩, 1970, 「社會契約說」 『社會科學大辭典』 9, 東京, 社會科學大辭典編纂委員會, 310~311쪽 참조.
77) 『독립신문』 1898년 11월 16일자 「제손씨 편지」 ; 1897년 8월 26일자 「尹致昊演說」.
78) 『尹致昊日記』 1899년 3월 7일조에서 윤치호는 당시의 대한정부를 "With such a miserable system of government by thieves, for thieves, of thieves, one can ruin any country under the sky."라고 비난했다. 이것은 링컨이 민주주의를 간결하게 정의한 "Government of the people, by the people, for the people shall not perish from the earth."를 염두에 둔 비판이었다.
79) 인민주권론에 대해서는 앞의 『政治學大辭典』, 195쪽의 「國民主權」과 1427쪽의 「主權」 및 1498쪽의 「參政權」, 그리고 1970, 『社會科學大辭典』 10, 東京, 社會科學大辭典編纂委員會, 122~123쪽의 覺道豊治, 「主權」 참조.
80) *The Indepedent,* May 19, 1898, "An Honest Confession".
81) 『독립신문』 1898년 9월 7일자 논설 「실효가 잇슬는지」에서는, "어느 나라든지 중흥하려면 인민이 두려움 없이 정부를 시시비비하는 권리를 주는 것이 급선무인 줄 아노라"고 하여 인민의 자유로운 國政批判權을 주장했다.
82) 『독립신문』 1898년 12월 17일자 논설 「나라 스랑ᄒᆞᄂᆞᆫ 론」에서는 "이 (나라 사랑

명권83)까지도 가진다고 보아, 인민은 국왕과 지배층에 그 운명이 내맡겨진 통치의 대상이 아니고 주권을 가진 정치의 주체라고 인식했던 것이다.

요컨대 윤치호가 수용한 국가관은 자연법적 천부인권론과 사회계약론적 국민주권론 등 서구의 근대시민사상에 바탕을 두고 국가를 국민과 동질적으로 파악하는 국민국가관이었다고 하겠다.

다음으로 개화기 윤치호의 충군애국忠君愛國에 대한 인식과 관련하여 그의 근대국가관을 살펴보기로 한다.

애국심이란 형식적으로 보면 인간이 자기가 소속되어 있는 국가에 대하여 지니는 애정 및 헌신의 태도를 말한다. 그러나 애국심의 대상인 국가가 원시의 소집단으로부터 현대의 대규모 국가에 이르는 여러 단계의 변천에 따라 애국심의 내용도 변화되었다. 절대주의시대 혹은 전통사회에서는 국가와 동일시된 국왕을 통하여 개인과 국가가 연계되어 국왕에 대한 충성심이 바로 애국심이 될 수도 있었다. 그러나 시민혁명 이후 근대사회에서는 국가와 국민 혹은 민중이 동일시되어 이른바 국민국가에 대한 충성심이 애국심이 되었다. 곧 국왕에 대한 헌신이 아니고 국민에 대한 애정이 애국심의 내용이 되고, 이것은 국민으로서 자기 개인에 대한 애정을 포함하는 것이다. 이 같은 애국심은 낡은 권력과의 투쟁, 그로부터 민중의 해방 곧 자유의 요구와의 결합에서 실현되는 것이다.84)

윤치호는 애국심을 국가의 개혁 혹은 발전의 중요한 원동력으로 보았다. 그는 일본이 메이지明治 이후 불과 30년 동안에 놀라운 변화를 이룬

하는) 마음을 바로 세우게 함은 이 백성을 정치교육상에 몰아넣어 나라 정략 상에 참여하는 권리를 주는 데 있는" 것이라고 주장했다.

83) 윤치호는 1889년 12월 14일조의 일기에서, 프랑스 대혁명을 긍정적으로 인식하고 당시 조선에 있어서 철저한 혁명의 필요성을 역설했으며, 1890년 5월 18일조의 일기에서는 자주개혁과 더불어 내부혁명을 조선사회 변혁의 최선의 방법으로 생각했다. 그리고 1898년 7월 9일자『독립신문』논설「민권이 무엇인지」에서는 프랑스대혁명을 선망하는 표현을 쓰고 있다.

84) 新明正道,「愛國心」, 앞의『社會科學大辭典』, 13~14쪽.

것은 일본인의 강력한 애국심에 크게 힘입은 것이며, 조선과 중국의 경우에는 "지배층이나 피지배층에 있어서 올바른 의미의 애국심의 전적인 결핍으로 개혁에 방해가 되고 있다."고 분석했다.[85]

그런데 윤치호가 생각한 애국심은 전통적인 유교의 충성심과는 본질적으로 다른 것이었다. 그는 일기에 다음과 같이 기록했다.

> 최선의 의미의 애국심은 조선의 관료계급에는 알려져 있지 않다. 유자儒者들 간에 있어서 국왕에 대한 충성은 효성과 함께 한 쌍의 덕목이다. 그런데 대부분 조선의 관료들이 가진 최고의 충성 개념은 국왕이 커다란 위기에 처했을 때 자기들의 목숨을 끊는 것(때로는 국가에 긍정적 축복이 됨)이다.[86]

곧 전통적인 충성이란 군주에 대한 절대적인 충성, 순절적인 충성을 의미하는 것으로, 때로는 군주를 통하여 국가에 기여되는 바도 있다고 하겠지만, 이것이 진정한 의미의 애국심은 아니라는 것이다.

윤치호는 『독립신문』 논설[87]에서, 애국심은 "언어와 풍속과 종교가 같고, 하해河海·산악·지계地界가 분리되어 있어, 자연히 동일한 감정이 홍기興起하는 것"이라고 하여, 애국심을 일정한 토지 내에서 역사와 전통을 공유하는 국민의 일체감에서 발생되는 자연스러운 감정으로 인식했다. 그러므로 그는 애국심을 "천부지성天賦之性"이라고 했다. 또한 그는 같은 논설에서 애국이란 "국가의 공익"과 "동포의 권리"를 추구하는 것이라 했다. 그런데 그가 말하는 국가란 일정한 토지 위에 통치조직을 가지는 국민집단을 의미하여, 국가를 국민과 동질적으로 파악하는 국민국가國民國家를 의미로 한다. 이러한 관점에서 볼 때 그가 말하는 애국은

---

85) 『尹致昊日記』 1894년 9월 27일조.
86) 『尹致昊日記』 1894년 9월 18일조 ; 『독립신문』 1897년 8월 26일자 「尹致昊의 演說」.
87) 『독립신문』 1898년 12월 17일자 논설 「나라 ᄉᆞ랑ᄒᆞᄂᆞᆫ 론」.

국민국가를 그 대상으로 하며, 국민에 대한 애정을 그 내용으로 하고 있다고 하겠다. 그는 국왕에 대한 충성이 애국과 동일시되던 전통적인 충군=애국의 관념과는 다른 차원에서, 애국의 대상을 국가와 국민에 직결시켜 애민=애국으로 인식한 것이다. 이것은 서구 근대사회의 애국 개념과 동일한 것으로 볼 수 있을 것이다.

그럼 독립협회운동 당시 윤치호 등 민권파가 말한 충군애국은 어떻게 보아야 할 것인가?

충군忠君이란 통치권의 수임자인 국왕의 선정을 전제로 한 조건부 충성, 곧 애국·애민이 되는 범위 내에서의 충군을 의미한다고 하겠다.[88] 곧 당시의 충군이란 목표가 아니고 애민을 내포한 애국의 수단이었다고 볼 수 있다. 또한 아직도 존왕적 전통의식 속에 있었던 다수의 국민을 통합하기 위한 국민통합의 상징으로 파악되는 것이다.[89]

이러한 시각에서 볼 때 윤치호의 근대적인 애국의 개념이 전통적인 충군의 용어와 병용되어도 별다른 모순이 없게 되며, 독립협회가 내세운 충군애국도 '충군을 통한 애국'이란 전근대적 발상이 아니며, '충군과 애국'이란 전통적 발상과 근대적 발상의 모순적 표현도 아니며, '수단으로서의 충군, 목표로서의 애국'이라는 현실과 이상의 조화로 이해될 수 있을 것이다.

끝으로 개화기 윤치호의 국가독립에 대한 인식과 관련하여 그의 근대

---

88) 『尹致昊日記』 1897년 2월 18일조에서 윤치호는 "Mrs. Waeber's idea of patriotism is devotion to the King. Happy must be the nation in which one's personal fidelity to the sovereign coincides with his duties to the welfare of the country."라 했고, 『尹致昊日記』 1898년 7월 12일조에 보면, 독립협회 회원들은 당시 황제가 건설적인 건의를 받아들이지 않는다 하여, 황제에 대한 만세삼창의 거부를 결의한 바도 있었다.

89) 金榮作, 1975, 『韓末ナショナリズムの研究』, 東京, 東京大學出版會, 128~134쪽에서, 저자는 개화파에게 있어서 '충군애국'을 心情的 國民統合의 차원에서 분석하여 '통일국가의 정치적 상징' 또는 '국민적 통합을 목표로 한 것'으로 파악했다.

국가관을 살펴보기로 한다.

유교의 가부장적 계서윤리階序倫理가 지배하던 동양 전통사회에서는 인간관계는 물론 국제관계에 있어서도 종속적 차등관계가 당연시되었다. 이러한 차등적 질서 아래서는 인간의 평등도 국가의 자주도 기대될 수 없었다.

윤치호는 오랜 세기 간 중국에의 신속臣屬은 조선인으로 하여금 강국에의 예속을 타성화하여 독립정신을 약화시켰다[90]고 비판했으나, 실제로는 조선이 중국의 간섭을 받지 않고 자주적 독립국가를 유지해왔다[91]고 보았다.

한편 그는 청일전쟁 이후 조선이 중국과 종속관계를 청산하고 명목상은 독립이 되었으나, 실제로는 오히려 외국의 지휘를 받게 되어 자주독립이 된 것이 없다고 개탄하고, 그 중요한 이유는 우리의 힘에 의한 독립이 아니었기 때문이라고 인식했다.[92]

곧 그는 종래의 불평등한 전통적 국제질서 하에서의 명목상 종속관계와, 당시의 평등을 가장한 근대적 국제질서 하에서의 실제적 예속관계를 비판하고 자력에 의한 명실상부한 자주독립을 열망했던 것이다.

그리고 윤치호는 자력에 의한 국가독립의 원천을 국민의 힘에서 구했다. 그는 「독립의 상책」이란 『독립신문』 논설에서, "독립이라 하는 것은 스스로 믿고 남에게 기대지 아니한다는 말이라"고 정의하고, 국가는 국민의 집합체이므로 모든 국민이 자주독립하는 마음과 행위가 있으면 국가는 자연히 독립이 되는 것이라 하여, 각개 국민의 자주독립의 기상과 의식생활의 자립을 강조했다.[93] 그는 정신적인 자주독립과 경제적인 자

---

90) 『尹致昊日記』 1897년 11월 11일조.
91) 『尹致昊日記』 1894년 7월 27일조.
92) 『독립신문』 1898년 7월 15일자 논설 「독립ᄒᆞᄂᆞᆫ 상칙」.
93) 위와 같음. "T.H. Yun's Letter to Dr. Warren A. Chandler," January 23, 1896에서 윤치호는 조선인에게 근로를 통하여 자립정신을 기르고 자립생활의 수단을 제공

립生活을 영위하는 모든 국민의 총역량의 집결에 의해 확고한 국가의 독
립이 가능하다고 인식했던 것이다.

윤치호는 『독립신문』의 논설란과 독립협회 토론회에서의 연설을 통
하여,

> 우리 대한 전국에 있는 일천이백만 동포 형제가 일심일력으로 나라를 도
> 와 우리나라도 지금 구라파에 있는 상등국과 동등국이 기어이 되기를 바라오
> 며,[94]
> 우리나라와 우리 군주가 만국萬國과 동등해야 하며, 어느 나라에도 열등해
> 서는 안 된다.[95]

라고 역설했다. 그는 온 국민의 결집된 내적인 힘에 의한 대외적인 평등
관계와 주권국가의 확립을 추구했던 것이다.

그러나 윤치호가 생각한 국가독립은 다른 나라와 구별되는 독자적인
개별국가의 유지만을 의미하는 것이 아니었다. 거기에는 어떠한 형태의
국가로서의 독립인가 하는 내적인 문제가 포함되어 있었다. 그는 1889
년 미국유학중의 일기에서 다음과 같이 독립문제를 논했다.

> 나에게 조선의 독립문제는 관심이 없다. 현재와 같은 정부라면 독립은 국
> 가에 구원을 가져오지 못할 것이다. 한편 더 좋은 정부 곧 인민의 복지에 애
> 국적이고 공감이 가는 이익을 가져다줄 정부를 가진다면 종속도 진정한 불행
> 은 아니다. 더욱이 건실하고 번영한 국가는 어느 땐가는 독립을 회복할 것이
> 다. 그런데 빈약하고 무지하며 잔인한 정도로 이기적인 정부에 의하여 가난하
> 고 무지하며 연약하게 된 인민, 그러한 인민에게 독립이 뭐 나을 것이 있겠는
> 가?[96]

할 수 있는 실업교육이 조선에 있어서 기독교 교육과 선교의 중요한 부분이 되어
야 한다고 강조했다.
94) 『독립신문』 1898년 8월 9일자 논설 「유지각흔 친구의 편지」.
95) 『尹致昊日記』 1898년 2월 13일조 「독립협회 토론회석상의 윤치호연설」.
96) 『尹致昊日記』 1889년 12월 28일조. 윤치호는 일기 1891년 3월 8일조에서도 "A

곧 윤치호는 국가존립의 목적을 국민의 권리보장에 두었던 만큼, 국민을 압제하고 수탈하는 포악한 정부하의 국가독립이란 무의미한 것이며, 그러한 국가는 존립의 가치도 없다고 본 것이다. 따라서 그는 동족에 의한 가혹한 통치보다 이민족에 의한 관대한 지배가 오히려 낫다는 견해도 갖게 되었다.[97] 그러나 역사상 이민족의 관대한 지배가 존재할 수 없음을 감안할 때, 그의 민권보장론에 주체의식이 결여된 문제점이 있음을 알 수 있다. 어떻든 그가 주장한 참다운 의미의 국가독립은 국민에게 권익을 주는 국가로서의 독립이었다.

윤치호의 제의에 따른 1898년 2월의 독립협회 구국상소는 "국가의 국가됨은 자립하여 타국에 의지하는 않는 것이며, 자수自修하여 일국에 정법政法을 시행하는 것"이라 하고, 안으로는 정장定章을 실천하고 밖으로는 타국에 의뢰함이 없게 하여 국권을 자립하도록 촉구했다.[98] 여기서 자립하여 타국에 의지하지 말라는 것은 국권의 자주를 강조한 것이며, 자수하여 정해진 장정章程을 실천하라는 것은 민권의 보장을 주장한 것이다.[99] 당시 윤치호 등 민권파에 있어서 자유민권과 자주국권은 국가독립의 안팎의 양면을 이루는 요소로 인식되었다. 이처럼 윤치호가 생각한 국가독립은 대내·대외의 양면적 의미를 지니고 있었다.

그가 생각한 국가의 독립능력이란 대외적으로 다른 나라와 구별되는 개별국가를 유지할 수 있는 능력만이 아니고, 보다 본질적으로는 대내적

----

time there was when I tried to vindicate the independence of Corea. Now I do not care to do that Independence or no independence, the country as long as she is under present government, is not worth talking about."라고 했다.

97) 『尹致昊日記』 1889년 12월 24일조. 윤치호는 인도가 그 누구의 통치하에서보다 영국의 통치하에서 분명히 나아졌다는 사실을 확신했다. 여기서도 그의 국권에 대한 민권우위의식을 엿볼 수 있다.

98) 『承政院日記』 光武2년 2월 2일(陽曆 2월 22일)조 「獨立協會의 救國上疏」.

99) 윤치호 등 민권파는 인권(민권)도 최종적으로는 법에 의해 보장되는 것으로 보았으므로 당시 '實踐定章'은 바로 민권보장을 주장한 용어로 쓰였다.

으로 "영국인이나 미국인에 의해 향유되는 자유와 자치(민주정치)"를 해낼 수 있는 능력을 의미하는 것이었다.[100]

결국 윤치호가 생각한 국가독립이란 대외적으로는 타국으로부터 간섭을 받지 않는 자주와 평등의 주권국가로서의 독립임과 동시에 대내적으로는 각개 국민의 자유와 민권이 보장되는 민주국가로서의 독립을 의미하는 것이라 하겠다.

요컨대 윤치호는 천부인권론과 인민주권론에 기초한 국민국가의식을 바탕으로 하여, 국민국가를 대상으로 하는 애국심과 국민국가를 전제로 하는 국가독립을 강조하는 근대국가관을 수용했던 것이다. 그런데 이와 같은 그의 '국민국가로서의 독립론'은 '전제국가로서의 독립무용론'을 강조함으로써 그의 국가독립 의지에 취약점을 드러내고 있었다.

4. 근대정체론의 수용

전통체제를 부정하고 근대국가관을 수용했던 개화기의 윤치호는 어떠한 국가형태를 추구했던가? 그가 독립협회의 회장과 『독립신문』의 주필로서 그의 정치적 이상의 실천에 있어 가장 적극적이었던 1898년 독립협회운동기를 중심으로 살펴보기로 한다.

---

100) 『尹致昊日記』 1894년 7월 27일조. "The Japan Daily Advertiser with an owlish look tells us that Coreans are incapable of enjoying an independent nationality. If he means by independence that freedom and self-government enjoyed by an Englishman or American, his point is well taken. No Asiatic nation as for that matter has this independence. But if he means that Coreans are incapable of maintaining a distinct national existence with right privilege of her own, he is simply off. For centuries Corea has been to all purpose and intent independent. Even in recent years when China has tried to control the peninsula government, Corea has exercised all the right of free state."

윤치호는 사상적으로 자유민주주의를 신봉하고 현실적으로 전제군주
체제를 부정했던 점, 그리고 평화적 자주개혁과 내부혁명을 사회변혁에
있어 최선의 방법으로 생각했던 점[101] 등으로, 보아 그가 추구했던 국가
형태는 입헌군주제나 공화제로 상정해볼 수 있을 것이다. 윤치호를 비롯
한 당시 지식층에는 민주주의나 공화제가 널리 알려져 있었던 것도 사실
이다.[102]

윤치호는 1893년 미국유학 시절에 세계 여러 나라의 정치체제를 비
교하는 가운데,

> 어느 누구도 미국의 민주주의가 그 결함에도 불구하고, 결국 가장 좋은 정
> 부형태임을 부인치는 않을 것이다.[103]

라고 하여, 미국식의 민주공화제가 당대에 있어서 최선의 국가형태라고
인식했다. 그러나 그는 민주공화제를 당시 한국사회에 실현할 수 있는
국가 형태로는 결코 생각하지 않았다.[104]

윤치호는 독립협회운동 당시 사회변혁을 위해 혁명보다는 개혁에 역
점을 두었고, 관민협력官民協力에 의한 군민공치君民共治를 가장 역설했던

---

101) 『尹致昊日記』 1890년 5월 18일조 ; "T.H. Yun's Letter to Dr. Young J. Allen,"
 January 24, 1891.
102) 『尹致昊日記』 1898년 2월 27일자에서 그는 "The wave of democracy are faintly
 beating on the rocky shores of Korean politics"라고 하여, 당시 한국정계에 민주
 주의의 물결이 서서히 일고 있다고 보았다. The Independent, November 1, 1898,
 "An Assembly of All Castes"에 보면, 1898년 10월 말의 유산된 官民共同會의
 대회장으로서 윤치호가 會中에서 민주주의와 공화정치 옹호의 연설을 금하도록
 했는데, 이것은 당시 독립협회나 만민공동회 내에는 민주주의나 공화정치에 대한
 지지자가 적지 않았음을 의미한다. 1893년 11월 4일의 익명서사건은 수구파가
 공화제에 의한 반체제운동을 구실삼아 민권파를 탄압한 대표적인 사건이었다.
103) 『尹致昊日記』 1893년 9월 24일조.
104) 『尹致昊日記』 1898년 5월 2일조 ; The Indepedent, November 1, 1898, "An
 Assembly of All Castes".

점으로 보아, 일단 입헌군주제적 국가형태를 구상했던 것으로 보겠다. 그런데 입헌군주제라 해도 입헌주의나 의회기능의 정도에 따라 성격을 달리하는 영국형과 프러시아형으로 대별된다.

그러면 개화기의 윤치호는 어떠한 형태의 입헌군주제를 추구했던가? 이것은 독립협회의 정체론政體論과도 직결되는 문제이다. 이제까지 학계의 연구 성과에 의하면 독립협회의 정체구상은 입헌군주제로 귀일된다. 그러나 입헌군주제의 내용에 대하여 영국형과 프러시아형의 양론으로 갈려 논쟁이 되고 있다.[105]

그럼 먼저 입헌군주제의 내용을 간단히 검토해본 다음에 윤치호가 추구했던 국가형태를 추적해보기로 한다.

군주제는 통상 군주가 법으로부터 초월하여 자의적인 대권大權 행사가 가능한 전제군주제와 군주의 대권 행사가 억제되는 제한군주제로 대별된다. 제한군주제 내에서 군주의 대권이 헌법과 법률에 의하여 억제되는 제도를 입헌군주제라 하고, 입헌군주제는 의회제적 군주제 곧 영국형과 외견적 입헌주의제 곧 프러시아형으로 나뉜다.

영국형의 입헌군주제는 다음과 같은 특징을 가진다.[106]

① 군주의 대권 행사가 법 안에 들어가며 상원·하원으로 구성되는 의

---

105) 독립협회의 政體 구상에 대하여 신용하 교수는 『독립협회연구』, 214~218쪽에서 입헌대의정체 곧 영국형의 입헌군주제로 파악했고, 최덕수 교수는 1978,「독립협회의 정체론 및 외교론 연구」『민족문화연구』13, 고려대 민족문화연구소, 197~233쪽에서 프러시아형의 입헌군주제로 파악했다. 그리고 강만길 교수도 1978,「대한제국의 성격」『분단시대의 역사인식』, 창작과 비평사, 132~138쪽과 1978,「한국독립운동의 역사적 성격」『亞細亞硏究』제XXI권 제1호, 고대 아세아문제연구소, 4~5쪽에서 독립협회가 구상한 정체를 제한군주제하의 입헌군주제, 明治維新體制에 유의한 君民同治制로 표현되는 입헌군주제로 파악했다.

106) 田中浩, 1971,「立憲君主制」『社會科學大辭典』19, 東京, 社會科學大辭典編纂委員會, 15쪽.

회가 입법권을 장악하고 국정의 최고기관으로서 의회주권(King in parliament)
의 체제가 확립된다.

② 하원의 다수당이 내각을 구성하고, 정치상의 책임을 의회에 지우
는 의원내각제議員內閣制가 구현되며, 입법·행정·사법의 삼권은 실질적
으로 의회·내각·재판소에 귀속된다.

③ 군주는 국가원수로서 국가권위의 원천이지만 정치권력은 실제로
행사치 않아 군주의 통치는 전혀 형식적이다. 곧 군주는 "군림하지만 통
치하지 않는" 상징적 존재에 불과하며 국정의 기본방침은 국민의 의사
에 따라 결정된다.

④ 이 같은 입헌군주제를 "의회제적 군주제"라 하며 인민주권과 전혀
모순이 없는 제도이다.

프러시아형의 입헌군주제는 다음과 같은 특징을 가진다.[107]

① 명목상은 헌법과 법률에 의해 통치되고 의회도 존재하지만, 행정
부 권한의 절대적 우위를 통한 군주주권의 체제가 확립된다.

② 내각이 정치적 책임을 군주에게만 지는 제실내각제帝室內閣制가 성
립되고, 삼권분립은 군주의 권한을 3개 기관으로 분속시킨 형태에 불과
하다.

③ 군주는 주권자로서 국가통치의 연원이며 강대한 지배력을 가지고
실제적으로 이를 행사한다. 곧 전제주의적 성격이 강하며 인권보장은 대
단히 미약하다.

④ 이 같은 입헌군주제를 "외견적 입헌주의제"라 하며 메이지明治 헌
법하의 일본의 정치제도가 그 대표적인 것이었다.

---

107) 위와 같음. 橋川文三·松本三之介 編, 1971,『近代日本政治思想史』I, 東京, 有
     斐閣, 216~223쪽의 松永昌三 소론.

요컨대 영국형의 입헌군주제는 의회(인민)주권주의, 의원내각제(내각책임제), 실질적 권력분립, 형식적 군주통치 등 자유민주주의적인 철저한 입헌주의제이며, 프러시아형의 입헌군주제는 군주주권주의, 제실내각제, 형식적 권력분립, 실질적 군주통치 등 전제주의적 성격이 강한 외견적 입헌주의제라 하겠다.

그러면 개화기 윤치호의 입헌주의관 그리고 의회제도관과 관련하여 그의 입헌군주제적 국가형태를 살펴보기로 한다.

먼저 윤치호의 입헌주의관立憲主義觀을 통하여 그의 국가형태에 대한 구상을 살펴보기로 하자.

입헌주의란 헌법에 따라 통치되는 정치원리를 말하며, 통치권력의 제한과 합리화를 통한 개인의 자유와 권리의 보장이 그 핵심을 이룬다. 그러므로 근대 헌법은 인권보장, 권력분립, 법치주의를 그 특징으로 한다.[108]

윤치호는, 인간은 생명·재산·자유 등 천부불가양天賦不可讓의 기본 권리를 가지며, 인민은 단순히 통치의 대상이 아니고 주권을 가진 정치의 주체라고 인식했다. 곧 천부인권론에 입각한 인권·민권의 보장의식은 윤치호 사상의 중핵을 이루고 있었다.[109]

그는 비록 현실의 민중은 우매하여 정권담당의 능력이 없다고 보았지만, 본연의 민중은 국가발전의 원동력이며 주권자로서 정권담당의 권리를 가진다고 인식했다. 그러므로 그는 현실의 잠재적潛在的 주권자로서의 민중은 40년, 50년간의 교육과 진보를 통하여 현재적顯在的 주권자로 환원될 수 있다고 본 것이다.[110]

또한 그는 국가를 인민의 권리보장을 위한 존재로 인식하여, 인민을

---

108) 桂禧悅, 「立憲主義」, 앞의 『政治學大辭典』, 박영사, 1246쪽.
109) 本章 제3절 참조.
110) 『독립신문』 1898년 7월 27일자 논설 「하의원은 급치 안타」.

압제 수탈하는 전제국가 곧 인권과 민권을 보장 할 수 없는 국가는 존재 의미가 없다고 했듯이, 기본적 인권에 최고의 가치를 부여했다. 따라서 그는 단지 자주·주권 국가만이 아니고 영국인·미국인에 의해 향유되는 '자유와 자치' 하는 국가 곧 자유·민주 국가를 추구했던 것이다.[111]

윤치호는 대외적으로 자주국권을 강조했지만 대내적으로 자유민권을 더욱 중시한 철저한 민권주의자였다. 그에게 있어서 국권은 결국 민권에 종속되는 것이었다. 실로 자유민권은 윤치호가 지닌 변혁사상의 출발점임과 동시에 종착점이라 할 수 있겠다.

윤치호는 전제정치란 인민을 노예화하는 압제체제라 단정하고 입헌 정치를 추구했다. 그는 인권과 민권도 최종적으로는 법에 의하여 보장되는 것으로 보아 법률 장정을 철저히 실천할 것과 모든 법령은 홍범洪範＝헌법을 준행해야 한다[112]고 하여 법치주의와 입헌주의를 강력히 주장했다. 윤치호 등 민권파는 국가의 표준은 법률에 있다 하여 군주의 초법성超法性을 부인하고,[113] 군주나 특권층의 자의적인 통치를 법에 의한 통치로 전환시켜 전제권력으로부터 자유민권을 확립하려 했던 것이다.

그러나 그가 당시에 준수해야 할 법률과 헌법으로 생각했던 갑오개혁을 통해 마련된 신법新法과 홍범洪範은 그 제정 정차나 내용면에서 볼 때 철저한 입헌주의의 법률이나 헌법으로서는 대단히 미흡한 것이었다. 윤치호는 보통선거에 의한 민선의회에서 제정된 헌법과 법률에 기반을 두는 철저한 입헌제도를 잘 알고 있었다.[114] 따라서 그가 관제적官制的 신

---

111) 本章 제3절 참조.

112) 『承政院日記』 光武 2년 2월 22일조 「獨立協會의 救國上疏」 ; 『皇城新聞』 1898년 11월 1일자 別報 「官民共同會의 獻議六條」 ; 『독립신문』 1898년 7월 13일자 「협회재쇼」.

113) 鄭喬, 『大韓季年史』 上, 186쪽 ; 『독립신문』 1898년 3월 29일 잡보. 윤치호는 1898년 3월 21일조의 일기에서, 국왕이 범죄 용의자를 재판 없이 유배형에 처하는 것은 법과 법의 정신에 명백한 위반이라고 주장했다.

114) 윤치호는 에모리대학에서 헌법사를 수강했으며, 1930년에는 동 대학에서 명예

법과 홍범을 당시로서는 바람직한 법률과 헌법으로 간주했던 것은 다음
과 같은 현실적인 상황판단에서 연유한 잠정적인 것이라 생각된다.

첫째로 당시의 현실 상황에서는 직접선거에 의한 민선의회의 설립이
불가능하다고 판단했으므로, 훗날 제헌의회에 의한 헌법과 법률이 제정
될 때까지 최소한의 인권·민권의 보장에 필요한 잠정적인 헌법과 법률
이 절실히 요청되었던 것이다.

둘째로 신법과 홍범은 미약하나마 어느 정도 인권보장과 군권제약 및
법치주의 등 근대적 성격을 내포하고 있었으므로, 실천만 되면 최소한의
민권보장과 정치개혁이 가능하다고 믿었던 것이다.

셋째로 근대적 성격을 지난 홍범과 신법을 실천케 함으로써 당시에
아직도 적용되고 있었던 종래 전제체제하의 전근대적 반反입헌주의적인
구법을 청산시키고 근대적 법률의 지배를 실현하고자 했던 것이다.

곧 신법이나 홍범이 입헌주의적인 법률이나 헌법으로서 대단히 미흡
한 것은 사실이었지만 당시 이의 실천을 강력히 주장했던 윤치호의 의도
는 결국 입헌주의의 실현에 있었던 것은 분명하다. 윤치호가 당시 "협회
의 주장은 중추원을 부활시키는 동시에 입헌정치를 하자는 것"이었다고
후일에 회고한 것은 이러한 사실을 입증하고 있다.115)

헌법제정의 의도나 목적이 그 헌법의 내용과 성격을 규정짓는 것은
당연하다. 그럼 1881년을 전후한 일본의 자유민권운동의 절정기에 민권
론자들과 메이지 정부측의 경우를 검토하여 윤치호의 헌법에 대한 내면
적인 구상을 유추해보기로 한다.

당시 일본의 민권론자들은 헌법제정의 목적을 인권보장과 군권제약
에 두었다. 따라서 인민주권론에 의거 "국회개설→헌법제정"의 민약民約

법학밥사의 학위를 받았다. Kim Hyung-chan, "Yun Chi-ho in America: The
Training of a Korean Patriot in the South, 1883~1893," *Korea Journal*, Vol. 18,
No. 6(Seoul, June 1978), 21쪽.

115) 尹致昊, 「獨立協會의 活動」 『東光』 제26호(1931년 10월호), 36쪽.

헌법노선을 취했고, 영국형의 입헌군주제를 모델로 하여 의원내각제의
채용, 군주통치권의 형식화, 국회권한의 강화, 적극적인 인권의 규정 등
을 특징으로 하는 인민주권적 입헌주의 헌법을 주장했다.[116]

한편 메이지 정부측은 입헌제의 내용과 본질을 잘 알고 있었지만, 헌
법제정의 정치적 의도는 민권파의 입헌주의적 요구를 회피하고 번벌정
부藩閥政府의 유지와 천황대권의 강화에 있었다. 따라서 그들은 군주주권
론에 의거 "헌법제정→국회개설"의 흠정欽定 헌법노선을 취했고, 프러시
아형의 입헌군주제를 모델로 하여 제실내각제帝室內閣制의 채용, 행정권
의 우위, 국회권한의 축소, 제한적인 인권규정 등으로 특징지워지는 강
대한 군권중심주의 헌법을 채용했던 것이다.[117]

이처럼 헌법제정에 대한 정치적 목적을 인민주권론에 의한 민권보장
에 두었는가, 아니면 군주주권론에 의한 황권강화에 역점을 두었는가에
따라 전자는 영국형의 철저한 입헌주의 헌법을, 후자는 프러시아형의 외
견적 입헌주의 헌법을 취택했던 것이다.

윤치호의 기본사상이 천부인권론과 인민주권론에 입각한 인권·민권
의 보장을 바탕으로 했고, 그의 헌법과 법률에 대한 기본적인 입장이 인
권·민권의 보장과 전제권력의 제약에 있었던 만큼 그의 헌법관은 일본
의 경우와 비교하면 메이지 정부측의 군권중심주의보다는 당시 민권론
자들의 인민주권적 입헌주의에 가까웠던 것으로 이해된다. 따라서 그가
생각한 입헌군주제는 "천황지배체제 내의 신민으로서의 자유"를 제한한
메이지 헌법 하의 일본형보다는 "절대주의 권력으로부터 인민의 자유"
를 추구했던 영국형에 가까웠던 것으로 생각된다.

그런데 윤치호가 인민주권론을 잘 알고 있었다 해도 민중의 주권행사
능력을 불신했던 점에서, 그가 현실적으로는 프러시아형 곧 일본형의 입

---

116) 橋川文三·松本三之介 編, 『近代日本政治思想史』I, 206~211쪽.
117) 위의 책, 211~223쪽.

헌제도를 추구했다는 견해도 있을 수 있다. 그러나 그는 독립협회운동 당시에 어느 정도 성장한 민중에 대한 일정한 신뢰에 바탕을 두고 인민 참정운동을 전개했던 점을 감안할 때, 그의 입헌주의 의도는 불철저하마 나 인민주권에 바탕을 둔 영국형의 입헌제도를 추구했다고 볼 수 있을 것이다.

다음으로 개화기 윤치호의 대의제도관代議制度觀을 통하여 그의 국가 형태에 대한 구상을 살펴보기로 한다.

대의제도란 "전 국민을 대표하는 의원으로 조직되는 의회를 설립하여 국가의사를 결정하는 국가제도"로 실질적으로는 의회제도, 의회정치와 같은 의미를 가진다. 그러나 의회가 설립되어 있다고 하여 반드시 의회 정치라고 할 수는 없다. 의회가 설립되어 있다 해도 입헌군주제하에서 군주의 입법권 행사의 협찬기관이었던 1871년의 비스마르크헌법이나 전전戰前 메이지 헌법하의 국가체제는 의회정치는 아니었던 것이다.[118]

그럼 윤치호 지도하의 독립협회가 제안한 1898년 10월 24일의 중추 원개편안[119]과 그 개편 의도를 검토하여, 그의 대의제도＝의회제도에 대 한 관점을 통하여 그의 국가형태에 대한 구상을 살펴보기로 한다.

첫째로 독립협회는 중추원개편안 제1조에 의결사항으로 법률·칙령안 과 인민의 헌의獻議 사항을 규정하여, 근대적인 입법기관 또는 민의반영 기관으로서의 중추원 구상의 일면을 엿보이게 한다. 그리고 윤치호는 민 중의 소리(vox populi)가 반영되는 정치체제의 필요성을 절감하고,[120] 『디 인디펜던트』(The Independent)를 통하여 "인민은 입법에 발언권을 가져야 한다."[121]고 주장했으며, 독립협회의 중추원개편운동은 "인민의 생명과

---

118) 宮田豊, 1971, 「代議制度」『社會科學大辭典』 12, 東京, 社會科學大辭典編纂 委員會, 218~219쪽.
119) 鄭喬, 『大韓季年史』上, 272~273쪽.
120) 『尹致昊日記』 1894년 9월 27일조.
121) *The Independent*, October 18, 1898, "A Forward Movement" 원문. "The people

재산에 영향을 주는 입법에 어느 정도 민중의 소리를 참여케 하려는
것"122)이라고 풀이했다. 이로 미루어보아 윤치호를 비롯한 독립협회 지
도층의 중추원개편 운동의 의도는 기본적으로 국정에 민의民意를 반영할
수 있는 입법기관으로서의 의회를 염두에 둔 것으로 생각된다.

둘째로 독립협회는 중추원개편안 제2조에 중추원 의관議官의 반수는
정부에서 임명하고 반수는 독립협회에서 선출하도록 규정했다. 그리고
윤치호는 본연의 민중은 주권자로서 정권담당의 권리가 있으나 현실의
민중은 정권담당의 능력이 없는 우민愚民으로 파악하여, 당시의 한국 현
실은 서구적 시민혁명을 전망할 단계도 아니고 하원의 설립을 기대할 단
계도 아니라고 인식했다.123) 따라서 윤치호는 "나는 한국에서 대의국민
의회(representative popular assembly)가 가능하다고 생각해본 일이 없다."124)고
하여, 현실적으로 철저한 대의제도의 실현을 기대할 수 없다는 견해를
명백히 했다.

지역적 기초 위에서 전 국민을 대표하는 의원으로 구성되는 의회가
대의제도의 기본 요건임을 생각할 때, 윤치호 등이 구상한 중추원은 그
구성 형식에 있어서 국민 대표성이 극히 미흡한 것이었다. 그러나 당시
독립협회는 전국 인민을 대표하는 단체로 자타가 공인했던 만큼,125) 독

---

must have voice in the legislation so that abuses may be prevented before they
grow beyond the possibility of cure."

122) *The Independent,* October 27, 1898, "The Privy Council" & November 10, 1898,
"Molayo's Accounts of Recent Events in Seoul."

123) 『독립신문』 1898년 7월 9일 논설 「민권이 무엇인지」, 7월 27일 논설 「하의원은
급치 안타」.

124) 『尹致昊日記』 1898년 5월 2일조. "If I ever thought(which I have never done)
it possible to have a representative popular assembly in Korea, I give it up now.
A people who have so little public spirit … can such a people be entrusted with
the weighty matters of the country?"

125) 『독립신문』 1898년 10월 12일, 10월 27일, 11월 29일자에는 각기 "독립협회는
…… 전국인민을 대표하야" "대한 전국 2천만 동포 인민을 대표한 우리 독립협

립협회에서 민선民選을 대행하는 중추원의 국민 대표성을 전적으로 부정
할 수는 없을 것이다.

윤치호가 독립협회의 중추원개편 요구를 일종의 준국민의회(a kind of
semi-popular assembly)의 개설로 표현했듯이,126) 당시 윤치호 등 독립협회
지도층은 민회民會인 독립협회 차원으로부터 국회인 중추원 차원에서 국
민을 대표하려는 의도에서 중추원개편운동을 전개했다고 생각된다. 따
라서 윤치호 등이 구상한 중추원은 비록 그 구성 형식에서는 국민 대표
성을 결여하고 있지만, 그 구성 의도에 있어서는 근대국가의 의회적 기
능을 갖춘 국민의 대표기관을 목표로 구상되었던 것으로 생각된다.

셋째로 독립협회는 중추원개편안 제12조에 중추원의 동의 없이는 의
정부議政府 단독으로 국무를 집행할 수 없도록 규정했다. 관민공동회의
헌의6조 중에도 중대한 국사國事는 각부 대신과 중추원 의장의 합의하에
처결하도록 규정했다.127) 그리고 윤치호는 "독립협회는 … 내치·외교·재

회 회원들" "독립협회 회원들은 종로 공동회 만민과 전국 2천만 동포 형제를 대
표한 총대라"고 하여 당시 독립협회는 국민대표단체임을 자부했고, 독립협회와
정부 간에 최종 합의되어 11월 4일에 공포된 중추원 官制 제3조와 제16조에,
議官 반수를 人民協會에서 선거키로 하고 인민선거는 당분간 독립협회에서 행
하도록 규정한 사실은 정부에서도 독립협회를 국민대표단체로 인정했음을 의미
한다. *Communication to the Secretary of State from U.S. Representatives in Korea: H. N.
Allen,* No. 152, October 13, 1898, "Change of Cabinet, Peaceful Revolution,
Independent Club"에서, Allen공사는 본국에 "This Independence Club has grown
till it now represents the mass of the Korean people."이라고 보고한 바 있다.

126) *The Independent,* October 27, 1898, "The Privy Council" & November 10, 1898,
"Molayo's Accounts of Recent Events in Seoul" ; *Communication to the Secretary of
State from U.S. Representatives in Korea: H. N. Allen,* No.154, October 27, 1898,
"Recent Action Taken by the Independence Club of Korea"에서, 알렌 공사는 본
국에 "I now have the honour to inform you that they have succeeded in
obtaining a decree granting freedom of Speech, and they have practically
succeeded in securing a sort of popular assembly which, it is thought, may lead
to the establishment of a legislative body by popular election."이라고 보고한 바
있다.

정·군사 등 모든 정치를 중추원의 의결에 의해 행할 것을 주장했다."128) 라고 회고했고, 『독립신문』은 정부의 중추원개편 움직임과 관련하여 "중추원 지위는 정부 각 마을 중에서 제일 높은 마을로 작정한다더라."129) 고 보도한 바도 있다. 이로 미루어볼 때, 당시 윤치호 등 독립협회 지도 층은 국정 전반에 걸쳐 강력한 정부통제의 기능을 가진 의회식 중추원, 곧 행정부보다 우위에 있는 국정최고기관으로서의 의회를 구상했던 것 으로 생각된다.

넷째로 독립협회는 중추원 개편안 제10조에서 국무대신國務大臣과 각 부 협판協辦은 중추원의관을 겸임토록 규정하고, 제9조에서는 국무대신 은 위원委員을 구성하여 정부대표로서 중추원에 출석하여 의안을 설명토 록 규정했다. 그리고 윤치호는 관리들이 정치적 책임을 지는 정치체제를 강조하면서, 관리들이 부패한 정부에 책임지는 체제는 비합리적이고, 서 구적 국민의회에 책임지는 체제는 비현실적이라고 생각했다.130)

곧 윤치호를 비롯한 독립협회 지도층은, 정부는 그 각료들이 중추원 의관을 겸임하는 일종의 내각 형식을 취하게 하고, 국무대신은 그 주임 主任 사항에 대하여 독립협회가 주도하는 과도적 의회인 중추원에 책임 을 지게 하려는 것으로 볼 수 있겠다. 이것은 내각이 정치상의 책임을 의회에 지는 영국의 의원내각제=내각책임제적 발상이라 볼 수 있을 것 이며, 내각이 천황에게만 책임을 지는 일본 메이지 헌법하의 제실내각제 帝室內閣制와는 그 발상을 달리하고 있다고 하겠다.131)

요컨대 윤치호 등 독립협회 지도층은 민의를 반영하는 입헌기관·국 민대표기관으로서의 의회, 정부통제의 기능을 가진 국정최고기관으로서

127) 『皇城新聞』 1898년 11월 1일자 別報 ; 『高宗實錄』, 광무 2년 10월 30일조.
128) 尹致昊, 1931, 「獨立協會事件に就いて」 『韓末を語る』, 京城, 朝鮮研究社, 58쪽.
129) 『독립신문』 1898년 8월 1일자 잡보 「즁츄원이 놉다」.
130) *The Independent*, July 28, 1898, "The Utility of the Independence Club".
131) 신용하, 1976, 「독립협회의 사회사상」 『독립협회연구』, 일조각, 214~215쪽.

의 의회, 그리고 정부가 의회에 책임을 지는 내각책임제적 발상을 포함하는 의회주의를 추구했다고 생각된다. 이러한 의회주의는 입법과 행정을 실질적으로 의회와 내각에 각각 귀속케 하여, 사실상 군주의 통치를 형식화하는 의회제적 군주제 곧 영국형의 입헌군주제 지향을 의미하는 것이라 하겠다.

이상과 같이 우리는 개화기 윤치호의 입헌주의와 의회제도에 대한 관점을 통하여 그가 구상했던 국가형태 곧 정치체제政體는 영국형의 입헌군주제였다고 본다.

그런데 ① 윤치호는 당시 한국사회가 민도가 낮아 현실적으로 입헌주의나 대의제도의 철저한 실현이 불가능하다고 믿었던 점, ② 윤치호 등이 당시 실천을 주장했던 신법新法과 홍범洪範은 제정절차나 내용면에서 입헌주의로서 크게 미흡했던 점, ③ 윤치호 등이 당시 현실적으로 추구했던 의회식 중추원은 구성면에서 대의제도로서 국민 대표성이 크게 결여되었던 점, ④ 윤치호는 독립협회운동기 이전까지 한국의 개화·개혁을 위해 일본식 모델을 구상해왔던 점132) 등을 고려할 때, 윤치호가 현실적으로 구상한 국가형태는 일본형 곧 프러시아형의 입헌군주제로 생각할 수도 있을 것이다.

그리고 윤치호의 근대변혁방법이 점진적 상황주의적 입장에 서 있었던 점133)을 고려하여, 그가 구상한 현실적 국가형태는 외견적 입헌주의였고, 이상적 국가형태는 의회제적 군주제였다는 현실과 미래의 단계설로 이해될 수도 있을 것이다.

그러나 ① 윤치호는 인권·민권을 보장할 의사와 능력이 없는 국가는

---

132) 윤치호는 1881년 일본유학 이래로 '메이지 일본'을 모델로 하는 조선의 개화·개혁을 구상해왔다. 그는 1894년 11월 27일조의 일기에서도 "Next to Christianization, Japanization would be the greatest blessing to Corea."라고 하여 일본식의 근대화를 갈망했다.

133) 본 논문 제1편 제3장의 주 171 참조.

존재의미가 없다고 본 철저한 자유민권론자였던 점, ② 윤치호의 입헌주의·법치주의에 대한 정치적 의도는 일본의 민권론자들처럼 인민주권론에 의한 민권보장에 있었던 점, ③ 윤치호의 중추원개편운동의 의도는 전 국민을 대표하여 정부통제의 기능을 가지는 국정최고기관으로서의 의회의 설립에 있었던 점 등을 고려할 때, 그의 입헌주의와 의회제도에 대한 내면적인 의도는 역시 프러시아나 일본의 외견적 입헌주의와는 차원을 달리하는 것으로 이해된다. 따라서 의회제적 군주제 곧 영국형의 입헌군주제는 윤치호가 구상한 이상적인 국가형태였을 뿐만 아니라 불철저하게나마 현실로부터 미래를 향하여 구현하고자 한 국가형태였다고 보여진다.

제2장 윤치호의 근대변혁방법론

1. 내부혁명론

개화기의 윤치호는 전통사회를 근대사회로 전환시키는 방법으로 혁명이나 개혁을 통한 정치변혁을 중요시했다. 그는 내부혁명(internal revolution)을 조선사회의 근대적 변혁을 위한 최선의 방법으로 생각했다.[1] 그러면 윤치호가 동양적 역성혁명易姓革命과 서구적 시민혁명市民革命을 어떻게 인식했고, 당시 조선의 현상을 어떻게 인식했으며, 조선사회의 변혁에 있어 어떠한 혁명을 구상했던가 하는 문제를 검토하여 그의 혁명론의 실상에 접근해보기로 한다.

개화기의 윤치호는 '역성혁명'이란 용어를 사용하지는 않았지만 동양 전통사회의 왕조교체 과정을 다음과 같이 역성혁명적으로 인식했다.

> 동양풍속에 나라를 정부가 독단하는 고로 나라가 위태한 때를 당하여도 백성은 권리가 없으므로 나라 흥망을 전혀 정부에다 미루고 수수방관만 하고, … 나라 망하는 형상을 보거드면 종묘사직을 바꾸고 님군을 바꾸고 나라 이름을 고칠 뿐이요, 정부와 백성은 그대로 두는 고로 … 나라 망하는 것을 불관不關이 여기나니 엇지 한심치 아니하리오.[2]

---

[1] 『尹致昊日記』 1890년 5월 18일조 ; "T.H. Yun's Letter to Dr Young J. Allen," January 24, 1891.

[2] 『독립신문』 1898년 12월 15일자 「민권론」.

곧 그는 동양의 전제체제 하에서는 민권이 없으므로 국민이 국가의 흥망에 무관심하고 국가가 망해도 왕조와 군주가 바뀔 뿐 정치제체나 국민에게는 아무런 변동이 없는 역성혁명적으로 사회변천이 이루어진다고 파악했다. 따라서 그는 "무슨 역사가 반복하는가? 중국역사가."3)라 하여 중국의 역사를 내적 발전이 결여된 정체적停滯的인 역사로 인식했다.

윤치호는 같은 논리로 우리나라의 왕조교체를 내다보았다. 그는 과거 역사의 전철을 밟는 경우를 상정하여 조선왕조의 미래를 다음과 같이 비관적으로 전망했다.

> 때때로 즉 4, 5백 년마다 왕조의 부패와 죄악이 극도에 달했을 때, 새로운 왕가王家가 권좌에 올라 인민의 부담 경감과 보다 나은 관리 임용과 같은 다소간의 아주 필요한 개혁을 단행할 것이다. 첫째 혹은 둘째 왕 이후에는 새로운 왕조도 부패와 억압의 구습에 빠질 것이다. … 정체와 지리멸렬이 영속될 것이다.4)

곧 그는 우리나라의 왕조교체의 주기를 4, 5백 년으로 잡고 왕조가 교체되어도 근본적인 사회변혁이 없이 부패와 억압의 악순환이 반복된다고 하여 '역성혁명'으로 인한 역사의 정체성을 비판했다. 요컨대 윤치호는 한국이나 중국의 왕조교체 과정을 체제변혁이 수반되지 않는 정체적인 역성혁명으로 인식하고, 동양적인 역성혁명을 한국사회의 근대 변혁방법에서 제외시키고 있다.

중국과 한국의 역사에 대한 윤치호의 인식은 마치 비트포겔(K.A.

---

3) 『尹致昊日記』 1894년 11월 7일조.
4) 『尹致昊日記』 1900년 12월 30일조. "Judging from what Korea has been, in the centuries past, she would be what she is for the centuries to come. Yangbanarchy with all its concomitant evils; confucianism with all its stagnating formulas; hovel and 'kimchi' standard of living; a paternal but grinding system of government; and a kind of graveyard peace would reign over the land forever …"

Wittfogel)의 동양정체론과 일제 관학자들의 한국사정체론을 방불케 하는 것이다. 이러한 정체론적인 역사인식 속에서 그는 한국사의 내재적 발전을 긍정하지 못함으로써 역사비관론에 사로잡히고, 한민족의 잠재역량을 부정함으로써 민족패배의식에 빠지게 되었을 것이다.

한편 개화기의 윤치호는 서구적인 시민혁명을 체제변혁의 이상적인 방법으로 인식했다. 그는 1889년 12월 미국유학 당시의 일기에서 프랑스대혁명과 미국의 남북전쟁에 대하여 다음과 같이 기록했다.

프랑스혁명은 그 참혹함에도 불구하고 그 나라 왕실과 귀족과 사제司祭의 압제를 붕괴하는 데 지극히 유용했으며, 남북전쟁(The Civil War)은 그 위험성에도 불구하고 미국의 노예제도를 철폐하는 데 전적으로 필요했다.5)

윤치호는 압제정치를 폐지하고 자유·평등의 시민사회를 형성하기 위해서는 시민혁명과 시민전쟁의 방법이 필요하다고 인식했던 것이다. 뿐만 아니라 그는 같은 시기의 일기에서, 조선사회의 근대변혁을 위해서도 시민혁명이 필요하다는 견해를 피력했다.

강력하고 철저한 혁명은 이 나라(조선) 전체에 크게 도움이 될 것이다. 그런데 외세의 간섭은 그러한 혁명을 방해하거나, 이것을 한반도의 폴란드화를 위한 적절한 기회로 이용할 것이다. 그러나 모든 것을 고려할 때, 그러한 폴란드화도 온 국가가 지금 서 있는 아니 잠자고 있는 악취 풍기는 침체보다 더 나을 것이며, 적어도 더 못하지는 않을 것이다.6)

곧 윤치호는 조선의 절망적인 현상유지보다는 폴란드처럼 열강에 의해 분할될 위험이 있다 하더라도 시민혁명을 시도할 필요성이 있다고 생각했던 것이다.

---

5) 『尹致昊日記』 1889년 12월 12일조.
6) 『尹致昊日記』 1889년 12월 14일조.

미국유학을 마치고 상해로 다시 건너간 윤치호는 불결不潔과 불친절
과 부정직이 만연된 중국사회의 낙후성을 더욱 절감하고, "18세기의 파
괴적 혁명 없이 프랑스의 오늘이 어디 있었겠는가?"[7]라고 하여, 퇴영적
인 유교와 불교에 기초한 전통사회를 변혁시키는 데에는 프랑스혁명과
같이 파괴적인 방법이 필요하다는 것을 새삼 느끼게 되었다.

그러므로 그는 1894년 2월 상해 YMCA에서 행한 조선문제에 관한 연
설에서 "평화적 또는 폭력적 내부혁명만이 조선의 유일한 구제책이다."[8]
고 주장했고, 동년 5월에 동학농민의 봉기가 삼남지방을 휩쓸고 있다는
소식을 듣고, "악으로 물들고 피에 얼룩진 정부를 때려 부수는 어떠한
일도 환영하고 또 환영한다."[9]고 했던 것이다.

윤치호의 이와 같은 혁명지향적인 의식은 그의 현상인식의 소산이었
다. 그는 조선의 현상을 "정부의 우둔과 억압, 잔인과 독재의 상태 — 국
민의 무지와 미신, 빈곤과 고통의 상태 — 국가의 수치와 치욕, 점진적 쇠
멸의 상태"[10]라고 분석했다. 그리고 그는 조선사회를 자유와 민권이 억
압되고 능력과 애국심이 외면되며, 굴종과 빈곤이 강요되는 '정치적 지
옥'[11]이라고 생각했던 것이다.

그러므로 윤치호는 조선왕조를 "모든 국가의 모든 역사 중 최악의
것"으로 간주하고, 조선왕조하에서는 "개혁의 희망이 없다"고 판단하
여,[12] 다음과 같이 철저한 현상타파를 갈망했다.

　　　결국 부패한 그리고 부패하고 있는 소수 독재정치로부터 조선인민을 구하

---

7) 『尹致昊日記』 1889년 12월 19일조.
8) 『尹致昊日記』 1894년 2월 21일자 「尹致昊演說」.
9) 『尹致昊日記』 1894년 5월 30일조.
10) "T.H. Yun's Letter to Dr. Young J. Allen," January 24, 1891.
11) 『尹致昊日記』 1893년 10월 7일조.
12) 『尹致昊日記』 1894년 1월 1일, 10월 8일조.

는 유일한 방법은 현 정부와 낡은 왕조를 완전히 철폐하는 것이다. 철저히 썩은 정부를 미봉하는 것은 소용없는 일이다.[13]

곧 윤치호는 미봉책으로는 개선의 여지가 없이 철저히 부패한 조선정부와 최악의 상태인 조선왕조는 완전히 철폐되어야 하며, 이를 위해서는 혁명적인 방법밖에 없다고 믿었던 것이다. 그러나 그는 현실적으로 시민혁명이 당시 조선사회의 변혁에 있어 가능한 방법으로는 보지 않았다. 그리고 그가 해외유학시에 품고 있던 강렬한 혁명지향적인 의식도 귀국 후에는 크게 약화되었다.

윤치호의 시민혁명관은 독립협회운동 당시인, 1898년 7월의 『독립신문』의 논설 「민권이 무엇인지」[14]에서 구체적으로 제시되어 있다. 이 논설에서 윤치호는 1789년의 프랑스 혁명을 분석하여, 국민의 민권의식과 민권행사 능력을 혁명의 원동력으로 보고, 혁명 시에 예상되는 외세의 간섭을 배제할 수 있는 강력한 군사력과 애국적 단결력을 혁명의 추진력으로 인식했다. 그리고 그는 1898년의 대한제국의 현실을 분석하여, 혁명 당시의 프랑스가 지닌 혁명의 원동력도 그 추진력도 구비되어 있지 못하다고 판단했다. 따라서 그는 "우리가 이같이 무지하고 잔약하고 애국할 마음이 없이 어찌 법국法國(=프랑스) 사람이 하던 사업을 경영이나 하리오."라고 하여, 1898년 당시 대한제국에는 시민혁명이 불가능하다는 사실과 동시에 프랑스 혁명에 대한 선망의 의사를 표시했다. 이것은 시민혁명을 긍정하면서도 현실적으로는 자체의 능력부족을 감안한 시민혁명 불가능론 또는 시민혁명 시기상조론이라 하겠다.

개화기의 윤치호는 조선의 변혁을 위해 시민혁명의 필요성을 처음으로 피력한 1889년과 시민혁명의 불가능성을 제시한 1898년 사이의

---

13) 『尹致昊日記』1894년 9월 12일조.
14) 『독립신문』1898년 7월 9일자 논설 「민권이 무엇인지」; 柳永烈, 1973, 「獨立協會의 民權思想硏究」『史學硏究』22, 한국사학회, 73~74쪽.

1890년과 1891년의 일기와 서신에서 근대사회를 위한 최선의 혁명방법의 하나로 다음과 같은 내부혁명론을 제시했다.

> 현명하고 박력 있는 인사들에 의하여 수행되어, 모든 악폐와 부조리를 일소하고 확고한 개화의 토대 위에 새로운 정부기구를 세울 것, 그러나 외세의 존재와 그들의 이권 간섭은 그러한 전면적인 혁명이 일어날 희망을 주지 않는다.[15)

여기서 윤치호가 어느 정도 현실적인 실현 가능성과 관련하여 제시한 내부혁명은 첫째로 민중에 의한 혁명이 아니고, 현명하고 박력 있는 개화인사들에 의한 위로부터의 혁명이었다. 이것은 당시의 조선민중이 아직 혁명수행의 능력이 없어 현실적으로 민중혁명 곧 시민혁명은 기대할 수 없다고 판단했던 때문일 것이다. 그러나 그가 갑신정변 당시의 민중을 외면한 외세의존적인 급진개화파의 정변이 반드시 실패한다고 예견했던 것과 관련하여 볼 때, 개화세력에 의한 내부혁명은 적어도 민중으로부터 공감과 지지를 받는 자주적 혁명이어야 한다고 생각했을 것으로 보인다.

둘째로 혁명의 목표는 수구정권을 타도하고 개화정부를 수립하여 개혁정책을 강력히 추진하는 것이었다. 봉건적 압제와 수탈로부터 국민을 보호하고 외세의 침탈위협으로부터 국가의 독립을 수호하기 위해서는 자강개혁에 의한 근대체제의 확립이 무엇보다도 시급하다고 보았기 때문이다.

---

15) 『尹致昊日記』 1890년 5월 18일조 ; "T.H. Yun's Letter to Dr. Young J. Allen," January 24, 1891. "Internal revolution: conducted by a wise and vigorous mind to wipe off all the existing abuses and nonsenses, and to set up a new system of government on a firm and enlightened basis. But the presence of foreign power and their interested interference give me no hope that such a revolution can be successfully effected."

셋째로 이 같은 내부혁명도 예상되는 외세의 간섭으로 실현이 불가능하다고 보았다. 내부혁명이 일어날 경우에, 당시 한반도를 둘러싼 외국세력이 개입하리라 예상했고, 국내에는 혁명정부를 뒷받침할 만한 충분한 군사력이 없다고 생각했기 때문일 것이다.

요컨대 개화기 윤치호의 혁명론은 평화적 자주개혁이 불가능하다고 판단된 상황에서 부패 무능하고 포악한 조선왕조체제를 전면적으로 변혁해야 한다는 생각에서 구상된 것이다. 윤치호는 동양의 전통적인 역성혁명을 정체적인 것으로 비판하고, 서양의 근대적인 시민혁명을 전통체제변혁의 이상적인 방법으로 인식했으나, 조선사회에는 시민혁명의 수행능력이 없다고 보았다. 그러므로 개화인사들이 주도하고 민중이 공감하는 자주적 내부혁명을 조선사회의 변혁에 있어 현실적인 최선의 방법으로 생각했으나, 이 같은 내부혁명도 외세의 간섭에 의하여 실현이 불가능하다고 생각했다. 결국 윤치호의 혁명론은 회의적인 착상이었고 한 번도 스스로 혁명의 수행을 시도해본 적이 없는 실현의 의지가 결여된 탁상의 방법론에 불과했던 것이다.

2. 평화적 자주개혁론

개화기의 윤치호는 내부혁명과 더불어 평화적 자주개혁을 조선사회의 근대적 변혁을 위한 또 하나의 최선의 방법으로 생각했다.[16) 그러면 윤치호의 평화적 자주개혁의 논거를 평화적 개혁과 자주적 개혁으로 나누어, 시대상황에 대한 인식과 개화기의 경험 및 그의 행동성향과 관련하여 고찰하고, 그의 평화적 자주개혁의 구체적인 실현방법을 갑신정변기와 갑오개혁기 및 독립협회운동기로 나누어, 국왕과 개화세력 및 민중

---

16) "T.H. Yun's Letter to Dr, Young J. Allen," January 24, 1891.

에 대한 그의 인식과 관련하여 고찰함으로써 그의 개혁론의 실상을 살펴
보기로 한다.

먼저 윤치호는 어떠한 논거를 가지고 자주적 개혁이 바람직하다고 주
장했던가?

첫째로 열국경쟁의 시대상황에서 국가의 자위책으로서 자주적 자강
개혁이 주장되었다. 윤치호는 당시의 시대상황을 적자생존適者生存의 원
리가 지배하는 약육강식의 냉혹한 시대라고 인식하고,[17] 이 같은 사회
진화론적 침략경쟁의 시대에 국제정의란 존재하지 않으며,[18] 스스로 개
화 개혁하지 못하면 타국에 침탈될 수밖에 없다[19]고 생각했다. 따라서
당시의 시대상황에서 조선이 살아남을 수 있는 길은 자주적인 자강개혁
에 있다고 믿었던 것이다.

둘째로 개화기의 외세의존적 방법에 의한 개혁의 실패 경험을 토대로
하여 자주적 개혁이 주장되었다. 윤치호는 갑신정변 당시의 김옥균·박
영효 등과 갑오개혁 당시의 김홍집·유길준 등 그리고 아관파천 당시의
조병식趙秉式·정낙용鄭洛鎔 등의 외세의존적인 자세는 민중의 반발을 받
게 되거나 후견국가에 이익을 주었을 뿐, 조선의 독립과 개화사업에 하
등의 기여한 바가 없다고 판단했다.[20] 따라서 자주적 개혁이 최선의 방
법이라고 간주했던 것이다.

셋째로 독립과 개화는 자력에 의해 자주적으로 달성되어야 한다는 자
신의 지론에서 자주적 개혁이 주장되었다. 윤치호는 "독립이란 스스로

---

17) 『尹致昊日記』 1889년 5월 25일조, 1893년 4월 8일조, 1903년 1월 3일조.

18) 『尹致昊日記』 1892년 11월 20일조, 1894년 7월 31일조, 1905년 10월 25일조.

19) 『尹致昊日記』 1893년 4월 8일조. "It is pleasant to indulge in the contemplation
   that in course of time Corea will be as civilized as any country; If the Corean does
   not bring this to realization, somebody will do it. There is no other course for a
   race than to improve or die."

20) 『尹致昊日記』 1884년 12월 6일조 「尹雄烈의 政變失敗論」, 1897년 11월 11일조.

믿고 남에게 기대지 아니하는 것"이라는 생각에서 확고한 자주정신에
바탕을 둔 자주개혁이 국가의 참다운 독립과 개화의 가장 확실한 방법이
라고 믿었다.[21] 또한 그는 "내 나라 일은 결국 내 나라 사람이 가장 충
실히 하게 된다."[22]는 생각에서 자주개혁을 최선의 방법으로 간주했던
것이다.

다음으로 개화기의 윤치호는 어떠한 논거를 가지고 평화적 개혁이 바
람직하다고 주장했던가?

첫째로 당시의 시대상황은 혁명적 또는 폭력적 변혁을 성취할 만한
국내 여건이 하나도 갖춰져 있지 않다는 판단에서 평화적 개혁이 주장되
었다. 윤치호는 갑신정변 당시에는 개화당과 그 후원세력(조선주둔 일본군)
이 수구당과 그 후원세력(조선주둔 청국군)에 비해 너무 열세여서 개화당의
급진적 정변이 실패할 것을 예견했다.[23] 1890년대 초에서 갑오개혁에
이르는 시기에도 개화세력이 주도하는 전면적인 내부혁명은 외세의 간
섭으로 이루어질 수 없다고 보았다.[24] 독립협회 당시에는 혁명을 담당
할 만큼 민중의 근대의식이 성숙되어 있지 않았고, 혁명 시 외세개입을
제거할만한 군사력과 애국심이 갖춰져 있지 않아 시민혁명의 수행능력
이 없다고 판단했다.[25] 따라서 그는 평화적 방법에 의한 점진적인 개혁
이 보다 현실적이라고 생각했던 것이다.

---

21) 『독립신문』 1898년 7월 15일자 논설 「독립ᄒᆞᄂᆞᆫ 샹칙」.
22) 『尹致昊日記』 1904년 8월 22일조.
23) 『尹致昊日記』 1894년 12월 6일조 ; 이광린, 1973, 「甲申政變에 대한 一考察」『개
    화당연구』, 일조각, 172쪽 ; 신용하, 1980, 「한국근대의 사회발전」『한국근대사와
    사회변동』, 문학과 지성사, 25쪽.
24) "T.H. Yun's Letter to Dr Young J. Allen," January 24, 1891. 윤치호는 이 당시의
    동학농민운동에 대해서도 "악으로 물들고 피에 얼룩진 정부를 때려 부수는 어떠
    한 일도 환영하고 환영한다."고 하여 긍정적으로 평가했다(『尹致昊日記』 1894년
    5월 30일조).
25) 『독립신문』 1898년 7월 9일자 논설 「민군이 무엇인지」.

둘째로 개화기의 폭력적 방법의 실패 경험에 비추어 비폭력적 평화적 방법을 추구했다. 윤치호는 김옥균 일파의 친청수구파 살해와 민비 일파의 김옥균 일파 살해 및 스기무라杉村濬·유길준 일파의 민비 살해 등 폭력적인 방법은 결국 소기의 성과를 거두지 못했고, 정국의 악순환만을 초래했다고 판단했다.26) 따라서 그는 평화적 방법에 의한 순리적 개혁이 바람직하다고 생각했던 것이다.

셋째로 현실상황에 바탕을 두고 이상을 실현하려는 현실적 상황주의적인 자신의 행동성향에서 평화적 개혁이 주장되었다. 윤치호는 진보적인 사상을 지니고 있었지만, 행동면에서는 보수적이라는 평을 받을 만큼 순리적 점진적 타협적인 성향을 지니고 있었다. 그러므로 그는 주어진 현실상황에서 실현 가능성이 있는 방법을 모색했다.27) 곧 그는 이상적 진보적 혁명적인 사상을 현실적 점진적 개량적인 방법으로 실천하려는 상황주의적 속성에서 비폭력 평화적인 방법을 최선책으로 생각했던 것이다.

다음으로 개화기 윤치호의 평화적 자주개혁의 구체적인 실현방법을 시기별로 나누어 검토해보기로 한다. 먼저 갑신정변기의 평화적 자주개혁의 실현방법은 어떠한 것이었던가?

첫째로, 국왕중심체제에 의한 개혁이었다. 윤치호는 적어도 중국유학기까지는 고종의 선정善政 의욕을 신뢰하고 가부장적 군주와 전제적인 군권과 군주의 시혜적 애민愛民을 긍정하는 전통적인 존왕의식을 지니고 있었다.28) 또한 당시의 민중은 개화를 이해할 만큼 성장하지도 못했을 뿐만 아니라, 개화파의 세력도 극히 미약한 상태라고 판단했다. 따라서 국왕을 통한 국왕이 주도하는 개혁이 최선의 방법이라고 생각했던 것이

---

26) 『尹致昊日記』 1895년 10월 26일조, 1896년 2월 26일조.

27) *The Korean Repository*, Vol 5, No. 5(Seoul, May 1898), 193쪽 ; 『尹致昊日記』 1905년 11월 27일조.

28) 유영렬, 1979, 「윤치호의 전통관과 국가상」 『사학연구』 29, 한국사학회, 54쪽.

다.29)

둘째로 개화세력의 확대와 개화인사의 국정에의 참여였다. 윤치호는 갑신정변 당시 민씨 일파가 정권을 잡고 청국이 이를 비호하고 있었던 만큼 전면적인 개화정부의 수립은 불가능하다고 판단했다. 따라서 그는 먼저 개화 엘리트를 양성하여 개화인사들이 고종의 신임을 받아 국정에 참여함으로써 점진적으로 개화정책을 추진해야 한다고 생각했던 것이다.30) 이것은 전제군주와 개화지식층의 제휴를 의미하는 것이다.

셋째로 민중을 의식한 자주개혁이었다. 윤치호는 당시의 민중은 아직 우매한 상태였다고 판단하여, 민중의 반발을 받게 될 급진적인 개혁이나 외세의존적인 방법을 피하고, 민중이 수긍할 수 있는 점진적인 자주개혁이 바람직하다고 생각했던 것이다.31)

다음으로 윤치호의 미국유학기와 갑오개혁기의 평화적 자주개혁의 실현방법은 어떠한 것이었던가?

첫째로 개화파와 국왕의 제휴에 의한 개혁이었다. 윤치호는 당시 조선을 둘러싼 청·일 양국 간의 각축이 청일전쟁으로 번져간 상황에서, 현명하고 애국적인 개화인사들이 과감한 개혁의지를 지닌 국왕과 제휴함으로써 조국을 개혁하고 난국을 타개해야 한다고 행각했던 것이다.32) 이것은 개화지식층과 계몽군주의 제휴를 의미하는 것이다.

---

29) 『尹致昊日記』 1884년 12월 6일조 ; 박정신, 1977, 「윤치호연구」 『백산학보』 23, 백산학회, 152쪽.

30) 『尹致昊日記』, 1884년 12월 6일조. Foote 公使도 서광범, 김옥균 등에게 개화당은 지사를 모으고 '上寵'을 견고히 하여 점진적으로 개화에 힘쓸 것을 권고했다. (『尹致昊日記』 1894년 11월 13일, 11월 29일조)

31) 『尹致昊日記』 1884년 12월 6일조, 1885년 2월 14일조.

32) 『尹致昊日記』 1894년 7월 30일조. "The only possible way to reform Corea is to convert the King into a determined character surrounded by wise and patriotic men or to overthrow the present government altogether, putting the reins in some competent hands, native or foreign."

둘째로 개화정부의 수립에 의한 자강개혁이었다. 윤치호는 어떠한 방법으로든지 민씨 수구세력을 퇴진시키고 강력한 개화정부를 수립하여 자강개혁을 단행해야 한다고 보았다.[33] 그는 개화정부의 수립에는 내부의 힘이나 외부의 영향력에 의하는 두 가지의 방법이 있다고 인식했으며, 비록 외부의 영향 하에서라도 애국적이고 자주적 정신을 견지하면 자주개혁의 효과를 볼 수 있다고 생각했던 것이다.[34]

셋째로 사회 일반의 여론을 존중하는 민중을 위한 개혁이었다. 윤치호는 기본적으로 민중을 계도하여 개화의 편에 서게 하고, 언론과 출판의 자유를 통하여 사회의 여론을 반영하는 개혁이 바람직하다고 믿었던 것이다.[35] 그러나 당시에는 민중운동을 통한 개혁의 추진은 아직 고려되지 않았다.

끝으로 독립협회운동기에 윤치호가 구상한 평화적 자주개혁의 실현방법은 어떠한 것이었던가?

첫째로 민권파와 민중의 연대에 의한 개혁추진이었다. 당시에는 근대적 지식층이 질적 양적으로 성장되고 있었고, 도시를 중심으로 시민계층이 어느 정도 성장하고 있었다.[36] 특히 독립협회 등 근대적 민회民會와 독립신문 등 근대적 언론기관 및 만민공동회 등 근대적 민중집회가 출현

---

33) 『尹致昊日記』 1890년 5월 18일조 ; "T.H. Yun's Letter to Dr. Young J. Allen," January 24, 1891 ; "T.H. Yun's Letter to Dr. Warren A. Candler" September 20, 1894 & June 28, 1895.

34) 『尹致昊日記』 1894년 7월 30일, 12월 10일조, 1895년 1월 12일조 원문. "I am perfectly sure that Japan will help Corea as long as there is any hope for its regeneration. Whether Japan's interference will prove a blessing or a curse to Corea, the question depends chiefly on the wisdom and patriotism or the folly and selfishness of the Corean government. Corea has now a fine opportunityfor improving her condition."

35) "T.H. Yun's Letter to Dr. Young J. Allen," January 24, 1891 ; 『尹致昊日記』 1894년 8월 24일, 9월 28일조 「윤치호의 10개조 개혁안」.

36) 신용하, 1976, 「독립협회의 사회사상」 『독립협회연구』, 일조각, 138~144쪽.

하여 활발히 움직였다. 따라서 윤치호는 근대적인 정치단체와 근대적인
언론기관 및 근대적인 민중집회를 통하여 근대적인 방법으로 자주와 민
권의 근대개혁을 추진하려 했다.37) 곧 민권파 주도하의 독립협회와 민
중의 정치운동을 통한 개혁을 추구했던 것이다.

둘째로 개혁내각의 수립과 민선의회의 설립에 의한 자강개혁이었다.
당시 윤치호는 독립협회와 민중운동을 통하여 전제군주제를 입헌군주제
로 바꾸고, 의정부를 근대적 내각으로 개편하여 개혁내각을 수립하고,
중추원을 근대적 의회로 개편하여 독립협회의 민권파를 의회에 진출시
키려 했다. 그리하여 독립협회가 주도하는 민선의회와 개혁내각의 협력
하에 근대개혁을 실시하게 하려 했던 것이다.38)

셋째로 민권파와 국왕의 화합에 의한 개혁이었다. 당시의 독립협회는
민중을 배경으로 막강한 정치세력으로 등장했다. 그러나 혁명적 방법을
택하지 않는 한 현실적으로 군주의 존재를 전면적으로 부정할 수는 없었
고, 더욱이 열강의 주시 속에서 민권세력과 정부와의 정면충돌은 적전내
분의 위험한 상태라 판단되었다.39) 그러므로 윤치호는 국왕을 입헌군주
로 만들고 군권君權을 국권國權의 상징으로 하여 민권과 군권을 공존케
함으로써 관민합력으로 점진적 개혁을 추진하는 것이 바람직하다고 생
각했던 것이다.40)

---

37) 유영렬, 1973, 「독립협회의 민권운동전개과정」『史叢』17·18합집, 고려대 사학
    회, 378쪽. 윤치호는 독립협회를 토론회로 개편하고 정치단체로 전환시키는 데 주
    역을 담당했으며, 독립협회의 회장, 『독립신문』의 주필, 만민공동회의 회장으로서
    1898년의 민권파와 민중의 근대적 정치운동을 주도했다.

38) 尹致昊, 1931.10, 「獨立協會의 活動」『東光』第26號, 36쪽 ;『駐韓日本公使館
    記錄』(機密本省往信) 發第75號, 1898년 11월 8일조「獨立協會大臣排斥ニ關ス
    ル詳報」; 신용하, 「독립협회의 자유민권자강운동」『독립협회연구』, 361쪽.

39) 『尹致昊日記』1898년 12월 27일조 ;『독립신문, 1898년 11월 25일자「尹致昊
    演說」; 유영렬, 「독립협회의 민권운동전개과정」『史叢』17·18합집, 378쪽.

40) 신용하, 「독립협회의 사회사상」『독립협회연구』, 148~149쪽.

요컨대 개화기 윤치호의 평화적 자주개혁론은 열강의 침략경쟁과 국내의 혁명여건 불비不備 등의 시대상황에 대한 인식과, 개화기의 외세의 존적 또는 폭력적 개혁방법의 실패 등 과거의 경험, 그리고 그의 자주의식과 상황주의적 행동성향에서 조선사회의 근대적 변혁을 위한 최선책으로 안출된 것이다.

그의 평화적 자주개혁의 실현방법은 시기에 따라, 국왕 중심의 개혁 → 개화파와 국왕의 제휴에 의한 개혁 → 민권파와 국왕의 화합에 의한 개혁으로 진전되어 그의 국왕에 대한 신뢰가 낮아지고 있었고, 개화인사의 참정에 의한 개혁 → 개화정부에 의한 개혁 → 개혁내각과 준국민의회準國民議會의 합력에 의한 개혁으로 진전되어 개화자강계열에 대한 기대와 비중이 높아지고 있었으며, 민중을 의식한 개혁 → 여론 존중의 개혁 → 민회와 민중운동에 의한 개혁으로 진전되어 민중에 대한 인식과 기대도 확대되는 현상을 보여주었다.

윤치호가 조선의 근대변혁을 위한 또 다른 최선책으로 생각했던 내부혁명론이 현실적으로 실현의 의지가 결여된 채 그의 의식 속에 내재했던 잠재적 방법론이었다고 한다면, 평화적 자주개혁론은 현실적으로 실천을 수반한 현재적顯在的 방법론이었다고 할 수 있겠다.

3. 문명국지배하 개혁론

개화기 윤치호의 문명국지배하 개혁론은 조선의 근대적 변혁을 위한 최선의 방법으로 생각한 내부혁명과 평화적 자주개혁이 불가능하고, 외세의 조선지배가 임박했거나 불가피하다고 판단된 절망적인 상황에서, 최악의 상태로 생각한 현상유지나 중국에의 예속을 탈피하기 위한 차선책으로 안출된 변혁방법론이었다.[41) 그가 외국의 지배 혹은 영향 하에

서 변혁을 기대했거나 그것이 불가피하다고 생각한 시기는 대체로 거문
도점령사건 전후시기, 청일전쟁 전후시기, 아관파천 전후시기, 그리고
러일전쟁 전후시기였다.

먼저 거문도점령사건(1885.4~1887.2)을 전후한 시기에 문명국 지배하의
개혁에 대한 윤치호의 의식을 살펴보기로 한다.

이 시기는 국제적으로는 러시아의 남하정책과 이를 견제하려는 영국
의 거문도점령을 계기로 하여 영·러 양국의 이해관계가 한반도에서 충
돌하고, 청국이 조선 내정에 적극적으로 간섭을 기도했던 시기였다.[42]
한편 국내적으로는 갑신정변 이후 개화세력이 완전히 도태되어 자주개
혁이나 내부혁명에 의한 근대변혁이 전혀 기대될 수 없었고, 백성들은
전근대적인 압제와 수탈에 시달리는 비참한 상태에 있다고 인식되었
다.[43] 이러한 상황에서 윤치호는,

이 같은 국세國勢로서는 일국의 생사의 명命을 천하에 둘도 없는 만이蠻夷
(=支那)의 손에 맡기느니보다는 차라리 전토全土를 다른 문명국에 맡기어 중
세重稅와 악정하에 있는 인민을 구하는 것만 같지 못할 것이다.[44]
이왕 청인의 속국이 될 바에야 차라리 러시아나 영국의 속국이 되어 그
개화를 배우는 것이 낫겠도다.[45]
영국 혹은 러시아의 지배 하에서 인민은 인민으로서 많은 고통을 덜고 많
은 이점을 향유할 것이다. 그러나 나는 러시아보다는 영국의 지배가 더 낫다
고 생각한다.[46]

---

41) "T.H. Yun's Letter to Dr. Young J. Allen," January 24, 1891.
42) 박준규, 1964,「청일개전과 열국외교」『동아문화』2, 서울대교 동아문화연구소,
1~2쪽 ;『尹致昊日記』1885년 6월 26일조. "北鷲養力 將俟機而奮翼 西獅肆貪
已入門而窺堂 四隣蚕食之患 見在目前 八域卵累之危 語不能盡 況被豚尾之侮
日甚一日."
43)『尹致昊日記』1885년 6월 20일, 6월 25일조.
44)『尹致昊日記』1886년 9월 9일조.
45)『尹致昊日記』1889년 10월 11일조.
46)『尹致昊日記』1890년 5월 18일조.

라고 하여, 이왕에 외국의 지배를 받을 바에는 청국 같은 야만국가의 전
근대적인 지배보다는 러시아 특히 영국 같은 문명국가의 근대적인 지배
를 받는 것이 국민의 보호와 개화의 추진에 유익하다고 생각했다. 또한
그는,

> 나는 인도가 그 어느 통치 하에서보다도 영국의 통치 하에서 분명히 더
> 나아졌다는 사실을 확신한다.[47]

라고 하여, 동족의 전근대적인 가혹한 통치보다는 이민족의 근대적인 관
대한 통치가 국민의 보호와 개화의 추진에 유익하다고 생각했던 것이다.

여기에서 우리는 개화기 윤치호의 외세지배하의 개화·개혁론이 강력
한 민권보장의식과 문명개화의식에 근원을 두고 있음을 알 수 있다. 그
는 인민을 압제하고 개화를 외면하는 국가로서의 독립은 아무런 의미가
없다고 생각했던 것이다.[48] 이러한 국가독립을 넘어선 민권보장론과 개
화지상주의는 필경 외세지배를 긍정하는 논리가 되었고, 외세지배를 긍
정하는 논리는 일제하 친일협력의 논리로 이어졌던 것으로 보인다.

그러면 윤치호는 영구적으로 외세지배를 받아도 좋다고 보았던가? 그
의 일기에 보면,

> 인민의 복지에 애국적이고 공감이 가는 이익을 줄 정부를 가진다면 종속
> 도 진정한 불행은 아니다. 그 위에 건실하고 번영한 국가는 어느 때인가는 독
> 립을 회복할 것이다.[49]

라고 했듯이, 그는 선진외국의 지배 하에서 국민들은 전근대적인 질곡을

---

47) 『尹致昊日記』 1889년 12월 24일조.
48) 『尹致昊日記』 1889년 12월 23일조.
49) 위와 같음

벗어나 문명개화를 배울 수 있고, 한편 외국지배하의 시련과 단련을 통하여 국민들이 자각 분기하여 언젠가는 외세를 벗어나 문명국가로서 독립할 수 있으며, 이렇게 해서 쟁취한 독립이 참다운 독립이라고 믿었다.50)

그리고 윤치호는,

> 한 국가가 자신을 통치하기에 부적당할 때는, 독립할 수 있을 때까지 더 개명되고 더 강한 국민에 의하여 통치되고 보호되며 가르침 받는 것이 더 낫다.51)

라고 했듯이, 그가 생각한 문명국지배의 기한은 독립능력이 있을 때까지였다. 그리고 그가 말하는 독립능력이란 대외적으로는 자주권을 지킬 수 있는 능력이며, 대내적으로는 민주정치를 행할 수 있는 능력을 의미하는 것이었다.52)

그러면 윤치호는 이러한 독립능력이 언제쯤 갖춰질 수 있다고 보았던가? 그는 1898년의 『독립신문』 논설에서, 한국민은 4, 50년간 개화 진보된 후에 정권담당의 능력이 생길 것으로 보았고, 1900년의 일기에서는, 한국사회는 1, 2백 년 정도 지나면 근대적 문명사회가 될 것이라고 전망했다.53) 바꾸어 말하면 그가 생각한 외국지배는 4, 50년에서 1, 2백년에 걸치는 장기적인 것이었다.

여기에서 우리는 민족의 과거·현재·미래에 대한 비관적 인식 곧 비판

---

50) 『독립신문』 1898년 7월 15일자 논설 「독립ᄒᆞᄂᆞᆫ 샹칙」.
51) 『尹致昊日記』 1889년 12월 24일조.
52) 『尹致昊日記』 1894년 7월 27일조.
53) 『독립신문』 1898년 7월 27일자 논설 「하의원은 급치 안타」 ; 『尹致昊日記』 1900년 12월 30일조. 尹致昊는 1945년 해방 직후에 쓴 冥想錄에서 "We, Koreans, are not yet politically prepared for pure democracy."라고 기록한 바 있다.(Tchi-ho Yun, "An Old-man's Ruminations(Ⅰ)," October 15, 1945)

적 역사관은 민족과 민중의 잠재력을 부정함으로써 장기적인 외세지배를 긍정하는 민족패배의식에 빠질 수 있다는 사실을 알 수 있다.

다음으로 청일전쟁(1894. 8~1895. 4)을 전후한 시기에 윤치호는 문명국 지배하의 개혁에 대하여 어떠한 의식을 가지고 있었던가?

이 시기는 국제적으로는 조선에 대한 종래의 종주권을 근대적인 보호 속령체제로 재편하려는 청국의 기도와 청국의 조선에 대한 종주권을 타파하고 조선을 자국의 지배하에 넣으려는 일본의 의도가 충돌하여 전쟁으로 치닫게 되었으며,[54] 국내적으로는 민씨정권의 친청수구정책으로 인하여 조선의 개화·개혁은 기대하기 어려운 상황이었다. 당시 미국유학을 마치고 상해에 체류 중이던 윤치호는 조선인들이 현실을 개선할 능력도 의욕도 없다면 일본이나 영국의 지배하에서 변혁되는 것이 낫다고 생각했다.[55] 그러므로 그는 청일전쟁의 소식을 듣고, 이 전쟁이 조선의 압제적인 현상을 타파하는 변화요인이 될 것을 기대했다.[56]

윤치호는 청일전쟁을 청·일 양국의 조선지배를 위한 침략전쟁이라고 인식했으나,[57] 조선이 청국의 압제를 스스로 벗어날 능력도, 개혁을 단행할 능력도 없다면, 청국의 야만적인 지배보다는 일본의 근대적인 지배하에서 개혁을 도모하는 것이 바람직하다고 생각했다.[58] 그리고 그는 일본은 조선의 개혁을 도와줄 후견국이라고 인식하고, 외국의 간섭하에서도 정부에 지혜와 애국심이 있으면 어느 정도 자주적 개혁의 효과를

---

54) 藤村道生, 1980, 「日淸戰爭」『岩波講座 日本歷史』16, 東京, 岩波書店, 12~13쪽.
55) 『尹致昊日記』 1894년 9월 28일조. "Since the Coreans are thus incapable and unwilling to better their condition, it may be a mercy to them for Japan and England to take possession of the peninsula altogether."
56) 『尹致昊日記』 1894년 6월 20일조.
57) 『尹致昊日記』 1894년 7월 24일조.
58) 『尹致昊日記』 1894년 7월 30·31일조 ; "T.H Yun's Letter to Dr Warren A. Candler." September 20, 1894.

거둘 수 있다고 믿었다.[59]

이처럼 일본을 침략국임과 동시에 개혁 후견국으로 보고 외세지배 하에서 자주개혁의 효과를 기대한 윤치호의 이중적 시각은 제국주의의 속성과 일본의 팽창주의에 대한 안이한 인식을 드러낸 것이었다.

그러나 윤치호가 생각한 후견국으로서의 일본관은, 갑오개혁 과정에서 드러난 일본의 난폭하고 강압적인 태도와 조선의 개혁은 외면하고 자국의 이권추구에만 급급하는 침탈행위로 인하여 완전히 변화되었다.[60] 그러므로 그는, "그들(일본 외교관들)은 과거 유럽인들이 일본에 행한 모든 야비한 속임수를 조선에 행하고 있다."[61]고 하여, 일본을 조선의 후견인이 아닌 서구적 침략국으로 인식하게 되었으며, 일본 공사의 주도로 민비를 살해한 을미사변은 그에게 강한 반일감정을 일으켰다.[62] 따라서 그는,

> 만일 우리가 반드시 외부의 영향으로 개혁되어야 한다면 일본인보다는 유럽인이 낫겠다.[63]

는 생각을 갖게 되었다. 곧 일본 영향하의 조선의 개혁에 대한 윤치호의 생각은 갑오개혁을 경험하는 과정에서 대폭 수정되었던 것이다.

다음으로 아관파천(1896.2~1897.2)을 전후한 시기에 문명국지배하의 개혁에 대한 윤치호의 의식을 살펴보기로 한다.

이 시기는 청일전쟁과 삼국간섭 이후 열강의 동아시아에 대한 침탈경

59) 『尹致昊日記』 1894년 6월 23일, 7월 24일조.
60) 『尹致昊日記』 1895년 8월 5일조. "During the months past, Japan has never shown in acts the least concern for the real interest of Corea … Japan has tired and is trying to grab at everything that may benefit her, however her encroachment may injure Corea."
61) 『尹致昊日記』 1895년 9월 7일조.
62) "T.H Yun's Letter to Dr. Warren A. Candler," January 23, 1896.
63) 『尹致昊日記』 1895년 12월 26일조.

쟁이 첨예화되었고, 아관파천을 계기로 일본은 조선에서 정치적 우위권
을 상실한 반면, 러시아는 친러내각을 조종하여 약 2년 동안 조선에 강
력한 영향력을 행사하던 시기였다.

　윤치호는 갑오개혁 당시에 일본이 조선에 취한 편협하고 강압적인 자
세에 비판적이었으므로, 아관파천 직후에 러시아가 조선에 취한 관대하
고 온건한 자세에 호감을 가지고 러시아의 영향하에서 조선이 개혁되기
를 기대했던 것으로 보인다.[64] 그러나 그가,

　　　이노우에 가오루井上馨와 웨베르(Waeber)는 조선에서 훌륭한 일을 할 수 있
　　　는 좋은 기회를 가졌었다. 그러나 전자는 너무 지나친 간섭으로, 후자는 너무
　　　나약한 간섭으로 양자 모두 실패했다.[65]

고 지적했듯이, 그는 러시아가 조선의 개화·개혁에 전혀 관심이 없다는
사실을 간파했다. 그리고 러시아 간섭하의 1897년의 조선사회는 갑오개
혁 이전의 온갖 구악舊惡·구폐舊弊가 부활되어 보수반동적 경향으로 가
고 있음을 직시했다.[66] 더욱이 그는 독립협회의 개혁운동을 분쇄하려는
러시아의 책동에 분노를 느꼈다.[67] 따라서 윤치호는 러시아의 침략적인
간섭을 제거하는 데 노력을 기울였던 것이다.

　이와 같이 갑오개혁과 아관파천에 의한 외세간섭을 경험한 윤치호는
문명국지배하의 개혁에 회의적인 생각을 가지게 되었다. 이 같은 그의
회의감은 간섭국가의 조선의 정치개혁에 대한 무관심과 이기적인 침탈

---

64) 『尹致昊日記』 1897년 9월 22일조.
65) 『尹致昊日記』 1897년 9월 15일조 ; 白鍾基, 1977, 『近代韓日交涉史硏究』, 정음
　　사, 293~297쪽. 井上 공사의 강압정책 참조.
66) 『尹致昊日記』 1897년 9월 22일조 ; *The Independent,* October 18, 1898, "A
　　Forward Movement" ; T.H. Yun, "Popular Movement in Korea," *The Korean
　　Repository,* Vol. 5, No. 12(December 1898), 465쪽.
67) 『尹致昊日記』 1897년 9월 20일조 ; 1898년 11월 5일조.

에서도 연유하였지만, 보다 근본적으로는 조선관인들의 비자주적이고
비애국적인 성향에 근원을 두고 있었다.[68]

마지막으로 러일전쟁(1904.2~1905.9)을 전후한 시기에 외세지배하의 개
혁에 대한 윤치호의 견해를 살펴보기로 한다.

이 시기는 독립협회가 강제 해체된 뒤에 수구정권의 압제체제가 강화
되고 열강의 이권침탈이 격화되어 보수반동의 시대를 이루었다. 특히 러
시아와 일본의 만주와 한반도에서의 세력범위 획정을 둘러싼 대립은 필
경 러일전쟁으로 번지게 되었다.[69]

윤치호는 갑오개혁과 아관파천을 통하여 일본과 러시아의 간섭을 경
험한 이후로 외세의 간섭에 대하여 기본적으로 비판적인 입장을 견지했
고, 특히 러·일 양국은 독립협회의 자주개혁운동을 분쇄한 배후세력이
라고 인식했기 때문에, 러·일 양국을 한국의 개화·개혁에 대한 방해세
력 또는 이권침탈국으로 간주했다.[70]

따라서 윤치호는 러일전쟁을 러·일 양국의 한반도에 대한 지배권 쟁
탈전으로 보고 전승국에 의한 한국지배를 불가피한 상황으로 인식했으
며, 백인국가인 러시아보다는 황인국가인 일본의 지배가 나을 것으로 생
각했다.[71] 그러나 그는 외세지배에 대하여 다음과 같이 부정적인 표현
을 썼다.

---

68) 『尹致昊日記』 1895년 8월 5일조, 1897년 11월 11일조.

69) 宇野俊一, 1981, 「日露戰爭」『岩波講座 日本歷史』 17, 東京, 岩波書店, 17~20
쪽. 당시 일본의 여론에 의하면 러일전쟁의 주제는 한국문제였고, 일본의 당면 목
표는 한국의 독점적 지배였다.

70) 『尹致昊日記』 1897년 9월 22일조, 1898년 12월 27일조 ; "T.H. Yun's Letter to
Dr Young J. Allen," March 28, 1902 & June 16, 1904.

71) "T.H. Yun's Letter to Dr. Young J. Allen," June 16, 1904 ; 『尹致昊日記』 1905
년 9월 7일조. 윤치호는 일기 1902년 5월 7일조에서, "The meanest Japanese
should be a gentleman and scholar compared to a vodka-drunk, orthodox Russian."
이라 하고, 白人諸國의 침략성을 신랄히 비난하고 있다.

한국은 일본의 지배 하에서보다 러시아의 지배 하에서 훨씬 더 나빠질 것
이다.[72]

일본의 괴로운 노예제 하에서 한국인들은 동족 지배자에 의한 폭정이 이
민족 지배자에 의한 폭정의 디딤돌이 되었음을 알게 될 것이다.[73]

이처럼 그가 외세지배에 대하여 부정적인 표현을 쓴 것은 일본을 비
롯한 외세지배가 현상유지보다 못할 수 있다고 의식하게 된 것으로, 어
떻게 변화해도 현상유지보다 나쁘지 않을 것이라는 종래의 견해와는 대
조적인 것이었다.

그럼 러일전쟁과 을사조약을 전후한 시기에 윤치호는 일본에 대하여
어떠한 관념을 가지고 있었던가? 윤치호는,

나는 일본이 러시아를 패배시킨 것이 기쁘다. 그 도국인島國人들은 황인종
의 명예를 영광스럽게 옹호했다.[74]

라고 하여, 일본을 황인종의 옹호자로 인식했다. 한편 그는,

일본은 이 소망스런 반도를 병합할 때까지 한국에서 분란을 야기할 것으
로 확신한다.[75]

라고 하여, 일본을 한국의 국권 침탈국으로 인식했다. 곧 그가,

나는 황인종의 일원으로서 일본을 사랑하고 존경한다. 그러나 한국인으로

---

72) 『尹致昊日記』 1904년 7월 11일조.
73) 『尹致昊日記』 1905년 10월 16일조.
74) 『尹致昊日記』 1905년 9월 7일조.
75) 『尹致昊日記』 1905년 10월 16일조. "It is my firm belief that Japanese will keep
on making trouble in Korea until they have annexed the hopeful peninsula. Korea
was made to enable Japanese to practice the meanness they have learned from their
American and European teachers."

서 한국의 모든 것, 독립까지도 앗아가고 있는 일본을 증오한다.[76]

라고 했듯이, 그는 인종적, 국가적 차원에서 일본에 대한 이원적인 애증
愛憎의 갈등을 드러내고 있다. 또한 그는 을사조약의 체결을 한국의 독립
상실로 인식하고,

> 아직도 희망하는 것은 어리석지만, 나는 일본이 다만 거창한 발표와 지루
> 한 약속이 아니고, 명백한 행동과 실례로써 한국인의 이익을 보호할 것을 희
> 망한다.[77]

라고 하여, 일본의 한국보호에 절망감을 가지면서도 가냘픈 기대를 걸고
있었다.

요컨대 당시 윤치호의 대일감정은 선망과 증오와 기대로 표현될 수
있을 것이다. 일본의 경이적인 발전에 대한 선망이고, 교활한 침략 야욕
에 대한 증오이며, 허황된 개혁 약속에 대한 절망적인 기대였다.

우리는 이상에서 고찰한 바에 의하여 개화기 윤치호의 문명국지배하
개혁론의 논리적 근거를 다음의 네 가지로 집약할 수 있겠다.

첫째로 윤치호의 문명국지배하 개혁론은 국가독립에 우선하는 민권
보장론에 바탕을 두고 있었다. 그는 국가란 국민의 권리보장을 목표로
하는 국민국가여야 한다는 강력한 민권보장론에 의하여, 국민을 압제 수
탈하는 국가는 존재 의미가 없다는 "전제국가로서의 독립무용론"을 주
장했다. 이와 같은 "독립을 넘어선 민권보장론"은 전제체제 하의 내재적
변혁이 절망적이라고 판단되는 상황에서 "문명국지배하의 민중구원론"
으로 변질되었고, 결국 일제日帝의 식민통치를 긍정하게 되었던 것으로
보인다.

---

76) 『尹致昊日記』 1905년 9월 7일조.
77) 『尹致昊日記』 1905년 11월 18일조.

둘째로 윤치호의 문명국지배하의 개혁론은 사회진화론적인 개화지상주의에 바탕을 두고 있었다. 그는 당시가 약육강식·적자생존의 냉혹한 시대라는 사회진화론적인 시대관에 의하여, 열국경쟁의 국제사회에서 하나의 국가가 존속하는 길은 문명개화밖에 없다는 개화지상주의를 배태했다. 이와 같은 "사회진화론적인 개화지상주의"는 스스로 개화·개혁할 수 없으면 강국에 침탈될 수밖에 없다는 강대국의 약소국 지배를 긍정하는 이론으로 변질되어, 러일전쟁에서 승리한 강대국가인 일제의 식민통치를 당연시했던 것으로 보인다.

셋째로 윤치호의 문명국지배하 개혁론은 역사비관론에 의한 민족패배의식에 바탕을 두고 있었다. 그는 한국사의 내재적 발전을 부인하고 과거 역사를 정체론적으로 인식했으며, 당시의 왕조·정부대신·민중의 개혁에 대한 의지와 능력을 부인함으로써 현실을 비관적으로 인식했으며, 가까운 장래에는 독립과 선정善政을 기대할 수 없다고 하여 미래를 절망적으로 전망했다. 이와 같은 민족의 과거·현재·미래에 대한 총체적인 역사비관론은 민족패배의식에 의한 문명국지배하의 개혁을 구상케 했고, 결국 일제의 식민통치를 긍정하게 되었던 것으로 보인다.

넷째로 윤치호의 문명국지배하 개혁론은 현실상황론에 의한 타협주의에 바탕을 두고 있었다. 그의 이상 실현의 방법은 주어진 현실상황에서 가능성 있는 최선의 방법을 모색하는 것이었다. 주어진 상황 속에서 최선책이 불가능하면 차선책을 택하고, 선악간善惡間의 선택이 불가능하면 대악大惡과 소악小惡 간의 선택이 불가피하다고 믿었다. 이와 같은 "현실상황론적인 타협주의"는 내부혁명과 평화적 자주개혁 및 외세지배하의 개혁 같은 서로 모순되는 3개의 변혁방법론을 그의 의식 속에 공존하게 했고, 현실적으로 주어진 불가항력적인 외세에 대한 저항보다는 순응의 길을 택하게 하여, 결국 일제의 식민통치에 순응하고 협력하게 되었던 것으로 보인다.

4. 국민계몽론

개화기의 윤치호는 전통사회를 근대사회로 전환시키는 방법으로 혁명이나 개혁을 통한 정치변혁 곧 제도의 변화와 동시에, 국민계몽을 통한 국민개조와 민족개조 곧 인간의 변화를 중요시했다.[78] 그가 1897년의 일기에서,

> 현존의 정부법규 특히 최근에 개혁된 법규는 충실히 시행만 된다면 꽤 훌륭한 것이다. 조선이 고통 받고 있는 것은 나쁜 법규로부터 보다는 좋은 법규의 나쁜 시행으로부터이다.[79]

라고 한 것은 사회변혁에 있어 제도보다 이것을 운용하는 인간에게 본질적인 문제가 있다고 보았던 때문일 것이다.

사실상 윤치호는 중·미유학 이래로 기독교와 교육을 통한 "개화국민으로의 국민개조"를 절망적인 조국의 근대변혁을 위한 기본적인 방법으로 인식하고 있었다.[80] 더욱이 1898년의 민권운동에 의한 정치개혁의 노력이 실패로 끝나고, 자신이 신뢰하고 있던 독립협회와 만민공동회의 주요 멤버들까지도 십중팔구는 철저히 부패했다고 생각되었을 때, "민족의 피가 새로운 교육과 새로운 정부와 새로운 종교에 의해 바꾸어져야 한다."[81]고 하여 일종의 민족개조론을 주장하고, 신교육과 기독교에 의한 국민계몽·국민개조에 더욱더 깊은 관심을 기울였던 것이다.

그러면 개화기의 윤치호가 강조했던 조국의 근대변혁을 위한 국민계몽의 방법을 살펴보기로 한다.

---

78) 『尹致昊日記』 1895년 3월 20일조.
79) 『尹致昊日記』 1897년 3월 20일조.
80) 本書 제1편 제2장의 개화의 방향과 방법론 참조.
81) 『尹致昊日記』 1899년 2월 1일조.

첫째로 개화기의 윤치호는 근대변혁을 위한 국민계몽의 방법으로 문명교육을 중요시했다.

그는 약육강식·적자생존의 국제사회에서 하나의 민족이나 국가가 부강과 독립을 누리며 생존할 수 있는 길은 오직 문명화밖에 없다고 보았던 철저한 문명개화론자였다.[82] 그리고 그는 일본이 발전하게 된 주요 원인의 하나는 개화지식의 보급에 있었고, 청국이 낙후된 주요 원인의 하나는 개명을 외면하고 부문浮文만 숭상한 때문이었으며, 미국이 문명화된 주요 원동력의 하나는 '개화국민'의 존재에 있었다고 보았다.[83]

따라서 그는 미국유학을 마치고 상해上海 체류 중 귀국에 앞서 두 가지의 계획을 세웠다. 첫째는 귀국하게 되면, 국내의 선교기관과 연결하여 일반 민중의 개화를 위한 지식의 보급에 노력하려는 것이고, 둘째는 관직을 가지게 되면, 학부에 봉직하면서 일본의 교육제도를 도입하는 데 노력하려는 것이었다.[84] 이처럼 그는 민중계몽과 학교교육의 두 측면에서 문명교육을 구상했던 것이다.

윤치호는 귀국 후, 실제로 토론회·강연회·신문·단체 등 근대적인 언론·출판·집회·결사 활동을 통하여 개화지식으로 일반 민중을 계도하려는 민중운동을 중요시했다. 동시에 그는 초등학교·중등학교·대학 등 근대적인 교육기관을 설립하여 근대학문을 보급하려는 학교교육도 중요시했다.[85] 그가 문명교육의 일환으로 강조한 학교교육은 문명제국의 역사·지리·언어와 헌법사·정치학·경제학 그리고 과학·수학 등 광범한 근

---

82) "T.H. Yun's Letter to Anonymous Person," June 5, 1885 ;『尹致昊日記』1893년 4월 8일조.

83)『尹致昊日記』1884년 7월 22일조, 1885년 8월 4일조, 1890년 3월 7일조, 1894년 9월 27일조.

84)『尹致昊日記』1894년 12월 27일조.

85) 윤치호의 민중계몽활동은 독립협회운동기에 두드러지게 나타났고, 근대교육활동은 갑오개혁기에 비롯되어 애국계몽운동기에 절정을 이루었다.

대학문의 분야를 포괄하는 것이었다.[86]

그는 이와 같은 근대문명교육을 통하여 관인官人의 종노릇 하는 것을 백성노릇 하는 것으로 알고 있는 우매한 국민들에게 개화와 진보, 자유와 민권 의식을 고취하여, 국민이 국가의 근본이고 국가의 존재 이유임을 알게 해야 한다고 주장했다.[87]

요컨대 윤치호가 의도하는 문명교육은 국민들을 무지와 미신으로부터 해방시키고, 합리적인 문명개화지식과 서구적인 근대시민의식을 갖춘 개화국민을 형성하려는 개화국민화의 교육이었던 것이다.

둘째로 개화기의 윤치호는 근대변혁을 위한 국민계몽의 방법으로 문명교육과 더불어 애국교육을 강조했다.

윤치호는 애국심을 국가의 개혁 또는 발전의 원동력으로 간주하고, 일본이 발전하게 된 요인의 하나는 일본국민의 강력한 애국심에 있으며, 조선과 중국에 있어 개혁의 주요 장애 요인은 "지배층과 피지배층에 올바른 의미의 애국심의 전적인 결핍"에 있다고 생각했다. 그리고 그가 생각한 올바른 의미의 애국심이란 전통적인 전제군주에 대한 충성을 의미하는 것이 아니고 근대적인 국민국가에 대한 충성을 의미하는 것이었다.[88]

윤치호는 전통적인 유교교육은 진보와 생동하는 내용도, 한국에 관한 내용도 없는 진부한 중국의 고전과 역사 위주의 교육으로 곧 중국인화中

---

86) 본문에 나열한 과목명은 윤치호가 중·미유학기에 관심을 가지고 수강한 과목으로, 이것을 통하여 그가 문명교육으로서 중시한 과목을 유추할 수 있을 것이다. 그리고 그는 유학생을 지원하는 데 있어 신학과 실업 전공자와 더불어 과학 전공자에게 우선권을 주었다(李光洙, 1962, 「규모의 人 尹致昊」『李光洙全集』 17, 三中堂, 384쪽).

87)『독립신문』 1897년 8월 26일자 「윤치호 연설」.

88)『尹致昊日記』 1894년 9월 27일조, 9월 18일조 ;『독립신문』 1898년 12월 17일자 논설 「나라 사랑ᄒᆞᄂᆞ 론」 ; 本書 제2편 제1장 註 86 인용문과 註 87 관련 서술 참조.

國人化하는 교육이라고 비판했고,[89] "현명한 정부가 가장 먼저 해야 할 일은 소학교에서 중국서책을 금지시키는 일"이라고 주장했다.[90]

그리고 그는 구미교육을 잘못 받은 자들이 구미의 영예榮譽가 자기에 속한 것으로 생각하고, 서양인의 몸짓과 어조를 모방하며, 본질적으로 나빠서가 아니라 외국 것이 아니기 때문에 토착적인 것을 멸시한다고 하고, "외국교육에 의하여 썩어진 동양인은 썩은 달걀보다 더 나쁘다"고 하여, 서구적 근대교육을 통하여 서양인화 하는 탈국적화脫國籍化(Denationalization) 현상을 신랄히 비판했다.[91]

따라서 그는 조선인에게 필요한 것은 ABCD가 아니고 "그의 힘을 북돋우고 그의 애국적 행동을 고무할 수 있는 강한 영향력"이라 하고, "우리는 인민 속에 강한 애국적 의견을 창출하고 선도하기를 원한다."고 하여 국민에 대한 애국심의 고취를 크게 강조했다.[92]

윤치호가 애국교육으로서 연설이나 신문 논설을 통하여 강조한 것은 국사와 국문 그리고 조선의 인물과 사정에 관한 교육이었다.[93] 그는 조선에 관한 교육은 "조선인에게 조선이 자기 나라인 줄을 알게 하는 근본"이며, 국민으로 하여금 국가에 대한 소속감과 자부심을 고취할 수 있다고 믿었던 것이다.[94]

---

89) 『尹致昊日記』 1900년 12월 18일조 ; 『독립신문』 1897년 8월 26일자 「윤치호 연설」.

90) 『尹致昊日記』 1900년 12월 23일조.

91) 『尹致昊日記』 1895년 1월 6일조. 脫國籍化의 행위를 비판했던 윤치호는 "본질적으로 나쁜 것을 제외하고는 한국화 되도록, 본질적으로 좋은 것을 제외하고는 미국화 되지 않도록, 전면적으로 기독교화 되도록 노력할 것"을 스스로 다짐하기도 했다(『尹致昊日記』 1893년 11월 17일조).

92) 『尹致昊日記』 1894년 11월 27일조, 1898년 2월 20일조.

93) 『독립신문』 1897년 8월 17일자 「윤치호 연설」, 8월 26일자 「윤치호 연설」 ; 『尹致昊日記』 1900년 12월 18일조, 1902년 11월 22일조. 윤치호는 한때 순 국문일기를 쓰기도 했으며, 국문법 통일에 깊은 관심을 가지고, 『독립신문』 1897년 5월 27일자 잡보에서 국문 아래아(·)字의 사용제한론을 주장하기도 했다.

요컨대 윤치호가 의도하는 애국교육은 중국관계 위주의 중국인화 하는 교육과 서양관계 위주의 서양인화 하는 교육을 지양止揚하고, 서구적인 근대학문과 동시에 조선에 관한 내용을 포괄하여, 서구적 근대문명을 적극 수용하면서도 조선인으로서 의식을 가지게 하는 국적 있는 교육 곧 '조선인화교육'이었다. 윤치호의 이른바 '유국적교육론有國籍敎育論'과 '외국지배하 개혁론'은 서로 모순되는 것 같지만, 그의 애국애민정신 속에서는 공존이 가능했던 것이다.

셋째로 개화기의 윤치호는 근대변혁을 위한 국민계몽의 방법으로 문명교육·애국교육과 더불어 실업교육을 중요시했다.

그는 조선에 있어서는 "셰익스피어를 읽을 줄 아는 젊은이보다 한 이랑의 딸기를 재배할 줄 아는 젊은이와 기계를 잘 다룰 줄 아는 젊은이가 더 바람직한 국민"이라고 하여, 인문교육보다 실업교육의 중요성을 크게 강조했다.[95]

윤치호가 국민계몽의 방법으로 실업교육을 중요시한 첫째 이유는 무엇보다도 실업교육을 통하여 노동의 존귀함과 일하는 기쁨을 일깨워 노동을 천시하는 조선인의 전통적인 폐습을 타파하고, 근로정신을 고취하여 일하는 인간, 일하는 국민을 만들려는 것이었다.[96] "일하기 싫어하는 자는 먹지도 말라."는 기독교 성서의 교육은 그의 생활신조이기도 했다.[97]

윤치호가 실업교육을 중요시한 둘째 이유는 실업교육을 통하여 독립자존(self-reliance) 의식과 독립자존 능력을 길러 남에게 의지하여 살려는

---

94) 『독립신문』 1897년 8월 17일자 「윤치호 연설」.

95) 金永義, 1934, 『佐翁尹致昊先生略傳』, 京城, 基督敎朝鮮監理會總理院, 197쪽 ; 『尹致昊日記』 1902년 10월 31일조.

96) "T.H. Yun's Letter tp Dr. Warren A. Candler," October 22, 1895 ; 金永義, 위의 책, 197쪽.

97) 『尹致昊日記』 1906년 6월 15일조.

생활태도를 청산하고, 자력으로 자기 생활을 개척해가는 자립적 인간, 자립적 국민을 만들려는 것이었다.[98] 따라서 그는 조선인은 관직을 추구하는 프랑스인보다 자조자립의 정신으로 개척해가는 앵글로색슨족을 배워야 한다고 역설했던 것이다.[99]

윤치호가 실업교육을 중요시한 셋째 이유는 실업교육을 통하여 창의와 근로정신으로 부를 축적하여 빈곤을 추방하고 윤택한 생활을 영위하는 부유한 인간, 부유한 국민을 만들려는 것이었다.[100] 그는 우리의 풍부한 자원을 우리 손으로 개발하지 않으면 결국 타국인의 손에 넘어가게 될 것을 믿었던 것이다.

윤치호가 실업교육을 중요시한 넷째 이유는 실업교육을 통하여 개개인의 독립자조의 의식과 능력 그리고 민중생활의 향상을 바탕으로 하여 국가의 독립과 부강의 기초를 닦으려는 것이었다.[101] 그는 국가의 독립과 부강은 개개인의 경제적 정신적인 독립과 부강에서 가능한 것으로 믿었던 것이다.

윤치호가 강조한 실업교육은 농업·원예업·목축업·공업 등 각종 생산업 관계의 과목을 포괄하며,[102] 이론보다 실습을 위주로 하는 실기교육이었고, 졸업 후에 적은 자본으로 손쉽게 착수할 수 있는 실용적인 직업교육이었다.[103] 그는 "벼슬하기 위한 교육"을 타파하고 "힘들여 자기도

---

98) "T.H. Yun's Letter to Dr. Warren A. Candler," January 23, 1896. 윤치호가 유학생을 지원하는 데 있어 자립정신이 강한 과학과 실업 전공자에게 우선권을 준 것도 이러한 사실을 뒷받침해 주고 있다(車相瓚, 「내가 본 尹致昊先生」『彗星』 1권, 2호, 1931, 『韓國近世史論著集』 2, 太學社, 1982, 190쪽 수록).

99) 金永義, 『佐翁尹致昊先生略傳』, 197쪽.

100) 위와 같음. "T.H. Yun's Letter to Dr. Warren A. Candler," January 23, 1896.

101) 『독립신문』 1898년 7월 15일자 「독립ᄒᆞᄂᆞᆫ 샹칙」 ; 1906, 『大韓自强會月報』 제1호, 大韓自强會, 37쪽 「윤치호 연설」.

102) 金永義, 『佐翁尹致昊先生略傳』, 198·209쪽.

103) "T.H. Yun's Letter to Dr. Warren A. Candler," January 23, 1896 ; 尹致昊, 「風

살고 남도 살리는 직업교육"에 힘쓰는 것이 당시 조선사회의 절실한 요청이라고 생각했던 것이다.[104]

요컨대 윤치호가 의도하는 실업교육은 정직한 노동을 예찬하는 새로운 노동관에 입각한 직업교육이었으며, 국민 개개인의 경제적인 자립과 향상을 바탕으로 자주독립사상을 배양하여 국가의 독립과 부강을 도모하려는 경제적 자립교육 곧 '국민자립교육'이었다.

넷째로 개화기의 윤치호는 근대변혁을 위한 국민계몽의 방법으로 문명교육·애국교육·실업교육과 더불어 기독교교육을 중요시했다.

윤치호는 인간관계·군신관계·국제관계의 유지에 있어서 정직과 신의가 가장 귀중한 요소가 된다고 믿었으며, 정직正直을 문명과 비문명을 구분하는 하나의 척도로 생각할 만큼 인간사회의 정직문제에 깊은 관심을 가지고 있었다.

윤치호는 "청결과 정직에 있어서 중국인을 믿기보다는 천문학과 지질학에 있어서 돼지를 믿겠다."[105]라든가, "조선에 있어서 가장 깊게 자리잡고 있고 동시에 가장 널리 퍼진 악은 거짓이다."[106]라고 하여 중국과 조선 사회에 있어서 정직성의 부재를 비판했다.

그리고 그는 "유교에 깊이 젖어 있는 중국인일수록 그 말은 더욱 신뢰성이 없으며, 유교는 25세기 동안 정직한 인간을 만드는 데 실패했다."[107]고 하고, 거짓말은 유교화된 인종의 본능이며, 동양인의 마음에 끼친 한문학의 영향은 아편의 해독과 같은 것이라[108]하여 중국인과 조

雨二十年 – 韓末政客의 回顧談」『東亞日報』1903년 1월 15일자 ; 金永義, 『佐翁尹致昊先生略傳』, 198쪽.

104) 金永義, 『佐翁尹致昊先生略傳』, 196쪽.

105) 『尹致昊日記』 1894년 7월 14일조.

106) 『尹致昊日記』 1897년 7월 14일조. 여기에서 윤치호는 정직한 인사들에게 권력을 주어 失政을 일소하는 것이 조선을 구원하는 길이라고 강조했다.

107) 『尹致昊日記』 1893년 12월 12일조.

108) 『尹致昊日記』 1893년 12월 12일조, 1894년 4월 26일조.

선인의 부정직성의 근원을 유교에 두고 이를 통렬하게 비판했다. 그리고 그는 유교가 인간을 자만하고 이기적으로 만들 뿐 정직한 인간으로 만들지 못한 이유는, 그 도덕에 신神이 없고 그 정치조직에 민중의 목소리(vox populi)가 없는 '지적知的 종교'에 불과하기 때문이라고 분석했다.109)

따라서 윤치호는 마음에 하나님을 모시고 영혼의 구원을 받음으로써 참다운 도덕적 품격과 정직한 인간 형성이 가능하다고 믿고 기독교를 인간 개선의 윤리로 수용했으며,110) 동시에 기독교를 서양의 문명부강과 자유민주주의를 창출시킨 사회변혁의 윤리로 인식했다.111) 그러므로 그는 약육강식·적자생존의 국제사회에서 조선을 강자 및 적자가 되도록 하려는 국민개조의 힘을 기독교에서 구하게 되었던 것이다.

윤치호의 기독교에 의한 국민계몽의 방법은 교회를 통한 순수한 선교보다는 기독교학교를 통해 복음을 증거하는 데에 역점을 두고 있었다. 그런데 그는 미국유학기의 일기에서, "국민의 지식·견문의 확대와 도덕·신의의 배양, 애국심의 앙양과 독립기상의 회복은 기독교를 통해서만 가능하다."112)고 하여, 그가 구상한 기독교교육은 기독교적인 인격교육임과 동시에 문명교육·애국교육임을 분명히 했다. 또한 그는 귀국 후에, "조선인에게 정직한 노동이 수치가 아님을 가르치는 것은 기독교의 의무의 하나이다."113)고 하고, "선교당국이 착수해야 할 유일한 교육은 실업교육이다."114)고 하여, 기독교를 노동과 결합시키고 실업교육을 기

---

109) 『尹致昊日記』 1890년 5월 18일조, 1894년 9월 27일조.

110) T.H. Yun, "A Synopsis of What I Was and What I Am", Lak-Geoon Ceorge Paik, *The History of Protestant Mission in Korea* 1832~1910 (Seoul, Yonsei University Press, 1971), 166~167쪽 ; 민경배, 1978, 「초기 윤치호의 기독교신앙과 개화사상」 『동방학지』 19집 특간, 국학기요 1, 연세대 국학연구실, 169쪽.

111) 『尹致昊日記』 1893년 9월 24일조, 1894년 3월 9일조.

112) 『尹致昊日記』 1889년 3월 30일조.

113) "T.H. Yun's Letter to Dr. Warren A. candler," January 23, 1896.

114) 『尹致昊日記』 1902년 10월 31일조.

독교교육의 가장 중요한 내용으로 강조했다. 그리고 그는 기독교교육·문명교육·애국교육·실업교육의 이상을 보다 효과적으로 종합적으로 실현하는 방법으로 기독교 모범촌의 건설을 구상하고 그 사업을 추진하기도 했다.[115]

요컨대 윤치호는 거짓과 속임수가 통하는 당시 조선사회에서 기독교집단을 유일한 양심세력으로 간주하고, 기독교적인 양심세력이 그리스도교 신앙에 입각하여 조선의 문명교육·애국교육·실업교육을 담당함으로써 국민계몽·국민개조를 통하여 정직이 통하는 사회, 문명사회로의 변혁을 추진해야 한다고 믿었던 것이다. 이렇게 볼 때, 한국에 있어서 사회참여의 신학사상은 윤치호에게서 비롯되었으며, 윤치호는 교회중심의 개인영혼의 구원을 위한 개인선교보다 학교중심의 사회구원을 위한 사회선교를 강조한 이른바 '하나님의 선교' 곧 '선교신학宣敎神學'을 실천한 최초의 한국인이었다고 하겠다.[116]

그리고 윤치호가 비록 개화기에 정치변혁을 위한 방법론을 구상하고 그 실천운동을 전개하기도 했으나 대체로 정치변혁에 회의적인 견해를 가졌고, 중·미유학 이래로 개화기 전반에 걸쳐 신교육과 기독교를 통한 국민계몽 및 국민개조에 지속적인 관심과 노력을 기울였으며, 을사조약을 계기로 사실상 정치변혁을 포기한 이래로 일제강점기 전반에 걸쳐 국민계몽과 국민개조에 전심전력했던 점 등을 고려할 때, 그는 국가의 통치체제의 변혁 곧 정치변혁보다 국민의 의식구조의 변화 곧 국민개조에 더 큰 비중을 두었던 계몽주의자였다고 할 수 있을 것이다.

---

115) "T.H. Yun's Letter to Dr. Warren A. Candler," April 16, 1907 & October 13, 1907 & December 15, 1907.

116) 柳東植, 1982, 『韓國神學의 鑛脈 － 韓國神學思想史序說』, 展望社, 46쪽.

제3장 윤치호의 친일협력의 논리

1. 비관적 한국사관과 현실상황론

먼저 윤치호의 한국의 역사와 현재에 대한 인식 그리고 한국의 미래에 대한 전망을 통하여 그의 친일협력의 논리를 살펴보기로 한다.

개화기의 윤치호는 한국의 역사에서는 4, 5백년을 주기로 왕조교체가 있었으나 왕조 초에 다소의 개혁이 있었을 뿐 사회발전이 수반되지 않은 채 부패와 억압의 악순환이 반복되었다[1]고 하여, 한국사를 정체론적인 입장에서 인식했다. 일본 관학자들의 한국사정체론을 방불케 하는 윤치호의 한국사 인식은 한국사의 내재적 발전과 한민족의 잠재역량을 부인하는 것이었다. 따라서 일찍이 그는,

> 나는 수치스런 조선사를 더욱 알면 알수록 현 왕조 하에서는 개혁의 희망이 없다는 사실을 더욱 확신하게 된다.[2]

고 했던 것이다.

그리고 윤치호는 개화기의 한국 현상을 "정부의 우둔과 억압, 잔인과 독재의 상태 – 국민의 무지와 미신, 빈곤과 고통의 상태 – 국가의 수치와 치욕, 점진적 쇠멸의 상태"[3]라고 진단하고, 당시 한국의 현실은 더 이상

---

1) 『尹致昊日記』 1900년 12월 30일조 ; 『독립신문』 1898년 12월 5일자 「민권론」.
2) 『尹致昊日記』 1893년 10월 8일조.

나빠질 수 없을 만큼 최악의 상태라고 인식했다. 따라서 그는 "조선왕조는 모든 국가의 모든 역사 중에서 최악의 것"이며, 조선정부는 "최악의 정부" 또는 "절도들의 정부"라고 매도했던 것이다.[4]

나아가 윤치호는 한국의 장래에 대하여 비교적 낙관적으로 전망한 일기에서도, 한국은 2,000년까지는 내부 혹은 외세의 지배 하에서 혁신될 것이며, 2100년까지에는 풍요로운 사회, 민주주의 사회, 문명개화사회가 실현될 것이라 하여,[5] 한국사회는 당시로부터 100년 내지 200년이란 먼 장래에 가서야 근대사회가 이루어질 것으로 내다보았다. 그러므로 그는,

> 무엇보다도 가장 슬픈 것은 황제나 비굴하고 부패한 대신이나 완전히 죽은 대중에게서도 한국의 장래에 대한 희망을 발견할 수 없다는 사실이다.[6]

라고 하여, 한국의 독립과 개화 그리고 한국사회의 모든 계층에 대해 절망적인 생각을 가졌던 것이다.

이와 같이 한국사의 내재적 발전을 부인하고 과거의 역사를 정체적으로 인식했으며, 한민족의 독립과 개혁에 대한 의지 및 능력을 부인하고 현재를 절망적으로 인식했으며, 가까운 장래에 있어 한국의 독립과 재생을 포기하고 미래를 회의적으로 전망했던 윤치호의 비관적 한국사관은 그를 민족패배의식에 빠지게 했다. 그리고 그의 비관적 한국사관에 의한 민족패배의식은 그로 하여금 개화기의 역사적 상황에 과감하게 대처하기보다는 주어진 현실상황 속에서 가능성이 있는 최선의 방법을 모색해야 한다는 논리 곧 현실상황론의 입장에 서게 했던 것이다.

다음으로 개화기에 있어서의 주어진 현실에 대한 윤치호의 대응자세

---

3) "T.H. Yun's Letter to Dr. Young J. Allen", January 24, 1891.
4) 『尹致昊日記』 1894년 1월 1일조, 1893년 1월 12일조, 1899년 3월 7일조.
5) 『尹致昊日記』 1900년 12월 30일조.
6) 『尹致昊日記』 1904년 5월 6일조.

를 살펴보기로 한다.

갑신정변기의 윤치호는 개화당의 일원으로 김옥균·박영효 등과 마찬가지로 조국의 자주독립과 개화자강을 정치적 이상으로 삼고, 청국과 수구사대당을 조선의 독립과 개화에 대한 적대집단으로 간주했다. 그러나 그 이상 실현의 방법에 있어서는 김옥균·박영효 등이 급진적 정변노선을 택한 반면에, 윤치호는 점진적 개량주의 노선을 택하여 집권수구당과 정면대결을 피하고 타협을 통한 '관인합력官人合力'을 주장했다.7) 이것은 윤치호가 역사의 당위적 발전 방향보다 현실 상황에 행동의 지침을 두는 현실상황론자였음을 알려주는 첫 번째 사례이다.

미국유학기의 윤치호가 조선의 현상유지와 청국에의 속박을 최악의 상태로서 간주하고, ① 평화적 자주개혁, ② 내부혁명, ③ 문명국지배하 개혁 등 상호 모순되는 세 가지의 근대변혁 방법론을 안출한 것8)도, 주어진 상황 속에서 실현이 가능한 최선책을 택하고, 최선책이 불가능하면 차선책을 택하며, 선악간의 선택이 불가능하면 대악大惡과 소악小惡 간의 선택이 불가피하다는 그의 철저한 현실상황론의 소산이었다.

독립협회운동기에도 윤치호는 민중운동의 최고지도자로서, 근대변혁을 추진함에 있어 현실적 가능성을 고려하여 상소와 대정부 건의 및 평화적 시위 등에 의한 점진적 개량주의를 기본노선으로 삼았고,9) 극복해야 할 적대집단에 대해서는 합리적 대화에 의한 타협적 온건주의를 기본노선으로 삼아 적대관계를 협력관계로 전환시키려는 관민합력官民合力을 강조했던 것이다.10)

한말에 있어서도 윤치호는 러일전쟁의 전승국인 일본에 의한 한국지

---

7) 柳永烈, 1983,「開化初期의 尹致昊硏究」『숭실사학』1, 숭실대 사학회, 166~167쪽 ; "T.H. Yun's Letter to Anonymous Person", June 5, 1885.

8) "T.H. Yun's Letter to Dr. Young J. Allen", January 24, 1891.

9) 本書 제1편 제3장의 註 171 참조.

10) 本書 제1편 제3장의 註 168~169 참조.

배가 불가피하다고 인식하고, 을사조약이 체결된 당시의 상황에서는 상
소운동·외교운동·의병운동 등 어떠한 방법에 의해서도 한국의 독립회복
은 불가능하다는 비관적인 판단 아래,[11] "한국인들은 그들에게 주어진
상황을 받아들이고 거기에서 최선을 다해야 한다."[12]는 현실상황론적인
대응자세를 취했다. 그러므로 그는 직접적인 항일운동이나 정치적인 개
혁운동을 사실상 포기한 채 국민계몽에 의한 실력양성운동을 강조했던
것이다.

이와 같이 개화기에 있어서 윤치호의 현실상황론은 비관적 한국사관
에 의한 민족패배의식과 유기적인 관련 속에서, 불가항력적인 상황에 대
해서는 대세순응주의를, 현상변화를 위해서는 점진적 개량주의를, 그리
고 적대집단에 대해서는 온건한 타협주의를 지향하고 있었던 것이다.

이제 일제강점기에 있어서 윤치호의 비관적 한국사관과 현실상황론
이 그의 친일협력에 어떻게 작용했던가를 살펴보기로 한다.

윤치호는 일제가 한국병탄 후에 식민통치의 장애물로 여긴 기독교 세
력과 민족운동세력을 제거하기 위해 날조했던 105인 사건의 표적이 되
어, 가혹한 고문과 3년간의 옥고를 치르고[13] 출감한 뒤에, 『매일신보』에
다음과 같이 일본에 대한 순응의 뜻을 천명했다.

　　이후부터는 일본 여러 유지신사와 교제하여서 일선민족日鮮民族의 행복되
　는 일이던지 일선 양 민족의 동화에 대한 계획에는 어디까지나 참여하여 힘

---

11) 『尹致昊日記』 1904년 7월 11일조, 1905년 11월 18일조 ; 本書 제1편 제4장의
　　주 60·71·74·79 참조.
12) 『尹致昊日記』 1905년 12월 12일조. "I believe that Koreans must take the
　　situation that is imposed on them and make the most of it."
13) 鮮于燻, 1955, 『民族의 受難-百五人事件眞相)』, 독립정신보급회, 24·103·105·
　　109쪽 ; 尹慶老, 1983, 「105人事件의 一硏究」 『漢城史學』 창간호, 한성대학 사
　　학회, 31·53·54 ; 『新東亞』 1976년 1월호 부록, 「開港100年年表」, 136~137·
　　143쪽.

이 미치는 대로 몸을 아끼지 않고 힘써볼 생각이로라.[14]

그가 일선동화日鮮同化에 힘쓰겠다고 천명한데에는 일제의 혹독한 고문과 강압이 크게 작용했으며, 동시에 일제의 거대한 힘에 대한 저항이 무모하다고 판단한 그의 비관적 한국사관에 의한 민족패배의식과 현실상황론에 의한 대세순응주의가 작용했던 것으로 생각된다. 여기에서 우리는 개화기에 있어서 윤치호의 관인합력官人合力·관민합력官民合力의 타협주의 노선이 일제강점기에는 일선융화日鮮融和로 연결되고 있음을 알 수 있다.

윤치호는 3·1운동을 전후하여 활발하게 전개된 민족독립운동에 대하여, 일본은 전쟁의 위험 없이는 조선을 놓아주지 않을 것이며, 미국·영국 등은 조선의 독립을 위해 결코 전쟁을 하지 않을 것이라 하여 외교운동의 무용론을 주장했고,[15] 일본은 축출되지 않는 한 조선을 토해내지 않을 것이며, 조선인의 비무장저항을 두려워하지 않을 것이라 하여 만세운동의 무용론을 주장했으며,[16] 일본은 200명의 만세운동자들보다 2만명의 무장운동자들을 더 빨리 쉽게 진압할 수 있을 것이라 하여 역부족인 무장투쟁의 무용론을 주장했다.[17] 이러한 '독립운동무용론'은 "어떠한 조선인도 어떠한 운동에 의해서도 일본을 축출할 수 없다."[18]는 민족

---

14) 『每日申報』 1915년 3월 14일자 ; 李鍾一, 『默菴備忘錄』 1915년 2월 14일조, 1981, 『韓國思想』 제18집, 한국사상연구회, 361쪽 수록. 이광수는 윤치호가 105인사건 이후에 국권회복운동에서 완전히 손을 뗀 사실에 대하여, 기질이 약하고 일제의 탄압이 두려워 뜻은 있으나 행동하지 못한 것으로 보았다(李光洙, 1962, 「규모의 人 尹致昊氏」 『李光洙全集』 17, 삼중당, 383쪽).

15) 『尹致昊日記』 1919년 1월 29일조.

16) 『尹致昊日記』 1919년 10월 16일조, 1929년 12월 12일조.

17) 『尹致昊日記』 1919년 10월 17일조.

18) 『尹致昊日記』 1919년 10월 16일조. 윤치호는 이와 같은 독립불능론·독립운동무용론의 입장에서, 독립운동에 참여하라는 주변의 권유를 거절했던 것이다(1596, 『申翼熙 - 海公先生傳記』, 新聞學會, 27쪽).

패배의식에 기초한 '독립불능론'에서 연유한 것이다.

그리고 윤치호는 민족의 잠재능력을 불신하는 비관적인 역사관의 입장에서, 조선인은 하나의 민족으로서 아직 독립국가를 운영할만한 정치적인 능력과 인민의 수준을 갖추지 못했기 때문에,[19] 일본이 독립을 되돌려준다 해도, 조선인은 ① 조선내의 일본인 시설의 인수 능력, ② 일본에 대한 불평등조약의 폐기 능력, ③ 영토보전을 위한 군사력 보유 능력, ④ 애국적인 단결의 능력 등이 없다[20]고 하여, 조선인의 '독립능력결여론'을 폈다.

뿐만 아니라 윤치호는 자치론에 대하여, 일본정부는 조선인의 자치를 허용치 않을 것이며, 허용한다 해도 조선인이 자치할 능력이 있을까 의문이라 했고,[21] 지방자치의 실시에 대하여, "이 자치는 일본인에 의한 일본인을 위한 일본인의 자치를 의미한다."[22]고 하여 '자치불능론' '자치능력결여론' '자치운동무용론'을 주장했다.

나아가 윤치호는, 독립이 불가능한 상황에서 일어나는 독립운동은 일본 군국주의자들에게 조선인을 더욱 가혹하게 탄압할 구실을 줄 뿐이며, 조선의 토지와 자원에 대한 일본인들의 강탈을 촉진시켜 조선인들에게 해를 끼치고 일본인들을 도와주는 결과가 될 것이라[23] 하여 '독립운동유해론獨立運動有害論'을 폈다.

한편 윤치호는 "조선은 역사적으로 독립의 경험이 없어 독립할 수 없다."는 일본인들의 주장에 대하여, "조선은 중국의 명목상의 속국이었으며, 조선의 왕들은 일본 천황이나 중국 황제만큼 독립적이었다."고 하고,

---

19) 『尹致昊日記』 1919년 4월 19일, 5월 10일, 7월 31일조.
20) 『尹致昊日記』 1919년 6월 16일조.
21) 『尹致昊日記』 1919년 7월 11일조. 그런데 윤치호는 일기 1919년 9월 16일조에서는 自治(Home-rule)를 가진 현상유지가 조선인의 이익을 위한 최선책이라고 했다.
22) 『尹致昊日記』 1931년 4월 1일조.
23) 『尹致昊日記』 1919년 2월 26일, 10월 17일조.

"설령 독립의 경험이 없는 국가라 해도 독립국이 될 수 없는 것은 아니다."고 주장했다.[24] 또한 "일본이 조선인의 독립능력의 향상을 허용하지 않을 것"이라는 '비관론자'들의 견해에 대하여, "어느 나라도 다른 민족의 지적인 성장을 막는데 성공한 적이 없다."고 하여 조선이 당장은 독립이 불가능해도 미래에는 독립국이 될 수 있다고 믿었던 것이다.[25]

윤치호는 "교육이 없이는 어떤 나라도 존재할 수 없으며, 더 많은 교육이 더 많은 독립을 원하게 한다", "조선의 현 단계는 정치적 관심보다 도덕적 향상에 전념해야 한다", "조선인들은 정치적 평등을 요구하기 전에 먼저 경제적 평등에 도달해야 한다"고 하여, 조선인의 당면과제는 정치적 독립이 아니고 "민족의 지적 도덕적 경제적 향상"을 통하여 민족차별을 철폐하고 일본인과 동등하게 되는 것이라고 생각했다.[26] 이처럼 실력양성과 민족개량을 통하여 미래의 독립을 추구하는 것이 일제치하 윤치호의 기본적인 생각이었으며, 그가 중장기적으로도 조국의 독립을 포기한 것은 아니었다.

그러나 윤치호의 비관적 한국사관에 의한 민족패배의식과 현실상황론에 의한 대세순응의 논리는, '조선독립불용인론朝鮮獨立不容認論' '일선불가분론日鮮不可分論' '조선인독립능력결여론' '조선독립불능론' '실력양성론' 등 일제의 정치적 선전 공작의 논리와 궤를 같이하는 것으로[27], 그의 친일협력의 내적 요인이 된 것으로 생각된다.

---

24) 『尹致昊日記』1919년 4월 9일조. 윤치호는 이날 자의 일기에서, "유태인은 과거 2,600년 동안 독립국가를 상실해 왔다. 그렇다고 유태인이 결코 독립국가를 이루지 못할 것인가?" 중국은 장장 4,000년 동안 군주국가를 유지해왔다. 그렇다고 중국이 결코 공화국이 될 수 없을 것인가? 라고 반문하고 있다.

25) 『尹致昊日記』1919년 7월 31일조.

26) 『尹致昊日記』1919년 5월 10일, 8월 11일, 9월 1일조.

27) 姜東鎭, 1979, 『日本の朝鮮支配政策史硏究』, 東京, 東京大學出版會, 39~40·99쪽. 3·1운동 후 소위 문화정치의 실상에 대해서는 윤병석, 1969, 「3·1운동에 대한 일본정부의 정책」『三·一運動50周年紀念論集』, 동아일보사, 434~441쪽 참조.

다음으로 윤치호의 비관적 한국사관과 현실상황주의가 그로 하여금
3·1운동 이후의 일제통치에 대하여 어떠한 자세를 취하게 했는가를 살
펴보기로 한다.

윤치호는 3·1운동 직후의 기자회견에서 독립불능론·독립운동무용론
을 주장하고,

> 강자와 서로 화합하고 서로 아껴가는 데에는 약자가 항상 순종해야만 강
> 자에게 애호심을 불러일으키게 해서 평화의 기틀이 마련되는 것입니다.[28]

라고 하여, 약자의 자기보존의 수단은 강자에의 순종임을 강조했다. 그
리고 그는 일장기日章旗 게양문제에 대하여,

> 나는 국경일에 일장기日章旗의 게양을 반대하지 않는다. 왜냐하면 우리가
> 일본의 통치하에 있는 한 우리는 그 통치의 명령에 복종해야 하기 때문이
> 다.[29]

라고 하여, 그의 일본에 대한 자세는 '일본의 통치'라는 불가항력적 현
실에 대한 순응 곧 의무적인 것임을 밝히고 있다.

그리고 윤치호는 1920년대에 교풍회矯風會, 각도 조선인대표자회의,
조선인 산업대회 등 일제의 통치정책에 이용된 친일적인 단체와 모임에
깊이 관여했으나,[30] 만주사변(1931) 직후에 총독부 주요 관료들과 친일조

---

28) 『京城日報』 1919년 3월 7일자 ; 姜東鎭, 위의 책, 151쪽. 윤치호는 1916년
    YMCA총무에 선임되어 "약한 자가 강한 자와 싸울 때는 같이 칼을 써서는 도리
    어 지고 마는 것이니, 약한 조선 민족은 슬기롭게 싸워야 한다."는 취임 연설을
    한 바 있다.(전택부, 1978, 『한국기독교청년회운동사』, 정음사, 230쪽)
29) 『尹致昊日記』 1919년 10월 1일조. 윤치호는 일기 1919년 10월 30일조에서 "조
    선인에게 日章旗는 우리가 일본의 지배하에 있다는 단순한 표시이다."라고 했다.
30) 장하진, 1981, 「윤치호의 민족주의와 근대의식」 『인문과학논문집』 Ⅷ-1, 충남대
    인문과학연구소, 146쪽.

선인간의 친목단체로 조직된 토요회土曜會에의 참여와 관련하여, 그의 일기에 다음과 같이 기록했다.

> 송진우宋鎭禹 같은 이는 내가 토요회와 같은 모임에 관여하는 것에 반대한 다. 물론 나도 그런 회의 멤버가 되고 싶지 않다. 나는 그들 가운데서 한 동이 의 물속에 뜬 기름과 같다. 그러나 일본인들은 그들이 전쟁심리의 상태에 있 는 이 시기에는 친구와 적을 철저히 구분한다. 나 같은 조선인은 그들의 적으 로 리스트에 오르는 것을 감당할 수가 없다.31)

여기에서 우리는 적어도 만주사변 때까지의 윤치호의 친일협력의 태 도와 행동은 타의에 이끌린 수동적인 성격의 것이었다고 할 수 있을 것 이다.

그러나 1937년 중일전쟁을 전후하여 일제의 전시체제가 더욱 강화되 고, 조선인에 대한 친일협력이 더욱 강요됨에 따라, 윤치호의 친일협력 도 그 강도가 높아져 갔다.

윤치호는 중일전쟁 직후 미나미 지로南次郞 총독이 제창한 내선일체內 鮮一體를 그가 항상 갈망하던 "민족차별의 철폐" 곧 "조선인의 지위향 상"을 의미하는 정책이라고 긍정적으로 인식했다.32) 그러므로 1938년에 일제가 조선인의 병력자원화를 위한 제1차적인 조치로 '육군특별지원병 제'의 실시를 결정했을 때, 윤치호는 이것을 내선일체에 합당한 조치로 환영했으며,33) 내선일체와 전시체제의 강화를 목적으로 조직된 '국민정 신총동원조선연맹'의 상무이사로 활동했다.34) 또한 그는 1940년에는 전

---

31) 『尹致昊日記』 1931년 10월 5일조.
32) 김상태 역, 2001, 『윤치호일기』 1926~1943, 역사비평사, 44~45쪽, 「일제하 윤치 호의 내면세계와 한국근대사」 참조. 김상태는 같은 글 42~43쪽에서 1937년 중일 전쟁 이후 윤치호가 적극 친일로 돌아선 이유의 하나는 흥업구락부사건(1938)에 관련된 동료들을 구하기 위한 것이라고 보았다.
33) 임종국, 1982, 『일제침략과 친일파』, 청사, 139~141쪽 ; 『每日申報』 1938년 2월 23일자.

시체제를 결전체제決戰體制로 강화하기 위해 결성된 '국민총력조선연맹'
의 이사로서 '결전보국' 강연회에서 '반도 민중'의 '협력'을 역설했다.[35]

　　1941년 태평양전쟁에 즈음하여 윤치호는 이른바 '임전대책협의회'에
참가하여, "우리는 황국신민으로 일사보국—死報國의 성誠을 맹서하여 협
력할 것을 결의함"이라는 결의문을 낭독했고, 친일세력을 총망라한 '조
선임전보국단朝鮮臨戰報國團'의 고문으로 활동했다.[36] 그리고 1942년에
징병제가 결정되고 1943년에 징병제가 실시됨에 즈음하여 윤치호는,

　　　　우리는 내지內地의 형제들과 보조를 같이하여 대동아전大東亞戰에서 싸우
　　　자.[37] 황은皇恩의 고마우심에 우리 일동은 감사할 말이 없을 정도이다.[38]

라는 내용의 담화를 발표하고,「금일의 환희를 무엇에 비교할까?」라는
제목으로 방송연설을 하기도 했다.[39]

　　또한 그는 1944년 학병제도가 실시되자, "파격의 영광인데 어찌 주저
할소냐, 개인과 가정, 일본과 세계 인류를 위해 총출진總出陣하라."[40]는
요지의 담화를 발표하여 학병을 권유했다. 그리고 1945년에는 일본의
귀족원과 중의원 법령의 일부가 개정되어 조선인 7명이 일본귀족원 칙
선의원에 배정되었는데, 윤치호는 7명의 칙선의원 중 한 사람으로 선임
되었다.[41]

---

34) 국사편찬위원회, 1978,『日帝侵略下 韓國三十六年史』12, 89·93·129~131쪽 ;
　　장하진, 위의「윤치호의 민족주의와 근대의식」, 146쪽.
35) 임종국, 1980,「일제말 친일군상의 실태」『해방전후사의 인식』, 한길사, 220~223
　　쪽 ; 국사편찬위원회,『日帝侵略下 韓國三十六年史』, 12, 541·547~548·562쪽.
36) 장하진, 위의「윤치호의 민족주의와 근대의식」, 146쪽.
37)『每日申報』1942년 5월 10일자 ; 국사편찬위원회, 1978, 『日帝侵略下 韓國三十
　　六年史』13, 141쪽.
38)『每日申報』1943년 8월 1일자.
39)『尹致昊日記』1943년 7월 23일조.
40)『每日申報』1943년 11월 17일자. 임종국, 앞의『일제침략과 친일파』, 162쪽.

이상의 사실을 통하여 우리는 중일전쟁과 태평양전쟁 시기에 윤치호의 친일협력의 정도를 짐작할 수 있을 것이다.

이와 같이 윤치호가 중일전쟁 이후에 '내선일체'와 '전시체제'의 강화에 광분한 일제의 정책에 적극 협력한 것은 자의에 반하여 일제의 강요에만 의한 것이었을까?

1941년의 태평양전쟁 발발에 즈음하여 윤치호는 친일분자들과 함께 '국민총력조선연맹' 사무국총장을 찾아가서 "이러한 초비상시에 우리의 애국적 열정을 보이기 위해 무엇을 해야 하겠는가?"[42]를 물었고, 전쟁발발 후에는 미나미南次郎 총독과의 인터뷰에서, "조선인이 국가를 위해 무엇을 하기를 기대하는가?"[43]를 물었다고 일기에 기록했다. 그리고 그는 1943년에 해군지원병제의 실시가 결정되었을 때,

> 우리는 조선청년을 영광스런 일본 해군의 자랑스런 대열에 받아들인 데 대하여 제국정부帝國政府에 감사하지 않으면 안 된다.[44]

는 소감을 일기에 기록했다. 이런 사실은 중일전쟁과 태평양전쟁 기간에 있어서 윤치호의 친일협력이 단지 일제의 강요에 의해서만이 아니고, 다분히 자의에 의한 능동적인 것이었음을 밝혀주고 있다.

요컨대 한말에 국가의 독립을 사실상 포기하고 일제의 통치를 현실적

---

41) 임종국, 「일제말 친일군상의 실태」 『해방전후사의 인식』, 240쪽. 1919년에서 1934년 사이에 연희전문학교의 교수로 재직했던 J.E. Fisher는, 윤치호가 일본귀족원 의원직을 수락한 것은 "오로지 불법행위를 당하는 조선인들을 위해 조정역할을 할 수 있으리라는 생각" 곧 "애국적인 동기"에서 나온 것을 확신한다고 하고, "그의 노력은 항상 조선인의 지적, 문화적, 사회적 수준을 향상시키는 데 목표를 두었다"고 했다.(J. Earnest Fisher, "Yun Tchi-ho LL.D.", *Pioneers of Mordern Korea*, The Christian Literature Society of Korea, 1977, 289쪽)
42) 『尹致昊日記』 1941년 8월 5일조.
43) 『尹致昊日記』 1941년 12월 29일조.
44) 『尹致昊日記』 1943년 5월 12일조.

으로 인정했던 윤치호는, 국권피탈 이후 1910년대에는 일제통치를 기정
사실로 인정하고 이에 순응하는 자세를 취했고, 3·1운동 이후 1920년대
와 1930년대 초반까지는 일제의 통치정책에 소극적 수동적인 협력자세
를 취했다. 그러나 그는 1937년 중일전쟁 이후 1941년 태평양전쟁을 거
쳐 1945년 해방까지는 일제의 '황국신민화정책'과 '전시동원체제' 확립
에 적극적 능동적인 협력자세를 취했다. 윤치호의 친일협력에 있어 이
같은 에스컬레이션 현상은 그의 비관적 한국사관과 현실상황주의의 귀
결이었다고 할 수 있을 것이다. 여기에서 우리는 민족운동자가 민족의
향상과 복리를 위한 간절한 생각을 가지고 있으면서도, 역사비관론적 현
실상황주의의 늪에 빠지게 되면 민족상실의 심연에서 헤어나기 어렵다
는 사실을 알 수 있을 것이다.

2. 개화독립론에서 일제신민론으로

우리나라 역사를 비관적으로 본 현실상황주의자였던 윤치호의 개화
독립론이 개화기의 역사상황 속에서 어떠한 변화를 거쳐 일제강점기에
일제신민론日帝臣民論으로 전환되어갔는가를 고찰하여 그의 친일협력의
논리를 살펴보기로 한다.

윤치호는 갑신정변기甲申政變期에 국정에 관한 국왕에의 상주上奏에서,
청에 대한 사대는 나라를 망치는 것이므로 스스로 떨쳐 독립을 기약하는
것이 급무라 했고, '혁고효신革古郊新'하고 '경장진작更張振作'하여 '문명
부강'을 이룬 메이지 일본을 모델로 하는 개화자강을 역설했다.[45] 청국
으로부터의 자주독립과 일본을 본보기로 하는 개화자강은 당시 개화당
의 정치적 이상이었으며, 윤치호의 '개화독립론'의 시발점이기도 했다.

---

45) 『尹致昊日記』 1884년 2월 6일, 7월 22일조.

미국유학기美國留學期의 윤치호는 천부인권론과 인민주권론 등 근대시
민사상에 기초하여 국가를 국민과 동질적으로 파악하는 국민국가관을
가지게 되고, 그의 전제군주에 대한 충성심도 국민국가에 대한 충성심으
로 전환을 보게 되었다.[46] 이 같은 새로운 국가관과 충성관의 수용은 그
의 개화독립론에도 변화를 가져왔다.

당시 윤치호가 생각한 국가의 독립능력獨立能力이란 다른 국가와 구별
되는 개별국가를 유지할 수 있는 능력뿐만이 아니고, 보다 본질적으로는
"영국인이나 미국인에 의해 향유되는 자유와 민주정치"를 행할 수 있는
능력을 의미하는 것이었다.[47] 그러므로 그가 생각한 국가의 독립이란
대외적으로는 타국으로부터 간섭받지 않는 자주와 평등의 주권국가로서
의 독립임과 동시에, 대내적으로는 각개 국민의 자유와 민권이 보장되는
민주국가로서의 독립 곧 국민국가로서의 독립을 의미하는 것이었다.

이와 같은 "국민국가로서의 독립론"은 윤치호의 종래의 독립론에 비
하여 질적으로 성숙한 논리로서 그는 "전제국가로서의 독립무용론"을
강조하게 되었다.

> 나에게 조선의 독립문제는 관심이 없다. 현재와 같은 정부라면 독립은 국
> 가에 구원을 가져오지 못할 것이다. 한편 더 좋은 정부 곧 인민의 복지에 애
> 국적이고 공감이 가는 이익을 가져다 줄 정부를 가진다면 종속도 진정한 불
> 행은 아니다. 더욱이 건실하고 번영한 국가는 어느 땐가는 독립을 회복할 것
> 이다. 그런데 빈약하고 무지하며 잔인할 정도로 이기적인 정부에 의하여 가난
> 하고 무지하며 연약하게 된 인민, 그러한 인민에게 독립이 뭐 나을 것이 있겠
> 는가?[48]

---

46) 『尹致昊日記』 1893년 4월 8일, 10월 7일조, 1894년 9월 18일조. 本書 제2편 제1
　　장 제3절 '근대국가관의 수용'에서 밝힌 윤치호의 국민국가관과 국민국가에 대한
　　충성관은 그의 미국유학시기에 형성된 것으로 보아야 할 것이다.
47) 『尹致昊日記』 1894년 7월 27일조.
48) 『尹致昊日記』 1889년 12월 28일조.

여기에서 우리는 윤치호의 강렬한 민권보장의식에 바탕을 둔 "전제국가로서의 독립무용론"이 그의 독립의지를 크게 약화시키고 있음을 엿볼 수 있다. 뿐만 아니라 윤치호는 갑신정변 이후 민씨정권의 반동적 보수체제와 청국의 야만적 압제체제가 강화되어, 조국의 개화와 독립을 기대할 수 없다는 현실에 대한 절망적인 인식과 "전제국가로서의 독립무용론"이 작용하여, "문명국지배하의 개화·개혁론"을 안출하게 되었다.

> 이왕 청인의 속국이 될 바에야 차라리 러시아나 영국의 속국이 되어 그 개화開化를 배우는 것이 낫겠다.[49]
> 영국 혹은 러시아의 지배하에서 인민은 인민으로서 많은 고통을 덜고 이점利點을 향유할 것이다.[50]

곧 윤치호는 문명국에 의한 지배는 당시 청국의 압제나 수구정권의 학정보다 국민을 보호하고 개화를 추진하는 데 훨씬 유익하다고 믿었던 것이다. 여기에는 국민의 생명과 재산은 어디까지나 보호되어야 한다는 국가독립을 초월한 민권보장의식과 어떻게 해서든지 문명개화를 이루어야한다는 개화지상주의 의식이 강하게 깔려 있음을 알 수 있다. 그리고 그의 마음속에 '개화와 민권'을 중요하게 생각한 나머지 '자주와 독립'이 상대적으로 약화된 것을 알 수 있다.

청일전쟁淸日戰爭에 즈음하여 윤치호는 조선이 청국의 속박에서 벗어날 수 있는 좋은 기회라 생각하고,

> 조선정부에 지혜와 애국심이 있으면 반도를 개혁하고 극동에서 스위스의 역할을 담당할 수 있는 좋은 기회가 될 것이다.[51]

---

49) 『尹致昊日記』 1889년 10월 11일조.
50) "T.H. Yun's Letter to Dr. Young J. Allen", January 23, 1891.
51) 『尹致昊日記』 1894년 6월 23일조.

라고 하여, 청·일 양국 간의 세력균형 밑에서 조선은 스위스처럼 중립화
하여 독립을 유지하는 것이 바람직하다는 "극동의 스위스론"을 안출하
기도 했다.

그러나 청일전쟁에서 일본이 일방적인 승리를 거둠으로써 조선은 청
국의 속박에서 벗어났지만 일본의 세력하에 들어가게 되었고, 민씨수구
정권이 붕괴되어 갑오개혁이 가능하게 되었다. 윤치호는 이때 외세지배
하의 개혁에 희망을 걸고, 조선정부가 지혜와 애국심으로 임하면 어느
정도 조선을 위한 자주개혁의 효과를 얻을 수 있다고 믿었다.[52] 그러나
갑오개혁과 아관파천을 통한 외세의 이기적 간섭의 경험은 윤치호에게
외세지배 하의 개혁에 실망을 안겨주었다.

그러므로 독립협회운동기獨立協會運動期의 윤치호는 대한제국이 열강
의 세력균형 하에서 독립국가의 기반을 닦기에 가장 좋은 기회를 맞이했
다고 판단하고, 당시 어느 정도 성장한 민중의 힘을 배경으로 하여, 자유
민권과 자주국권운동 그리고 인민참정과 자강개혁운동을 추진했다.[53]
곧 국민국가 수립을 전제로 한 개화독립론을 실천운동으로 추진했던 것
이다. 이 시기는 윤치호의 독립의지가 이론과 실천면에서 가장 견실하게
일치된 시기였다고 할 수 있겠다.

윤치호는 독립협회운동이 실패로 끝난 뒤 대한제국大韓帝國 말기에,
밖으로는 열강의 간섭과 침탈 그리고 안으로는 수구정권의 압제와 수탈
로 인하여 국권의 자주와 민권의 보장이 불가능한 상태에서, "단순히 명
목상의 독립은 국민에게 진정한 이익이 될 수 없을 것"이라는 '명목상독
립무용론'을 피력했다.[54] 그리고 그는 을사조약乙巳條約 체결 이후 러일
전쟁의 승자인 일본이 열강으로부터 대한제국의 지배권을 승인받은 상

---

52) 『尹致昊日記』 1895년 1월 12일조.
53) 『尹致昊日記』 1898년 3월 18일, 3월 19일조 ; 本書 제1편 제3장 제2절 참조
54) 『尹致昊日記』 1905년 12월 17일조.

황에서, 어떤 방법으로도 가까운 장래에 대한제국의 독립회복은 불가능하다는 '독립회복불능론'을 피력했다.[55] 윤치호는 이러한 명목상독립무용론과 독립회복불능론의 입장에서 사실상 국가의 독립을 포기한 채, 교육의 진흥과 산업의 개발 등을 추구하는 '실력양성론'을 강조하고 애국계몽운동에 전력을 기울였다.

요컨대 갑신정변기에 싹튼 윤치호의 개화독립론은 개화기의 역사 상황에 따라 많은 변화과정을 거쳐 한말韓末에는 "독립을 포기한 개화론"으로 변질되고 말았던 것이다. 여기에서 우리는 윤치호의 불철저했던 독립의지 또는 독립론의 취약성이 결국 그의 개화독립론을 일제신민론日帝臣民論으로 전환하게 했을 개연성을 찾아볼 수 있을 것이다.

그러면 이제 일제강점기에 있어 윤치호의 일제신민론日帝臣民論에 의한 친일협력의 논리를 살펴보기로 한다.

1910년의 국권피탈은 조선을 일제통치하에 몰아넣었고, 조선인을 일제신민으로 만들었다. 이러한 시대상황에 대하여 윤치호는 해방 직후의 명상록에서,

> 조선은 일제의 한 부분이었고 미국을 포함한 열강에 의해 그렇게 인정되었다. 그렇다면 조선인은 좋건 싫건 일본인이었다. 당시 일본의 신민으로서 조선에 살아야 했던 우리가 아무리 해봐야 일본정권의 명령과 요구에 복종할 밖에 어떠한 선택의 여지를 가질 수가 있었겠는가?[56]

라고 하여, 그는 일제강점기에 일제통치를 기정사실로 인정하고 일제신민으로서 어쩔 수 없이 일제의 명령과 요구에 순응했다고 술회했다. 이러한 윤치호의 입장은 당시 일기에서도 산견된다.[57]

---

55) 本書 제1편 제4장 註 60·71·74·79 참조.
56) Tchi-ho Yun, "An Old-man's Rumination(Ⅱ)", October 20, 1945.
57) 『尹致昊日記』 1919년 10월 1일, 10월 30일조.

이처럼 윤치호가 일제통치를 기정사실로 인정하고 이에 순응자세를 취한 내면에는, 당시 일본은 세계적인 강대국이고 더욱이 열강이 일본의 조선지배를 인정하는 상황에서, 외교운동·만세운동·무장투쟁 등 어떠한 방법에 의해서도 조선의 독립이 가까운 장래에는 불가능하다[58]는 그의 독립불능론이 크게 작용했던 것으로 보인다. 이러한 논리는 국제적 환경과 일본의 강대함이 조선의 독립을 허용치 않을 것이라는 일제의 정치선전의 논리와 일치하는 것이었다.[59]

일제통치의 기정사실화에 친일협력의 소지가 다분히 내포되어 있는 것은 사실이지만, 그 자체가 반드시 친일협력으로 직결된다고 말하기는 어려울 것이다. 그러면 윤치호가 일제신민으로서 친일협력을 하게 된 내면적인 동기는 어디에 있었던가? 그가 3·1운동 직전의 일기에,

> 조선인의 실정失政과 일본인의 효율적인 행정行政 사이의 대조가 너무 뚜렷하고 잘 알려져 있기 때문에, 현재 조선인이 과거보다 더 어렵게 산다는 것을 (파리강화)회의에 입증하기는 실질적으로 불가능하다.[60]

라고 기록했듯이, 그는 일본의 식민통치가 대한제국의 전제통치보다 낫다고 인식했던 것이다.

윤치호는 일제통치를 일본인을 위한 이기적 식민통치로 간주하여 총독부를 '계모정부(stepmother government)'라 지칭하고 일제의 차별정책·탄압정책을 비판하기도 했다.[61] 그러나 그는 대한제국 시대를 전근대적인 압제와 수탈에 열강의 침탈행위가 가미된 이중적 무정부(dual anarchy)와 이중적 압제(double tyranny)의 견딜 수 없는 상태로 인식했던 만큼,[62] 일본

---

58) 本書 제2편 제3장의 註 15~18 참조.
59) 姜東鎭, 위의 『日本の朝鮮支配政策史硏究』, 45쪽.
60) 『尹致昊日記』 1919년 1월 29일조.
61) 『尹致昊日記』 1929년 12월 31일조, 1943년 2월 27일조.

제국의 통치가 대한제국의 통치보다는 조선민중에게 이롭다고 생각했던 것이다. 이러한 논리는 "지금 이대로 조선이 독립했다고 가정하면 다음에 오는 것은 종래와 같은 가렴주구苛斂誅求의 학정이다. … 일반 민중은 결코 이와 같은 독립을 원할 리가 없다."는 일제의 정치선전의 논리에 부합되는 것이었다.[63)

이와 같이 일제통치가 비교적 효율적이고 유용하다는 윤치호의 일제통치에 대한 긍정적인 평가는 그로 하여금 일제통치에 대한 순응자세에서 협력자세로 나서게 한 내면적인 동인이 되었을 것이다. 뿐만 아니라 윤치호는 조선인에게는 독립이 주어진다 해도 독립유지 능력이 없다는 전제 아래,

> 그렇다면 조선인의 진정한 복리를 위해 명목상의 독립이 뭐 좋을 것이 있겠는가? 그러므로 나는 전혀 불확실성을 가진 단순한 명목상의 독립보다는 자치(home-rule)를 가진 현상유지에 의하여 조선인의 최선의 이익이 증진될 것으로 믿는다.[64)

라고 하여, 조선인은 한말의 이중적 무정부 상태와 이중적 압제상태와 같은 명목상의 독립에서보다는 현상유지 곧 일제통치 하에서의 자치自治를 통하여 실질적인 복리를 얻을 수 있다고 생각했다. 이러한 생각은 일제치하에서 조선인의 생활수준이 향상되고 유복해졌다는 일제의 '사이비 행복론'에 접근하는 것이었다.[65)

나아가 일제 말의 윤치호는 일제의 민족차별을 전제하면서도,

> 히틀러와 스탈린에 시달리는 세계에서 조선인에게는 자기보존과 미래향

---

62) 『尹致昊日記』 1905년 10월 14일, 10월 25일, 12월 22일조.
63) 姜東鎭, 위의 『日本の朝鮮支配政策史研究』, 45쪽.
64) 『尹致昊日記』 1919년 9월 16일조.
65) 姜東鎭, 위의 『日本の朝鮮支配政策史研究』, 40쪽.

상을 위한 유일한 수단 또는 방법이 있다. 그것은 스코틀랜드가 영국의 국가
조직에 융화했듯이 용감한 일본제국의 국가조직에 철저히 융화하는 것이다.
일본과 조선을 위하여 나는 현명한 일본의 지도자가 조선을 결코 일본의 아
일랜드가 아니고 일본의 스코틀랜드로 만들기를 희망하고 기원한다.[66]

라고 하여, 당시 국제정세와 관련하여 조선인의 자기보존과 향상을 위한
유일한 방법은 조선을 일본의 스코틀랜드화 하는 것 곧 철저히 일본화
하는 것이라고 생각했다. 이와 같은 윤치호의 "일본의 스코틀랜드론"[67]
은 자주독립의 완전한 포기를, 동시에 일제신민론의 철저한 수용을 의미
하는 것으로, 일제 말기의 황국신민화정책과 전시동원정책에 적극 협력
한 그의 자기합리화의 논리였다.

　여기에서 우리는 개화기 이래로 윤치호가 지닌 독립론의 취약성에서
말미암은 '독립불능론'·'독립능력결여론'·'명목상독립무용론'이 일제강
점기에도 지속되어, 그로 하여금 일제통치를 기정사실화 하여 일제신민
으로서 순응자세를 취하게 했고, 일제통치를 긍정적으로 평가함으로써
친일협력의 입장에 서게 했으며, 필경엔 조선인은 일제신민으로서 더욱
행복할 수 있다는 논리에서 일제 말에는 적극적 능동적으로 친일협력을
하게 되었음을 알 수 있겠다. 그리고 윤치호의 불철저했던 독립의지로
인하여 그의 '개화독립론'이 '일제신민론'으로 전환됨에 따라, 그의 개화
기의 '민권보장론'은 일제하의 '민생향상론'으로, "극동의 스위스론"은
"일본의 스코틀랜드론"으로 변질되고 말았던 것이다.

---

66) 『尹致昊日記』 1943년 2월 27일조.
67) 영국의 스코틀랜드처럼 완벽한 內鮮一體가 되어야 한다는 주장은 3·1운동 이래
　　의 직업적 친일분자들의 한결같은 주장이었으며, 崔麟은 1926년 아일랜드까지 여
　　행하고 "소국이 대국과의 협조 없이는 투쟁 끝에 겨우 자치권을 얻었으나 독립하
　　기가 곤란하다"는 소감을 피력한 바 있다(임종국, 앞의 『일제침략과 친일파』, 86
　　쪽 및 姜東鎭, 앞의 『日本の朝鮮支配政策史硏究』, 450쪽의 註 75).

3. 신의 정의론에서 힘의 정의론으로

독실한 기독교 신자이며 사회진화론의 신봉자였던 윤치호가 기독교 윤리에 기초한 '신神의 정의'와 사회진화론에 입각한 '힘의 정의' 사이의 갈등 속에서 결국 강자의 지배논리에 편승해가는 과정을 고찰하여 그의 친일협력의 논리를 살펴보기로 한다.

윤치호는 중·미 유학기에 기독교를 인간개선의 윤리와 사회변혁의 윤리로 수용하여, 하나님과 그 섭리를 믿고, 하나님을 자신의 사상과 삶과 활동의 중심으로 삼아, 하나님을 통한 조국에의 봉사를 다짐했다.68) 그리고 그는 "모든 인종이 사랑과 평화와 평등 속에서 살 수 있는 천국"69) 곧 신의 정의가 존재하는 사회를 이상사회로 생각하고, 조국의 기독교화를 하나의 사명으로 삼았다.70)

한편 윤치호는 현실사회를 약육강식弱肉强食과 적자생존適者生存의 원리가 지배하는 열국경쟁의 사회로 인식했다.71) 그러므로 그는,

> 이 세계를 실제로 현실적으로 지배하는 원리는 정의가 아니고 힘이다. '힘은 정의正義'라는 것이 이 세계의 신神이다.72)

라고 하여, 현실사회는 신의 정의가 존재하지 않고 힘의 정의가 지배하는 사회로, 따라서 '정의와 평화'가 수립될 수 없는 죄악의 사회로 인식했다.73)

---

68) 『尹致昊日記』 1891년 1월 6일조, 1890년 11월 27일조.
69) 『尹致昊日記』 1883년 12월 19일조.
70) 『尹致昊日記』 1889년 12월 14일조.
71) 『尹致昊日記』 1889년 5월 25일조, 1893년 4월 8일조 참조.
72) 『尹致昊日記』 1890년 2월 14일조.
73) 『尹致昊日記』 1889년 12월 23일조, 1891년 11월 27일조.

윤치호는 이상사회와 현실사회 사이의 괴리, 기독교적 사랑의 윤리와 진화론적 약육강식 현상 사이의 모순 속에서 심한 갈등을 느꼈다.

> 만일 하느님이 정의롭고 선하다면, 어떻게 온갖 불의와 죄악을 범하는 왕들과 황제들 그리고 다른 개인들과 국가들을 용납하거나 심판치 않고 놓아두는가? … 요컨대 만일 하느님이 사랑과 연민이 없는 비정한 아버지가 아니라면, 특별히 한국에서 일반적으로는 세계에서 승리해 왔고 승리하고 있는 부정 不正이 더욱 더 그 부성父性에 의혹을 품게 한다.74)
> 약자가 강자의 먹이라는 냉혹한 법칙으로 세계가 창조되었을 때, 절대자는 약자의 이해문제를 고려했는지 의심스럽다.75)

곧 그는 온갖 불의와 부정이 승리하고 있는 약육강식의 냉혹한 현실에서 신의 섭리를 의심하고 회의적인 신앙경향을 보이기까지 했다.

윤치호에게 있어 '신의 정의'와 '힘의 정의' 사이의 갈등은 항상 미해결의 문제로 남아 있었으며, 끊임없이 양자 간의 내적인 조화가 모색되었다. 그리하여 그는,

> 국가 간, 인종 간에 있어서 힘은 정의인가? 나는 항상 그렇게 생각해 왔다. 그러나 더욱 심사숙고하여 나의 견해를 이와 같이 수정한다. 곧 우리는 하나의 국가와 인종이 타 인종에 의하여 멸망되었을 때, 피정복자가 정복자보다 도덕, 종교 그리고 지성에 있어 더 우월하면, 그러므로 더 정의로우면, "힘은 정의이다"고 말할 수 없다.76)

라고 하여, 강자가 약자보다 도덕·종교·지성에 있어 더 우월하고 더 정의로울 때에 한하여 '힘의 정의'가 타당하다는 견해를 피력했다. 이어서 그는,

---

74) 『尹致昊日記』 1900년 12월 25일조.
75) 『尹致昊日記』 1903년 1월 3일조.
76) 『尹致昊日記』 1892년 11월 20일조.

　　그런데 우리는 더 강한 자가 더 약한 자 보다 도덕, 종교 그리고 정치에
있어 거의 항상 더 우월하거나 덜 부패한 사실을 발견하게 된다. 그러므로 우
리는 정의에 대한 힘의 승리처럼 보이는 것은, 절대적인 것은 아니지만, 비교
적 불의에 대한 비교적 정의의 승리임을 알게 된다. 그래서 결국 다소의 예외
는 있겠지만 인종 간에 있어서도 정의는 힘이다.[77]

라고 하여, 대체로 약자의 사회보다 강자의 사회에 더 많은 정의가 내재
되어 있다고 보아, "힘은 정의이고, 정의는 힘"이라는 논리 속에서 결국
문명 강대국에 의한 후진 약소국의 지배를 긍정하는 입장을 취하게 되었
다. 여기에서 우리는 윤치호가 품은 '신神의 정의'의 이상이 '힘의 정의'
의 현실과 타협하여 퇴색되어 갔고, 그의 의식은 사회진화론적 강자의
지배논리에 기울어졌음을 알 수 있겠다.

　　결국 윤치호는 사회진화론을 국제사회의 사조로 인식했을 뿐만 아니
라, 이에 공감하여 문명강대국의 약소국지배를 당연시함으로써 힘을 숭
상하는 힘의 논리를 폈다. 그래서 그는,

　　하나의 국가에 있어서 약한 것보다 더 큰 죄는 없다. 국가 간에는 힘이 정
의이다.[78]

라고 하여, 약육강식의 국제사회에 있어서 '약자유죄론弱者有罪論'을 들고,

　　분노와 격정은 우리를 돕지 못할 것이다, 먼저 강하게 되기를 힘쓰라. 그
리하면 다른 모든 것들, 정의와 공정과 (타국인의) 재산이 우리에게 더해질 것
이다.[79]

라고 하여, 강대국의 약소국에 대한 침탈과 횡포에 대하여 감정적인 대

---

77) 위와 같음.
78) 『尹致昊日記』 1891년 11월 27일조.
79) 『尹致昊日記』 1902년 5월 7일조.

항보다 강자가 되기 위한 힘을 기를 것을 강조했다.

윤치호는 약육강식·적자생존의 냉엄한 국제사회에서 하나의 민족이 독립국가로 존속하기 위해서는 힘을 길러 강자 곧 적자適者가 되는 길밖에 없다고 믿고, 조국이 힘을 길러 적자가 되게 하는 것이 자신의 의무라고 생각했다.[80] 그리고 그는 서양의 문명사회를 강자로, 동양의 비문명사회를 약자로 인식하고, 강자 곧 적자가 되는 길은 무엇보다도 서양의 모델에 따른 문명화의 실현이라고 생각했다.[81] 곧 그에게 있어 힘이란 문명의 힘을 의미하는 것이었다. 그러므로 그는,

> 만일 조선인이 이것(문명화文明化)을 실현치 못하면 타국인이 그것을 할 것이다. 하나의 민족은 향상하느냐 사멸하느냐 이외에는 다른 길이 없다.[82]

라고 하여 개화지상주의의 입장에 서게 되었다.

이처럼 사회진화론에 의거 개화지상주의의 입장에 선 윤치호는, 조선인들이 현실을 개선하려는 의욕도 능력도 없다면 선진문명국의 지배 하에서라도 개화 개혁되어야 한다는 "문명국지배하 개혁론"을 구상하게까지 되었으며, 을사조약이 체결된 뒤에는 문명화의 추진 곧 실력양성만이 민족재생의 유일한 길이라고 강조했던 것이다. 이처럼 국가의 독립을 부차적으로 생각한 윤치호의 개화지상주의는 한민족의 잠재능력을 부정하는 그의 민족패배의식 및 불가항력적인 현실상황에 순응하는 것이 현명하다는 그의 대세순응주의와 상승작용을 하여 일제에 의한 한국병합을 기정사실로 받아들였던 것으로 보인다.

---

80) 『尹致昊日記』 1889년 5월 25일조, 1892년 10월 14일조, 1893년 4월 8일조, 1902년 5월 7일조.
81) 『尹致昊日記』 1894년 11월 27일조 ; "T.H. Yun's Letter to Anonymous Person", June 5, 1885.
82) 『尹致昊日記』 1893년 4월 8일조.

그러면 일제강점기에 윤치호의 기독교 윤리에 기초한 '신의 정의론'
과 사회진화론에 바탕을 둔 '힘의 정의론'이 어떻게 진전되었던가를 살
펴보기로 한다.

윤치호는 1919년의 일기에서,

> 어느 국가와 민족도 정의, 휴머니티 그리고 그 밖의 것들을 위해 싸울 능
> 력과 의사가 없으면 이 좋은 것들을 획득하지 못할 것이다. 힘만으로는 반드
> 시 정의로운 것은 아니며, 정의만으로도 힘이 되는 것은 아니다. 오직 힘에
> 뒷받쳐진 정의만이 정의이다. 하나님은 왜 인류의 향상과 이상을 위하여 전쟁
> 을 유일한 수단 방법으로 정했을까?[83]

라고 하고, 또 1924년의 일기에서는,

> 우리가 진화론을 받아들이건, 성서교의聖書敎義를 받아들이건 간에, 모든
> 향상과 진보 또는 재생은 싸움-투쟁 또는 전투-곧 전쟁에 기초하고 조건
> 지어진 사실에 대해서는 논란의 여지가 없다. … 왜 전지전능하신 하나님은
> 그처럼 한 개인과 한 민족이 실제로 전쟁을 통하지 않고서는 강하고 현명하
> 게 성장할 수 없도록 정했을까? 아 미스터리다.[84]

라고 했다. 곧 그는 힘에 뒷받침된 정의를 강조하면서도, '힘'과 '정의'
그리고 '전쟁'과 '신의神意' 사이의 괴리 속에서 심한 갈등을 드러내고
있음을 엿볼 수 있다. 여기에서 우리는 개화기에 윤치호가 품고 있던
'신의 정의'라는 이상과 '힘의 정의'라는 현실 사이의 갈등의 숙제가 일
제강점기에도 미해결로 남겨져 있음을 알 수 있다.

그러면 일제강점기에 있어서 이 문제에 대한 윤치호의 귀결점은 어떠
한 것이었던가? 그는 1928년의 일기에 다음과 같이 기록했다.

---

83) 『尹致昊日記』 1919년 6월 1일조.
84) 『尹致昊日記』 1924년 6월 7일조.

펜과 칼은 각기 정당한 영역을 가지고 있다. 어느 하나가 다른 것을 배제
할 정도로 지나치게 강조되어서는 안 된다. 양자는 인간의 봉사자가 되어야
하며, 결코 인간의 주인이 되어서는 안 된다. 그러나 하나의 민족이 하나, 단
하나만을 숭상해야 한다면 그것은 칼이어야 한다. 왜냐하면 칼은 투쟁정신 또
는 저항력을 상징하기 때문이다. 고도의 저항력을 가진 민족은 결코 열등한
채로 머물러 있지 않을 것이다. 성령聖靈은 가장 고상하고 가장 순수하고 가
장 높은 의미의 투쟁정신이다.[85]

곧 윤치호는 펜과 칼의 균형을 강조하되, 양자택일의 상황에서는 칼
을 취해야 한다고 했고, 칼의 투쟁정신과 성령의 투쟁정신 사이에는 공
통점이 있다고 하여 칼 곧 힘에 대한 숭상을 강조했다. 여기에서 우리는
일제강점기에 '신의 정의'와 '힘의 정의' 사이의 조화를 모색했던 윤치
호의 노력은 개화기에서와 마찬가지로 힘을 강조하는 힘의 윤리 곧 강자
의 지배윤리에 기울어져 있음을 알 수 있겠다.

그러면 윤치호의 '신의 정의론'에서 '힘의 정의론'으로의 경사傾斜는
일제강점기에 그의 일본에 대한 자세에 어떻게 작용되었던가?

첫째로 당시 일본은 세계적인 강국이고 열강으로부터 조선의 지배를
공인받고 있는 상황에서 조선의 독립회복은 불가능하다는 윤치호의 '독
립불능론' 그리고 이에 따른 '독립운동무용론'에는, 엄청난 힘의 격차가
있는 약자의 강자와의 투쟁은 무모하다는 힘의 논리가 내재되어 있었다.

둘째로 윤치호가 합방을 통한 일제의 조선지배를 불가항력적인 현실
로, 곧 일제통치를 기정사실로 받아들인 데에는, 강대국의 약소국지배를
당연시하는 '강자지배의 논리'가 내재되어 있었다.

셋째로 윤치호가 약자의 자기보존의 길은 강자에게 복종하여 그 호의
를 얻어야 한다고 믿고 일제의 통치에 순응하고 협력하게 된 데에는 강
자와 약자의 관계에 있어서 강자의 지배에 대한 약자의 복종이라는 "힘

---

85) 『尹致昊日記』 1928년 8월 10일조.

에의 복종의 논리"가 내재되어 있었다.

넷째로 윤치호가 민생民生과 개화에는 대한제국의 통치보다 일본제국의 통치가 효율적이고 유용하다고 믿고, 중일전쟁과 태평양전쟁기에 일제의 동화정책과 침략정책에 능동적 적극적으로 협력한 데에는, 강자의 사회에 비교적 많은 정의가 존재한다고 믿고 힘을 찬미하는 "힘에 대한 숭상의 논리"가 내재되어 있었다.

이와 같이 사회진화론에 바탕을 둔 윤치호의 '힘의 정의론'은 국권피탈 이후에 그로 하여금 국가독립을 포기하고 일제통치에 순응하면서 조선인의 '향상'을 추구하게 했으며, 결국은 일제의 통치를 긍정적으로 인식하고 일제의 정책에 적극 협력하게 하는 내면적인 요인으로 작용했다고 생각된다.

4. 민족주의론에서 황인종주의론으로

윤치호의 민족주의 의식과 인종주의 의식의 농도와 양자 간의 상관관계를 살피고, 그의 민족주의 의식이 인종주의 의식 속에 매몰됨으로써 일제의 지배논리에 빠지게 되는 과정을 고찰하여 그의 친일협력의 논리를 살펴보기로 한다.

먼저 개화기에 있어서 윤치호의 민족주의 의식과 인종주의 의식의 농도 그리고 양자 간의 상관관계를 살펴보기로 한다.

갑신정변기에 청국으로부터의 자주독립을 강조하고, 메이지일본明治日本을 모델로 한 개화자강을 역설한 윤치호의 개화독립론은, 중화적 세계주의로부터 단위국가인 조선의 독자성을 강조하고, 조선의 근대 문명국가로의 전환·발전을 추구한 것으로 그의 민족주의 의식의 태동이었다고 할 수 있겠다.86) 그런데 당시 윤치호는 국왕을 군부君父로 생각하고 전제군주에 대한 충성을 애국으로 간주했던 만큼, 당시 그의 민족주의 의식은 전제군주국가를 전제로 한 국가주의적 내셔널리즘[87]의 단계에 머물러 있었다고 할 수 있을 것이다.

미국유학기의 윤치호는 민주주의 사상을 수용하여 국가를 국민과 동질적인 것으로 파악하는 국민국가관國民國家觀을 가지게 되고, 그의 전제 군주에 대한 충성의식도 국민국가에 대한 애국의식으로 전환을 보게 되었으며, 그의 개화독립론도 '민주국가로서의 독립론' 또는 '국민국가로서의 독립론'으로 전환되었다. 따라서 이 시기의 윤치호의 민족주의 의식은 국민주의적 내셔널리즘을 지향하는 성격을 보여주고 있다.[88] 그런데 당시의 그는 강렬한 민권보장의식에 기초한 "전제국가로서의 독립무용론"을 들고, 조국의 개화·독립에 대한 절망적 인식 속에서 "문명국지배하 개혁론"을 안출한 점에서 민족주의의 중핵인 국가독립의 의지에 커다란 취약점을 드러냈다.

---

86) Carlton. J. H. Hayes, 車基璧 역, 1961, 『民族主義』, 사상계사 출판부, 40~54쪽. Hayes는 근대적 내셔널리즘의 발생을 역사적으로 추적하여, 정치적으로는 중세의 帝國的 애국심이 '군주적 국민국가'에 대한 애국심으로 변질되고, 종교적으로는 카톨릭적 세계종교에서 국가적 차원의 교회가 발생하며, 언어적으로는 초국가적인 라틴어가 쇠퇴하고 自國語가 존중되며, 경제적으로는 중세적 길드와 장원제도가 붕괴되고 국가통제적 경제로 변모되는 시기 곧 절대주의 시대를 근대적 내셔널리즘의 발생시기로 파악했다.

87) 高島善哉, 1971, 『民族と階級 – 現代ナショナリズム批判の展開』(東京, 現代評論社, 1971), 7~11·37쪽. 高島 교수는 내셔널리즘을 국가주의적·국민주의적·민족주의적 내셔널리즘의 세 단계로 구분했는데, 여기에서 국가주의적 내셔널리즘이란 중세적인 보편주의 및 세계주의로부터 탈피하여, 국가의 이익과 부강을 최우선으로 하는 사상과 운동으로, 절대주의 시대의 내셔널리즘을 의미하는 것이다.

88) 高島善哉, 위의 『民族と階級 – 現代ナショナリズム批判の展開』, 12~27, 37~38쪽. 高島 교수에 의하면, 국민주의적 내셔널리즘이란 국민의 권익을 최우선으로 하는 근대 국민국가의 형성을 지향하는 사상과 운동으로, 절대군주에 대한 충성심은 국민의 대등한 자유와 권익을 존중하는 민주국가·국민국가에 대한 충성심으로 옮겨지는 근대 국민국가 사대의 내셔널리즘을 의미하는 것이다.

그러나 독립협회운동기의 윤치호는 독립협회와 민중의 최고지도자로서, 자유민권의 민주주의운동과 자주국권의 민족주의운동 그리고 자강개혁의 근대화운동을 주도하여, 민주주의를 내포한 근대적 민족주의운동의 추진자로서의 면모를 보여주었다. 곧 이 시기의 윤치호의 민족주의 의식은 국민주의적 내셔널리즘 단계에 이르렀다고 볼 수 있겠다.[89]

한편 윤치호는 미국유학기에 인종주의 의식을 가지게 되었다.

그는 미국사회에서 청국인·흑인·인디언들이 얼마나 천대받고 멸시당하는가를 목격했고, 자기 자신도 인종적 차별과 국가적 수모를 뼈저리게 느꼈다. 그러므로 그는,

> 미국인들은 그들의 평등주의 등이 오직 피상적이라는 사실을 보여주었다. 곧 이 '자유의 땅'에서 인간의 불가양不可讓의 권리를 누리고자 하면 백인이지 않으면 안 된다.[90]
> 인생은 즐거운 것이다. 그러나 지금 당하고 있고 앞으로도 감당해야 할 국가적 수치와 굴욕을 생각할 때 … 인생이 지겹게 느껴진다. … 나는 죽음이 당장 자연스럽게 찾아온다면, 강자 이외에는 누구에게나 냉담한 세상과 하직하는 것을 슬퍼하지 않을 것이다.[91]

라고 하여, 백인의 인종적 국가적 편견과 차별에 커다란 충격과 분노를 느꼈다. 따라서 그는 미국의 민주주의는 인간의 자유와 평등 등 불가양

---

89) 신용하, 1976, 「독립협회의 사회사상의 사회학적 해석」『독립협회연구』, 일조각, 664~665쪽. 신 교수는 독립협회의 민족주의사상을 대내적으로 사회의 민주화와 근대화를 추구하여, 자유부강하며 等質化된 개인에 기초한 국민적 통일을 강화함으로써 대외적으로 국가의 자주화를 추구하는 이념으로 파악했다. 이와 같은 독립협회의 민족주의는, 高島 교수의 이론에 의하면, 국민국가 형성의 다음 단계에 나타나는 국민 내부의 균열을 방지할 수 있는 이념으로서의 민족주의적 내셔널리즘이라고 보기는 어렵고, 역시 국민국가의 형성을 추구하는 단계의 국민주의적 내셔널리즘으로 보아야 할 것이다.
90) 『尹致昊日記』 1890년 2월 14일조.
91) 『尹致昊日記』 1893년 6월 14일조.

의 권리를 백인에게 국한시킨 "백인을 위한 백인의 민주주의"에 불과하
다고 신랄히 비판했다.92)

그리고 윤치호는 백인의 격심한 인종차별 속에서 황인종으로서 강한
자각을 가지게 되어,

> 당분간 내 자신의 청국인과 일본인에 대한 모든 국가적인 편견偏見은 몽골
> 인종에 대한 넓은 편애偏愛 속에 삼켜졌다.93)

라고 했다. 여기서 우리는 윤치호가 백인종의 강자로서의 공격적인 인종
주의를 증오하는 나머지 황인종의 약자로서의 방어적인 인종주의를 배
태하게 되었음을 알 수 있다. 동시에 그의 "국가적인 편견" 곧 민족주의
의식이 "'몽골 인종에 대한 넓은 편애" 곧 인종주의 의식 속에 매몰되고
있음을 엿 볼 수 있겠다.

이와 같은 윤치호의 인종주의적 편견은 독립협회의 근대적 민족주의
운동이 실패로 끝나고, 열강의 침탈 속에서 대한제국의 운명이 절망적인
상태에 이르렀을 때 더욱 심화되어 갔다. 그리하여 그는,

> 백인의 오스트레일리아! 백인의 필리핀! 백인의 아메리카! 이러한 말 속에
> 는 얼마나 큰 오만과 불공평과 철저한 부정의不正義가 깃들어 있는가? 백인종
> 은 다른 인종의 땅에 밀고 들어가 그들을 노예화하거나 멸종시키거나 그들의
> 집을 강탈한다. 그리고 돌아다니며 이것은 백인의 나라가 되어야 한다. 모든
> 다른 인종들은 손을 떼라고 말한다.94)

라고 하여, 인종적 우월감에 기초한 백인의 오만과 부정의와 침략행위를
신랄히 비판했다. 이러한 백인에 대한 윤치호의 비판은 자신의 근대교육

---

92) 『尹致昊日記』 1890년 2월 14일조.
93) 『尹致昊日記』 1891년 11월 27일조.
94) 『尹致昊日記』 1902년 5월 7일조.

과 신앙信仰의 고향으로서 감사의 마음을 가진 미국과 미국인에 대해서
도 가해졌다.

> 어떤 한국인도 나보다 더 미국인에게 감사하지 못할 것이다. 어떤 한국인
> 도 우리의 국민성과 미국인의 국민성 간의 차이를 나보다 더 충분히 이해하
> 지 못할 것이다. 그러므로 어떤 한국인도 미국인의 거만한 태도를 나보다 더
> 변명하고 용서할 준비가 되어 있지 않을 것이다. 그러나 그러한 나에게도 미
> 국적인 오만의 알약을 삼키기가 어렵고 그것을 소화하기는 더욱 어렵다.95)

 윤치호는 자신의 백인에 대한 인종적 괴리감의 원인을 ① 신체적 차
이, ② 경제적 또는 생활방식의 차이, ③ 사회적 차이, ④ 인간적 감정적
차이 등에 두고 있다.96) 그러나 그의 백인에 대한 편견에는 백인에 대한
인종적 괴리감보다 더 강한 감정, 곧 강대국에 의해 조국이 멸망 상태에
이르게 된 상황에서 국가적 차원에서 해소할 수 없는 강자에 대한 분노
와 증오의 감정을 인종적 차원에서 대응하려는 심리가 투영되어 있음을
알 수 있다. 이러한 윤치호의 감정은,

> 일본·중국·한국은 극동을 황인종의 영원한 보금자리로 지키기 위하여 공
> 동의 목표와 공동의 정책과 공동의 이상을 가져야 한다.97)

는 극동 3국의 황인종제휴론黃人種提携論으로 나타났던 것이다. 그리고
그는 러일전쟁에서 일본의 승리가 확정되었을 때,

---

95) 『尹致昊日記』 1903년 1월 15일조. 윤치호는 1906년 6월 15일의 일기에서는, 미
　　국과 영국은 한국에서 가장 많은 이권을 획득하고도 한국이 일본의 수중에 빠지
　　지 않도록 조금도 돕지 않았고, 오히려 을사조약이 체결되자 가장 먼저 이를 승인
　　했다고 원망과 분노의 감정을 적고 있다.
96) 『尹致昊日記』 1903년 1월 15일조.
97) 『尹致昊日記』 1902년 5월 7일조.

> 나는 일본이 러시아를 패배시킨 것이 기쁘다. 그 도국인島國人들은 황인종의 명예를 영광스럽게 옹호했다. … 나는 황인종의 일원으로서 일본을 사랑하고 존경한다. 그러나 한국인으로서는 한국의 모든 것, 독립까지도 앗아가고 있는 일본을 증오한다.98)

라고 하여, 러일전쟁을 한국의 지배권쟁탈전임과 동시에 인종전쟁으로 인식하고, 국가적 차원에서는 한국의 독립을 탈취해가는 일본을 증오하면서도 인종적 차원에서는 황인종의 명예를 일신한 일본에 대한 존경 의식을 나타냈다.

이와 같은 윤치호의 러일전쟁과 일본에 대한 이원적二元的 시각은 전쟁의 결과로 예상되는 한민족의 독립상실을 황인종의 명예회복으로 상쇄하려는 일종의 보상심리의 작용이라 볼 수 있다. 그리고 이러한 인종주의적 보상심리는 일본에 대한 적개심을 둔화시키고 그의 민족주의 의식을 퇴색케 했을 것이다. 그리고 윤치호의 이 같은 강렬한 인종주의 의식은 일제의 통치를 긍정하는 직접적인 동인으로 작용한 것은 아닐지라도, 적어도 불가항력적이라고 판단된 일제의 통치에 공감하는 간접적인 동인으로는 작용했던 것으로 보인다.

다음으로 일제강점기에 윤치호의 민족주의 의식과 인종주의 의식이 그의 일본에 대한 태도에 어떻게 작용했던가를 살펴보기로 한다.

일제강점기에도 윤치호의 민족주의 의식이 완전히 소멸된 것은 아니었다. 이러한 사실은 일제통치에 대한 그의 지속적인 비판의식에서 엿볼 수 있다.

첫째로 그는 일제의 통치를 군국주의적 통치 또는 독일식의 식민통치라고 비판하고, 총독부 관원들을 관료주의자들 또는 독재자들이라고 매도했다.99) 그리고 그는 조선에서 일본 정착민들을 위해 조선인을 축출

---

98) 『尹致昊日記』 1905년 9월 7일조.
99) 『尹致昊日記』 1919년 2월 7일, 2월 26일, 4월 15일, 6월 23일조.

하는 일제의 조선인축출정책을 비난하고,100) "조선은 조선인의 싸움터
임을 잊지 말아야 한다."고 하여 국내에서 조선인의 향상을 위한 노력의
중요성을 강조하기도 했다.101)

둘째로 윤치호는 일제의 한민족차별정책을 비판했다. 그는 '일시동인
一視同仁'을 주장하는 일본이 미국의 인종차별을 규탄하면서 스스로는 조
선인에게 민족차별을 자행하고 있으며,102) 그 민족차별은 정치·경제·교
육 등에서 현저히 나타나고 있다고 지적했다.103) 따라서 그는 총독부를
'계모정부(stepmother government)라 하여 계모처럼 조선인을 차별한다고 비
판했던 것이다.104)

셋째로 윤치호는 일제의 한민족탄압정책을 비판했다. 그는 "일본은
애국심을 인간의 최고 미덕이라 가르치고, 조선인에게는 애국심을 최대
의 범죄로 단죄한다."105)고 하고, "도시와 농촌에서 경찰은 노름과 좀도
둑의 금압에는 관심이 없고, 일본정권의 모든 기관은 만세군중을 찾아
체포·고문·투옥·재판·유죄선언에 여념이 없다."106)고 하며, 일제의 조
선독립운동에 대한 무자비한 탄압을 비판했다. 따라서 그는, 일찍이 총
독부를 "스파이의 스파이에 의한 스파이를 위한 정부"107)라고 매도했던
것이다. 그리고 일제의 농민들에 대한 가혹한 수탈행위와 조선의 역사·

---

100) 『尹致昊日記』 1919년 8월 14일, 10월 5일조, 1924년 5월 3일조.
101) 『尹致昊日記』 1919년 12월 19일조.
102) 『尹致昊日記』 1919년 3월 29일조.
103) 『尹致昊日記』 1919년 10월 10일조, 1928년 8월 8일조, 1930년 6월 1일조,
     1943년 2월 27일조.
104) 『尹致昊日記』 1928년 12월 31일조, 1943년 2월 27일조.
105) 『尹致昊日記』 1919년 3월 29일조.
106) 『尹致昊日記』 1919년 12월 11일조. 3·1운동 당시의 만세운동자들에 대한 일본
     군경의 가혹한 탄압행위에 대해서는 윤병석, 「3·1운동에 대한 일본정부의 정책」
     『3·1운동50주년기념논집』, 421~434쪽 참조.
107) 『尹致昊日記』 1918년 12월 22일조.

전통·감정을 말살시키려는 한민족말살정책에 대해서도 강한 비판의식을 가지고 있었다.[108]

다음으로 윤치호의 민족주의 의식은 그의 조선인의 생활향상을 위한 지속적인 생각과 노력에서도 엿볼 수 있다.

일제강점기의 윤치호는 조선의 독립은 가까운 장래에는 불가능하고, 조선인에게는 독립능력도 갖춰 있지 않다는 전제 아래, "교육 없이는 국가가 존립할 수 없으며, 더 많은 교육이 더 많은 독립을 가져 온다."고 생각하여 무엇보다도 교육을 통한 민족의 지적知的 향상을 강조했다.[109] 따라서 그는 1924년 이상재李商在가 도미渡美를 권고했을 때, 도미하여 제2의 이승만李承晩이 되는 것보다는 국내에 남아 교육을 돕는 것이 더 낫다고 생각했던 것이다.[110]

또한 윤치호는 "흑인이 사회적 평등을 주장하기에 앞서 경제적 평등을 이루어야 하듯이, 조선인도 정치적 평등을 주장하기에 앞서 경제적 평등에 도달해야한다."고 생각하여 조선인의 경제적 향상을 강조했다.[111] 그에게 조선인의 경제적 향상은 조선인의 생존과 직결되는 실존의 문제로 인식되었던 것이다.[112] 그러므로 윤치호는,

---

108) 『尹致昊日記』1943년 1월 1일, 2월 27일조. 철저한 내선일체를 주장하면서도 한민족의 역사와 전통이 존중되어야 한다는 주장은 1933년 崔麟이 조직한 친일 단체인 時中會의 운동정신에서도 찾아 볼 수 있다. "조선의 민족성은 어디까지나 존중하고, 조선문화를 숭배하면서도, 우리는 일본제국 신민이 될 수 있고, 일본제국의 세계에 대한 사명에 공헌하면서, 대동아의 평화에 진력할 수가 있는 것이다."(임종국, 위의 『일본침략과 친일파』, 100쪽)

109) 『尹致昊日記』1919년 5월 10일조.

110) 『尹致昊日記』1924년 1월 3일조.

111) 『尹致昊日記』1919년 8월 11일조. 윤치호는 1922년의 강연에서 "무엇보다도 상공업을 발달시켜야 하겠습니다. 세상만사가 돈 없이 되는 일이 없고, 먼저 육체의 생활을 유지 못하면 도덕도 지킬 수 없으니 상공업을 진흥시켜 실력을 길러야 하겠습니다."라고 상공업의 진흥을 역설한 바 있다.(『東亞日報』1922년 4월 1일자 「新生을 追求하는 朝鮮人, 現下急務는 果然 何인가」)

조선인이 모든 면에서 평등함을 입증하지 않는 한 어떠한 법률과 설교로
도 일본인으로 하여금 조선인에 대한 차별대우를 그만두게 하지 못할 것이다.
먼저 지적 경제적인 상태를 향상시킬 것을 구하라. 그러면 모든 것들 곧 동등
한 처우와 동등한 기회 등이 부여될 것이다.[113]

라고 하여, 조선인의 지적 경제적 향상이 민족차별을 철폐하고 일본인과
동등한 권리를 누릴 수 있게 하는 본질적인 방법이라고 믿었다. 그리고
그는 YMCA와 학교경영을 통하여 실제로 조선인의 경제적 향상을 위해
노력했다.[114]

이와 같이 조선인의 지적 경제적 향상을 강조한 윤치호의 실력양성
론·민족개량주의는 먼 장래의 조선의 독립을 염두에 둔 면도 있으나, 보
다 역점을 둔 것은 일제통치 하에서 현실적으로 조선인의 생활향상과 복
리를 추구한 것이었다. 그리고 이러한 지적 경제적 향상운동은 일제와의
타협·협력 하에서 가능한 것이었으며, 항일투쟁을 무마하려는 일제의

---

112) 『尹致昊日記』 1919년 10월 7일조. "… the 14 million of the people must
be fed, clothed & housed whatever may be our political status."

113) 『尹致昊日記』 1919년 9월 1일조. 윤치호는 105인사건으로 인하여 수감된 지 3
년 만에 1915년 2월 출감한 뒤에 종로 YMCA회관에서 「五十而覺」이란 연제를
가지고, "경거망동은 우리에게 아무 이익도 주지 못한다. 조선을 구제할 자는 오
직 힘이니, 힘은 청년들이 도덕적으로 지식적으로 수양함에 나오고, 그러한 위
에도 교육과 산업을 위하여 꾸준히 노력함에서 나온다."는 요지의 연설을 한 바
있다(李光洙, 1962, 「규모의 人 尹致昊氏」 『李光洙全集』 17권, 三中堂, 383쪽).

114) 일제강점기에 윤치호는 YMCA의 총무와 회장을 역임하고, 송도고등보통학교 교
장, 이화여자전문학교 이사, 연희전문학교 교장 그리고 보성학교 창립 39주년
기념사업회 회장 등을 역임하면서 조선인의 知的 경제적 향상에 기여했다(金永
義, 『佐翁尹致昊先生略傳』 제27·28장과 1973, 『延世80年史』, 연세대출판부,
1269쪽 및 1975, 『고려대학교 70년사』, 고려대출판부, 157~158쪽 참조). 이와
같은 조선인의 향상을 위한 윤치호의 노력에 대하여, J. Earnest Fisher는 다음과
같이 논평했다. "He(T.H. Yun) thought of the people as his brothers and sisters
and his efforts were always directed toward raising the intellectual, cultual and
social level of the people through educational and spiritual influence and
power."(J. Earnest Fisher, 앞의 책, 289~290쪽)

식민통치정책과도 부합되는 것이었다. 여기에서 우리는 일제의 가혹한
식민통치 하에서 일본인과 맞먹는 조선인의 지적 경제적 향상은 본질적
으로 불가능했으며, 절대독립을 포기한 조선인의 생활향상책은 식민통
치에 대한 타협주의를 가져오게 되었다는 사실을 알 수 있다.

한편 일제강점기에 윤치호의 인종주의人種主義 의식은 한층 더 강화되
어 갔다.

3·1운동 당시에, 그는 조선의 애국심 또는 조국애를 커다란 범죄로
처단하는 일본의 강권주의를 비판하는 가운데 백인종의 침략주의에 대
한 강력한 증오감을 드러냈다.115) 그의 강자에 대한 증오는 반사적으로
강자의 상징인 백인에 대한 증오로 직결되는 것이었다.

만주사변 당시에 윤치호는 일본의 만주 점유를 영국의 인도 점유, 프
랑스의 베트남 점유와 같은 경우로 간주하고, "일본의 한국합병을 가볍
게 승인했던 미국이 무슨 면목으로 만주 점유를 반대하겠는가?"라고 했
듯이, 백인제국白人諸國이 일본의 한국지배에 방조자였음을 상기하여 백
인국가들에 대한 분노감을 드러냈다.116) 따라서 그는 국제연맹이 만주
에 조사단을 파견한다는 소식에 접하여, 국제연맹을 '서양강도제국'(The
robber-nations of the West)이라 매도하면서, 스페인의 모로코, 이탈리아의 트
리폴리, 영국의 오스트레일리아·캐나다·아프리카, 프랑스의 베트남·알
제리 점유를 지적하고, 서양 백인국가들의 이기적 침략주의를 공박했
다.117)

그러므로 윤치호는 태평양전쟁이 발발勃發했다는 소식에 접하자,

> 구세계에 진정한 새날이 밝았다. 이것은 백인종에 대한 황인종의 진정한
> 인종전쟁人種戰爭이다.118)

115) 『尹致昊日記』 1919년 4월 14일조.
116) 『尹致昊日記』 1931년 9월 23일, 11월 4일조.
117) 『尹致昊日記』 1931년 10월 17일조.

> 아 나는, 일본이 앵글로색슨의 인종적 편견과 불공평과 오만의 풍선에 구
> 멍을 뚫을 뿐만 아니라 그 풍선을 갈가리 찢는 데 성공하여, 그들에게 "수세
> 기 동안 유색인종에게 복속과 치욕을 준 너희들의 뽐내던 과학과 발견과 발
> 명을 가지고 지옥으로 가라"고 말하게 되기를 기원한다.[119]

라고 하여, 태평양전쟁을 진정한 인종전쟁으로 간주하고, 일본이 승리하
여 인종적 편견과 불공평과 오만에 차 있는 백인종의 콧대를 꺾어주기를
갈망했다.

나아가 윤치호는 영국의 홍콩 수비군사령관의 항복 소식에 접하여,
인종적 편견과 국가적 오만에 찬 영국 제국주의의 항복이라고 논평하고,

> 일본은 동양에 있어서 백인지배의 마력魔力을 깬 데 대하여 모든 황인종의
> 영원한 감사를 받을 만하다.[120]

라고 하여, 황인종의 굴욕을 씻어준 일본에 대해 감사의 감정까지 갖게
되었던 것이다.

이와 같이 윤치호의 강렬한 인종주의 의식은 일제의 한민족에 대한
차별정책과 탄압정책 등 강권통치에 대한 민족적 분노와 증오를 백인국
가들에 대한 분노와 증오로 배출시키는 돌파구의 역할을 했을 뿐만 아니
라, 황인종으로서 백인종에 대한 열등감과 원한을 해소시켜준 일본에 감
사의 감정을 갖게 하여, 일제 말기에 이르러 적극적으로 친일협력을 하
게 하는 내면적 동인으로 작용했던 것이다.

강대국의 민족주의가 세계주의로 표출되듯이 일본의 민족주의는 아
시아주의 또는 대동아공영주의大東亞共榮主義로 타나났다. 윤치호의 황인
종주의는 결국 약소국 조선의 민족주의를 매몰시키고 강대국 일본의 민

---

118) 『尹致昊日記』 1941년 12월 8일조.
119) 『尹致昊日記』 1941년 12월 11일조.
120) 『尹致昊日記』 1941년 12월 26일조.

족주의에 영합하여 이에 협력하는 중요한 요인으로 작용했던 것이다. 당시 한민족의 적인 강대국은 다른 인종인 백인종이 아니었고, 같은 인종인 황인종 곧 일본이었음을 생각할 때, 윤치호의 인종주의 의식에 의한 민족주의 의식의 매몰은 그의 친일협력에 대한 내면적인 자기합리화의 현상이었다고 하겠다.

요컨대 개화기 이래로 윤치호의 의식이 비관적 한국사관에 의한 민족 패배의식, 현실상황론에 의한 대세순응주의, 국가독립에 우선하는 개화지상주의, 그리고 사회진화론과 황인종주의로 기울어진 것이 일제강점기에 그가 친일협력 하는 결정적인 요인이 되었다고 하겠다. 이처럼 윤치호의 친일협력의 소지가 이미 개화기의 그의 의식 속에 내재되어 있었다는 사실은 개화기 윤치호의 근대사상과 그 변혁방법론에 일정한 한계성과 문제점이 있었음을 의미하는 것이다.

맺음말

　이제까지 우리는 윤치호의 사상형성과 개화활동 과정 그리고 그의 근대변혁사상과 그 방법론 및 친일협력의 논리를 살펴보았다.

　제1편 제1장에서는 윤치호의 초기교육과 일본유학을 통한 개화수업 및 갑신정변기의 개화활동을 살펴보았다.

　첫째로 윤치호는 전통적인 양반가문에서 태어났으나, 그의 고조高祖 이하 3대가 관직이 없이 지방의 향반으로 전락했고, 부친 윤웅렬은 당시 하대 받던 무관이었다. 명문 양반으로 자부할 수 없었던 가문의 배경이 그로 하여금 비교적 용이하게 신사상을 수용할 수 있게 했던 것으로 보인다. 윤치호의 5세에서 16세에 걸친 초기교육은 고급문관이 되기 위한 전통적인 유교교육이었다.

　둘째로 윤치호의 전통교육으로부터 근대교육으로의 전환은 개화지향적인 부친 윤웅렬의 관심 속에서, 그가 17세 되던 1881년에 신사유람단의 수원隨員으로 도일 유학함으로써 이루어졌다. 그의 일본유학日本留學은 신사유람단의 파견에 중요한 역할을 한 이동인과 윤웅렬과의 교유관계와 신사유람단의 조사朝士인 어윤중과 윤치호와의 사제관계 속에서 이루어졌다.

　셋째로 조선 최초의 도쿄東京 유학생의 한 사람이 된 윤치호는 도진샤同人社에서 수학했다. 그는 약 2년간의 일본유학 기간에 주로 일본어와 영어 공부에 힘썼고, 당시 일본 최고의 문명개화론자였던 후쿠자와 유키지福澤諭吉와 나카무라 마사나오中村正直로부터 사상적으로 깊은 영향을 받았으며, 일본에 체류 중인 김옥균, 서광범 등과의 빈번한 접촉과정에서 개화당 인사들과 동지적 결합을 이루었다. 그는 일본의 발전상을 체험하는 가운데 메이지유신明治維新을 모델로 하는 조선의 개화·개혁을 구상했으며, 결국 일본유학을 통하여 개화사상을 전면적으로 수용하여,

그의 의식을 전통사상으로부터 근대사상近代思想으로 전환시키는 계기를 마련했다.

넷째로 윤치호는 일본유학 도중 1883년에 초대 주한미국공사 푸트 (Lucius H. Foote)의 통역으로 발탁되어 귀국했다. 귀국 후 그는 1년 8개월 동안 푸트 공사의 통역으로, 개화당의 멤버로, 그리고 외아문의 주사로서 조국의 자주독립과 개화자강을 모색했다. 자주독립과 개화자강이란 동일한 정치적 이상을 가졌으나 그 이상을 실현함에 있어 김옥균과 박영효 등은 결국 정변이란 급진적 방법에 호소했으나, 윤치호는 거사의 무모성을 지적하고 시종 '관인협력官人協力'에 의한 점진적 개량주의 노선을 견지했다.

제2장에서는 중국·미국유학을 통한 윤치호의 사상형성과 갑오개혁에 대한 그의 태도를 살펴보았다.

갑신정변 실패 후, 윤치호는 중국에 망명 유학하여 상해 중서서원中西書院(Anglo-Chinese College)에서 3년 반 동안 수학하고, 미국에 건너가 벤더빌트 대학과 에모리 대학에서 5년간 수학한 뒤, 상해에 돌아가 중서서원에서 교편을 잡다가 청일전쟁 후인 1895년에 귀국했다.

첫째로 윤치호는 중·미유학 기간에 영어·중국어·역사·지리 등 어문학 관계의 과목과, 신학·교회사·설교학·설교사 등 기독교 선교 관계의 과목, 경제론·헌법사·정치경제학 등 사회과학 관계의 과목, 그리고 물리학·화학·생물학·수학 등 자연과학 관계의 과목을 포괄하는 광범위한 근대학문을 섭렵했고, 역사서적·문학작품·종교서적을 탐독했다. 특히 그가 흥미를 느끼고 관심을 쏟은 분야는 영어·역사·문학으로 집약되는데, 이것은 그의 서구근대문명과 근대정신에 대한 심층적인 이해를 위한 노력으로 볼 수 있다.

둘째로 윤치호의 중·미유학기의 교육은 모두 기독교대학에서 선교교육자들의 절대적인 영향 아래 이루어졌으며, 상해유학 시절에 조선 최초의 남감리교 세례 교인이 되었다. 그의 기독교 신앙에 대한 열정은 그로 하여금 벤더빌트 대학에서 신학을 전공하게까지 했으나, 그 자신은 목회자로서가 아니고 평신도로서 하나님과 조국에 봉사하는 인간이 되고자 했다.

셋째로 윤치호는 일본유학과 중·미유학을 통하여 중국을 악취 풍기는 불결한 국가, 낙후된 무기력한 국가, 완고하고 오만한 국가, 그리고 조선의 자주와 개화를 방해하는 국가로 인식했다. 반면에 그는 일본을 그 환경과 인민이 청결한 국가, 힘차게 발전하는 동양의 문명국가, 그리고 조선의 자주와 개화를 위한 모델국가로 인식했다. 한편 그는 미국을 당대 세계 최고의 문명국가, 최선의 민주제도를 갖춘 국가, 기독교윤리에 기초한 국가, 그리고 동시에 인종차별이 자행되는 백인을 위한 백인의 국가로 인식했다.

넷째로 윤치호는 중·미유학기에 사회진화론을 수용하여 약육강식하는 열국경쟁의 국제사회에서 조선이 살아남을 수 있는 길은 힘을 길러 적자適者가 되는 길이라고 믿고, 부강과 독립을 의미하는 서구적 문명사회를 조선 개화의 기본 방향으로 설정했다. 그리고 그는 민주주의를 인간의 기본적인 자유와 권리를 보장하는 최선의 이념으로 간주하고, 인권과 민권이 존중되는 민주사회를 조선개화의 기본방향으로 설정했다. 또한 그는 기독교를 사회변혁의 윤리로 약자인 조선을 강자·적자로 전환시킬 수 있는 종교로 믿고, 기독교사회를 조선 개화의 기본방향으로 설정했다.

다섯째로 윤치호는 청일전쟁을 계기로 일본이 청국과 조선의 수구세력 등 조선의 개혁을 가로막고 있던 장애요인을 제거함으로써, 일본의 간섭 아래 갑오개혁甲午改革이 가능하게 되었다고 인식했다. 그리고 그는 당시 일본의 간섭은 자국의 이익 추구를 위한 간섭이었고, 갑오개혁은 사실상 조선의 관인들에 의해 추진되었다고 보았다. 한편 그는 조선정부의 내분으로 개혁이 소기의 성과를 거두지는 못했으나, 갑오개혁은 조선이 추구해야 할 개화·개혁의 올바른 방향을 제시했고 조선의 정치적 사회적 변화에 기여한 것으로 평가했다.

제3장과 제4장에서는 윤치호의 개화·개혁 활동의 절정기라고 볼 수 있는 독립협회운동기에 그의 민중지도자로서의 역할과 지도노선 그리고 독립협회 해체 이후 한말韓末의 상황에 대한 그의 대응자세를 고찰했다.

첫째로 윤치호는 서재필과 더불어 독립협회에 토론회를 도입하여 독립협회를 관인 사교클럽으로부터 민중계몽단체로 개조하고, 나아가 이를 민중정치단체로 전환시키는 데 중요한 역할을 담당했다. 그리고 그는 서재필이 미국으로 추방된 뒤에는 독립협회의 회장과 『독립신문』의 주필이 되어 민중운동의 최고지도자로서, 어려운 시기에 신변의 위험을 무릅쓰고, 자주국권과 자유민권, 국민참정과 자강개혁 등 민주주의·민족주의·근대화운동을 추진하는 데 주도적 역할을 담당했다.

둘째로 윤치호는 갑오개혁의 연장선상에서 개화·개혁의 추진매체로서 독립협회운동에 역사적 의미를 부여했다. 그리고 그는 독립협회운동을 민중과 유리된 종래의 개화운동과는 다른, 민중과 개화가 최초로 결합된 민중적 개화운동으로, 그리고 민권에 기초한 한국 최초의 근대적 민중운동으로 인식했다. 나아가 그는 독립협회운동을 단순한 국가의 자주운동이 아니고 국민국가國民國家를 전제로 한 근대적 자주국권운동으로, 그리고 단순한 개혁운동이 아니고 개혁내각과 민선의회의 합력에 의한 국민참정을 전제로 한 민주적 개혁운동으로 평가했다.

셋째로 윤치호는 독립협회의 운영에 있어 지도자의 독단에 의한 지시가 아니고, 토론과 합의를 중시하는 상향식 민주적인 지도노선을 가지고 있었다. 그리고 그는 극복해야 할 적대집단에 대해서도 합리적 대화에 의한 타협적 온건주의를 기본노선으로 삼아 '관민협력官民協力'을 강조했다. 또한 그는 근대적 변혁을 추진함에 있어 현실적 가능성을 고려하여

상소와 정부에 대한 건의 및 평화적 시위 등에 의한 점진적 개량주의를
견지했다.

넷째로 윤치호는 독립협회가 강제 해체되고 보수반동의 시대가 도래
했을 때, 자의반 타의반으로 지방관이 되어, 중앙정계에서 좌절된 민중
을 위한 개혁정치의 이상을 제한된 지방에서나마 실현시키고자 노력했
다. 그리고 그는 러일전쟁에 즈음하여 전승국에 의한 한국지배가 불가피
하다고 인식했고, 을사조약에 의한 독립상실을 약육강식의 국제사회에
서 국력부족에서 오는 불가항력적인 현실로 받아들였다. 그러므로 그는
상소운동, 외교운동, 의병운동 등 어떠한 방법에 의해서도 가까운 장래
에 독립회복은 불가능하다고 판단하고, 국권회복의 장기전에 대비하여
교육진흥과 산업개발에 의한 실력양성을 강조하는 애국계몽운동에 전력
을 기울였다.

요컨대 윤치호는 독립협회운동기에 민권운동의 지도자로서 자주·민
권과 참정·개혁 등 민주주의·민족주의·근대화운동을 정력적으로 추진
했고, 독립협회 해체 이후에는 애민愛民의 지방관으로서 민중의 구원과
민생의 향상을 위한 행정을 베풀었으며, 을사조약 체결 이후에는 계몽운
동의 지도자로서 국민계몽과 민력양성에 진력한 점을 고려할 때, 그는
시대상황의 변화에 대응하여 국가와 국민을 위해 나름대로 최선을 다했
다고 할 수 있겠다. 그러나 윤치호는 독립협회운동기에는 전통체제의 철
저한 변혁에 불가결한 혁명노선을 부정했고, 애국계몽운동기에는 국권
회복에 대한 투철한 신념이 결여되었던 점에서 민족운동의 지도자로서
일정한 한계성을 지니고 있었던 것이다.

제2편 제1장에서는 윤치호의 근대변혁사상을 그의 전통적 유교사상
과 전통적 통치체제에 대한 인식, 그리고 그의 근대국가 의식과 국가형
태의 구상을 통하여 살펴보았다.

첫째로 윤치호는 전통적인 유교사상을 허례적인 형식윤리, 이기적인

가정윤리, 압제적인 계서윤리階序倫理, 배타적인 절대윤리, 그리고 사대적인 종속윤리라고 비판 배격하고, 기독교사상을 실용적인 실천윤리, 공익적인 사회윤리, 자유·평등의 윤리, 진보적인 변화윤리, 그리고 주체적인 자주윤리라고 인식했다. 곧 그는 유교는 인간을 노예화하고 사회를 퇴영화하며 국가정치를 전제화하는 윤리로서, 조선의 당면문제를 해결할 능력이 없다고 생각하고, 유교사상 곧 전통사상의 부정과 기독교사상 곧 근대사상의 추구라는 논리 속에서, 전통사상에 대한 철저한 부정과 근대사상에 대한 전면적인 추구의 의식을 명백히 보여주었다.

둘째로 윤치호의 전통적인 전제군주체제에 대한 견해 속에는, 인민주권이나 자유민권 추구의 표현과 군주주권이나 전제군권專制君權 강화의 표현이 동시에 나타나고 있다. 이러한 모순된 표현은 전제정치→민권억압→국가쇠망 그리고 입헌정치→자유권리→국가발전이라는 그의 논리에서 볼 때 체제변혁의 표현은 그의 기본사상의 표현이고, 체제긍정의 표현은 현실상황론적 또는 정치적인 표현이라고 할 수 있겠다. 그는 중국유학기까지는 전제군주체제를 긍정하는 입장이었으나, 미국유학 이후에는 전제군권의 부정은 물론 군주제 자체까지를 부정하는 의식을 가지고 있었다. 그러나 위의 정치체제에 대한 모순된 표현이 말해주듯이 그의 전제군주체제 부정에 대한 실천의지는 점진적인 것이었다.

셋째로 윤치호는 천부인권론과 인민주권론 등 서구의 근대시민사상에 입각하여 국가를 국민과 동질적으로 파악하는 근대적 국민국가관을 수용했다. 따라서 그가 말하는 애국심은 국민국가를 그 대상으로 하고 국민에 대한 애정을 그 내용으로 하는 것이었다. 그리고 그가 생각한 국가독립이란 대외적으로는 타국의 간섭을 받지 않는 주권국가로서의 독립임과 동시에, 대내적으로는 자유와 민권이 보장되는 민주국가 곧 국민국가로서의 독립을 의미하는 것이었다. 그러므로 그는 국가존립의 목적을 민권보장에 두고 "국민국가로서의 독립론"을 강조했으며, 한편 "전제국가로서의 독립무용론"을 강조했다.

넷째로 윤치호가 구상했던 국가형태는 영국형의 입헌군주제였다. 그런데 그는 입헌주의나 의회제도가 당시 조선사회에 현실적으로 철저히 구현될 수 없다고 보았고, 그가 당시 실천을 주장했던 신법新法과 홍범洪範은 제정절차나 내용면에서 입헌주의로서는 크게 미흡했으며, 그가 추구했던 의회식 중추원은 구성면에서 철저한 의회제도로서는 불충분했다. 이런 점에서, 그가 현실적으로 추구했던 국가형태는 프러시아형의 입헌군주제였다고 볼 수 있는 일면도 있다. 그러나 윤치호는 인권과 민권을 보장할 의사와 능력이 없는 국가는 존재의미가 없다고 본 철저한 자유민권론자였고, 그의 입헌주의와 법치주의에 대한 정치적 의도는 일본의 민권론자들처럼 인민주권론에 의한 민권보장에 있었으며, 그의 중추원 개편운동의 의도는 전국민을 대표하여 정부통제의 기능을 가지는 국정최고기관으로서의 의회의 설립에 있었다. 이런 점을 고려할 때, 의회제적군주제 곧 영국형의 입헌군주제는 그가 구상한 이상적인 국가형태였으며, 불철저하게나마 현실로부터 미래를 향하여 구현코자 한 국가형태였다고 생각된다. 그러나 그가 현실적으로 추구한 국가형태는 제도면에서 볼 때 의회제적 군주제로서는 많은 한계성을 지닌 것이었다.

제2장에서는 윤치호의 근대변혁방법론을 내부혁명론, 평화적 자주개혁론, 문명국지배하 개혁론 그리고 국민계몽론으로 나누어 살펴보았다.

첫째로 윤치호의 '내부혁명론'은 평화적 자주개혁이 불가능하다고 판단된 상황에서, 부패 무능하고 포악한 왕조체제에 대한 불신과 회의감에서, 그리고 전면적이고 근본적인 체제변혁이 필요하다는 생각에서 최선의 변혁방법론으로 안출된 것이다. 그는 서양의 근대적인 시민혁명을 전통체제변혁의 이상적인 방법으로 인식했으나, 조선사회에는 시민혁명의 수행능력이 없다고 보았다. 따라서 그는 개화인사들이 주도하고 민중이 공감하는 내부혁명을 현실적인 최선책으로 생각했으나, 이 같은 내부혁

명도 외세의 간섭으로 실현이 불가능하다고 보았다. 결국 윤치호의 혁명
론은 회의적懷疑的인 착상이었고, 스스로 혁명을 시도해본 일이 없는 실
현의 의지가 결여된 탁상의 방법론에 불과했던 것이다.

둘째로 윤치호의 '평화적 자주개혁론'은 열강의 침탈경쟁과 국내의
혁명여건 불비不備라는 시대상황에 대한 인식과, 개화기의 외세 의존적
또는 폭력적 개혁방법의 실패 경험, 그리고 그의 상황론적 행동성향에서
안출된 최선의 변혁방법론이었다. 그가 구상한 평화적 자주개혁의 실현
방법은 갑신정변기의 국왕중심체제에 의한 개혁에서, 갑오개혁기의 개
화파와 국왕의 제휴체제에 의한 개혁으로, 나아가 독립협회운동기의 민
권파와 민중의 단합체제에 의한 개혁으로 진전되어갔다. 그가 또 다른
최선의 변혁방법으로 생각했던 내부혁명론이 현실적으로 실현의 의지가
결여된 잠재적潛在的 방법론이었다고 한다면, 평화적 자주개혁론은 현실
적으로 실천이 수반된 현재적顯在的 방법론이었다고 하겠다.

셋째로 윤치호의 '문명국지배하 개혁론'은 조국의 근대변혁을 위한
최선의 방법인 내부혁명과 평화적 자주개혁이 불가능하고, 외세의 조선
지배가 임박했거나 불가피하다고 판단된 상황에서, 최악의 상태로 생각
한 현상유지나 중국에의 예속을 탈피하기 위한 차선의 방법론으로 안출
된 것이다. 그의 문명국지배하 개혁론은 거문도점령사건 시기에 나타나
서 갑오개혁 시기에는 이에 큰 기대를 걸었고, 아관파천 시기 이후로는
이에 회의적인 생각을 가졌으나, 한말까지 그의 의식 속에 내재되어 있
었다. 그의 문명국지배하 개혁론은 비관론적인 현실관, 상황론적인 실천
방법론, 전제국가로서의 독립무용론, 사회진화론적인 시대관 등에 바탕
을 둔 것으로, 뒷날 친일협력의 논리로 연결되는 것이다.

넷째로 개화기의 윤치호의 의식 속에 혼재해 있었던 이와 같은 정치
변혁을 위한 세 가지 방법론과 더불어, 그는 국민개조를 위한 국민계몽
론國民啓蒙論을 강조했다. 윤치호의 국민계몽론은 정치변혁이 절망적이라

고 판단된 경우에 더욱 강조되었다. 그의 국민계몽론은 개화지식의 보급
을 통하여 개화국민의 형성을 추구한 문명교육, 조선인으로서 국가에 대
한 아이덴티티(Identity)의 강화를 추구하는 애국교육, 국민의 경제적 향상
을 통하여 독립정신을 앙양하려는 실업교육, 그리고 정직하고 성실한 국
민을 배양하려는 기독교교육의 실시를 강조했다. 나아가 그는 이러한 국
민계몽의 종합의 장場으로서 '기독교 모범촌'의 건립을 구상하여 추진하
기도 했다.

제3장에서는 윤치호의 친일협력의 논리를 규명하여 개화기에 그가 지
니고 있던 근대변혁사상과 그 방법론의 한계성과 문제점을 살펴보았다.

첫째로 개화기의 윤치호는 조국의 과거·현재·미래를 비관론적으로
인식하여 민족의 잠재역량을 불신함으로써 민족패배의식에 빠졌으며,
주어진 현실에 상황론적으로 대응하여 대세순응주의와 타협적 개량주의
의 노선을 견지했다. 이 같은 윤치호의 비관적 한국사관과 현실상황주의
는 역사 상황의 변화에 따라 개화기에는 '관인협력官人協力'과 '관민협력
官民協力'을 강조하게 했고, 국권피탈 후 1910년대에는 일제통치를 기정
사실로 받아들여 '일선융화日鮮融和'에 동조하게 했으며, 1920년대와
1930년대 초반에는 일제의 통치정책에 소극적 수동적인 협력자세를 취
하다가, 1930년대 중반 이후에는 일제의 '황국신민화정책'과 '전시동원
체제' 확립에 적극적 능동적인 협력자세를 취하게 하는 요인으로 작용했
던 것으로 보인다.

둘째로 우리나라 역사를 비관적으로 본 현실상황론자였던 윤치호가
개화기에 지녔던 국가독립을 초월한 강렬한 민권보장의식과 개화지상주
의는 그의 국가독립의지를 약화시켜, 그의 '개화독립론'은 한말에 이르
러 "독립을 포기한 개화론"으로 변질되었다. 이 같은 독립론의 취약성은
국권피탈 후의 윤치호로 하여금 일제통치를 기정사실로 받아들여 일제
신민日帝臣民으로서 순응자세를 취하게 했으며, 나아가 조선인은 일제신

민으로서 더욱 행복할 수 있다는 생각에서 일제 말에는 적극적 능동적으로 친일협력을 하게 되었던 것으로 보인다. 이처럼 윤치호의 '개화독립론'이 '일제신민론'으로 전환됨에 따라 그의 '민권보장론'은 일제하 '민생향상론'으로, '극동의 스위스론'은 '일본의 스코틀랜드론'으로 변질되고 말았던 것이다.

셋째로 독실한 기독교 신자이며 사회진화론의 신봉자였던 개화기의 윤치호는 기독교윤리에 기초한 '신神의 정의론'과 사회진화론에 입각한 '힘의 정의론' 사이의 모순 속에서 심한 갈등을 느끼고 양자 간의 조화를 모색했다. 그러나 그는 약자의 사회보다 강자의 사회에 더 많은 정의가 내재한다는 생각에서 '힘의 정의론'에 기울어짐으로써, 문명강대국의 약소국지배를 긍정하는 강자 지배논리에 빠지게 되었다. 이 같은 '힘의 정의론'은 일제시대의 윤치호로 하여금 국가독립을 사실상 포기하고 일제의 통치에 순응하면서 조선인의 '향상'을 추구하게 했으며, 결국은 일제의 통치를 긍정적으로 인식하고 일제의 정책에 적극 협력하게 하는 내면적인 요인으로 작용했던 것으로 보인다.

넷째로 개화기의 윤치호는 "국민국가로서의 독립"을 추구하는 일종의 국민주의적 내셔널리즘 의식을 가졌으며, 한편 백인종의 강자로서의 공격적인 인종주의를 증오하는 나머지 황인종의 약자로서의 방어적인 인종주의를 배태하게 되었다. 뿐만 아니라, 그가 "자신의 청국인과 일본인에 대한 모든 국가적인 편견이 몽골인종에 대한 넓은 편애偏愛 속에 삼켜졌다."고 했듯이, 그의 민족주의 의식은 인종주의 의식 속에 매몰되었다. 이 같은 윤치호의 황인종주의는 그의 일제에 대한 적개심을 둔화시키고, 그가 인종전쟁으로 파악한 러일전쟁·태평양전쟁에서 일본의 승리를 기원하게 했으며, 결국 아시아주의 및 대동아공영주의로 나타난 일본의 민족주의에 영합함으로써 일제통치에 적극 협력하게 하는 요인으로 작용했던 것으로 보인다.

이처럼 윤치호의 친일협력의 소지는 이미 개화기의 그의 의식 속에 내재되어 있었다. 이러한 사실은 개화기의 윤치호의 근대사상과 그 변혁 방법론이 그만큼 한계성과 문제점을 안고 있었음을 의미하는 것이다.

요컨대 개화기의 윤치호는 전통적 유교사상을 비판하고 기독교를 근대적 사회변혁의 윤리로 수용했으며, 전통적 전제군주체제를 비판하고 근대적 국민국가관을 수용했다. 그리고 그는 인민주권에 바탕을 둔 의회제적 군주제 곧 영국형의 입헌군주제가 당시의 한국에 이상적인 국가형태라고 생각했다. 한편 그는 전통사회를 근대사회로 변혁함에 있어 본질적으로는 혁명적 방법을 인정하면서도 현실적으로는 점진적 개혁 방법을 추구했다.

우리는 외세의 침략이 끊이지 않고 수구세력이 개혁의 발목을 잡았던 절망적인 한국개화기에 자주국권과 자유민권 그리고 근대개혁을 추구한 윤치호의 지속적인 노력과 역할을 높이 평가해야 할 것이다. 또한 잔혹한 식민통치가 지속된 일제강점기에도 우리 민족의 향상을 위해 나름대로 힘쓴 그의 노력을 인정해야 할 것이다. 그러나 개화기에서 일제강점기까지 이어진 윤치호의 비관적 한국사관과 현실상황론은 그의 자주독립 의지를 약화시키고 외세지배하 개혁을 긍정하게 하는 등 민족운동의 지도자로서 사상과 행동에 한계성을 보여주었으며, 결국 친일협력의 길을 걷게 했다. 지도자는 어떤 상황에서도 현재와 미래를 긍정적으로 보고 적극적으로 대처해야 한다는 것이 윤치호의 생애가 보여주는 역사의 교훈이다.

참고문헌

1. 자 료

『윤치호일기 - 개화기편』, 국사편찬위원회, 1973~1976

송병기, 2001, 『국역 윤치호일기』 1, 연세대 출판부

박정신, 2003, 『국역 윤치호일기』 2, 연세대 출판부

『윤치호일기 - 일제시대편』, 국사편찬위원회, 1986~1989

김승태 편역, 2001, 『윤치호일기 1916~1943』, 역사비평사

『윤치호서한집』, 국사편찬위원회, 1980

윤경남, 1995, 『국역 좌옹 윤치호 서한집』, 호산문화

『海平尹氏贊政公派譜』, 1969

『承政院日記』「고종편」, 국사편찬위원회, 1969

『高宗純宗實錄』, 탐구당, 1970

『舊韓國官報』, 아세아문화사, 1973

『舊韓國外交文書』, 고려대출판부, 1967

『大韓帝國官員履歷書』, 국사편찬위원회, 1972

『修信使記錄』, 국사편찬위원회, 1958

『甲申日錄』, 건국대출판부, 1977

『默菴備忘錄』, 『한국사상』 제16집 所收, 1978

『韓國近世史論著集』 1~9, 「구한말편」, 태학사, 1982

『고종시대사』 4·6, 국사편찬위원회, 1970·1972

『일제침략하 한국36년사』 12·13, 국사편찬위원회, 1978

『駐韓日本公使館記錄』, 국사편찬위원회 소장

『密書類纂 朝鮮交涉資料』 上卷, 「伊藤博文篇」, 日本 東京, 原書房, 1970

Ernest M. Satow's Diary, 영국, Public Record Office 소장

Communications to the Secretary of State from U.S. Representatives in Korea, 韓國
　　　研究員 소장 마이크로 필름

Reports and Communications from the British Consuls in Seoul, 韓國研究員 所藏
　　　마이크로 필름

Korean-American Relations, Vol. 1, George C. McCune and John A. Harrison, ed., University of California Press, 1951

『政治學大辭典』, 박영사, 1975

『社會科學大辭典』, 1·10·12·19, 日本, 東京, 社會科學大辭典編纂委員會, 1937

『독립신문』, 갑을출판사, 1981

『독립신문』 1~6, 삼화인쇄주식회사, 1996

『皇城新聞』, 한국문화개발사, 1971

『협성회회보』·『미일신문』, 한국신문연구소, 1977

『大韓每日申報』, 한국신문연구소, 1976

『東亞日報』, 『每日申報』

2. 저서류

강동진, 1980, 『일제의 한국침략정책사』, 한길사

강만길, 1978, 『분단시대의 역사인식』, 창작과비평사

강만길, 1985, 『한국민족운동사론』, 한길사

강만길, 1994, 『고쳐쓴 한국근대사』, 창작과비평사

강재언, 1983, 『근대한국사상사연구』, 한울

강재언, 1985, 『韓國의 近代思想』, 한길사

고정휴, 2004, 『이승만과 한국독립운동』, 연세대 출판부

기독교대한감리회본부 교육국, 1975, 『한국감리교회사』

金道泰, 1948, 『徐載弼博士自敍傳』, 수선사

김도형, 1994, 『대한제국기의 정치사상연구』, 지식산업사

김상기, 1997, 『한말의병연구』, 일조각

김승태, 1994, 『한국기독교의 역사적 반성』, 다산글방

金永羲, 1934, 『佐翁尹致昊先生略傳』, 기독교조선감리회총리원

金永羲, 1999, 『좌옹 윤치호선생 약전』, 좌옹윤치호문화사업위원회

김을한, 1975, 『좌옹 윤치호전』, 을유문화사

김진봉, 2000, 『3·1운동사연구』, 국학자료원

김창수, 1995, 『한국 민족운동사 연구』, 범우사

김형목, 2005, 『대한제국기 야학운동』, 경인문화사

김형목, 2009, 『교육운동』, 독립기념관 한국독립운동사연구소

김희곤, 2008, 『대한민국임시정부』 I - 상해시기, 독립기념관 한국독립운동사연
　　구소

김호일, 2000, 『한국 근대이행기 민족운동』, 신서원

道園相公記念事業推進會, 1978, 『開化期의 金總理』, 아세아문화사

모리야마 시게노리(김세민 역), 1994, 『근대한일관계사연구』, 현음사

민두기, 1977, 『일본의 역사』, 지식산업사

박은숙, 2005, 『갑신정변연구』, 역사비평사

박종국, 1982, 『일제침략과 친일파』, 청사

박정신, 2004, 『한국 기독교사 인식』, 혜안

박찬승, 1992, 『한국 근대정치사상사 연구』, 역사비평사

박찬승, 2007, 『민족주의의 시대 - 일제하의 한국민족주의』, 경인문화사

박철하, 2009, 『청년운동』, 독립기념관 한국독립운동사연구소

박　환, 1991, 『만주한인 민족운동사 연구』, 일조각

반민족문제연구소, 1993, 『친일파 99일』, 1~3, 돌베개

배성동, 1976, 『일본근대정치사』, 법문사

백종기, 1977, 『근대한일교섭사』, 정음사

서정민, 2000, 『일본기독교의 한국인식』, 한울아카데미

鮮于燻, 1955, 『民族의 受難-百五人事件眞相』, 독립정신보급회

송병기, 1985, 『근대 한중관계사 연구』, 단국대 출판부

송병기, 2000, 『개방과 예속』, 단국대 출판부

송병기, 2005, 『한국, 미국과의 첫만남』, 고즈윈

신용하, 1976, 『독립협회연구』, 일조각

신용하, 1980, 『한국근대사와 사회변동』, 문학과지성사

신용하, 1987, 『한국근대사회사상사연구』, 일지사

신용하, 2007, 『신간회의 민족운동』, 독립기념관 한국독립운동사연구소

梁柱三 편, 1930, 『朝鮮南監理敎會三十年紀念報』, 조선남감리교회전도국

양현혜, 1994, 『윤치호와 김교신』, 한울

오영섭, 2007, 『한국근현대사를 수놓은 인물들(1)』, 경인문화사

兪吉濬, 1895, 『西遊見聞』, 東京, 交詢社

柳東植, 1982, 『韓國神學의 鑛脈 - 韓國神學思想史序說』, 전망사

유영렬, 1997, 『대한제국기의 민족운동』, 일조각

유영렬·윤정란, 2004, 『19세기말 서양선교사와 한국사회』, 경인문화사

유영렬, 2006, 『한국근대사의 탐구』, 경인문화사

유영렬, 2007, 『애국계몽운동』 1 - 정치사회운동, 독립기념관 한국독립운동사연구소

유영익, 1990, 『甲午更張硏究』, 일조각

유영익, 1992, 『한국근현대사론』, 일조각

유준기, 1997, 『한국근대 유교개혁운동사』, 국학자료원

유준기, 2001, 『한국민족운동과 종교』, 국학자료원

윤경로, 1990, 『105인사건과 신민회 연구』, 일지사

윤병석, 1990, 『국외 한인사회와 민족운동』, 일조각

윤병석, 1996, 『근대한국 민족운동의 사조』, 집문당

윤정란, 2003, 『한국 기독교여성운동의 역사』, 국학자료원

尹孝定, 1984, 『風雲韓末秘史』, 永信아카데미韓國學硏究所

이광린, 1981, 『한국개화사상연구』, 일조각

이광린, 1981, 『개화당연구』, 일조각

이광린, 1981, 『한국사강좌』 V, 일조각

이배용, 1984, 『구한말 광산 이권과 열강』, 한국연구원

이배용, 1989, 『한국근대 광업침탈사 연구』, 일조각

이만열, 1991, 『한국기독교와 민족의식』, 지식산업사

이만열, 2007, 『한국근현대역사학의 흐름』, 푸른역사

이민원, 2002, 『명성황후 시해와 아관파천』, 국학자료원

이선근, 1963, 『한국사』 현대편, 을유문화사

이태진, 1995, 『일본의 대한제국 강점』, 까치

이태진, 2000, 『고종시대의 재조명』, 태학사

이현종, 1982, 『한말에 있어서 중립화론』, 국토통일원

이현희, 1997, 『우리나라 근대 100년』, 새문사

이현희, 2001, 『대한민국임시정부사연구』, 혜안

임종국, 1991, 『실록 친일파』, 돌베개

장규식, 2001, 『일제하 한국기독교민족주의 연구』, 혜안

장석흥, 2009, 『6·10만세운동』, 독립기념관 한국독립운동사연구소

전봉덕, 1981, 『한국근대법사상사』, 박영사

전택부, 1978, 『한국기독교청년회운동사』, 정음사

鄭 灌, 1995, 『舊韓末期 民族啓蒙運動硏究』, 형설출판사

鄭 喬, 1971, 『大韓季年史』 上, 국사편찬위원회

정병준, 2005, 『우남 이승만 연구』, 역사비평사

정재정, 1999, 『일제침략과 한국철도』, 서울대 출판부

정태헌, 1996, 『일제의 경제정책과 조선사회』, 역사비평사

정태헌, 2007, 『한국의 식민지적 근대성찰』, 선인

조동걸, 1989, 『한국근대사의 시련과 반성』, 지식산업사

조동걸, 1989, 『韓國民族主義의 성립과 독립운동사연구』, 지식산업사

조동걸, 2007, 『한국독립운동의 이념과 방략』, 독립기념관 한국독립운동사연
    구소

조항래, 2004, 『한말일제의 한국침략사연구』, 아세아문화사

조항래 편저, 2006, 『日帝의 對韓侵略政策史硏究』, 한국학술정보

陳德奎, 1976, 『한국의 민족주의』, 현대사상사

최기영, 1997, 『한국근대 계몽운동연구』, 일조각

최기영, 2003, 『한국근대 계몽사상연구』, 일조각

최기영, 2003, 『식민지시기 민족지성과 문화운동』, 하울아카데미

최기영, 2009, 『애국계몽운동』 II - 문화운동, 독립기념관 한국독립운동사연구
    소

최문형, 1979, 『열강의 동아시아정책』, 일조각

최문형, 2001, 『한국을 둘러싼 제국주의 열강의 각축』, 지식산업사

최문형, 2004, 『국제관계로 본 러일전쟁과 일본의 한국병합』, 지식산업사

최문형, 2007, 『러시아의 남하와 일본의 한국침략』, 지식산업사

崔永禧, 2001, 『격동의 한국근대사』, 한림대 아시아문제연구소

최유리, 1997, 『일제 말기 식민지 지배정책 연구』, 국학자료원

하원호, 2009, 『개항이후 일제의 침략』, 독립기념관 한국독립운동사연구소

하후봉, 2006, 『조선시대 한국인의 일본인식』, 혜안

한규무, 1997, 『일제하 한국기독교 농촌운동』, 한국기독교역사연구소

한규무, 2009, 『광주학생운동』, 독립기념관 한국독립운동사연구소

한명근, 2002, 『한말 한일합방론 연구』, 국학자료원

한상도, 2008, 『대한민국임시정부』 II - 장정시기, 독립기념관 한국독립운동사

연구소

한시준, 2009, 『대한민국임시정부』 Ⅲ - 중경임시정부, 독립기념관 한국독립운
　　동사연구소

한철호, 1998, 『親美開化派硏究』, 국학자료원

許東賢, 2000, 『近代韓日關係史硏究』, 국학자료원

황민호, 2000, 『재만 한인사회와 민족운동』, 국학자료원

姜東鎭, 1979, 『日本の朝鮮支配政策史硏究』, 東京, 東京大學出版會

岡本幸治 편저, 1998, 『近代日本のアジア觀』, 京都, ミネルブア書房

姜在彦, 1970, 『朝鮮近代史硏究』, 東京, 日本評論社

姜在彦, 1973, 『近代朝鮮の變革思想』, 東京, 日本評論社

姜在彦, 1980, 『朝鮮の開化思想』, 東京, 岩波書店

古筠紀念會 編, 1944, 『金玉均傳』 上卷, 東京, 慶應出版社

高島善哉, 1971, 『民族と階級 - 現代ナショナリズム批判の展開』, 東京, 現代評
　　論社

菊池謙讓·田內武, 1936, 『近代朝鮮裏面史』, 京城, 朝鮮硏究會

菊池謙讓, 1937, 『近代朝鮮史』 下卷, 京城, 鷄鳴社

金榮作, 1975, 『韓末ナショナリズムの硏究』, 東京, 東京大學出版會

木村時夫, 1973, 『日本ナショナリズム史論』, 東京, 早稻田大學出版部

松本三之介·橋川文三 編, 1974, 『近代日本政治思想史』, 東京, 有斐閣

彭澤周, 1964, 『明治初期日韓淸關係の硏究』, 東京, 塙書房

彭澤周, 1976, 『中國の近代化と明治維新』, 東京, 同朋舍

Carlton J.H. Hayes, 차기벽 역, 1961, 『民族主義』, 思想界社出版部

Fred H. Harrington, 이광린 역, 1973, 『開化期의 韓美關係 - 알렌 박사의 活動
　　을 중심으로』, 일조각

Frederick A. Mackenzie, Korea's Fight for Freedom, Yonsei University Press, 1969

Harold F. Cook, Korea's 1884 Incident, Royal Asiatic Society, Korea Branch, 1973

J. Earnest Fisher, Pioneers of Modern Korea, The Christian Literature Society of
　　Korea, 1977

Lak-Geoon George Paik, The History of Protestant Mission in Korea 1832~1910,
　　Yonsei University Press, 1971

3. 논문·논설류

강만길, 1978, 「한국독립운동의 역사적 성격」『아세아연구』11-1, 고려대 아세
 아문제연구소

강만길, 1978, 「대한제국의 성격」『분단시대의 역사인식』, 창작과비평사

강만길, 1978, 「유길준의 한반도 중립화론」『분단시대의 역사인식』, 창작과비
 평사

권희영, 1980, 「대한자강회의 사회사상과 민족운동」『논문집』2, 해군2사관학
 교

고영환, 1996, 「윤치호의 기독교신앙과 민족운동에 관한 연구」, 연세대 신학대
 학원 석사학위 논문

구선희, 1998, 「개화파의 대외인식과 그 변화」『한국근대 개화사상과 개화운
 동』, 신서원

권오영, 1990, 「동도서기론의 구조와 그 전개」『한국사 시민강좌』7, 일조각

김도형, 1986, 「한말계몽운동의 정치론 연구」『한국사연구』54, 한국사연구회

김도형, 1993, 「애국계몽운동에 대한 연구동향과 과제」『한민족독립운동사』
 12, 국사편찬위원회

김도형, 1993, 「한말 친일파의 등장과 문명개화론」『역사비평』23, 역사비평
 사

김도형, 2000, 「개항이후 세계관의 변화와 민족주의」, 『한국독립운동사연구』
 15, 한국독립운동사연구소

김명배, 1981, 「좌옹 윤치호박사의 英學」『금랑문화논총』668, 한국민중박물
 관협회

김상태, 1992, 「1920～1930년대 동우회·흥업구락부 연구」『한국사론』28, 서
 울대 국사학과

김상태, 1996, 「일제하 신흥우의 '사회복음주의'와 민족운동론」『역사문제연
 구』창간호, 역사비평사

김상태, 2000, 「일제하 윤치호의 내면세계 연구」『역사학보』165, 역사학회

김수인, 1983, 「평신도로서의 윤치호의 신앙과 그의 활동에 관한 연구」, 감리
 교신학대학 석사학위 논문

김영호, 1968, 「유길준의 개화사상」『창작과비평』3-11, 창작과비평사

김형목, 2005, 「대한제국기 강화지역의 사립학교설립운동」『한국독립운동사

연구』 24, 한국독립운동사연구소

노재신, 2003, 「윤치호의 기독교신앙과 현실인식」, 목원대 신학대학원 석사학
　　　위 논문

동덕모, 1976, 「한국과 20세기 초의 국제정세」 『한국사』 19, 국사편찬위원회

류계무, 2004, 「윤치호 사회진화론 특징 연구 - 애국계몽운동 시기(1906-1907)
　　　를 중심으로」, 연세대학교 석사학위 논문

민경배, 1978, 「초기 윤치호의 기독교신앙과 개화사상」 『동방학지』 19, 연세
　　　대 국학연구원

민두기, 1978, 「中體西用論考」 『동방학지』 18, 연세대 국학연구원

박성수, 1981, 「애국계몽단체의 합방반대운동」 『숭의논총』 5, 숭의여전

朴　猛, 1931.11, 「獨立協會의 創立과 解散顚末」 『彗星』 1-8(『한국근세사논저
　　　집』 2, 태학사, 1982)

박성진, 1999, 「일제 말기 녹기연맹의 내선일체론」 『한국근현대사연구』 10,
　　　한울

朴泳孝, 1926.6, 「甲申政變」 『新民』 제14호(『한국근세사논저집』 1, 태학사,
　　　1982)

박정신, 1977, 「윤치호 연구」 『백산학보』 23, 백산학회

박정은, 2000, 「서재필과 윤치호의 정치사상 비교」, 경북대학교 석사학위 논문

박준규, 1964, 「청일개전과 열국외교」 『동아문화』 2, 서울대 동아문화연구소

박찬승, 1990, 「한말 자강운동론의 각 계열과 그 성격」 『한국사연구』 69

반병률, 1994, 「이동휘와 한말 민족운동」 『한국사연구』 87, 한국사연구회

徐載弼, 1947, 「回顧甲申政變」, 閔泰瑗, 『甲申政變과 金玉均』 부록, 국제문화
　　　협회

서중석, 1993, 「윤치호 - 근대화 지상주의와 황민화운동」 『쟁점 한국근현대사』
　　　2, 한국근현대사연구소

선국진, 2001, 「윤치호의 기독교신앙과 사회적 실천」, 조선대학교 석사학위 논
　　　문

선국진, 2003, 「윤치호의 근대사상과 개혁운동」 『인문학연구』 29, 조선대 인
　　　문학연구소

송병기, 1978, 「19세기 말의 聯美論 연구」 『사학연구』 23, 한국사학회

신용하, 1976, 「독립협회의 창간과 조직」 『독립협회연구』, 일조각

신용하, 1976, 「독립협회의 자주민권자강운동」『독립협회연구』, 일조각

신용하, 1977, 「신민회의 창건과 국권회복운동」 상·하, 『한국학보』, 8·9, 일지사

신용하, 1980, 「한말의 애국계몽사상과 운동」『한국사학』 1, 한국정신문화연구원

신혜경, 1993, 「대한제국기 국민교육회 연구」『이대사원』 20·21, 이화여대

梁柱三, 1930, 「南監理敎會小史」『朝鮮南監理敎會三十年記念報』, 朝鮮南監理敎會傳導局

오영섭, 1997, 「한말 의병운동의 근왕적 성격」『한국민족운동사연구』 15, 한국민족운동사연구회

유미진, 2004, 「윤치호의 미국유학과 근대문명관」, 이화여자대학교, 석사학위논문

유영렬, 1973, 「독립협회의 민권사상연구」『사학연구』 22, 한국사학회

유영렬, 1991, 「독립협회의 성격」『한국사연구』 73, 한국사연구회

유영렬, 1987, 「대한자강회의 애국계몽운동」『한국근대민족주의운동사연구』, 일조각

유영렬, 1993, 「윤치호, 그는 개화기의 民權運動지도자였다」『쟁점 한국근현대사』 2, 한국근현대사연구소

유영렬, 2001, 「개화기 윤치호의 일본인식」『한국민족운동사연구』 27, 한국민족운동사학회

유영렬, 2004, 「개화기 윤치호의 러시아인식」『한국민족운동사연구』 41, 한국민족운동사학회

유영렬, 2004, 「윤치호의 문명개화의식과 반청자주의식」『한국독립운동사연구』 23, 한국독립운동사연구소

유영렬, 2006, 「윤치호의 민주정치의식에 관한 연구」『한국근대사의 탐구』, 경인문화사

유영익, 1976, 「갑오경장을 위요한 일본의 대한정책 – 갑오경장의 타율론에 대한 수정적 비판」『한국사논문선집』 근대편, 역사학회

유영익, 1984, 「청일전쟁 중 일본의 대한침략정책 – 井上馨 공사의 조선보호국화기도를 중심으로」『청일전쟁을 전후한 한국과 열강』, 한국정신문화연구원

유영익, 1999, 「청일전쟁과 갑오개혁」『한국사』 40, 국사편찬위원회

윤경로, 1983, 「105人事件의 一研究」『한성사학』 창간호, 한성대 사학회

윤병석, 1969, 「3·1운동에 대한 일본정부의 정책」『3·1운동 50주년기념논집』, 동아일보사

윤병석, 1977, 「1910년대의 한국독립운동」『한국근대사론』Ⅱ, 지식산업사

윤치호, 1925.10, 「인격수양의 요소」『청년』

윤치호, 1926.6, 「獨立協會의 始終」『新民』 14

윤치호, 1927.9, 「종교와 민족성」『청년』

윤치호, 1930, 「回顧三十年」『朝鮮南監理教會三十年記念報』, 조선남감리교회 전도국

윤치호, 1931.10, 「獨立協會의 활동」『東光』 26

윤치호, 1932, 「朝鮮最初英語學習回顧談」『영어문학』 창간호, 조선영문학회

윤치호, 1939.9, 「內鮮一體에 대한 소신」『東洋之光』

이 경, 1997, 「개화기 윤치호의 역사의식과 기독교 신앙」『신학과 사회』 11, 한일신학대학 기독교종합연구원

이광린, 1981, 「유길준의 사상연구」『한국개화사상연구』, 일조각

이광린, 1981, 「개화승 이동인」『개화당연구』, 일조각

이광린, 1981, 「개화당의 형성」『개화당연구』, 일조각

이광린, 1981, 「갑신정변에 대한 일 고찰」『개화당연구』, 일조각

李光洙, 1962, 「規模의 人 尹致昊氏」『李光洙全集』 17, 삼중당

李光洙, 1962, 「朴泳孝氏를 만난 이야기」『李光洙全集』 17, 삼중당

李圭完, 1982, 「甲申大變亂의 回想記」『한국근세사논저집』 2, 태학사

이배용, 1995, 「개화사상·갑신정변·갑오개혁에 대한 연구현황과 과제」『한국사론』 25, 국사편찬위원회

이송희, 1999, 「애국계몽단체」『한국사』 43, 국사편찬위원회

이원순, 1976, 「대한제국의 종말과 의병항쟁 개요」『한국사』 19, 국사편찬위원회

이재순, 1977, 「한말 신민회에 관한 연구」『이대사원』 14, 이화여대

이현희, 1978, 「묵암비망록 해제」『한국사상』 16, 한국사상연구회

이희환, 1985, 「개화기 윤치호와 기독교신앙」『논문집』 11, 군산대학

임종국, 1980, 「일제말 친일군상의 실태」『해방전후사의 인식』, 한길사

장규식, 2004, 「개항기 개화지식인의 서구체험과 근대인식 – 미국 유학생을 중
　　심으로」『한국근현대사연구』 28, 한국근현대사학회

장하진, 1981, 「윤치호의 민족주의와 근대의식」『인문과학논문집』, 18, 충남대
　　인문과학연구소

전복희, 1995, 「19세기말 진보적 지식인의 인종주의적 특성 – 독립신문과 윤치
　　호일기를 중심으로」『한국정치학보』, 한국정치학회

전봉덕, 1981, 「송제 서재필의 개혁사상」『한국근대법사상사』, 박영사

전재관, 1997, 「한말 애국계몽단체 지회의 분포와 구성」『숭실사학』 10, 숭실
　　대 사학회

장춘송, 1985, 「한국근대사에 있어서 YMCA의 역할 – 1930년대까지」, 감리교
　　신학대학 석사학위 논문

정옥자, 1965, 「신사유람단고」『역사학보』, 27, 역사학회

정옥자, 1990, 「개화파와 갑신정변」『국사관논총』 14, 국사편찬위원회

정용화, 2001, 「문명개화론의 덫 – 윤치호일기를 중심으로」『국제정치논총』
　　41, 한국국제정치학회

조동걸, 1989, 「한말 계몽주의의 구조와 독립운동상의 위치」『한국학논총』
　　11, 국민대 한국학연구소

조맹기, 2002, 「윤치호의 그리스도교적 민권 – 윤치호와 독립신문을 중심으로」
　　『언론문화연구』 18, 서강대 언론문화연구소

주진오, 1993, 「개화파의 성립과정과 정치·사상적 동향」『1894년 농민전쟁연
　　구』 3, 역사비평사

주진오, 1995, 「19세기 후반 개화개혁론의 구조와 전개」, 연세대학교 박사학위
　　논문

진기섭, 1992, 「윤치호의 민족운동에 나타난 선교활동 고찰」, 감리교신학대학
　　석사학위 논문

車相瓚, 1931.4, 「내가 본 尹致昊先生」『彗星』, 1-2(『한국근세사논저집』 2, 태
　　학사, 1982)

최남옥, 1999, 「윤치호의 개화론 연구」, 이화여대 교육대학원 석사학위 논문

최덕수, 1978, 「독립협회의 정체론 및 외교론연구」『민족문화연구』 13, 고려
　　대 민족문화연구소

최덕수, 1993, 「개항 후 일본의 조선정책」『1894년 농민전쟁연구』 3, 역사비

평사

최덕수, 1994, 「갑신정변과 갑오개혁」『한국사』 11, 한길사

최문형, 1981, 「列强의 對韓政策에 대한 一研究」『역사학보』 92, 역사학회

최승만, 1936, 「해외유학생소사」『신동아』 6-4(『한국근세사논저집』 3, 태학사, 1982)

최영희, 1975, 「구미세력의 침투」『한국사』 16, 국사편찬위원회

최창희, 1999, 「황무지개척권 반대운동」『한국사』 43, 국사편찬위원회

한규무, 1990, 「상동청년회에 대한 연구 1897~1914」『역사학보』 126, 역사학회

한배호, 1977, 「한 초대교인의 근대화의식과 한말정치관 – 윤치호일기를 중심으로」『논문집』 7, 숭전대학교

한상일, 1979, 「대륙낭인과 아시아연대주의」『일본연구논총』 창간호, 현대일본연구회

한철호, 1998, 「시무개화파의 개혁구상과 정치활동」『한국근대 개혁사상과 개혁운동』, 신서원

한효진, 1995, 「윤치호의 사회개혁사상 연구」, 감리교신학대학 석사학위 논문

한홍수, 1970, 「독립협회의 정치집단화과정」『사회과학논집』 3, 연세대 사회과학연구소

허동현, 1993, 「1881년 朝士視察團 연구」, 고려대학교 박사학위 논문

허동현, 2002, 「1880년대 개화파 인사들의 사회진화론 수용양태 비교 – 유길준과 윤치호를 중심으로」『사총』 55, 역사학연구회

江村榮一, 1980, 「自由民權運動とその思想」『岩波講座 日本歷史』 15, 東京, 岩波書店

藤村道生, 1980, 「日淸戰爭」『岩波講座 日本歷史』 16, 東京, 岩波書店

梶村秀樹, 1964, 「朝鮮近代史の若干の問題」『歷史學研究』 288, 東京, 歷史學研究會

木村時夫, 1973, 「福澤諭吉のナショナリズム」『日本ナショナリズム史論』, 東京, 早稻田大學出版部

安川壽之輔, 1980, 「學校敎育と富國强兵」『岩波講座 日本歷史』 15, 東京, 岩波書店

宇野俊一, 1981, 「日露戰爭」『岩波講座 日本歷史』, 17, 東京, 岩波書店

尹致昊, 1930, 「獨立協會事件に就いて」 『韓末を語る』, 東京, 朝鮮研究社

糟谷憲一, 1981, 「近代の政治史」 『新朝鮮史入門』, 東京, 朝鮮史研究會

佐佐木滿子, 1963, 「私塾・官公私立學校」 『日本の英學100年』 明治篇, 東京, 研究社

池川英勝, 1979, 「獨立協會の自由民權思想について」 『史淵』 116, 일본, 九州大學校 文學部

Donald N. Clark, "Yun Ch'i-ho(1864~1945) : Portrait of a Korean Intellectual in an Era of Transition," Occasional Papers on Korea, Seattle, University of Washington, 1975

Kim Hyung-Chan, "Yun Ch'i-ho in America: The Training of a Korean Patriot in the South, 1888~1893," Korea Journal, Vol. 18, No. 6, Korean National Commission for UNESCO, 1978

Tchi-ho Yun, "Popular Movement in Korea," The Korean Repository V-12, December 1898

Tchi-ho Yun, "An Old-man's Rumination (I)(II)," The Collected Letters of Yun Tchi Ho, Appendix, Seoul, National History Compilation Committee, 1980

Young I. Lew, "The Reform Efforts and Ideas of Pak Yong-hyo 1894~1895," Korean Studies, Vol. I, The Center for Korean Studies, University of Hawaii, 1977

윤치호 연보와 국내외 사건

1965년(01세) 1월 23일 충청남도 아산(牙山)에서 토포사(討捕使) 윤웅렬(尹雄烈)
　　　　　　의 장남으로 출생
1869년(05세) 아산에서 글공부 시작
1873년(09세) 서울 승동(勝洞)으로 이주하여 글공부 계속
1875년(11세) 안동(安洞) 김정호가(金正浩家)에서 숙식하며 수학
1876년(12세) 일본과 강화도조약 체결로 조선의 문호개방
　　　　　　김정호와 그의 외척 서광범(徐光範)으로부터 '신동'이라 불림
1879년(15세) 어윤중(魚允中) 문하에서 수학, 정동(貞洞)의 강씨 집안과 정혼
1880년(16세) 3월 부친 윤웅렬이 별군관으로 수신사 김홍집을 수행하여 도일,
　　　　　　개화승 이동인(李東仁)과 주일 영국공사관의 Ernest M. Satow 서
　　　　　　기관 접촉
1881년(17세) 4월 부친 윤웅렬이 별기군 창설의 주역을 담당
　　　　　　5월 유길준 등과 신사유람단 조사 어윤중의 수행원으로 도일
　　　　　　6월 도진샤(同人社)에 입학
　　　　　　일본 체류 중 후쿠자와 유키치(福澤諭吉)·나카무라 마사나오(中村
　　　　　　正直)·이노우에 가오루(井上馨) 및 김옥균·서광범 등 개화파 인사
　　　　　　들과 교유
1882년(18세) 1월 김옥균, 서광범과 빈번히 접촉, 김옥균과 함께 후크자와 유키
　　　　　　치(福澤諭吉)·나카무라 마사나오(中村正直)·이노우에 가오루(井上
　　　　　　馨) 등 방문
　　　　　　봄에 도쿄대학 철학교수 부인 Lizzie G. Millet로부터 영어공부 시작
　　　　　　7월 도쿄대학 영어강사 간다(神田乃武)로부터 영어공부, 임오군란
　　　　　　발생
1883년(19세) 5월 초대 주한미국공사 Lucius H. Foote의 통역으로 귀국, 외아문
　　　　　　(外衙門)의 주사, 개화파의 일원으로 궁중에 드나들며 개화활동
1884년(20세) 12월 갑신정변
1885년(21세) 1월 갑신정변 실패로 청국 상해로 망명 유학, 미국선교사가 경영

하는 중서서원(中西書院, Anglo-Chinese College) 입학

2월 처음으로 교회에 출석

1986년(22세) 부인 강씨 별세

1887년(23세) 4월 세례를 받아 한국인 최초로 남감리교 세례교인이 됨

1888년(24세) 11월 미국 유학, 테네시주에 있는 벤더빌트대학 신학과(神學科)에
입학

1891년(27세) 7월 미국 조지아주에 있는 에모리대학에 입학, 재학 중 학내 양대
토론회의 하나인 Few Society의 회장 피선, 졸업반에서 인망이 있
는 학우로 영예를 가지는 Senior 피선

1893년(29세) 11월 5년간 유학을 마치고 청국 상해에 도착, 모교 중서서원에서
교육과 선교 활동

1894년(30세) 2월 동학농민군 봉기

3월 중국인 마애방(馬愛芳)과 결혼

7월 청일전쟁 발발, 갑오개혁 실시

1895년(31세) 2월 귀국하여 의정부 참의(參議)에 임명

6월 학부협판(學部協辦)에 임명

7월 외부협판에 임명

10월 을미사변

1896년(32세) 2월 아관파천

4월 민영환을 수행하여 러시아 황제 니콜라이 2세 대관식 참석차
외유

7월 서재필 등이 독립협회 창설

1897년(33세) 1월 외유 마치고 귀국

7월 독립협회에 참여, 서재필과 함께 리더로 활동

10월 고종의 황제즉위와 대한제국 성립

1898년(34세) 3월 서재필과 만민공동회 주도,

5월 독립협회 회장과 독립신문 주필에 선임

10월 중추원 부의장에 임명, 관민공동회 대회장에 선출

12월 정부의 탄압으로 독립협회 해체

1899년(35세) 3월 덕원감리 겸 덕원부윤에 부임, 이후 삼화감리 겸 삼화부윤, 천
안군수 등 지방관 역임

1904년(40세) 2월 러일전쟁 발발

3월 외부협판에 임명

1905년(41세) 2월 부인 마애방 별세

5월 황성기독교청년회 이사에 선임

9월 러일강화조약

11월 을사조약 체결 즉시 외부협판 사퇴

1906년(42세) 2월 통감부 설치

4월 대한자강회 회장에 선임

10월 개성 한영서원(Anglo-Korean School) 원장에 부임

12월 황성기독교청년회 부회장에 선임

1907년(43세) 3월 백매려(白梅麗)와 재혼

7월 고종황제 강제 퇴위

1908년(44세) 5월 세계주일학교연합회 조선지회 회장에 선임

9월 안창호가 설립한 대성학교 교장에 부임

1909년(45세) 2월 안창호 등이 조직한 청년학우회 회장에 선임

10월 이토 히로부미(伊藤博文) 피살

1910년(46세) 3월 미국에서 열린 남감리교평신도대회에 참석

6월 영국에서 열린 세계선교대회에 참석

8월 한일합병조약으로 주권피탈

10월 부친 윤웅렬이 남작작위 취득

1912년(48세) 1월 부친 윤웅렬 별세로 남작 습작

2월 105사건 최고 주모자로 체포되어 수감

1913년(49세) 10월 징역 6년 확정, 남작작위 박탈

1914년(50세) 8월 제1차 대전 발발

1915년(51세) 2월 일본 황태후의 대상(大喪)에 의한 특사로 3년간 옥고 치르고
출감

1916년(52세) 4월 조선중앙기독교청년회 총무에 선임

11월 대정친목회 평의원에 선임

1918년(54세) 연희전문학교 이사에 선임, 11월 제1차 세계대전 종결

1919년(55세) 3월 3·1독립운동

7월 경성교풍회 회장에 선임

1920년 (56세) 1월 조선중앙기독교청년회 총무 사퇴
　　　　　　　2월 신흥우가 조선중앙기독교청년회 총무에 피선
　　　　　　　6월 조선중앙기독교청년회 회장에 선임
1921년(57세) 7월 임시조선인산업대회 참석
　　　　　　　9월 범태평양협회 조선지회 부회장에 선임
1922년(58세) 5월 조·일YMCA동맹협정 취소를 주도
　　　　　　　11월 송도고등보통학교 교장에 부임
1923년(59세) 1월 조선기독교창문사 설립을 주도
1925년(61세) 3월 흥업구락부 창립을 주도
　　　　　　　4월 조선공산당 창당
　　　　　　　9월 송도고등보통학교 교장직 사퇴
　　　　　　　11월 태평양문제연구회 조선지회 회장에 선임
1926년(62세) 4월 대한제국 마지막 황제 순종 사망
　　　　　　　12월 일본 쇼와천황(昭和天皇) 즉위
1927년(63세) 2월 신간회 창립
　　　　　　　3월 이상재선생사회장 장의위원장 담당
　　　　　　　10월 조선척후단 조선총연맹 총재 선임
1928년(64세) 1월 계명구락부 이사에 선임
　　　　　　　8월 제9대 조선체육회 회장에 선임
1929년(65세) 10월 조선어사전편찬회 발기인
1930년(66세) 미국 에모리대학 명예법학박사 학위 취득, 흥업구락부 제2대 부장
　　　　　　　에 선임
1931년(67세) 5월 이충무공유적보존회 발기인
　　　　　　　9월 만주사변 발발
　　　　　　　10월 토요회(土曜會)에 가입, 만주동포문제협의회 회장에 선임
1932년(68세) 4월 상해 홍구공원에서 윤봉길 의거와 안창호 일본경찰에 체포
　　　　　　　7월 안창호 석방을 위해 총독부 경무국 당국자와 교섭
1933년(69세) 6월 중앙진흥회 이사장에 선임
1934년(70세) 3월 총독부의 중추원 참의직 제의를 거절
　　　　　　　4월 조선물산장려회 고문에 추대
　　　　　　　6월 이화여전의 교장직 제의를 거절

1935년(71세) 5월 보성전문의 교장직 제의를 거절, 이화여전 이사에 선임

1937년(73세) 7월 중일전쟁 발발

1938년(74세) 5월 미나미(南次郎) 총독의 중추원 참의직 제의를 거절

　　　　　　　 7월 국민정신총동원 조선연맹 상무에 선임

　　　　　　　 8월 흥업구락부사건 관련 경찰과 검사의 취조

　　　　　　　 9월 흥업구락부사건 관련자들에 대한 신원보증

1939년(75세) 2월 「내선일체(內鮮一體)에 대한 소신」이란 제목의 시국강연, 조선

　　　　　　　　　 지원병후원회 회장에 선임

　　　　　　　 9월 제2차 세계대전 발발

1940년(76세) 6월 '伊東致昊'로 창씨개명 등록

　　　　　　　 8월 재만조선인교육후원회 위원장에 선임

　　　　　　　 9월 총독부 교육심의위원회 위원에 선임

1941년(77세) 2월 연희전문학교 교장에 취임

　　　　　　　 5월 중추원 고문에 임명

　　　　　　　 10월 조선임전보국단 고문에 추대

　　　　　　　 11월 조선언론보국회 고문에 추대

　　　　　　　 12월 일본의 화와이 진주만 기습으로 태평양전쟁 발발

1943년(79세) 9월 이탈리아가 연합국에 항복

1945년(81세) 2월 대화동맹 이사장에 선임

　　　　　　　 5월 독일이 연합국에 항복

　　　　　　　 4월 일본귀족원 칙선의원에 임명

　　　　　　　 8월 일본의 항복과 조선의 해방

　　　　　　　 12월 뇌일혈로 사망

찾아보기

ㅁ

ㅂ

ㅈ

경인한국학연구총서

88	조선시대 향리와 지방사회	권기중 / 302쪽 / 21,000원
89	근대 재조선 일본인의 한국사 왜곡과 식민통치론	최혜주 / 404쪽 / 29,000원
90	식민지 근대관광과 일본시찰	조성운 / 496쪽 / 34,000원

*대한민국학술원 우수학술 도서   **문화체육관광부 우수학술 도서

유 영 렬 柳永烈

전주고등학교·숭실대학교 사학과 졸업
고려대학교 대학원 문학석사, 문학박사
국사편찬위원회 편사연구관
숭실대학교 교무처장, 인문대학장, 대학원장
일본 명치학원대학 객원 연구교수
한국민족운동사학회 회장, 한국사학회 회장
국사편찬위원회 위원장
동북아역사재단 이사
현재 문화재위원회 근대문화재위원장
　　　숭실대학교 명예교수,
　　　신성대학 초빙교수

▪주요 저서류

『자료 대한민국사』 3~7 (탐구당, 1971~1974 편찬)
『윤치호일기』 2~6 (국사편찬위원회, 1974~1976 편찬)
『개화기의 윤치호연구』 (한길사, 1985, 저서)
『고등학교 국사』 하 (교육부, 1990, 1996 공저)
『대한제국기의 민족운동』 (일조각, 1997 저서)
『민족과 기독교와 숭실대학』 (숭대출판부, 1998 저서)
『기독교 민족운동가 조만식』 (숭대출판부, 1998 저서)
『한일관계의 미래지향적 인식』 (국학자료원, 2000 저서)
『고등학교 한국근현대사』 (두산, 2003 공저)
『19세기말 서양선교사와 한국사회』 (경인문화사, 2004 공저)
『삼국역사분쟁』 (한기총21세기크리스찬연구원, 2005 저서)
『민족·민주화운동과 숭실대학』 (숭대출판부, 2005 저서)
『기독교 민족사회주의자 김창준』 (숭대출판부, 2006 저서)
『한일관계의 새로운 이해』 (경인문화사, 2006 저서)
『한국근대사의 탐구』 (경인문화사, 2006 저서)
『애국계몽운동 1-정치사회운동』 (독립기념관, 2007 저서)
　기타 논문 70여편

개화기의 윤치호 연구

초판 인쇄 2011년 4월 1일
초판 발행 2011년 4월 10일

저 자 유영렬
펴낸이 한정희
펴낸곳 경인문화사
편 집 신학태 김지선 문영주 안상준 정연규 김송이
영 업 이화표 최지현
관 리 하재일 양현주

주 소 서울 마포구 마포동 324-3
전 화 02-718-4831~2
팩 스 02-703-9711
등 록 1973년 11월 8일 제10-18호
이메일 kyunginp@chol.com / kip1@mkstudy.net
홈페이지 www.kyunginp.co.kr / www.mkstudy.net

정 가 25,000원
ISBN 978-89-499-0785-7 94910